해커스공기업
NCS 피듈형
통합 봉투모의고사

실전모의고사
1회

50문항형

 해커스잡

실전모의고사
1회
(50문항형)

시작과 종료 시각을 정한 후, 실전처럼 모의고사를 풀어보세요.

시 　 분 ~ 　 시 　 분 (총 50문항/60분)

□ **시험 유의사항**

[1] 50문항형 시험은 한전 KPS, 한국농어촌공사, 한국남동발전, 한국서부발전, 부산교통공사 등의 기업과 경기도 통합 채용에서 출제 영역, 시간, 시험 순서 등 세부 구성을 다르게 출제하고 있습니다. (2022년 상·하반기 필기시험 기준)

[2] 본 실전모의고사는 50문항형 시험에서 자주 출제되는 의사소통능력, 수리능력, 문제해결능력, 자원관리능력, 정보능력 5개 영역으로 구성되어 있으며, 문제 번호는 이어져 있으나 문제가 영역 순서대로 출제되는 순차 통합형 모의고사이므로 영역별 제한 시간 없이 전체 문항을 60분 내에 푸는 연습을 하시기 바랍니다.

[3] 마지막 페이지에 있는 OMR 답안지와 해커스잡 애플리케이션의 모바일 타이머를 이용하여 실전처럼 모의고사 를 풀어보시기 바랍니다.

01. 다음 글의 제목으로 가장 적절한 것은?

클라우디오스 갈레노스는 고대 이론가 중 생리학 분야에 지대한 영향력을 미친 인물로 알려져 있다. 갈레노스에 따르면 인간이 섭취한 음식물은 간에서 혈액으로 바뀌며, 간에서 생성된 혈액은 정맥을 타고 몸 전체에 영양분을 전달하면서 소모된다. 정맥피 중 일부는 심실 벽인 격막의 구멍을 통과하여 우심실에서 좌심실로 이동한 후 공기의 통로인 폐정맥을 통해 폐에 유입된 공기와 섞여 동맥피가 된다. 그다음에 동맥피는 동맥을 타고 온몸으로 분배되어 생기를 전해 주면서 소모된다. 이처럼 갈레노스는 피는 소모된다는 주장을 통해 정맥혈과 동맥혈은 각각 별개의 역할을 하며, 피는 영양분을 전달하는 과정에서 소멸한다고 설명하였다. 갈레노스의 이론으로는 피가 심장에 도달하는 경로를 명확히 설명할 수 없었음에도 당시 갈레노스의 권위와 명성으로 인해 약 1,400년 동안 정설로 받아들여졌다.

16세기에 이르자 갈레노스가 주장한 피의 소모 이론은 다양한 해부를 경험한 학자들에 의해 반증되기 시작하였다. 그중 벨기에의 해부학자 안드레아스 베살리우스는 해부를 통해 격막에는 구멍이 없으며, 폐정맥이 공기의 통로가 아닌 피의 통로라는 사실을 발견하였다. 그 후 심장에서 나간 피가 폐를 통과한 후 다시 심장으로 돌아오는 폐순환이 발견되었고, 이로써 갈레노스의 이론은 도전에 직면하였다. 그러나 당시의 의학자들은 갈레노스의 이론에 얽매여 있었다. 이들은 베살리우스의 주장에 반박하기 위해 격막에 구멍이 없어 피가 우심실에서 좌심실로 이동할 수 없는 문제는 폐순환으로 설명할 수 있다고 여겼다.

이와 같은 혼란 속에서 피의 흐름에 관한 이론의 판도를 바꾼 사람은 혈액 순환 이론을 확립한 영국의 생리학자 윌리엄 하비였다. 하비는 정량적 방법을 적극 도입하여 혈액의 순환 문제를 다루었다. 그는 심장의 용적을 측정하여 심장이 동맥으로 밀어내는 피의 양을 추정하였다. 그 결과, 심장에서 나가는 동맥피의 양은 섭취되는 음식물의 양보다 훨씬 많았는데, 이는 섭취한 음식물이 혈액으로 바뀐 뒤 신체 각 부분으로 영양분을 전달하며 소모된다는 갈레노스의 주장과 맞지 않았기 때문에 하비는 피가 순환한다는 가정이 사실로 입증되어야 한다고 생각하였다.

이에 그는 피가 순환한다는 가설을 증명하고자 실험을 진행하였다. 그는 끈으로 자기 팔을 묶어 동맥과 정맥을 함께 압박하였다. 피의 흐름이 멈추자 피가 통하지 않는 손은 차가워졌다. 동맥 압박을 멈춰 동맥피가 다시 흐르도록 해 주자 손은 생기를 되찾았고, 압박되어 있던 정맥 말단 부분의 혈관이 부풀어 오르기 시작하였다. 동맥의 경우와 마찬가지로 정맥을 압박하던 끈을 풀어 주자 부풀어 올랐던 정맥은 가라앉았다. 하비는 실험을 통해 동맥으로 나갔던 혈액이 몸의 말단 부분을 순환한 후 정맥을 거쳐 심장으로 돌아온다는 것을 확신하게 되었다.

하비는 1628년, 실험의 결과를 토대로 피는 좌심실, 대동맥, 각 기관, 대정맥, 우심방, 우심실, 폐동맥, 폐, 폐정맥, 좌심방, 좌심실 순으로 순환한다고 주장하였다. 하비의 이론을 반박하는 이들은 동맥과 정맥의 말단 부분을 연결하는 길을 찾을 수 없기 때문에 피의 순환 이론은 받아들여질 수 없다고 주장하였으나, 얼마 후 이탈리아의 생리학자 마르첼로 말피기가 새로 발명된 현미경을 사용하여 모세혈관을 발견하면서 피의 순환 이론은 널리 받아들여졌다. 그리고 폐와 그 밖의 기관들을 피가 따로 순환해야 하는 이유를 포함하여 다양한 인체 기능을 설명하는 새로운 생리학의 구축이 시작되었다.

① 의학의 권위자 갈레노스의 피의 소모 이론
② 정량적 분석을 위한 실험 방법의 적극적 활용
③ 혈액 관찰 도구의 도입 배경 및 모세혈관의 발견
④ 혈액 순환 이론의 역사 및 새로운 생리학의 구축
⑤ 피의 순환 이론에 따른 새로운 패러다임의 생성

02. 다음 글의 내용과 일치하지 않는 것은?

2014년 도로명 주소가 전면 도입되기 전 우리가 사용하던 주소 체계는 지번 주소였다. 지번 주소는 건물의 위치를 행정 구역과 번지수를 기반으로 나타내는 방식으로, 번지수는 1910년대에 세금을 원활하게 거두기 위해 토지를 나눈 후 각 토지에 부여한 번호에서 비롯되었다. 당시에는 하나의 토지에 하나의 건물이 들어섰기 때문에 지번 주소를 사용하더라도 건물의 위치 파악에 큰 불편함이 없었다. 그러나 건물 수가 점점 증가하고, 하나의 토지에 여러 건물이 들어서기 시작하면서 번지수 또한 계속해서 추가되었다. 이로 인해 번지수의 순서가 복잡해져 건물 위치 파악에 혼란이 야기되기 시작하였고, 결국 번지수만으로는 건물의 위치를 파악하기 어려운 지경에 이르렀다.

지번 주소 체계의 단점이 부각되기 시작하면서 이를 보완하기 위한 대책의 일환으로 새로운 주소 체계를 도입하였는데, 이것이 바로 도로명 주소이다. 도로명 주소는 도로에 이름을 붙이고 주택, 건물에 순차적으로 번호를 붙여 표기하는 방식으로, 도로는 대로, 로, 길, 총 3가지로 구분된다. 도로의 너비가 40m 이상이거나 왕복 8차로 이상이면 대로, 도로의 너비가 12m 이상 40m 미만이거나 왕복 2차로 이상 7차로 이하이면 로, 도로의 너비가 12m 미만이거나 2차로 미만의 도로는 길이라고 분류한다. 그래서 대로와 로, 길은 서로 교집합이 없는 부분 집합이므로 또렷하게 구분이 가능하다. 또한, 도로 시작점에서 20m 간격으로 순서대로 왼쪽은 홀수, 오른쪽은 짝수의 숫자를 건물 번호로 부여하기 때문에 건물 번호를 알면 건물 사이의 거리를 알 수 있다.

도로명 주소를 알면 도로가 시작되는 지점부터 건물까지의 거리, 건물의 위치 등을 빠르게 파악할 수 있기 때문에 초행길이라도 길 찾기가 어렵지 않다. 도로명 주소의 이러한 장점으로 인해 화재 또는 응급 환자 발생과 같은 긴급한 상황에서 신속하게 대응할 수 있게 되었고, 우편이나 택배 등의 배달 시간 및 운행 비용을 줄일 수 있게 되었다. 이뿐만 아니라 도로명 주소는 오래전부터 영국이나 중국 등 세계 여러 나라에서 사용해오던 주소 체계이므로 우리나라를 방문한 외국인 관광객이 보다 쉽게 길을 찾을 수 있도록 돕는다. 도로명 주소 푯말 역시 건물의 용도에 따라 그 모양이 상이하다. 주거용 건물의 푯말은 오각형의 집 모양이며, 상업용 건물은 직사각형, 관공서용 건물은 원형, 문화재 및 관광지는 위가 둥근 형태로 만들어진다.

도로명 주소는 2011년에 고시된 이후 기존 지번 주소와 더불어 사용되다가 2014년부터 본격적으로 사용되기 시작하였다. 공공기관에서 전입, 출생, 혼인 신고 등 각종 민원 신청이나 서류 제출 시 반드시 도로명 주소를 사용해야 하며, 주민등록증이나 운전 면허증을 처음 발급받거나 재발급받을 때도 도로명 주소를 기재해야 한다. 우편이나 택배, 인터넷 쇼핑 등 일상생활에서는 도로명 주소를 의무적으로 사용해야 한다고 규정하고 있지는 않으나 되도록 도로명 주소 사용을 권장하고 있다. 도로명 주소를 모르는 경우에는 행정안전부에서 운영하는 '새 주소 안내 누리집' 또는 포털 사이트에 지번 주소를 입력하면 도로명 주소를 쉽게 확인할 수 있다.

① 처음으로 주민등록증 발급 신청을 할 때뿐 아니라 재발급 신청을 할 때도 도로명 주소를 기재해야 한다.
② 도로명 주소에서 대로, 로, 길의 구분을 분명히 할 수 있는 이유는 서로 교집합이 없기 때문이다.
③ 지번 주소 체계는 세금을 효율적으로 거두기 위해 토지에 붙여진 번호에서 기인하였다.
④ 도로명 주소가 적힌 푯말 윗부분의 모양이 둥근 형태라면 주거용 건물임을 의미한다.
⑤ 도로명 주소 체계에서 너비가 30m인 도로와 왕복 4차선인 도로는 모두 로로 분류된다.

03. 다음 글을 논리적 순서대로 알맞게 배열한 것은?

(가) 경쟁이란 한 개인이나 집단이 목적을 달성하기 위하여 하나 또는 많은 다른 개인이나 집단과 경쟁하는 행위를 말한다. 경쟁으로 인한 결과는 다양한 양상으로 나타나지만, 경쟁을 긍정적인 시각으로 바라보는 입장과 부정적인 시각으로 바라보는 입장이 첨예하게 대립하고 있다. 먼저 경쟁을 긍정적인 시각으로 바라보는 대표적인 입장에는 슘페터 경쟁이 있다. 슘페터 경쟁이란 20세기 초에 나타난 새로운 경쟁 양상으로, 기술혁신을 통해 새롭게 창조된 기술과 제품이 기존의 것들을 수시로 대체하며 발전하는 현상을 의미한다. 슘페터는 이러한 현상을 창조적 파괴라고 하였는데, 이로 인해 기존의 경쟁우위가 파괴되어 경제구조 및 산업개편이 이루어지기도 한다. 가장 대표적인 사례가 바로 컴퓨터 산업이다. 컴퓨터 산업은 지속적인 기술혁신을 통해 가격은 꾸준히 하락하는 반면, 성능은 눈에 띄게 향상되었다. 그리고 컴퓨터 산업의 발전은 IT 혁명의 바탕이 되어 우리 사회가 지식기반 사회로 진입하는 것에 큰 영향을 미쳤다.

(나) 이와 관련하여 아프리카 부족을 연구하던 한 인류학자가 부족의 아이들에게 과일 바구니를 1등 상품으로 내놓고 달리기 시험을 제안하는 실험을 통해 경쟁의 역할을 설명한 바 있다. 결과적으로 아이들은 함께 손을 잡고 달려가 다 같이 과일을 나눠 먹었고, 인류학자가 아이들에게 같이 뛴 이유를 묻자 아이들은 '우분투'라고 외치며 다른 아이들이 슬픈데 어떻게 자신만 행복할 수 있냐고 되물었다고 한다. 이때 아이들이 말한 우분투는 우리가 있기에 내가 있다는 뜻의 아프리카어로, 냉혹한 경쟁 사회를 사는 현대인들에게 시사하는 바가 크다. 오늘날 사람들은 자신의 행복과 성공을 위해 경쟁하며 남들보다 앞서려 노력한다. 하지만 경쟁은 결과 지향적 행동을 부추기고 반칙을 합리화하여 개인과 사회에 부정적인 영향을 미친다. 또한, 결과만 중시하는 경쟁이 실패에 대한 두려움을 키워 도전을 지양하게 만들기 때문에 발전을 기대하기가 어려워진다. 우리 사회가 앞으로 지속 가능한 발전을 이루고 사회 구성원 모두가 행복하기 위해서는 경쟁을 지양하고, 협력과 상생을 도모하는 방향으로 나아가야 한다.

(다) 반면 경쟁을 긍정적으로만 바라보지 않는 입장도 존재한다. 미국의 교육심리학자인 알피 콘은 〈경쟁에 반대한다(No Contest)〉라는 저서를 통해 경쟁으로 인해 발생하는 문제를 지적하였다. 콘은 경쟁을 조장하는 사회 구조는 인간관계와 심리에 부정적인 영향을 준다고 보았다. 어떠한 경쟁이든 승자는 소수에 불과하고, 패자는 자신의 가치를 인정받지 못했다는 열등감에 빠진다. 그렇다고 해서 승리자의 우월감도 영원하지는 않다. 경쟁을 통해 움직이는 사회 구조에 의해 또 다른 경쟁의 상황을 마주하게 되기 때문이다. 끊임없는 경쟁으로 승리와 패배를 구분 짓는 사회는 경쟁의 악순환에 빠지며, 누군가의 성공이 자신의 실패를 발판으로 실현됐다는 잘못된 생각을 하게 된다. 이처럼 경쟁은 성공한 사람에 대한 질투와 적개심, 패배한 사람에 대한 멸시와 무시라는 감정과 서로를 신뢰하지 못하는 부정적인 인간관계를 만들어낸다.

(라) 경쟁을 바라보는 긍정적인 입장은 산업에서뿐 아니라 생태계의 원리에서도 확인할 수 있다. 러시아 생물학자 카를 프리드리히 가우스는 두 종의 짚신벌레를 이용한 실험을 통해 생물 군집에서 차지하는 위치, 기능, 역할 등 생태적 지위가 동일한 두 종이 같은 장소에 있을 경우 한쪽이 자원을 독점하게 되어 공존하기 어렵다는 원리를 발견하였다. 그러나 실제 자연에서의 생물 군집은 실험환경보다 훨씬 복잡할뿐더러, 이종 경쟁을 하는 생물 간 생태적 지위가 완전히 일치하지도 않는다. 생물이 요구하는 조건과 자원 또한 매우 다양하게 존재하므로 서식처 내에서 각자의 역할이 중복되지 않도록 생태적 분화가 일어나기 쉽다. 결국 생물은 경쟁에서 살아남고자 공존 방법을 찾아 진화하므로 경쟁은 생물의 진화를 일으키는 주요 동인이라 할 수 있다.

① (가) – (나) – (라) – (다)
② (가) – (다) – (라) – (나)
③ (가) – (라) – (다) – (나)
④ (라) – (나) – (다) – (가)
⑤ (라) – (다) – (나) – (가)

04. 다음 중 맞춤법에 맞는 것은?

① 유사시에는 반짓고리가 요긴하게 사용될 수 있다.

② 우리 부부의 결혼식 날짜는 섯달로 결정되었다.

③ 상대편에서 시비를 걸더라도 섣부른 행동은 금물이다.

④ 시험을 치른 이튿날에 바로 시험 결과가 공개되었다.

⑤ 논그릇을 설거지할 때는 그릇이 상하지 않도록 조심해야 한다.

05. 다음 글을 통해 추론한 내용으로 가장 적절하지 않은 것은?

물질이 연소하기 위해서는 발화점 이상의 온도, 연료, 산소가 필요하며, 세 요소 중 어느 하나만 제거하더라도 연소를 막을 수 있다. 화재를 진화하는 가장 대표적인 방법은 물을 이용하는 것으로, 물에 의해 발화점이 낮아지고 기화한 수증기가 산소를 차단해 소화한다. 그러나 어떤 화재는 물을 사용하면 진압은커녕 더 큰 피해를 유발할 수 있으므로 화재의 종류에 따라 알맞은 소화 방법을 사용하는 것이 중요하다. 화재는 연소 특성에 따라 A~D급의 4가지 종류로 분류할 수 있다. 우선 A급 일반화재는 나무, 종이, 의류 등 일반 가연성 물질에 의한 화재를 의미한다. 일반화재는 연소 후 재가 남으며, 물 또는 분말소화기를 사용하여 소화한다. B급 유류화재는 석유, 타르 등 인화성액체 또는 고체의 유지류 등에 의한 화재이다. 유류에 의한 화재이므로 기름이 물에 뜨기 때문에 물로 소화를 시도할 경우 기름이 사방으로 튀어 더 큰 화재를 유발할 수 있다. 따라서 젖은 옷이나 베이킹소다, 흙 등 불에 타지 않는 물질을 이용해 불이 붙은 면을 완전히 덮어 산소 공급을 차단하는 질식소화 방법이 적절하다. C급 전기화재는 전류가 흐르는 상황에서 발생하는 화재이다. 이때, 전기에너지에 의한 화재더라도 전류가 흐르지 않고 연소 후 재가 남는 화재는 A급 화재로 분류된다. 주로 합선, 과부하, 전기스파크 등에 의해 발생하며, 물을 사용할 경우 감전 및 화상의 위험이 있으므로 질식소화 또는 전기적 절연성을 띤 특수소화기를 이용하여 진화하는 것이 바람직하다. 전기화재 진화의 핵심은 차단기를 내려 전기 공급을 중단하는 것으로, 전류가 흐르지 않는 상태에서는 물로도 화재를 진압할 수 있다. 마지막으로 D급 화재는 마그네슘, 칼륨, 나트륨 등 일상생활에서 흔히 볼 수 없는 가연성 금속에 의한 화재로, 금속 가루의 경우 폭발을 동반하기도 한다. 이 또한 물이나 일반소화기를 사용하여 진압할 경우 폭발 위험이 있으므로 마른 모래, 팽창 질석, 분말소화기를 통한 질식소화 방법이 사용된다.

① 시너와 같이 유기 용매에 의해 발생한 화재는 D급 화재로 구분하여 질식소화 방법을 취해야 한다.
② 전기 합선에 의해 발생한 화재더라도 전류가 차단되고 연소한 뒤 재가 남는다면 물로 진화가 가능하다.
③ 제철공장에서 발생한 금속 화재 현장에서 물을 이용한 소화를 시도할 경우 2차 피해가 발생할 수 있다.
④ 산소 차단이나 온도 조절이 불가능할 때 화재 현장에서 연소 가능 물질을 모두 없애면 불이 꺼질 것이다.
⑤ 전기가 더 이상 공급되지 않음을 확인했다면 전기화재라 하더라도 물을 사용하여 충분히 진압할 수 있다.

06. 다음 글의 빈칸에 들어갈 문장으로 가장 적절한 것은?

일회용 포장재로 사용되는 비닐, 플라스틱, 스티로폼이 환경오염의 주범이라는 것은 이전부터 알려진 사실이다. 환경단체는 일회용 포장재 사용을 자제할 것을 꾸준히 당부해왔으나, 구체적인 변화가 생기기 시작한 것은 비교적 최근의 일이다. 오늘날 환경과 자원 보호에 대한 윤리적 인식이 높아지고 있으며, 이에 따라 포장재 줄이기 운동이 확산되고 있다. 소비자들은 마트에서 일회용 비닐봉지 대신 장바구니를 이용하고, 되도록 포장재가 적게 쓰인 물건을 구매하기 위해 노력한다. 실제로 대형마트의 플라스틱 포장재 사용에 따른 소비자 인식 조사에 따르면 응답자 약 77%가 플라스틱 포장이 과하다고 생각하는 것으로 드러났다. 문제는 이러한 인식에도 불구하고 제품 구매 시 플라스틱 포장재 사용에 대한 소비자 선택권은 없다는 점이다. 즉 (   )
이러한 소비자들의 불편한 마음을 달래기 위해 산업 전반에서 '에코 패키지'를 통해 환경적 가치를 실천하려는 노력이 확산되고 있다. 전자업계의 경우 TV 포장재에 업사이클링을 접목하여 상자를 고양이 집 또는 수납함으로 활용할 수 있도록 제작하여 그 가치를 높였다. 또한, 포장재에 플라스틱과 비닐을 줄이고 종이 등의 친환경 소재를 이용하고 있으며, 해당 범위를 넓힐 계획이라고 덧붙였다. 식품 업계 또한 자연 분해가 빠르게 이루어지는 친환경 용기 사용을 늘리는 등 환경을 위한 다양한 시도를 하고 있다. 고객의 가치 소비에 맞추어 각종 업계의 환경 보호 노력이 이어지고 있다.

① 생활 속 불편함으로 인해 실질적인 일회용품 감소량이 적어 환경에 미치는 영향이 크지 않다는 것이다.

② 환경애호가들을 제외한 일반 소비자는 일회용 포장재를 줄이기 위한 노력에 동참하지 않는다는 것이다.

③ 판매처가 불필요한 일회용 포장재를 계속 사용하고 있어 소비자는 일회용품 소비가 불가피하다는 것이다.

④ 개별 상품을 친환경 원료로 포장할 경우 비용 부담이 커 실제로 적용하는 데 어려움이 있다는 것이다.

⑤ 일회용 포장재 사용량을 줄이더라도 소비자들의 불편한 마음을 달래기에는 역부족이라는 것이다.

07. 다음 글의 중심 내용으로 가장 적절한 것은?

> 기후 변화가 경제 시장에 타격을 입혀 금융위기까지 불러올 수 있다는 경고등이 울리고 있다. 국제결제은행 (BIS)은 이러한 기후 변화로 인한 금융위기 가능성을 '그린스완'이라고 정의하였다. 그린스완은 불확실한 위험을 뜻하는 블랙스완이 변형된 용어로, 반드시 실현되리라는 확실성이 있고 앞서 발생한 금융위기와는 비교할 수 없을 정도로 시장에 미치는 영향력이 강력하다는 점에서 그 차이가 있다. 실제로 날씨 상태가 급격하게 변화하거나 자연재해가 발생할 경우 단기간에 식료품 가격이 상승할 수 있으며, 폭염과 혹한 등 이상 기후에 의해 노동생산성이 크게 감소할 수 있다. 결과적으로 기후 변화에서 비롯된 문제들은 복합적이고 연쇄적으로 작용하여 생산성과 경제 성장에 영향을 미칠 수 있다. 이러한 문제를 해결하기 위해 이산화탄소를 배출하는 각종 화석 에너지의 사용량에 따라 세금을 부과하는 탄소세가 제시되어 왔지만, 전문가들은 탄소세로 이끌어낼 수 있는 변화에는 한계가 있다는 입장이다. 또한, 탄소세로 기후 변화를 저지할 수 있을 만큼 비율을 인상한다면 조세 부담이 커져 경제 시스템이 무너질 수 있음을 덧붙였다. 이에 따라 국제통화기금은 개별 정부가 문제 해결을 위해 능동적인 태도를 취해야 할 것을 강조하며, 친환경 사업의 투자 정도 등을 국가 평가 항목에 추가할 것이라고 밝혔다. 실제로 기후 및 환경·금융리스크를 관리하기 위해 중앙은행 및 감독기구 논의체 NGFS가 설립되었으며, 우수 리스크 관리 사례 공유 및 지속 가능 경제를 위한 지원을 진행하고 있다. 그러나 금융 당국은 이에 그치지 않고 개별 국가 간의 지속적인 협력을 통해 발생 가능성이 큰 위험을 분석하고 관련 대안을 모색해야 할 것이다.

① 탄소세 과세 비율을 높여 진행되고 있는 기후 변화를 막는 것이 우선시되어야 한다.
② 경제 위기의 핵심 논제가 되는 기후 변화 해결을 위해 세계적으로 노력해야 한다.
③ 친환경 사업의 지원금 및 투자를 확대하여 기후 변화의 영향력을 최소화해야 한다.
④ 농산물 가격 상승에 따른 피해를 최소화할 수 있도록 안정 기금을 조성해야 한다.
⑤ 경제 성장률 상승을 위해서는 기후 변화에서 파생된 문제들을 먼저 해결해야 한다.

08. 다음 글의 내용과 일치하지 않는 것은?

기업은 제품을 생산하기에 앞서 제품 가격에 따른 판매량을 예측하여 생산량을 결정한다. 이때 기업이 예측한 양만큼 판매되지 않으면 예상 이익보다 적은 이익을 얻거나 손실이 발생할 수 있다. 이 때문에 기업은 손실을 피하기 위해 최소한의 판매량을 분석하게 되는데, 이 과정에서 활용되는 것이 바로 손익분기점(Break-even point)이다. 손익분기점은 기업이 일정 기간 내 달성한 매출액과 동일 기간 내 발생한 총비용이 일치하는 지점을 의미하는데, 이를 이해하기 위해서는 먼저 기업의 매출액과 비용의 개념을 파악해야 한다.

기업의 매출액은 제품의 가격과 판매량의 곱으로 계산하며, 비용은 고정 비용과 가변 비용의 합으로 계산한다. 매출액에서 비용을 뺀 금액이 기업의 이익금이 되므로 손익분기점은 매출액과 비용이 같아지는 지점의 판매량을 통해 나타낼 수 있고, 이 판매량을 손익분기점 판매량이라 일컫는다. 손익분기점 판매량은 제품의 고정 비용/(제품 1개당 판매가격 – 제품 1개당 가변 비용)으로 산출한다. 여기서 고정 비용은 생산량이나 판매량의 변화 여부에 상관없이 바뀌지 않는 비용으로, 생산 설비에 대한 투자 비용이나 임대료, 연구 개발비 등이 고정 비용에 포함된다.

반면 가변 비용은 생산량이나 판매량에 따라 변하는 비용을 의미한다. 제품 생산 시 필요한 원자재 비용, 포장비 등이 가변 비용에 속하는데, 가변 비용은 제품의 생산량이 증가함에 따라 함께 증가한다. 고정 비용과 가변 비용을 합한 금액을 생산량으로 나누면 해당 제품의 단위당 비용을 산출할 수 있다. 마찬가지로 고정 비용과 가변 비용을 각각 생산량으로 나누면 해당 제품의 단위당 고정 비용, 단위당 가변 비용을 알 수 있다. 이러한 개념들을 바탕으로 손익분기점 판매량을 산출해 보면 단위당 고정 비용이나 단위당 가변 비용이 증가할수록 손익분기점 판매량은 커지게 됨을 예측할 수 있다.

따라서 제품 생산에 사용된 비용이 처음 예상과 달라질 경우 손익분기점 역시 달라지므로 기업의 손익분기점 분석이 유효하기 위해서는 비용 구조가 정확히 파악되었어야 할뿐더러 판매량도 정확히 예측해야 한다. 예상과 달리 실제 판매량이 손익분기점 판매량보다 적다면 손해가 발생하기 때문이다. 기업은 손익분기점 분석을 통해 제품의 판매 성과에 대한 평가, 적정한 생산 방법의 결정 등 각종 의사 결정에 필요한 자료를 얻을 수 있다.

① 기업이 제품 생산량을 늘린다면 해당 제품의 가변 비용도 함께 증가한다.

② 제품의 손익분기점은 기업이 해당 제품의 최소 생산량을 결정하는 데 영향을 미친다.

③ 손익분기점 분석의 유효성 향상을 위해서는 비용 구조를 명확히 파악해야 한다.

④ 제품의 고정 비용을 단위당 판매가격에서 단위당 가변 비용을 뺀 값으로 나누면 손익분기점 판매량을 알 수 있다.

⑤ 손익분기점 판매량의 증가는 단위당 가변 비용이 감소한 결과이다.

09. ○○공사의 홍보팀에서 근무하는 귀하는 보도자료를 작성하는 업무를 하고 있다. 언론사 등의 관련 기관에 보도자료를 전달하기 전 최종 점검하고 있다고 할 때, 귀하가 보도자료에서 수정할 내용으로 가장 적절하지 않은 것은?

세종시에 국내 최대 '모듈러 주택' 단지 들어선다

정부에서 공사 기간 단축이 가능하고 건설단계에서 탄소 및 폐기물 배출량을 줄일 수 있는 '모듈러 주택'의 공급을 ㉠확산된다.

국토교통부와 한국토지주택공사는 지난 19일 세종시 6-3 생활권에서 모듈러 통합 공공임대주택 단지 착공식을 ㉡개채했다고 밝혔다. '모듈러 주택'은 외벽체·창호·전기배선·배관·욕실·주방 기구 등 자재와 부품의 70~80%를 공장에서 박스 형태로 사전 제작해 현장에 운반한 뒤 설치하는 탈현장 건설공법(OSC, Off-Site Construction)을 활용한 주택이다. 국토교통부에 따르면 모듈러 주택은 기존 철근콘크리트 공법 대비 30% 정도 공사 기간을 단축할 수 ㉢있을뿐더러 건설단계에서 탄소 및 폐기물 배출량을 줄이고 고질적인 건설업의 낮은 생산성, 인력난, 안전·품질 문제 등을 극복할 수 있는 혁신적인 주택이라고 한다.

이날 ㉣준공해 2024년 하반기 입주 예정인 세종시 6-3 생활권 UR1·UR2 모듈러 통합공공임대주택 단지는 지상 7층 4개 동으로 지어지며, 모든 평형이 전용면적 21~44m² 규모, 416가구로 이뤄진다. 이는 모듈러 방식으로 시공하는 주택 중 세대수를 기준으로 할 때, 국내 최대 규모에 해당한다.

이번 모듈러 주택은 다양한 입면과 충분한 채광을 확보하기 위해 복층 테라스 세대를 도입해 계단식 입면을 구성하는 등 쾌적한 주거 성능을 제공한다는 평가를 받는다. (㉤) 미관과 도시경관 측면에서도 모듈러 주택의 특징과 장점을 살렸다는 평가를 받고 있다.

※ 출처: 국토교통부(2022-09-19 보도자료)

---

① 주술 관계의 호응을 고려해 ㉠을 '확산한다'로 고쳐 쓴다.
② 표기법이 잘못된 ㉡은 '개최'로 수정한다.
③ 띄어쓰기가 올바르지 않은 ㉢은 '있을 뿐더러'로 띄어 쓴다.
④ 문맥상 잘못된 단어가 사용된 ㉣은 '착공'으로 바꿔 쓴다.
⑤ 앞뒤 문장의 자연스러운 연결을 위해 ㉤에는 '그리고'를 넣는다.

10. 다음 글의 제목으로 가장 적절한 것은?

> 두통은 남성의 57~75%, 여성의 65~80%가 경험하는 매우 흔한 증상이다. 특별한 질병 없이 나타나는 1차성 두통과 뇌종양, 뇌출혈, 뇌염, 뇌수막염 등의 질병으로 인해 나타나는 2차성 두통으로 나뉜다. 1차성 두통은 다시 긴장성 두통, 편두통, 군발성 두통으로 구분할 수 있다.
>
> 긴장성 두통과 편두통의 발생 원인은 아직 명확하게 밝혀지지 않았다. 다만, 긴장성 두통은 정신적 및 신체적 스트레스, 우울증, 약한 목 등으로 인하여 머리를 지탱하고 있는 목덜미 부분에 발생한 근육긴장이 두통으로 이어지는 것으로 보고 있다. 편두통의 경우 유전 또는 환경 요인에 의해 발생한다는 신경 이론이 원인으로 제기되고 있으며, 특히 가족력을 보이는 경향은 유전 요인과 관련되어 있을 것이라는 주장에 더욱 힘을 싣고 있다. 긴장성 두통이 발생하면 주로 관자놀이와 목덜미, 머리 뒤쪽, 어깨 등이 뻐근하고 조이는 증상을 보이며, 아침보다 저녁에 강하지만 그 강도가 강한 편은 아니다.
>
> 한편, 편두통은 전조 증상 유무에 따라 구분된다. 다만 시각 증상, 감각 증상, 언어 증상 등 다양한 양상의 신경학적 증상과 같은 전조 증상이 동반되지 않는 무조짐 편두통이 가장 흔하게 나타난다. 두 가지 두통 모두 스트레스를 해소하고 안정을 취하는 것이 가장 효과적이나 해결이 쉽지 않을 때는 약물로 치료하는 것이 좋다. 약물 치료가 아니더라도 통증 완화를 위하여 조용하고 어두운 방에서 안정을 취하는 비약물 요법을 사용하기도 한다.
>
> 편두통의 일종으로 알려진 군발성 두통은 대개 여성에게서 증상을 보이는 다른 두통들과 달리 남성에게서 많이 발생한다. 시상하부, 뇌하수체, 부신 축의 변화로 통증이 발생한다고 보는 설, 얼굴의 감각을 담당하는 3차 신경과 신경혈관의 관계로 통증이 발생한다고 보는 설 등이 군발성 두통의 발생 원인으로 알려져 있다. 눈물 흘림, 결막 충혈, 코막힘, 콧물 등의 자율신경 증상이 동반되고 심한 두통이 주기적으로 나타나며 1회의 군발 기간이 수주일 혹은 수개월 동안 지속되지만, 해당 증상이 사라진 후에는 수개월에서 수년 정도 두통을 경험하지 않는 것이 특징이다. 치료제로는 안면 마스크를 통해 산소를 흡입하거나 트립탄 또는 다이하이드로 에르고타민 주사가 사용되며, 이때 중증의 통증이 빈번하게 발생하여 정상적인 일상생활을 하지 못할 때는 프레드니손 등과 같은 약물로 예방할 수 있다.

① 두통 증상별 치사율

② 2차성 두통별 증상 및 치료법

③ 1차성 두통과 2차성 두통의 분류 기준

④ 1차성 두통의 종류 및 특징

⑤ 두통 종류와 성별의 상관관계

11. 다음은 5월 한 달 동안 인사팀, 기획팀, 경영팀, 법무팀에서 a~c 업체에 복사 용지를 주문한 비율이다. 5월 한 달 동안 복사 용지 주문량은 인사팀이 380장, 기획팀이 140장, 경영팀이 170장, 법무팀이 260장일 때, b 업체에서 주문한 복사 용지는 총 몇 장인가?

구분	인사팀	기획팀	경영팀	법무팀
a 업체	35%	35%	30%	45%
b 업체	25%	40%	40%	25%
c 업체	40%	25%	30%	30%

① 272장　　② 284장　　③ 316장　　④ 350장　　⑤ 396장

12. 한 사람이 동시에 신청할 수 없는 A 청약과 B 청약의 당첨률은 각각 a%, 42%이고, 청약 신청기간 동안 청약에 신청한 사람의 수는 A 청약이 B 청약의 1.8배이다. 청약 신청기간이 지나고 A 청약 또는 B 청약에 신청한 사람 중 1명의 당첨자를 뽑았을 때, A 청약에 신청한 사람일 확률이 $\frac{15}{29}$라면 a의 값은? (단, A 청약과 B 청약의 청약 신청기간과 청약 당첨 발표 날짜는 동일하다.)

① 15　　② 18　　③ 21　　④ 25　　⑤ 29

13. A 은행에는 현재 고객이 N명 있으며, 고객은 1분당 K명만큼 증가한다. 모든 고객의 일을 처리하는 데 1개의 창구만 사용하는 경우 40분, 2개의 창구를 사용하는 경우 16분이 소요된다고 할 때, 3개의 창구를 사용하는 경우 소요되는 시간은? (단, 창구별 일 처리 능력은 동일하다.)

① 5분　　② 8분　　③ 10분　　④ 11분　　⑤ 12분

14. 다음은 저작물 종류별 저작권 등록 현황에 대한 자료이다. 자료에 대한 설명으로 적절하지 않은 것은?

[저작물 종류별 저작권 등록 현황]

(단위: 건)

구분	2016년	2017년	2018년	2019년	2020년
어문	4,616	4,155	4,481	4,858	5,907
음악	1,820	2,085	2,229	2,037	2,610
연극	48	126	55	123	73
미술	11,344	11,325	13,403	16,149	21,237
건축	91	74	66	67	89
사진	508	1,114	1,123	1,238	1,492
영상	1,089	1,159	2,098	1,943	1,915
도형	450	484	466	704	992
편집	3,045	3,566	2,985	3,060	4,423
2차적 저작물	799	492	623	1,353	1,456
컴퓨터 프로그램	14,502	15,180	16,210	15,198	18,650
합계	38,312	39,760	43,739	46,730	58,844

※ 출처: KOSIS(한국저작권위원회, 저작권통계)

① 2020년 도형의 저작권 등록 건수는 2016년 대비 2배 이상 증가하였다.

② 제시된 기간 동안 평균 저작권 등록 건수는 미술이 컴퓨터 프로그램보다 더 많다.

③ 2018년 편집의 저작권 등록 건수가 전체 저작권 등록 건수에서 차지하는 비중은 5% 이상이다.

④ 제시된 기간 동안 어문의 저작권 등록 건수는 매년 사진의 저작권 등록 건수의 3배 이상이다.

⑤ 2017년 이후 저작권 등록 건수가 매년 전년 대비 증가한 저작물 종류는 총 1개이다.

[15–16] 다음은 도로별 연평균 일 교통량에 대한 자료이다. 각 물음에 답하시오.

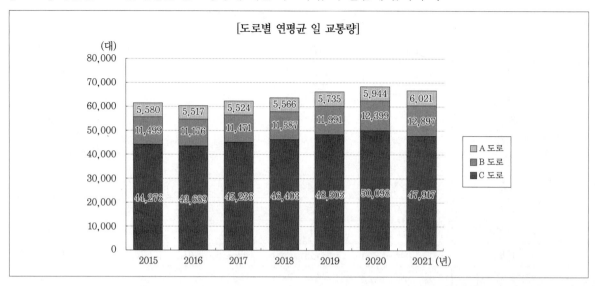

15. 2016년 대비 2021년 B 도로의 연평균 일 교통량의 증가율과 C 도로의 연평균 일 교통량의 증가율 차이는 약 얼마인가?

① 5.7%p　　　② 6.5%p　　　③ 7.0%p　　　④ 8.7%p　　　⑤ 9.5%p

16. 위의 자료와 도로별 연평균 일 교통사고 발생 건수 및 교통사고 발생 건수당 교통량에 대한 자료를 모두 고려하였을 때, 다음 중 자료에 대한 설명으로 적절한 것은?

[도로별 연평균 일 교통사고 발생 건수 및 교통사고 발생 건수당 교통량]

구분	2020년		2021년	
	연평균 일 교통사고 발생 건수(건)	연평균 일 교통사고 발생 건수당 교통량(대)	연평균 일 교통사고 발생 건수(건)	연평균 일 교통사고 발생 건수당 교통량(대)
A 도로	16	( )	( )	223
B 도로	( )	826.6	18	( )
C 도로	( )	12,524.5	( )	9,583.4

① B 도로의 연평균 일 교통사고 발생 건수당 교통량은 2020년이 2021년보다 100대 이상 더 많다.

② 2021년 A 도로의 연평균 일 교통사고 발생 건수는 전년 대비 10건 증가하였다.

③ 2021년 C 도로의 연평균 일 교통사고 발생 건수는 2020년 C 도로의 연평균 일 교통사고 발생 건수와 같다.

④ 2021년 B 도로의 연평균 일 교통사고 발생 건수는 전년 대비 25% 이상 증가하였다.

⑤ 2020년 도로별 연평균 일 교통사고 발생 건수당 교통량은 A 도로가 가장 많다.

17. A 학교에서는 학생의 학번을 정할 때 다음과 같은 조건으로 정한다고 한다. 다음 조건을 만족하는 학생의 학번으로 가능한 경우의 수는?

> • 학생의 학번은 총 4자리이다.
> • 학번 각 자리 숫자는 1~9까지 숫자를 중복하지 않고 사용한다.
> • 학번 각 자리 숫자의 곱은 20의 배수이다.

① 320가지　　② 480가지　　③ 640가지　　④ 800가지　　⑤ 960가지

18. 다음은 과목별 사교육비 총액에 대한 자료이다. 자료에 대한 설명으로 적절하지 않은 것을 모두 고르면?

[과목별 사교육비 총액]

(단위: 억 원)

구분	2020년			2021년		
	초등학교	중학교	고등학교	초등학교	중학교	고등학교
국어	5,173	3,018	7,823	6,394	4,057	8,820
영어	22,951	19,413	17,544	30,837	22,550	18,010
수학	15,805	20,927	23,228	19,962	24,076	23,318
논술	3,704	1,560	730	4,875	1,912	731
컴퓨터	308	190	235	728	277	256
제2외국어	989	425	414	1,275	493	361
음악	8,641	1,552	2,239	13,053	1,614	2,188
미술	3,375	755	2,829	5,686	907	3,322
체육	11,270	2,686	1,905	17,373	3,196	1,630

※ 출처: KOSIS(교육부, 초중고사교육비조사)

> ㉠ 2021년 고등학교의 국어 사교육비 총액은 전년 대비 10% 이상 증가하였다.
> ㉡ 제시된 기간 동안 중학교의 평균 컴퓨터 사교육비 총액은 240억 원 이상이다.
> ㉢ 중학교 사교육비의 총액이 4,000억 원 이상인 과목의 수는 2020년과 2021년이 동일하다.
> ㉣ 2021년 초등학교의 과목별 사교육비 총액은 모든 과목에서 전년 대비 증가하였다.

① ㉡　　② ㉠, ㉣　　③ ㉡, ㉢　　④ ㉢, ㉣　　⑤ ㉠, ㉡, ㉢

19. 다음은 지역별 의료 인력 현황에 대한 자료이다. 자료에 대한 설명으로 적절한 것은?

[지역별 의료 인력 현황]

(단위: 명)

구분	2016년	2017년	2018년	2019년	2020년
서울특별시	101,142	103,941	107,232	114,861	118,497
경기도	77,429	81,651	86,060	91,723	98,513
강원도	10,721	11,042	11,373	12,115	12,525
충청북도	9,667	10,074	10,654	11,258	11,446
충청남도	12,275	12,844	13,168	14,122	14,417
전라북도	15,147	15,647	16,297	16,821	17,277
전라남도	15,045	15,380	16,040	16,775	16,872
경상북도	17,160	17,851	18,267	19,165	19,271
경상남도	24,002	25,142	26,074	27,744	28,757
제주특별자치도	4,809	5,079	5,317	5,575	5,706

※ 출처: KOSIS(국민건강보험공단, 지역별의료이용통계)

① 경상북도 의료 인력의 전년 대비 증가율은 2018년이 2019년보다 더 크다.

② 2020년 전라남도 의료 인력의 전년 대비 증가량과 같은 해 경상북도 의료 인력의 전년 대비 증가량은 동일하다.

③ 2017년 경기도와 제주특별자치도의 평균 의료 인력은 45,000명 이상이다.

④ 2016년 경기도와 경상남도 의료 인력의 합은 같은 해 서울특별시의 의료 인력보다 더 많다.

⑤ 제시된 기간 동안 충청남도의 의료 인력이 처음으로 13,000명을 넘은 해에 충청북도의 의료 인력도 처음으로 10,000명을 넘었다.

20. 승용이는 주사위를 던져 짝수가 나오면 1점을 얻는 게임을 하였다. 주사위를 총 5번 던져 3점 이상을 얻어야 게임에서 우승할 때, 승용이가 주사위 게임에서 우승하지 못할 확률은? (단, 홀수가 나올 경우 얻거나 잃는 점수는 없다.)

① $\frac{5}{32}$　　　② $\frac{7}{16}$　　　③ $\frac{1}{2}$　　　④ $\frac{9}{16}$　　　⑤ $\frac{21}{32}$

21. ○○주식회사는 올해 8월 ○○단지 아파트 재개발을 위한 정비 협력업체를 선정하려고 한다. 각 평가 기준에 따른 점수와 협력업체 선정 기준을 참고할 때, 선정될 협력업체는?

[협력업체 평가 점수]

(단위: 점)

구분	평가 기준			
	제안서	비용	장비	기술
A 업체	75	70	64	74
B 업체	82	80	67	73
C 업체	79	85	72	68
D 업체	80	80	72	50
E 업체	85	60	85	97

[협력업체 선정 기준]

1. 최종 점수는 70점 이상, 비용 점수는 80점 이상이어야 한다.
   ※ 최종 점수는 장비와 기술 점수를 각각 30%, 제안서와 비용 점수를 각각 20%의 가중치를 두고 계산하여 합산한 값이다.
2. 위 기준을 통과하는 업체가 2개 이상일 경우 제안서, 비용, 장비, 기술 점수를 모두 합산한 점수가 큰 업체를 협력업체로 선정한다.

① A 업체   ② B 업체   ③ C 업체   ④ D 업체   ⑤ E 업체

22. 담력 체험에 A~H 8명이 참여하였다. 다음 조건을 모두 고려하였을 때, 항상 옳은 것은?

- 남자 1명과 여자 1명이 한 조를 이루고, 1조부터 4조까지 편성하여 숫자가 낮은 조부터 먼저 입장한다.
- A, B, C, D는 남자이고, E, F, G, H는 여자이다.
- B는 F와 한 조이며, D는 E와 한 조이다.
- C는 D보다 먼저 입장한다.
- E가 속한 조는 G가 속한 조보다 숫자가 1 높다.
- A는 1조이다.

① H는 1조이다.
② C는 3조이다.
③ B는 E보다 먼저 입장한다.
④ D는 2조이다.
⑤ G는 2조이다.

23. 해진이는 이삿짐센터를 이용하여 새집으로 이사를 가려고 한다. 다음 제시된 이삿짐센터 정보와 선정 조건을 고려하였을 때, 10/8(금)에 이사하는 해진이가 이용할 이삿짐센터는?

[이삿짐센터 정보]

구분	가격	이사 소요 시간	파손 보험 가입 여부	휴일
A 센터	650,000원	6시간 30분	○	매주 화요일
B 센터	700,000원	6시간	○	–
C 센터	650,000원	8시간	○	–
D 센터	630,000원	7시간	○	매주 금요일
E 센터	680,000원	5시간	×	–

[이삿짐센터 선정 조건]

- 파손 보험에 가입한 이삿짐센터를 이용한다.
- 이사 소요 시간은 7시간을 초과해서는 안 된다.
- 위 조건을 만족하는 이삿짐센터 중 가격이 가장 저렴한 이삿짐센터를 이용한다.

① A 센터　　　② B 센터　　　③ C 센터　　　④ D 센터　　　⑤ E 센터

24. 5인승 승용차에 A~E가 탑승하였다. 다음 조건을 모두 고려하였을 때, 항상 옳은 것은?

- 다섯 명의 직급 중 A의 직급이 가장 높으며 B, C, D, E로 갈수록 직급이 낮아져 E의 직급이 가장 낮다.
- 운전석에 앉을 수 있는 사람은 A와 D뿐이다.
- 운전석과 조수석 사이에는 아무도 앉지 않는다.
- 뒷좌석에 앉는 사람 중 직급이 가장 낮은 사람이 중앙석에 앉는다.
- B와 C 중 한 명만 조수석에 앉는다.
- 운전석에 앉는 사람은 운전석 바로 뒤에 앉는 사람보다 직급이 높다.

앞좌석	운전석		조수석
뒷좌석		중앙석	

① 운전석에는 D가 앉는다.

② 조수석에는 C가 앉는다.

③ B는 A 뒤에 앉는다.

④ D는 C 뒤에 앉는다.

⑤ 중앙석에는 E가 앉는다.

25. 다음은 10월 근무 규정과 한 사무실에서 근무하는 직원 A, B, C, D, E의 휴가 및 출장 계획에 관한 내용이다. 5명은 모두 출장을 가지 않는 날에 휴가를 사용하며, 출장을 가는 날에는 사무실에서 근무하지 않는다. 제시된 조건을 모두 고려하여 C가 마지막으로 휴가 일정을 잡으려고 할 때, 다음 중 C가 휴가를 사용할 수 있는 날은?

[10월 근무 규정]

- 모든 직원은 휴가를 공휴일 및 주말을 제외한 날에 3일씩 사용하고, 휴가는 같은 주에만 사용해야 한다.
- 10월에 진행하는 사내 교육에는 모든 직원이 참석해야 하며, 사내 교육은 근무 시간 내내 진행될 예정이다.
- 사내 교육을 진행하는 날을 제외하고 사무실에는 5명 중 최소 3명의 직원이 근무해야 한다.

일	월	화	수	목	금	토
	1	2	3	4	5	6
			개천절			
7	8	9	10	11	12	13
		한글날				
14	15	16	17	18	19	20
21	22	23	24	25	26	27
	사내 교육					
28	29	30	31			

[직원별 휴가 및 출장 계획]

- A는 2일, 4일, 5일에 휴가를 사용하고, 23일, 24일, 30일에 출장을 가려고 한다.
- B는 10일, 11일, 19일에 출장을 가고, 29일, 30일, 31일에 휴가를 사용하려고 한다.
- C는 4일, 5일, 26일에 출장을 가려고 한다.
- D는 15일, 16일, 17일에 휴가를 사용하고, 24일, 25일, 26일에 출장을 가려고 한다.
- E는 10일, 11일, 12일에 휴가를 사용하고, 16일, 17일, 18일에 출장을 가려고 한다.

① 1일, 2일, 4일   ② 8일, 11일, 12일   ③ 15일, 18일, 19일
④ 22일, 23일, 25일   ⑤ 29일, 30일, 31일

26. 다음은 청탁금지법의 일부이다. 제시된 자료를 참고할 때, 청탁금지법 위반 사례로 적절하지 않은 것은?

제5조(부정청탁의 금지)

① 누구든지 직접 또는 제3자를 통하여 직무를 수행하는 공직자 등에게 다음 각호의 어느 하나에 해당하는 부정청탁을 해서는 아니 된다.

  1. 인가·허가·면허·특허·승인·검사·검정·시험·인증·확인 등 법령에서 일정한 요건을 정하여 놓고 직무관련자로부터 신청을 받아 처리하는 직무에 대하여 법령을 위반하여 처리하도록 하는 행위

  2. 인가 또는 허가의 취소, 조세, 부담금, 과태료, 과징금, 이행강제금, 범칙금, 징계 등 각종 행정처분 또는 형벌부과에 관하여 법령을 위반하여 감경·면제하도록 하는 행위

  3. 모집·선발·채용·승진·전보 등 공직자 등의 인사에 관하여 법령을 위반하여 개입하거나 영향을 미치도록 하는 행위

  4. 법령을 위반하여 각종 심의·의결·조정 위원회의 위원, 공공기관이 주관하는 시험·선발 위원 등 공공기관의 의사결정에 관여하는 직위에 선정 또는 탈락하도록 하는 행위

  5. 공공기관이 주관하는 각종 수상, 포상, 우수기관 선정 또는 우수자·장학생 선발에 관하여 법령을 위반하여 특정 개인·단체·법인이 선정 또는 탈락하도록 하는 행위

  6. 입찰·경매·개발·시험·특허·군사·과세 등에 관한 직무상 비밀을 법령을 위반하여 누설하도록 하는 행위

  7. 계약 관련 법령을 위반하여 특정 개인·단체·법인이 계약의 당사자로 선정 또는 탈락하도록 하는 행위

  8. 보조금·장려금·출연금·출자금·교부금·기금 등의 업무에 관하여 법령을 위반하여 특정 개인·단체·법인에 배정·지원하거나 투자·예치·대여·출연·출자하도록 개입하거나 영향을 미치도록 하는 행위

  9. 공공기관이 생산·공급·관리하는 재화 및 용역을 특정 개인·단체·법인에게 법령에서 정하는 가격 또는 정상적인 거래관행에서 벗어나 매각·교환·사용·수익·점유하도록 하는 행위

  10. 각급 학교의 입학·성적·수행평가·논문심사·학위수여 등의 업무에 관하여 법령을 위반하여 처리·조작하도록 하는 행위

  11. 병역판정검사, 부대 배속, 보직 부여 등 병역 관련 업무에 관하여 법령을 위반하여 처리하도록 하는 행위

② 제1항에도 불구하고 다음 각호의 어느 하나에 해당하는 경우에는 이 법을 적용하지 아니한다.

  1. 「청원법」, 「민원사무 처리에 관한 법률」, 「행정절차법」, 「국회법」 및 그 밖의 다른 법령·기준에서 정하는 절차·방법에 따라 권리침해의 구제·해결을 요구하거나 그와 관련된 법령·기준의 제정·개정·폐지를 제안·건의하는 특정한 행위를 요구하는 행위

  2. 공개적으로 공직자 등에게 특정한 행위를 요구하는 행위

  3. 선출직 공직자, 정당, 시민단체 등이 공익적인 목적으로 제3자의 고충 민원을 전달하거나 법령·기준의 제정·개정·폐지 또는 정책·사업·제도 및 그 운영 등의 개선에 관하여 제안·건의하는 행위

  4. 공공기관에 직무를 법정기한 안에 처리하여 줄 것을 신청·요구하거나 그 진행 상황·조치결과 등에 대하여 확인·문의 등을 하는 행위

  5. 직무 또는 법률관계에 관한 확인·증명 등을 신청·요구하는 행위

  6. 질의 또는 상담형식을 통하여 직무에 관한 법령·제도·절차 등에 대하여 설명이나 해석을 요구하는 행위

  7. 그 밖에 사회상규(社會常規)에 위배되지 아니하는 것으로 인정되는 행위

① △△시 중학교 체육 교사 갑은 학생주임인 A 교사의 부탁을 받아 B 학생의 수행평가 점수를 상향 조정하였다.

② △△시 공무원인 을은 자신이 싫어하는 동창이 운영하는 C 회사가 우수기관 후보로 논의되자 평가 담당자에게 이를 전달하였고, 그 결과 C 회사는 최종 우수기관 선정 단계에서 탈락하였다.

③ △△시 사회복지사인 병은 지인 D의 가족이 금전적인 어려움을 호소하자 D가 근로장려금을 받을 수 있도록 D의 소득 중 일부를 조작하였다.

④ △△시 시장인 정은 인사고과 평가 기간에 소속 공무원 E의 근무성적 점수를 올리도록 부시장에게 지시했고, 이후 7급 주사보였던 E는 6급 주사로 승진하였다.

⑤ △△대학교 옆에서 원룸 임대업을 하는 무는 해당 지역에 청년임대주택을 건설하겠다는 취지의 법안을 발한 국회의원 F에게 찾아가 해당 법안에 대한 반대 의지를 강력하게 표명하였다.

27. 행사에 내빈 A~F 6명이 참석하였다. 다음 조건을 모두 고려하였을 때, 항상 옳은 것은?

- 1행에 있는 사람은 식장에서 가려지지 않으며, 2행에 있는 사람은 같은 열 1행에 사람이 있다면 가려진다.
- F는 2행 3열 자리에 위치한다.
- A, B, E는 1행에 위치한다.
- B와 C는 한 행 내에서 이웃하여 위치한다.
- D와 E는 다른 행에 위치한다.
- A와 B 뒤에는 사람이 있다.
- A는 1열에 위치하고, E는 5열에 위치한다.

구분	1열	2열	3열	4열	5열
2행					
1행					

① F 바로 옆자리에는 사람이 있다.

② A 바로 옆자리에는 사람이 있다.

③ E 바로 옆자리에는 사람이 있다.

④ 2행에는 3명이 위치한다.

⑤ 1행에는 4명이 위치한다.

28. 다음은 △△공사의 고졸 기능인재 채용 공고문과 지원자 관련 정보이다. 제시된 내용을 근거로 판단할 때, 갑~무 중 최종 합격자로 선정될 사람은?

[△△공사 고졸 기능인재 채용 공고]

1. 지원자격

1) 만 17세 이상인 자
2) 아래 자격증 중 1개 이상 소지자
   - 전산회계 3급 이상
   - 전산회계운용사 3급 이상
   - 주택관리사

2. 전형 단계

구분	배점	평가 내용
서류전형	100점	자기소개서(70점)
		직무수행계획서(30점)
필기전형	100점	직업기초능력평가(50문항/60분)
면접전형	100점	AI 면접(10점)
		PT 면접(50점)
		인성 면접(40점)

※ 서류전형, 필기전형, 면접전형을 모두 치른 후 가산점을 더한 전형별 최종 점수의 총합이 가장 높은 지원자를 최종 합격자로 선정함

3. 전형별 가산점 부여 기준

1) 서류전형: 소속학교에서의 평균 석차 비율이 아래에 해당하는 경우

구분	가산점
상위 10% 미만	10점
상위 10% 이상 20% 미만	5점
상위 20% 이상 30% 미만	3점

※ 전학생의 평균 석차 비율: (전학 전 소속학교에서의 평균 석차 비율×전학 전과 전학 후 소속학교의 동급생 수의 합에서 전학 전 소속학교의 동급생 수가 차지하는 비중)+(전학 후 소속학교에서의 평균 석차 비율×전학 전과 전학 후 소속학교의 동급생 수의 합에서 전학 후 소속학교의 동급생 수가 차지하는 비중)

2) 공통사항: 취업지원대상자에 해당하는 경우
   - 모든 전형에서 전형별 만점의 5%를 가산점으로 부여함
     ※ 서류전형 가산점과 중복 적용 가능함

[갑~무의 이력 및 전형별 점수]

구분		갑	을	병	정	무
서류전형 점수	자기 소개서	63점	66점	60점	64점	59점
	직무수행 계획서	25점	29점	30점	27점	28점
필기전형 점수		88점	76점	91점	85점	86점
면접전형 점수	AI 면접	9점	8점	7점	9점	10점
	PT 면접	40점	41점	40점	38점	45점
	인성 면접	39점	36점	35점	34점	37점
특이사항		• 평균 석차 비율 - 전학 전: 상위 12% - 전학 후: 상위 6% • 동급생 수 - 전학 전: 150명 - 전학 후: 300명	• 평균 석차 비율 - 상위 12% • 취업지원 대상자	• 평균 석차 비율 - 상위 21%	• 평균 석차 비율 - 상위 32% • 취업지원 대상자	• 평균 석차 비율 - 상위 35%

① 갑   ② 을   ③ 병   ④ 정   ⑤ 무

29. 다음은 복권기금 꿈사다리 장학사업에 대한 안내문이다. 다음 안내문을 근거로 판단한 내용으로 적절하지 않은 것은? (단, 제시되지 않은 사항은 고려하지 않는다.)

[복권기금 꿈사다리 장학사업 안내]

1. 복권기금 꿈사다리 장학사업이란?
　－ 역량과 잠재력을 갖춘 저소득층 우수 중·고등학생을 선발하여 대학까지 연계 지원하는 국가 장학사업

2. 선발 대상
　－ 학교에 재학 중인 기초생활수급자·법정 차상위계층·한부모가족 지원대상자인 저소득층 중·고등학생
　　※ 대학생은 별도의 선발 없이 고등학교 3학년 장학생이 대학 진학 시에도 소득 수준에 변화가 없는 경우 계속해서 지원함(SOS 장학금 제외)

3. 지원 유형
　1) 꿈 장학금: 학교에서 추천한 저소득층 우수 중·고등학생 선발·지원
　2) 재능 장학금: 특화된 재능을 보유한 저소득층 중·고등학생 선발·지원
　3) SOS 장학금: 소득 수준과 무관하게 긴급구난 사유가 있는 중·고등학생 선발·지원

4. 지원 조건
　1) 꿈 장학금: 교과 및 비교과 기준을 모두 충족하는 자
　2) 재능 장학금: 비교과 기준만을 충족하는 자
　3) SOS 장학금: 「긴급복지지원법」 제2조의 '위기상황'에 해당하여 소득 상실, 재난 등의 사유가 있는 자

5. 지원 내용
　1) 선발 인원
　　① 꿈 장학금: 1,836명
　　② 재능 장학금: 364명
　　③ SOS 장학금: 600명
　　※ 꿈 장학금은 지역별로, 재능 장학금은 전국 단위로 선발하며, SOS 장학금은 1차와 2차 각각 300명을 선발함
　2) 기간
　　① 꿈 장학금: 선발 시부터 대학 졸업 시까지
　　② 재능 장학금: 선발 시부터 대학 졸업 시까지
　　③ SOS 장학금: 10개월
　3) 혜택
　　① 꿈 장학금: 매월 학업 장려비 지원(중학생 25만 원, 고등학생 35만 원, 대학생 45만 원), 교육 프로그램 전체 지원
　　② 재능 장학금: 매월 학업 장려비 지원(중학생 25만 원, 고등학생 35만 원, 대학생 45만 원), 교육 프로그램 전체 지원
　　③ SOS 장학금: 매월 학업 장려비 지원(중·고등학생 30만 원), 심리안정 프로그램 지원

[참고] 교육 프로그램

구분	프로그램 내용
1:1 멘토링	교사·지역사회 전문가 등으로 구성된 멘토가 중·고등 장학생에게 멘토링 지원
복권기금 꿈사다리 페스티벌	장학 증서 수여식, 명사 특강, 직업 체험, 장학생 간 교류 등 장학생 참여형 교육 체험 프로그램 제공
진료역량 개발 컨설팅	개별 장학생 학년·학제별 맞춤형 진로·진학·취업·창업 컨설팅 지원
심리안정 프로그램	장학생의 고민, 심리적 불안감 등에 대한 전문가 심리상담 지원

① 긴급복지지원법에 따라 위기 상황에 처한 고등학생이 SOS 장학금 대상자로 선발된다면 일 년 미만의 기간 동안 지원받을 수 있다.

② 고등학교 3학년의 재능 장학금 대상자가 대학생이 되는 경우 소득 수준에 변화가 없다면 그 외 추가 조건 없이 기존 장학금에서 10만 원을 더한 금액을 지원받을 수 있다.

③ 지역마다 장학금 선발 인원이 정해진 유형에 지원하고자 하는 사람의 지원 조건은 교과 기준 충족 여부와 무관하다.

④ 매월 30만 원의 학업 장려비를 지원받던 중학생이 대학에 진학하더라도 어떤 사유로든 해당 장학금을 지원 받을 수 없다.

⑤ SOS 장학금을 지원받는 중학생은 지역사회 전문가, 선생님 등에게 멘토링을 받을 수 있는 프로그램은 지원 받지 못한다.

30. K 대학교에 재학 중인 3학년 A 씨는 국가 장학금 신청을 위해 가구 소득인정액을 알아보고자 한다. 가구 소득인정액 산정 기준과 A 씨 가구의 소득 및 재산을 고려할 때, A 씨 가구의 가구 소득인정액은? (단, A 씨 가구는 A 씨 본인과 A 씨의 아버지, 어머니로만 구성되어 있다.)

[가구 소득인정액 산정 기준]

1. 가구 소득인정액 산정 방식
   - 가구 소득인정액 = 월 소득 평가액 + 재산의 월 소득 환산액 - 형제·자매 수에 따른 공제액

2. 월 소득 평가액
   - 공제금액을 제외한 가구의 근로소득, 사업소득, 재산소득, 연금소득 등을 월 기준으로 합산한 금액
   - 소득공제
     1) 신청인의 근로 및 사업소득의 경우 130만 원을 정액공제
     2) 신청인 및 가구원의 일용근로소득의 경우 소득의 50%를 정률공제
        ※ 1) 신청인의 경우 정액공제 금액과 정률공제 금액 중 더 큰 금액을 적용함
           2) 소득공제 후 월 소득이 음수인 경우 0원으로 처리함

3. 재산의 월 소득 환산액
   - 재산의 월 소득 환산액 = 일반재산의 월 소득 환산액 + 금융재산의 월 소득 환산액 + 자동차의 월 소득 환산액
     1) 일반재산의 월 소득 환산액: (일반재산 - 기본재산액 - 부채) × 1.4%
        ※ 1) 기본재산액은 6,900만 원으로 계산함
           2) 기본재산액 공제 및 부채 차감 후 일반재산이 음수일 경우 0원으로 처리함
     2) 금융재산의 월 소득 환산액: 금융재산 × 2.1%
     3) 자동차의 월 소득 환산액: 자동차 금액 × 1.4%

4. 형제·자매 수에 따른 공제액
   - (본인 포함 형제 및 자매 수 - 2) × 40만 원
     ※ 3명 이상의 자녀를 둔 다자녀 가구의 미혼 학생에게만 적용됨

[A 씨 가구의 소득 및 재산]

구분		A 씨	부(父)	모(母)
월 소득		120만 원(상시근로소득)	450만 원(사업소득)	280만 원(일용근로소득)
재산	일반	없음	38,000만 원(주택)	20,000만 원(임차보증금)
	금융	없음	1,000만 원(증권)	3,000만 원(주식)
	자동차	없음	3,000만 원	없음
부채		310만 원	13,000만 원	5,000만 원

① 11,280,700원   ② 11,750,600원   ③ 12,476,400원   ④ 12,674,600원   ⑤ 13,010,800원

31. 주택용 전력을 사용하는 Y 씨는 2월 주택용 전력 전기요금으로 87,400원을 납부하였으며, 같은 해 3월과 4월에 각각 320kWh, 410kWh의 주택용 전력을 사용하였다. 다음 자료를 고려하였을 때, Y 씨에게 부과될 4월 주택용 전력 전기요금은? (단, 소수점 첫째 자리에서 반올림하여 계산한다.)

[주택용 전력 기본요금]

구분	기본요금(원/호)
200kWh 이하	910
200kWh 초과 400kWh 이하	1,600
400kWh 초과	7,300

[주택용 전력 전력량요금]

구분	전력량요금(원/kWh)
처음 200kWh까지	93.2
다음 200kWh까지	187.8
400kWh 초과분	280.5

※ 1) 당월 청구 주택용 전력 전기요금 = 전기요금계 + 부가가치세 + 전력산업기반기금 − 전월 납부한 주택용 전력 전기요금의 1%
2) 전기요금계 = 기본요금 + 전력량요금
3) 부가가치세는 전기요금계의 10%로 하며 소수점 첫째 자리에서 반올림하여 계산함
4) 전력산업기반기금은 전기요금계의 3.7%로 하며 10원 미만은 절사하여 계산함

① 68,258원　　　② 70,204원　　　③ 71,806원　　　④ 74,908원　　　⑤ 77,104원

32. 주현이는 인테리어 업체에 벽면 면적 45m²에 대한 도배 공사를 의뢰하려고 한다. 인테리어 업체 정보를 토대로 판단한 내용으로 옳지 않은 것은?

[인테리어 업체 정보]

구분	1m²당 작업시간	시간당 작업비용
가 인테리어	15분	50,000원
나 인테리어	20분	40,000원
다 인테리어	30분	30,000원

[인테리어 공사 수칙]

- 여러 업체가 동시에 참가하는 경우, 각 업체가 작업하는 시간은 동일하고, 작업하는 면은 겹치지 않음
- 업체별 1m²당 작업시간은 항상 일정함
- 모든 업체는 작업한 시간에 대해 시간당 비용에 비례하여 분당 비용을 지급받음
  예 가 인테리어가 30분 동안 작업할 경우 25,000원을 지급함

① 가, 나, 다 인테리어 업체가 동시에 참가하는 경우 도배 공사가 완료되기까지 5시간이 소요된다.

② 가 인테리어 업체만 참가하는 경우 작업비용으로 582,500원을 지급한다.

③ 나, 다 인테리어 업체가 동시에 참가하는 경우 작업비용으로 630,000원을 지급한다.

④ 하나의 업체만 참가하는 경우 다 인테리어 업체만 참가할 때 도배 공사가 완료되기까지 시간이 가장 오래 걸린다.

⑤ 나 인테리어 업체만 참가하는 경우 다 인테리어 업체만 참가할 때보다 7만 5천 원 더 저렴하게 공사할 수 있다.

[33-34] 다음은 제품별 수익체계 및 초기 시설 건설 기간에 대한 자료이다. 각 물음에 답하시오.

구분	A 제품	B 제품	C 제품	D 제품	E 제품
초기 시설 투자 비용	1,200만 원	1,100만 원	1,000만 원	1,400만 원	800만 원
제품 생산 비용	월 140만 원	월 160만 원	월 150만 원	월 200만 원	월 80만 원
예상 매출	월 420만 원	월 560만 원	월 410만 원	월 540만 원	월 310만 원
초기 시설 건설 기간	2개월	3개월	4개월	1개월	5개월

[제품별 수익체계 및 초기 시설 건설 기간]

※ 1) 순수익 = (초기 시설 건설 이후 얻은 전체 수익의 합) - (초기 시설 투자 비용을 포함한 전체 비용의 합)
　 2) 초기 시설 건설 기간에는 제품 생산 비용 및 수익이 발생하지 않음

33. 예상 매출과 실제 수익이 항상 동일하다고 할 때, 초기 시설 건설 시작 1년 후 순수익이 가장 많은 제품은?
　　(단, 5가지 제품은 동일한 날짜에 초기 시설 건설을 시작하였다.)

① A 제품　　　　　② B 제품　　　　　③ C 제품　　　　　④ D 제품　　　　　⑤ E 제품

34. 예상 매출과 실제 수익이 항상 동일하다고 할 때, 초기 시설 건설 시작 2년 후 C 제품의 순수익은?

① 4,000만 원　　　② 4,100만 원　　　③ 4,200만 원　　　④ 4,300만 원　　　⑤ 4,500만 원

35. ○○공사에서는 사내 수영 선수단을 운영 중이다. 사내 수영 선수단 운영 규정과 사내 수영 선수별 이력 및 평가 점수를 근거로 판단한 내용으로 옳지 않은 것은?

[사내 수영 선수단 운영 규정]

1. 보수
   1) 사내 수영 선수의 보수는 연봉제로 하며, 월 임금은 연봉을 12개월로 나눈 평균 금액으로 한다.
   2) 사내 수영 선수의 연봉은 [별표 1]과 같이 정한다.

2. 등급 기준
   1) 사내 수영 선수의 등급은 A·B·C 등급순으로 차례로 산정하며 다음 각호에 따른 이력 등급과 [별표 2]에 따른 등급 중 가장 높은 등급을 최종 등급으로 산정한다.
      ① 전국규모대회에 출전하여 1회 이상 1위에 입상한 자 및 현 국가대표 또는 전 국가대표로서 활동한 지 3년을 초과하지 않은 자는 A 등급으로 한다.
      ② 전국규모대회에 출전하여 2회 이상 2~3위에 입상한 자 및 현 청소년대표 또는 전 청소년대표로서 활동한 지 2년을 초과하지 않은 자는 B 등급으로 한다.
      ③ 전국규모대회에 출전하여 2~3위에 1회 입상한 자는 C 등급으로 한다.

[별표 1] 사내 수영 선수의 등급별 연봉 산정 기준

구분		연봉
선수	A 등급	42,000,000원
	B 등급	35,000,000원
	C 등급	28,000,000원

[별표 2] 사내 수영 선수 평가 기준

구분		배점
훈련평가	성실도	15점
	이해도	10점
실력평가	경기 성적	30점
	공헌도	10점
경력평가	7년 이상	25점
	3년 이상 7년 미만	20점
	3년 미만	15점
감독평가		10점

※ 평가 점수가 90점 이상일 경우 A, 75점 이상 90점 미만일 경우 B, 75점 미만일 경우 C 등급으로 산정됨

[○○공사 사내 수영 선수별 이력 및 평가 점수]

구분	이력		평가 점수					
	전국규모대회 입상 순위/ 횟수	선수 활동	훈련평가		실력평가		경력평가	감독평가
			성실도	이해도	경기 성적	공헌도		
갑	2위/1회	( )	13점	9점	27점	8점	25점	9점
을	1위/2회	현 국가대표	12점	8점	25점	10점	( )	10점
병	3위/1회	전 국가대표	14점	10점	26점	8점	15점	8점
정	3위/2회	전 청소년대표	14점	8점	( )	6점	25점	7점
무	( )/( )	없음	10점	5점	24점	10점	20점	6점

※ 제시된 이력 외에 존재하는 전국규모대회 입상 경력은 없다.

① 갑의 등급은 선수 활동 이력과 상관없이 A 등급으로 최종 산정된다.

② 을의 이력에 따른 등급이 평가 점수에 따른 등급보다 높다면, 을의 경력은 7년 미만이다.

③ 병의 최종 등급이 B 등급으로 산정되었다면, 병이 국가대표로 활동하지 않은 기간은 3년을 초과하였다.

④ 정의 월급이 350만 원이라면 정의 실력평가 점수는 사내 수영 선수 중 가장 높다.

⑤ 무가 전국규모대회에서 3위로 1회 입상하였다면, 무의 최종 등급은 C 등급이다.

36. 다음은 D 사의 인사팀에 입사한 김 사원이 직무교육 중 프리랜서 번역가 임금 산정 방식에 대해 정리한 내용이다. 김 사원이 정리한 내용과 6월 프리랜서 번역가 고용 내역을 확인하였을 때, 6월에 정산받은 총임금이 가장 높은 번역가와 가장 낮은 번역가의 6월 임금 차는? (단, 5월에 완료한 번역에 대해 6월에 정산해야 될 임금은 없다.)

[프리랜서 번역가 임금 산정 방식]

- 임금은 요청한 번역 업무가 완료되고 3일이 지난 후에 정산한다.
- 12시간 내에 번역 완료를 요청하는 최우선 납기는 임금의 100%를, 24시간 내에 번역 완료를 요청하는 우선 납기는 임금의 50%를 추가로 지급한다.
- 임금은 번역 문서의 페이지 수에 따라 상이하며, 페이지 수 산정은 원본의 언어에 따라 다음과 같이 결정한다.
  • 한글 400자: 1페이지
  • 영어 200단어: 1페이지
  • 중국어 300자: 1페이지
  • 일본어 400자: 1페이지
- 번역을 요청한 문서의 양이 1페이지 미만인 경우에도 1페이지로 간주한다.
- 문서 1페이지 번역에 대한 임금은 문서의 종류에 따라 다음과 같이 결정한다.

구분		일반 문서	비즈니스 문서	계약서·증명서
영어	한글 → 영어	16.5천 원	22천 원	30천 원
	영어 → 한글	15천 원	20천 원	28천 원
중국어	한글 → 중국어	20천 원	26천 원	34천 원
	중국어 → 한글	18천 원	23.5천 원	32천 원
일본어	한글 → 일본어	18천 원	24천 원	32천 원
	일본어 → 한글	16천 원	22천 원	30천 원

[6월 프리랜서 번역가 고용 내역]

구분	요청 일시	업무 내용	문서 종류	완료 일시
A 번역가	6월 2일 오후 9시	• 한글 2,200자를 영어로 번역 • 최우선 납기	비즈니스	6월 3일 오전 6시
	6월 9일 오전 8시	• 영어 1,400단어를 한글로 번역	계약서	6월 11일 오후 6시
	6월 13일 오후 2시	• 한글 1,500자를 영어로 번역 • 우선 납기	일반	6월 14일 오전 11시
B 번역가	6월 6일 오후 3시	• 일본어 3,000자 한글로 번역	증명서	6월 12일 오전 10시
	6월 8일 오전 9시	• 한글 2,800자 일본어로 번역	비즈니스	6월 15일 오후 4시
	6월 21일 오후 8시	• 한글 1,400자 일본어로 번역 • 우선 납기	비즈니스	6월 22일 오후 5시
C 번역가	6월 10일 오후 1시	• 중국어 3,000자 한글로 번역	일반	6월 13일 오전 10시
	6월 11일 오전 6시	• 중국어 1,300자 한글로 번역 • 최우선 납기	증명서	6월 11일 오후 5시
	6월 27일 오후 5시	• 한글 3,500자 중국어로 번역	계약서	6월 30일 오후 10시

① 48,000원   ② 51,000원   ③ 52,000원   ④ 57,000원   ⑤ 59,000원

[37 – 39] 다음은 영업부의 팀별 목표 및 성과 실적과 성과 등급 기준에 대한 자료이다. 각 물음에 답하시오.

[연도별 목표 실적]

구분	2019년	2020년	2021년	2022년
영업 1팀	100	140	180	180
영업 2팀	90	120	130	140
영업 3팀	110	120	140	130
영업 4팀	70	100	120	120
영업 5팀	80	100	100	110

[연도별 성과 실적]

구분	2019년	2020년	2021년	2022년
영업 1팀	120	150	210	205
영업 2팀	110	140	120	165
영업 3팀	120	130	150	160
영업 4팀	70	120	140	130
영업 5팀	90	90	100	105

[성과 등급 기준]

구분	S 등급	A 등급	B 등급	C 등급
성과 달성률	120% 이상	100% 이상 120% 미만	80% 이상 100% 미만	80% 미만

※ 성과 달성률 = (성과 실적 / 목표 실적) × 100

37. 2019~2020년 영업 1팀의 성과 등급을 순서대로 바르게 나열한 것은?

① S 등급, A 등급   ② S 등급, S 등급   ③ A 등급, S 등급

④ A 등급, A 등급   ⑤ S 등급, B 등급

38. 2021년 팀별 성과 등급을 바르게 연결한 것은?

① 영업 1팀 – S 등급   ② 영업 2팀 – C 등급   ③ 영업 3팀 – S 등급

④ 영업 4팀 – A 등급   ⑤ 영업 5팀 – B 등급

39. 2022년에 성과 등급이 가장 높은 팀은?

① 영업 1팀   ② 영업 2팀   ③ 영업 3팀   ④ 영업 4팀   ⑤ 영업 5팀

40. 다음은 ○○기업의 하청업체 실적평가 기준의 변동사항이다. 하청업체 실적평가 기준의 변동사항 및 기준표와 하청업체 A의 정보를 근거로 판단할 때, 변경 전과 변경 후의 하청업체 A가 받을 하청업체 실적점수의 차이는?

[하청업체 실적평가 기준의 변동사항 및 기준표]

1. 하청업체 실적평가 기준의 변동사항

[변경 전]
하청업체 실적점수 = (납기점수 × 0.3) + (품질점수 × 0.4) + (가격점수 × 0.3)

▼

[변경 후]
하청업체 실적점수 = (납기점수 × 0.2) + (품질점수 × 0.3) + (가격점수 × 0.5)

2. 하청업체 실적평가 기준표

구분	항목	기준				배점			
		A	B	C	D	A	B	C	D
납기 점수	납기 준수율	95% 이상	85% 이상	75% 이상	75% 미만	100점	70점	50점	20점
	평균 지체 일수	5일 미만	10일 미만	15일 미만	15일 이상	100점	70점	50점	20점
품질 점수	수입검사 종합 수율	99% 이상	95% 이상	90% 이상	90% 미만	100점	70점	50점	20점
	공정 불량률	0.5% 이하	1.0% 이하	1.5% 이하	1.5% 이상	100점	60점	40점	20점
	중요클레임 건수	0건	1건	2건	3건 이상	100점	60점	40점	20점
가격 점수	가격 인하율	5% 이상	0% 이상	−5% 이상	−5% 미만	100점	60점	40점	20점

※ 1) 기준이 범위로 제시된 경우 상위 등급의 범위가 포함되지 않는 범위까지 해당 등급의 범위로 규정함
  ◎ 납기 준수율이 78%인 경우 75% 이상 85% 미만에 해당하여 C 등급이 부여됨
  2) 납기점수 = (납기 준수율 배점 + 평균 지체 일수 배점) / 2
  3) 품질점수 = (수입검사 종합 수율 배점 + 공정 불량률 배점 + 중요클레임 건수 배점) / 3
  4) 가격점수 = 가격 인하율 배점

[하청업체 A의 정보]

납기 준수율	평균 지체 일수	수입검사 종합 수율	공정 불량률	중요클레임 건수	가격 인하율
88%	10일	98%	0.1%	2건	3%

① 0점 ② 1점 ③ 2점 ④ 3점 ⑤ 4점

41. 다음 OSI 7계층 중 송신 호스트가 전송한 데이터가 수신 호스트까지 도착하기 위해 올바른 경로를 선택할 수 있도록 지원하는 계층은?

① 물리계층 ② 데이터링크계층 ③ 네트워크계층

④ 전송계층 ⑤ 응용계층

42. 총무팀 소속 오 사원은 비품 구매를 승인받기 위해 필요한 물품과 그 가격을 정리하였다. 다음 엑셀 시트에 6개월 할부 시 1회 할부금을 기입하고자 할 때, [E3] 셀에 입력할 함수식으로 가장 적절한 것은? (단, 1회 할부금은 일의 자리에서 반올림한다.)

	A	B	C	D	E	F
1					(단위: 원)	
2		물품명	수량	가격	6개월 할부 시 1회 할부금	
3		커피머신	1	835,000		
4		공기청정기	1	406,000		
5		정수기	1	229,000		
6		키보드	10	300,000		
7						

① =LEFT(D3/6, 1)

② =INT(D3/6, 1)

③ =ROUND(D3/6, −1)

④ =TRUNC(D3/6, −1)

⑤ =RIGHT(D3/6, 1)

[43 – 44] 귀하는 항공권 예약 내역에 따른 마일리지 적립 관련 업무를 담당하게 되었다. 다음은 귀하가 마일리지 적립 업무 시 참고해야 하는 마일리지 적립 기준에 대한 자료이다. 각 물음에 답하시오.

[마일리지 적립 세부사항]

항목	세부사항
Travel class △ Booking class ○ Accrual rates #	• 탑승 클래스 코드, 예약 등급 코드, 마일리지 적립 값으로 구성됨 　– △: 탑승 클래스 코드 　– ○: 예약 등급 코드 　– #: 마일리지 적립 값
Accrual rates evaluation	• 탑승 클래스 코드와 예약 등급 코드를 확인하여 마일리지 적립 값을 산출함 　1) 탑승 클래스 코드의 확인 　　– 탑승 클래스 코드의 첫 번째 숫자와 두 번째 숫자를 더한 값에서 세 번째 숫자를 뺀 값이 0 이상인 경우: 탑승 클래스 코드의 첫 번째 알파벳과 세 번째 알파벳의 일치 여부 확인 　　– 탑승 클래스 코드의 첫 번째 숫자와 두 번째 숫자를 더한 값에서 세 번째 숫자를 뺀 값이 0 미만인 경우: 탑승 클래스 코드의 첫 번째 알파벳과 두 번째 알파벳의 일치 여부 확인 　2) 예약 등급 코드의 확인 　　– 1)의 조건에 따라 확인한 탑승 클래스 코드의 알파벳이 일치할 경우: 예약 등급 값 = 예약 등급 코드의 모든 숫자 합 + 3 　　– 1)의 조건에 따라 확인한 탑승 클래스 코드의 알파벳이 일치하지 않을 경우: 예약 등급 값 = 예약 등급 코드의 모든 숫자 합 − 3 　3) 마일리지 적립 값 산출 　　– 예약 등급 코드의 첫 번째 숫자가 5 이상인 경우: 마일리지 적립 값 = 예약 등급 값 × 2 　　– 예약 등급 코드의 첫 번째 숫자가 5 미만인 경우: 마일리지 적립 값 = 예약 등급 값 × 0.5
Evaluation result	• [마일리지 적립률 산정 기준]에서 마일리지 적립 값에 해당하는 마일리지 적립률

[마일리지 적립률 산정 기준]

마일리지 적립 값	마일리지 적립률
10 이하	50%
10 초과 20 이하	75%
20 초과 30 이하	100%
30 초과 40 이하	125%
40 초과	150%

43. 다음 시스템 상태에서 확인할 수 있는 A 티켓의 예약 등급 값으로 가장 적절한 것은?

Accrual rates Checking requests…
▶ A 티켓: Travel class E28E7H Booking class 4f38jp Accrual rates #
Evaluation result _____

① 12　　　　② 15　　　　③ 18　　　　④ 21　　　　⑤ 25

44. 다음 시스템 상태에서 확인할 수 있는 B 티켓의 Evaluation result로 가장 적절한 것은?

Accrual rates Checking requests…
▶ B 티켓: Travel class P24P8Y Booking class 9q53ts Accrual rates #
Evaluation result _____

① 50%　　　② 75%　　　③ 100%　　　④ 125%　　　⑤ 150%

45. 다음 ○○코스메틱에서 규정한 화장품 제품번호 부여 방식을 근거로 판단할 때, 멕시코에서 2022년 1월 8일 제조된 권장 사용기간이 2년인 각질 제거 화장품의 제품번호는?

[화장품 제품번호 부여 방식]

[제조일자] – [권장 사용기간] – [제조장소] – [기능]
예 2021년 11월 25일 러시아에서 제조된 권장 사용기간이 3개월인 주름 개선 화장품
251121 – 3M – EU460 – F03

제조일자	권장 사용기간	제조장소				기능			
		대륙		국가		부위		효능	
• 2022년 3월 11일 → 110322 • 2022년 11월 8일 → 081122	• 6개월 → 6M • 12개월 → 12M	AM	아메리카	001	미국	F	얼굴	01	기미 제거
				754	캐나다			02	여드름 제거
				750	멕시코			03	주름 개선
		EU	유럽	300	프랑스			04	유분 제거
				400	독일			05	잡티 제거
				460	러시아	H	머리	01	비듬 제거
				500	영국			02	손상모 회복
		AS	아시아	880	대한민국			03	끊어짐 방지
				690	중국	B	몸	01	면도
				450	일본			02	각질 제거
		OC	오세아니아	930	호주			03	탄력
				940	뉴질랜드			04	보습

① 220801 – 24M – AM750 – B02

② 080122 – 2M – AS880 – H03

③ 010822 – 24M – AM750 – B02

④ 010822 – 24M – AS750 – F02

⑤ 080122 – 24M – AM750 – B02

46. 다음 지문의 스트리밍에 대한 설명으로 가장 적절한 것은?

> 인터넷을 이용하여 노래를 듣거나 영화를 볼 때 스트리밍(streaming)이라는 용어를 접할 수 있다. 스트리밍은 공급자가 데이터를 전달하고 수신자가 이를 받아 재생하는 과정이 마치 물 흐르듯 이어진다 하여 명명되었다. 다시 말해 스트리밍은 인터넷상에서 용량이 매우 큰 파일이 전송되거나 재생될 때 끊어짐 없이 매끄럽게 실행될 수 있도록 돕는 기술이다.
>
> 우리가 인터넷을 이용해 노래를 들을 때는 두 가지 방식을 사용할 수 있다. 10개의 노래를 듣는다고 가정했을 때 먼저 10개의 노래를 모두 다운로드 해 두고 이를 원하는 시간대에 원하는 순서대로 들을 수도 있고, 노래를 따로 다운로드 하지 않은 채 실시간으로 재생되는 하나의 노래를 듣고, 듣는 시간을 이용해 다음 노래를 재생할 준비를 할 수도 있다. 두 가지 방법 모두 각각의 장점이 있으나 노래 파일을 소장하고자 하는 이가 아니라면 후자의 경우가 더 효율적일 것이다. 한 번 듣는 것으로 충분하다면 노래를 저장해 둘 필요가 없기 때문이다. 아무리 큰 용량의 파일이라도 같은 크기로 조각조각 나누어 준비해 두면 각 파일 조각을 이용하고자 하는 사람들은 자신이 가장 먼저 필요한 조각을 실행하고, 그다음 필요한 조각이 실행 준비를 마치면 파일 재생은 자연스럽게 이어질 것이다.
>
> 다만 파일을 실행하는 동안 다음 차례로 실행되어야 할 파일 조각이 미처 재생 준비를 마치지 못하는 경우가 발생할 수 있다. 이때 필요한 것이 바로 버퍼와 버퍼링이다. 버퍼란 전송 받은 파일을 임시로 저장하는 공간이다. 첫 번째 조각 파일을 전송 받아 재생하는 중에 그다음 조각 파일이 버퍼에 도달한다면 파일 재생이 매끄럽게 이루어질 것이다. 그러나 그다음 파일이 미처 버퍼에 쌓이지 않았다면 매끄러운 재생을 기대하기란 어렵다. 이럴 경우 우리는 짧은 시간이나마 버퍼링이란 글자 혹은 표시를 확인할 수 있다. 버퍼링이란 정보의 송·수신을 원활하게 하기 위해 정보를 일시적으로 저장하여 작업 처리 속도의 차이를 흡수하는 과정을 말하는 것으로, 버퍼링이 끝나면 파일 재생이 다시 이어진다. 이때부터는 재생이 순조롭게 진행될 것이라 기대할 수 있으나, 인터넷상에서 노래나 영상을 재생하다 보면 버퍼링이 반복적으로 발생하여 파일 재생이 일시적으로 멈추거나 끊기는 경우가 종종 있다. 이는 오늘날 초고속 통신망이 많이 발전했다고는 하나 아직도 전송량에는 한계가 뒤따르기 때문이다.
>
> 그렇다고 하더라도 스트리밍의 자리는 인터넷 환경이 점점 발달하는 과정 속에서 더욱 공고해졌으며, 특히 인터넷 방송 활성화에 영향을 미쳤다는 평가가 많다. 온라인 음악 서비스나 인터넷 방송, 동영상 강의를 활용한 원격 교육 등이 스트리밍 기술의 장점을 가장 잘 살린 경우라고 볼 수 있다. IT 관련 업종에 종사하지 않는 일반인들도 대용량의 멀티미디어 파일을 즉시 다운로드해야 하는 상황이 맞닥뜨리기도 하나 이를 실행할 수 있을 만큼의 빠른 접속 회선을 갖추기 쉽지 않기 때문에 스트리밍 서비스를 필요로 하는 경우가 증가하고 있다. 따라서 스트리밍을 적용한 각종 소프트웨어가 필수사항으로 자리 잡고 있으며, 스트리밍 서비스를 제공하는 기업에 대한 관심도 급격히 높아지고 있는 실정이다.

① 스트리밍 기술은 서로 다른 크기로 나뉜 파일을 이용자가 한꺼번에 확인할 수 있게 하려는 데에서 시작되었다.

② 스트리밍 기술 덕분에 파일 재생 시 버퍼링이 발생하더라도 한 번의 버퍼링이 끝나고 나면 다음 파일이 순조롭게 실행된다.

③ 스트리밍은 인터넷상에서 용량이 매우 작은 파일에 한해 이를 끊김 없이 재생하기 위해 사용된다.

④ 인터넷의 발달로 인해 일반인들도 대용량의 파일 다운로드를 위한 빠른 접속 회선을 갖추고 있어 스트리밍에 대한 관심이 줄어들고 있다.

⑤ 하나의 파일 조각이 실행되는 동안 다음 파일 조각이 실행 준비를 하지 못했을 경우에 버퍼와 버퍼링이 필요하다.

47. 다음은 인사팀에 근무하는 귀하가 2022년에 퇴사한 직원들의 근속연수를 정리한 자료이다. 다음 엑셀 시트에서 퇴사한 직원들의 근속연수 셀을 채웠을 때, [E7] 셀에 입력한 함수식으로 가장 적절한 것은?

	A	B	C	D	E
1	이름	사원 번호	입사일	퇴사일	퇴사한 직원들의 근속연수
2	고명성	16032545	2016-03-25	2022-03-31	6년
3	박치헌	18091648	2018-09-16	2022-10-15	4년
4	유상형	15051453	2015-05-14	2022-05-30	7년
5	염인선	19102662	2019-10-26	2022-11-15	3년
6	김준기	18092445	2018-09-24	2022-09-30	4년
7	봉재현	20021262	2020-02-12	2022-07-15	2년
8	장태영	19051585	2019-05-15	2022-08-15	3년
9	신민철	12030238	2012-01-01	2022-09-26	10년

① = DATEDIF(C7, D7, "D") & "년"

② = DATEDIF(D7, C7, "Y") & "년"

③ = DATEDIF(C7, D7, "Y") & "년"

④ = DATEDIF(D7, C7, "M") & "년"

⑤ = DATEDIF(C7, D7, "M") & "년"

48. 다음 글에서 설명하고 있는 소프트웨어로 가장 적절한 것은?

> 여러 형태의 문서를 작성, 편집, 저장, 인쇄할 수 있는 소프트웨어로, 이 소프트웨어를 이용하여 글을 쓰거나 문서를 작성하게 되면 키보드로 입력한 문서의 내용을 화면으로 확인하여 쉽게 문서를 수정할 수 있다. 또한, 문서가 완벽히 작성된 후 인쇄하거나 보조기억장치에 보관해 두었다가 필요할 때 다시 불러내어 사용할 수도 있다.

① 워드프로세서　　　　② 스프레드시트　　　　③ 프레젠테이션
④ 데이터베이스　　　　⑤ 그래픽 소프트웨어

49. PowerPoint 프로그램 기능 중 정보와 아이디어를 시각적으로 표현한 것으로, 그래픽을 테마와 같은 다른 기능과 결합하여 마우스 클릭 몇 번으로 조직도, 벤 다이어그램 등 디자이너 수준의 일러스트레이션을 만들 수 있는 기능은?

① 도형　　　　② 아이콘　　　　③ 3D 모델　　　　④ Smart Art　　　　⑤ 차트

50. 다음은 우리나라 주민등록번호 생성 방식과 인사팀에 근무하는 귀하가 A 업체에 근무하는 직원의 정보를 엑셀로 정리한 자료이다. 자료에 대한 설명으로 가장 적절한 것은? (단, A 업체에 근무하는 직원은 모두 2022년 1월에 주민등록번호를 정정하였다.)

[우리나라 주민등록번호 생성 방식]

　　우리나라의 주민등록번호는 13자리의 숫자인 'XXXXXX-XXXXXXX' 형태로 구성되어 있으며, 2020년 10월 이후 앞의 6자리는 생년월일로 부여되고, 뒤의 7자리는 성별과 임의 번호로 부여된다. 2020년 10월 변경된 생성 방식 이전에 부여된 기존 주민등록번호는 그대로 사용할 수 있지만, 주민등록번호를 새로 받거나 정정하는 경우 및 법적 변경 필요성이 인정될 때에 한하여 새로운 생성 방식이 적용된 주민등록번호가 부여된다.

- 생년월일: 2012년 11월 3일 출생자의 경우 '121103'으로 부여
- 성별: 뒷번호 중 가장 왼쪽에 부여되는 번호로, 1900년대에 태어난 남자는 '1', 1900년대에 태어난 여자는 '2', 2000년대에 태어난 남자는 '3', 2000년대에 태어난 여자는 '4' 부여
- 임의 번호: 뒷번호 중 왼쪽에서 두 번째부터 일곱 번째에 부여되는 번호로, 임의의 번호 6자리가 부여

<u>020313</u> － <u>4</u> <u>******</u>
생년월일　　성별　임의 번호
2002년 3월 13일에 태어난 여자의 주민등록번호

[A 업체에 근무하는 직원의 정보]

	A	B	C	D	E	F
1	이름	주민등록번호	성별	이름	주민등록번호	성별
2	고하늘	981203-1012345	남	박하진	990101-2024125	여
3	김정화	000301-4212123	여	손주은	000705-4213696	여
4	나정은	021015-3213213	남	이주현	001111-3532696	남
5	도지우	961030-2218822	여	장시우	010203-4321696	여
6	라정민	010101-3421215	남	한여름	020815-3621852	남
7	민하람	010328-3012345	남	한정수	030123-4175185	여
8	남자 직원의 수					

① A 업체에 근무하는 1900년대에 태어난 남자 직원의 수는 2명이다.

② A 업체에 근무하는 2000년대에 태어난 여자 직원의 수는 5명이다.

③ 라정민의 성별을 구하고자 '=IF(RIGHT(B6, 7) = "1", "남", IF(RIGHT(B6, 7) = "3", "남", "여"))'를 입력했다.

④ 민하람의 성별을 구하고자 '=IF(LEFT(B7, 8) = "1", "남", IF(LEFT(B7, 8) = "3", "남", "여"))'를 입력했다.

⑤ 남자 직원의 수를 구하고자 [F8] 셀에 '=COUNTIF(A2:F7, "남")'을 입력했다.

약점 보완 해설집 p.2

무료 바로 채점 및 성적 분석 서비스 바로 가기
QR코드를 이용해 모바일로 간편하게 채점하고 나의 실력이 어느 정도인지, 취약 부분이 어디인지 바로 파악해 보세요!

성명

수험번호

응시분야

감독관 확인

해커스공기업
NCS 피듈형
통합 봉투모의고사

실전모의고사
2회

50문항형

해커스잡

실전모의고사
2회
(50문항형)

시작과 종료 시각을 정한 후, 실전처럼 모의고사를 풀어보세요.

시   분 ~   시   분 (총 50문항/60분)

□ **시험 유의사항**

[1] 50문항형 시험은 한전KPS, 한국농어촌공사, 한국남동발전, 한국서부발전, 부산교통공사 등의 기업과 경기도 통합 채용에서 출제 영역, 시간, 시험 순서 등 세부 구성을 다르게 출제하고 있습니다. (2022년 상·하반기 필기시험 기준)

[2] 본 실전모의고사는 50문항형 시험에서 자주 출제되는 의사소통능력, 수리능력, 문제해결능력, 자원관리능력, 정보능력 5개 영역으로 구성되어 있으며, 문제가 영역 구분 없이 뒤섞여 출제되므로 영역별 제한 시간 없이 전체 문항을 60분 내에 푸는 연습을 하시기 바랍니다.

[3] 마지막 페이지에 있는 OMR 답안지와 해커스잡 애플리케이션의 모바일 타이머를 이용하여 실전처럼 모의고사를 풀어보시기 바랍니다.

01. 다음은 전통시장 화재공제 지원 사업에 대한 안내문이다. 다음 안내문을 근거로 판단한 내용으로 가장 적절하지 않은 것은?

[전통시장 화재공제 지원 사업 안내]

1. 전통시장 화재공제 지원 사업이란?
　－ 상인들이 공제료를 납부하여 공제기금을 마련하고, 정부에서 사업 운영비를 지원하여 일반 보험보다 저렴하고 신속하게 화재에 대비할 수 있는 공제 상품을 지원하는 사업

2. 사업 개요
　1) 가입 대상: 전통시장 특별법상 전통시장 상인(사업자 등록이 되어있는 자)
　2) 가입 단위: 개별 점포
　3) 가입 목적물: 건물, 재고자산, 타인의 신체 및 재물(화재 배상책임 특약)
　4) 가입 한도: 최대 6천만 원 이내
　5) 보상 방식: 가입한도 내 실손 보상

3. 공제 상품 예시
　1) 주계약

구분	2천만 원 (건물/동산 각 1천만 원)	4천만 원 (건물/동산 각 2천만 원)	6천만 원 (건물/동산 각 3천만 원)
재물손해 A급	연 66,000원	연 132,000원	연 198,000원
재물손해 B급	연 101,500원	연 203,000원	연 304,500원

　※ 건물구조 급수(A/B)는 건물의 기둥/보/바닥, 지붕(틀), 외벽의 건축 자재에 따라 구분함

　2) 특약

구분	추가 공제료	보장 내용(최대한도)
임차자 배상책임	－	－ 가입 시 건물요율의 10% 할인 적용
화재 배상책임	연 6,200원	－ 대인: 1인당 사망 시 1억 원, 부상 시 2천만 원 － 대물: 1억 원
음식물 배상책임	연 16,600원 (자기 부담금: 30만 원)	－ 대인: 1인당 1천만 원, 1사고당 1억 원 － 대물: 1사고당 1천만 원(공제기간 중 5천만 원 한도)
화재 벌금	연 100원	－ 형법 제170조에 따른 벌금형 확정 판결: 1.5천만 원 － 형법 제171조에 따른 벌금형 확정 판결: 2천만 원
시설 소유· 관리자 배상책임	연 26,600원 (자기 부담금: 10만 원)	－ 대인: 1인당 1천만 원, 1사고당 1억 원 － 대물: 1사고당 1억 원(공제기간 중 1억 원 한도)
점포휴업 일당	연 2,400원	－ 복구기간 내 휴업 일수 × 5만 원(1일당 가입금액)

　※ 1) 모든 특약은 가입 한도와 무관하게 동일하게 적용됨
　　 2) 점포휴업 일당 특약은 휴업 기간이 3일을 초과할 때부터 보장받을 수 있음

① 건물 외벽, 바닥, 지붕 등의 건축 재료에 따라 분류된 건물구조 급수별 주계약 공제 금액은 모두 상이하다.

② 전통시장 화재공제 지원 사업은 사업자 등록이 되어 있는 전통시장 상인으로 지원 대상이 한정되어 있다.

③ 점포휴업 일당 관련 특약에 가입한 점포가 화재 복구로 3일간 휴업하게 된다면 점포휴업 일당으로 최대 15만 원을 받을 수 있다.

④ 대인 최대 보장 한도는 음식물 배상책임 특약과 시설 소유 및 관리자 배상책임 특약이 동일하지만, 대물 최대 보장 한도는 음식물 배상책임 특약이 더 낮다.

⑤ 화재 벌금 특약에 가입했더라도 어떤 형법 조항에 따른 벌금형인지에 따라 최대 보장 금액이 달라진다.

02. 다음 글의 제목으로 가장 적절한 것은?

우리는 흔히 드라마나 영화에서 임무를 부여받은 특수부대원들의 활약상을 확인할 수 있다. 액션영화에서 주인공이 특수대 출신이라는 설정을 종종 확인할 수 있는데, 이때의 특수부대란 무엇을 의미하는 것일까? 사전상 특수부대는 특수작전을 수행하기 위하여 훈련된 부대로 정의된다. 여기서 특수작전이란 전시나 평시와 관계없이 비상사태 또는 전략적 우발사태에 대응하고자 수행되는 특수한 작전을 말하며, 정치, 경제, 심리 등의 국가적 목표를 달성하기 위한 것도 특수작전에 포함된다. 특수작전에는 핵심 목표물을 파괴하는 타격작전 외에도 특수정찰, 비정규전, 대게릴라작전, 해외 방어 원조, 대테러, 민사심리전, 정보전, 기타 군 통수권자나 국방장관이 지정하는 임무가 포함되며, 임무 종류에 따라 다소 차이는 있으나 임무 수행은 대체로 매우 위험하고 고도의 전문적 능력을 필요로 한다. 따라서 특수작전을 수행하는 특수부대 역시 작전·화기·통신·의무·폭파 등의 군사 주특기를 갖추면서 고도의 훈련을 마친 소수의 전문요원으로 이루어진다. 특수부대원들은 임무 수행 시 필요한 물자를 자급하고, 팀워크를 기반으로 빠르고 은밀하게 특수작전을 실행하며, 특수부대원의 목표는 임무 수행을 통해 정치적 혹은 군사적 목적 달성에 두게 된다. 혹자는 어떠한 시대더라도 특수부대원들은 존재했으므로 21세기에는 특수작전 수행을 위해 최첨단 장비가 최우선으로 여겨져야 한다고 주장하며 특수부대의 실효성에 대해 의문을 제기하기도 한다. 실제로 특수부대는 양보다 질을 중요시 여겨 하나의 특수부대 구성을 위해서는 적지 않은 노력과 시간이 드는데, 특수작전이 필요 없는 상황에서는 시간과 비용적 측면에서 낭비라고 여길 수 있다. 하지만 첨단 장비가 있더라도 실제로 작전을 수행할 사람이 있어야 하며, 비상사태가 이미 발생하고 난 뒤에는 우수한 인력 기반의 특수부대를 만들기 어렵다. 유사 상황에서도 대처할 수 있는 특수부대는 국방을 위해 꼭 필요한 부대인 것이다. 이로 인해 전 세계적으로도 다양한 특수부대가 존재하며, 우리나라 역시 해군 특수전전단의 UDT/SEAL 부대, 육군의 특전사, 공군의 공정통제사(CCT), 해병대의 수색대가 존재하지만, 전체 규모는 2만 명에 불과해 20만 명에 달하는 특수부대원을 보유한 북한과 비교되기도 한다.

① 남한과 북한에 소속된 각 특수부대의 규모 차이

② 특수작전 수행을 위한 임무와 특수부대의 실효성

③ 한국군 특수부대원들의 활약상과 의의

④ 특수작전의 종류별 임무 수행 방법 비교

⑤ 첨단 장비를 활용한 특수작전 수행 방법

03. 정민이네 가족은 최소 비용으로 찜질방을 이용하려고 한다. A 찜질방의 이용 요금 및 할인 요금을 고려하였을 때, 정민이를 비롯해 남탕으로 들어가는 사람들의 총 이용 요금은?

[A 찜질방 이용 요금표]

구분	대인	소인(13세 이하)
주간(05:00~20:00) 입장료	8,000원	5,000원
야간(20:00~05:00) 입장료	9,000원	6,000원
찜질복 대여료	1,000원	

※ 1) 입장 후 12시간이 경과하면 10분당 100원의 추가 요금이 발생함
 2) 찜질방 이용 고객은 반드시 찜질복을 대여해야 함

[A 찜질방 할인 요금표]

구분	내용
경로우대 할인	만 65세 이상 고객은 1,000원 할인
초등학생 할인	초등학생에 한해서 1,000원 할인
포인트 할인	포인트 2,000점 이상 보유 시 1인당 2,000점씩 차감 후 2,000원씩 할인

※ 1) 포인트가 2,000점 차감될 때마다 700점 자동 적립되며 적립된 포인트로 즉시 할인 가능함
 2) 포인트 할인은 본인 이외에 다른 사람도 적용 가능함
 3) 한 사람당 다른 종류의 할인을 중복 사용하는 것은 불가능함

- 정민이네 가족은 할머니, 할아버지, 아버지, 어머니, 정민이, 동생까지 6명이다.
- 할머니와 할아버지는 70대이고, 정민이는 19살, 동생은 4살이다.
- 정민이 아버지는 A 찜질방의 포인트 6,000점을 가지고 있다.
- 정민이는 동생을 데리고 남탕으로 입장할 것이다.
- 정민이네 가족은 오전 6시에 입장해서 오후 8시에 퇴실할 예정이다.

① 24,800원   ② 26,000원   ③ 28,000원   ④ 30,800원   ⑤ 32,800원

04. 1부터 9까지 숫자가 있는 숫자 패드가 있다. 다음 조건을 모두 고려하였을 때, 항상 옳지 않은 것은?

- 비밀번호는 서로 다른 다섯 개의 숫자이며, 비밀번호에 포함되는 숫자 패드에만 눌린 자국이 있다.
- 어떤 숫자 패드의 위 패드와 오른쪽 패드는 둘 다 눌린 자국이 있다.
- 어떤 숫자 패드의 양옆 패드는 둘 다 눌린 자국이 있다.
- 눌린 자국이 있는 어떤 숫자 패드의 위 패드와 아래 패드는 모두 눌린 자국이 있다.
- 1, 2, 3 중 눌린 자국이 있는 숫자 패드는 하나뿐이다.
- 숫자 패드 5에는 눌린 자국이 없다.

1	2	3
4	5	6
7	8	9

① 1은 비밀번호에 포함된다.

② 2는 비밀번호에 포함된다.

③ 6은 비밀번호에 포함된다.

④ 8은 비밀번호에 포함된다.

⑤ 9는 비밀번호에 포함된다.

05. 철수가 0~9까지 숫자를 중복하여 사용하지 않고 선정한 4자리의 숫자 뒤에 '#' 또는 '＊'을 1개 추가하여 총 5자리의 비밀번호를 설정할 때, 다음 조건을 만족할 확률은? (단, 첫 번째 자리가 0인 숫자도 허용한다.)

- 첫 번째 자리와 네 번째 자리 숫자의 합은 짝수이다.
- 두 번째 자리에는 0이 올 수 없다.
- 비밀번호 앞 4자리는 4,000을 넘어서는 안 된다.
- 4자리의 숫자 뒤에 오는 문자는 '＊'로 한다.

① $\frac{1}{16}$　　　② $\frac{13}{160}$　　　③ $\frac{3}{32}$　　　④ $\frac{11}{96}$　　　⑤ $\frac{3}{20}$

[06 – 07] 다음은 20XX년 6월의 A 바이러스 일일 추가확진자 및 추가격리해제자 수에 대한 자료이다. 각 물음에 답하시오.

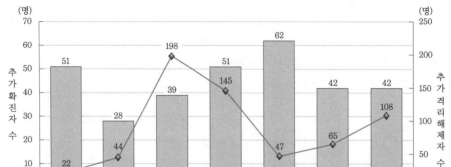

[20XX년 6월의 A 바이러스 일일 추가확진자 및 추가격리해제자 수]

※ 확진자: 바이러스 양성 판정 후 바로 격리된 사람

06. 다음 중 자료에 대한 설명으로 적절한 것은?

① 28일부터 30일까지 일일 추가확진자 수의 합은 일일 추가격리해제자 수의 합보다 많다.

② 23일에 격리 중인 사람이 1,576명이라면, 25일에 격리 중인 사람은 1,655명이다.

③ 제시된 기간 중 일일 추가확진자 수가 가장 많은 날에 일일 추가격리해제자 수는 전일 대비 102명 감소하였다.

④ 제시된 기간 중 일일 추가확진자 수가 처음으로 감소한 날에 일일 추가격리해제자 수는 일일 추가확진자 수의 2배 이상이다.

⑤ 25일까지 누적격리해제자 수가 10,974명이라면, 26일 누적격리해제자 수의 전일 대비 증가율은 약 1.8%이다.

07. 위의 자료와 20XX년 7월의 A 바이러스 일일 추가격리해제자 수의 전월 동일 대비 증감량 및 증감률에 대한 자료를 모두 고려하였을 때, 다음 중 자료에 대한 설명으로 적절하지 않은 것은?

[20XX년 7월의 A 바이러스 일일 추가격리해제자 수의 전월 동일 대비 증감량 및 증감률]

구분	전월 동일 대비 증감량(명)	전월 동일 대비 증감률(%)
24일	67	( )
25일	45	102.3
26일	-44	( )
27일	( )	20
28일	-13	( )
29일	( )	40
30일	100	-7.4

① 7월 28일 일일 추가격리해제자 수의 전월 동일 대비 감소율은 25% 이상이다.
② 7월 24일 일일 추가격리해제자 수의 전월 동일 대비 증감률은 7월 25일 일일 추가격리해제자 수의 전월 동일 대비 증감률의 3배 이상이다.
③ 7월 29일의 일일 추가격리해제자 수는 같은 달 25일의 일일 추가격리해제자 수보다 많다.
④ 제시된 기간 동안 7월의 일일 추가격리해제자 수가 처음으로 전월 동일 대비 감소한 날에 일일 추가격리해제자 수는 전월 동일 대비 20% 이상 감소하였다.
⑤ 7월 27일 일일 추가격리해제자 수의 전월 동일 대비 증감량은 전월 24일의 일일 추가격리해제자 수보다 많다.

08. 다음 중 맞춤법에 맞는 것은?

① 국밥을 먹을 때는 깍뚜기를 함께 먹어야 한다.
② 사랑을 담뿍 담아 편지를 보냅니다.
③ 쉬는 시간이 되면 아이들이 법썩을 부려 정신이 없다.
④ 긴 머리카락을 싹뚝 자르고 나니 속이 시원했다.
⑤ 동생은 딱찌를 만들며 스트레스를 해소하곤 한다.

(가) 열기관은 높은 온도의 열원에서 열을 흡수하고 낮은 온도의 대기와 같은 열기관 외부에 열을 방출하며 일을 하는 기관을 말하는데, 열효율은 열기관이 흡수한 열의 양 대비 한 일의 양으로 정의된다. 19세기 초 카르노는 열기관의 열효율 문제를 칼로릭 이론에 기반을 두고 다루었다. 카르노는 물레방아와 같은 수력 기관에서 물이 높은 곳에서 낮은 곳으로 흐르면서 일을 할 때 물의 양과 한 일의 양의 비가 높이 차이에만 좌우되는 것에 주목하였다. 물이 높이차에 의해 이동하는 것과 흡사하게 칼로릭도 고온에서 저온으로 이동하면서 일을 하게 되는데, 열기관의 열효율 역시 이러한 두 온도에만 영향을 받는다는 것이었다.

(나) 클라우지우스는 자연계에서는 열이 고온에서 저온으로만 흐르고 그와 반대되는 현상은 일어나지 않는 것과 같이 경험적으로 알 수 있는 방향성이 있다는 점에 주목하였다. 또한 일이 열로 전환될 때와는 달리, 열기관에서 열 전부를 일로 전환할 수 없다는, 즉 열효율이 100%가 될 수 없다는 상호 전환 방향에 관한 비대칭성이 있다는 사실에 주목하였다. 이러한 방향성과 비대칭성에 대한 논의는 이를 설명할 수 있는 새로운 물리량인 엔트로피의 개념을 낳았다.

(다) 18세기에는 열의 실체가 칼로릭(caloric)이며 칼로릭은 온도가 높은 쪽에서 낮은 쪽으로 흐르는 성질을 갖고 있는, 질량이 없는 입자들의 모임이라는 생각이 받아들여지고 있었다. 이를 칼로릭 이론이라 부르는데, 이에 따르면 찬 물체와 뜨거운 물체를 접촉시켜 놓았을 때 두 물체의 온도가 같아지는 것은 칼로릭이 뜨거운 물체에서 차가운 물체로 이동하기 때문이라는 것이다. 이러한 상황에서 과학자들의 큰 관심사 중의 하나는 증기 기관과 같은 열기관의 열효율 문제였다.

(라) 열과 일에 대한 이러한 이해는 카르노의 이론에 대한 과학자들의 재검토로 이어졌다. 특히 톰슨은 칼로릭 이론에 입각한 카르노의 열기관에 대한 설명이 줄의 에너지 보존 법칙에 위배된다고 지적하였다. 카르노의 이론에 의하면, 열기관은 높은 온도에서 흡수한 열 전부를 낮은 온도로 방출하면서 일을 한다. 이것은 줄이 입증한 열과 일의 등가성과 에너지 보존 법칙에 어긋나는 것이어서 열의 실체가 칼로릭이라는 생각은 더 이상 유지될 수 없게 되었다. 하지만 열효율에 관한 카르노의 이론은 클라우지우스의 증명으로 유지될 수 있었다. 그는 카르노의 이론이 유지되지 않는다면 열은 저온에서 고온으로 흐르는 현상이 생길 수도 있을 것이라는 가정에서 출발하여, 열기관의 열효율은 열기관이 고온에서 열을 흡수하고 저온에 방출할 때의 두 작동 온도에만 관계된다는 카르노의 이론을 증명하였다.

(마) 한편 1840년대에 줄(Joule)은 일정량의 열을 얻기 위해 필요한 각종 에너지의 양을 측정하는 실험을 행하였다. 대표적인 것이 열의 일당량 실험이었다. 이 실험은 열기관을 대상으로 한 것이 아니라, 추를 낙하시켜 물속의 날개바퀴를 회전시키는 실험이었다. 열의 양은 칼로리(calorie)로 표시되는데, 그는 역학적 에너지인 일이 열로 바뀌는 과정의 정밀한 실험을 통해 1kcal의 열을 얻기 위해서 필요한 일의 양인 열의 일당량을 측정하였다. 줄은 이렇게 일과 열은 형태만 다를 뿐 서로 전환이 가능한 물리량이므로 등가성을 갖는다는 것을 입증하였으며, 열과 일이 상호 전환될 때 열과 일의 에너지를 합한 양은 일정하게 보존된다는 사실을 알아내었다. 이후 열과 일뿐만 아니라 화학 에너지, 전기 에너지 등이 등가성을 가지며 상호 전환될 때에 에너지의 총량은 변하지 않는다는 에너지 보존 법칙이 입증되었다.

09. 윗글의 내용과 일치하는 것은?

① 칼로릭 이론의 오류는 카르노의 주장이 에너지 보존 법칙에 위배됨을 지적한 줄에 의해 밝혀졌다.

② 클라우지우스는 열의 방향성과 상호 전환 방향에 관한 대칭성을 설명할 새로운 개념을 창안하였다.

③ 톰슨은 열과 일이 서로 바뀔 때 열과 일의 에너지 총합은 일정하게 유지된다는 사실을 입증하였다.

④ 칼로릭 이론에 따르면 칼로릭은 온도가 낮은 쪽에서 높은 쪽으로 흐르는 입자이다.

⑤ 카르노에 따르면 열기관의 열효율은 고온과 저온의 온도 차에 좌우된다.

10. 윗글의 (가)~(마)를 논리적 순서대로 알맞게 배열한 것은?

① (나) – (가) – (라) – (마) – (다)

② (나) – (다) – (라) – (가) – (마)

③ (다) – (가) – (라) – (마) – (나)

④ (다) – (가) – (마) – (라) – (나)

⑤ (다) – (나) – (마) – (가) – (라)

11. 15개 블록으로 구분된 A 마을의 중심부에는 시청이 있다. 다음 조건을 모두 고려하였을 때, 항상 옳은 것은?

- 마을에 우체국, 터미널, 식당가, 아파트, 은행 5개 시설이 각각 1개씩 있으며, 서로 다른 블록에 위치한다.
- 은행은 시청의 동서남북 중 한 방향에 인접해 있다.
- 은행에서 북쪽으로 한 블록 떨어진 곳에 터미널이 위치해 있다.
- 터미널에서 서쪽으로 두 블록 떨어진 곳에 아파트가 위치해 있다.
- 아파트에서 서쪽으로 한 블록, 남쪽으로 한 블록 떨어진 곳에 식당가가 위치해 있다.
- 식당가에서 동쪽으로 한 블록 떨어진 곳에 우체국이 위치해 있다.
- 동쪽으로 한 블록 떨어진 곳의 의미는 동쪽 바로 옆 블록에 위치해 있음을 의미한다.

북

서						동
			시청			

남

① 은행은 아파트와 인접해 있다.

② 은행에서 서쪽으로 세 블록 떨어진 곳에 우체국이 위치해 있다.

③ 아파트에서 남쪽으로 한 블록 떨어진 곳에 은행이 위치해 있다.

④ 식당가에서 동쪽으로만 이동하여 터미널에 도착할 수 있다.

⑤ 시청에서 남쪽으로 이동하지 않고 모든 시설에 도착할 수 있다.

12. 다음 물품별 관리번호 부여 방식에 대한 자료를 바탕으로 물품의 관리번호를 생성한다고 할 때, 2022년에 법무팀 2구역에서 사용할 전자제품 중 28번째로 구매한 노트북의 관리번호로 가장 적절한 것은?

[물품별 관리번호 부여 방식]

[사용 부서] – [물품 종류] – [구매 순서]
예 2022년에 총무팀 5구역에서 사용할 사무용품 중 2번째로 구매한 형광펜
<u>05E</u> – <u>F204</u> – <u>22002</u>

사용 부서				물품 종류				구매 순서
부서 코드		구역 코드		대분류 코드		소분류 코드		
02	기획팀	A	1구역	F2	사무용품	01	종이	• 앞 2자리: 주문 연도 2022 → 22 • 뒤 3자리: 001부터 시작하여 물품 종류별 동일 사용 부서 내 구매 순서대로 3자리의 번호가 매겨지며 구매 연도에 따라 번호가 갱신됨
		B	2구역			02	필기구	
		C	3구역			03	연필	
		D	4구역			04	형광펜	
05	총무팀	A	1구역	T5	전자제품	05	클립	
		B	2구역			01	컴퓨터	
		E	5구역			02	노트북	
		F	6구역			03	프린터기	
06	개발팀	C	3구역			04	빔프로젝터	
		E	5구역	P0	탕비실 비품	01	커피	
		F	6구역			02	식빵	
						03	잼	
08	법무팀	A	1구역			04	주방세제	
		B	2구역					
		E	5구역					
		F	6구역					
09	마케팅팀	A	1구역					
		B	2구역					
		D	4구역					

① 08E – 02T5 – 22028

② 08E – T502 – 02822

③ 08B – T502 – 22028

④ 08B – 02T5 – 22028

⑤ 08B – T502 – 02822

13. A 은행 B 지점의 윤 과장은 고객 유치를 위한 콘텐츠 결과 보고를 위해 기차를 타고 본점으로 출장을 갈 직원을 선정하고 있다. 다음 자료를 고려하였을 때, 윤 과장이 선정한 직원끼리 바르게 짝지은 것은?

- 출장은 2월 14일 오전 8시 정각에 출발하는 것으로 확정되었으며, 출발 후 B 지점에 복귀하기까지 총 8시간이 소요된다. 단, 눈이 올 경우 기차가 서행하게 되므로 30분이 추가로 소요된다.
- 출장 인원 중 한 명은 기차 티켓을 예매해야 하며, 기차 예매 애플리케이션의 최신 버전을 설치한 인원만 예매가 가능하다.
- 출장 시간에 사내 업무가 겹치는 경우에는 출장을 갈 수 없다.
- 출장 인원에 감기 환자가 포함된 경우, 출장 중 병원 진료를 위해 30분이 추가로 소요된다.
- 차장은 책임자로서 출장 인원에 적어도 한 명 포함되어야 한다.
- 출장 시간에 과장 1명은 반드시 B 지점에 남아있어야 한다.
- 주어진 조건 외에는 고려하지 않는다.

- 2월 14일은 하루 종일 눈이 온다.
- 2월 14일 당직 근무는 17시에 시작한다. 단, 근무 투입 준비는 10분 전에 한다.

직원	직급	애플리케이션 설치 여부	건강 상태	출장 당일 사내 업무
갑	대리	구버전	건강	당직 근무
을	차장	최신 버전	감기	없음
병	과장	미설치	건강	17시 5분 계약업체 상담
정	차장	구버전	건강	없음
무	과장	최신 버전	건강	16시 50분 부서 결재

① 갑, 을, 병
② 갑, 병, 정
③ 을, 병, 정
④ 을, 정, 무
⑤ 병, 정, 무

14. ○○기업 인사팀 조 과장은 지난주 입사한 신입사원들에게 일의 우선순위 수립 시 긴급한 일보다 중요한 일을 먼저 고려하라고 조언하였다. 신입사원들에게 주어진 업무가 다음과 같이 시간관리 매트릭스로 정리되어 있다고 할 때, 조 과장의 조언에 따라 일의 진행 우선순위를 바르게 나열한 것은?

구분	긴급함	긴급하지 않음
중요함	• 내년 상반기 사업계획 수립 및 보고 • 매출 실적 마감 및 결과 보고 • 전산망 보완에 따른 업무 누락 방지책 마련	• 인사고과 자료 정리 • 내년 하반기 프로젝트 일정 정리 • 신규 거래 업체 정리 및 보고
중요하지 않음	• 시장 분석 보고 자료 정리 • 해외지사 실적 정리 및 보고 • 제품 클레임 건 처리 및 보고	• 소모품 사용 실적 보고 • 송년회 일정 정리 및 보고 • 전 팀원 여름휴가 사용 일정 보고

① 내년 상반기 사업 계획 수립 및 보고 → 제품 클레임 건 처리 및 보고 → 인사고과 자료 정리 → 소모품 사용 실적 보고

② 매출 실적 마감 및 결과 보고 → 전 팀원 여름휴가 사용 일정 보고 → 신규 거래 업체 정리 및 보고 → 해외지사 실적 정리 및 보고

③ 매출 실적 마감 및 결과 보고 → 내년 하반기 프로젝트 일정 정리 → 시장 분석 보고 자료 정리 → 송년회 일정 정리 및 보고

④ 송년회 일정 정리 및 보고 → 해외지사 실적 정리 및 보고 → 신규 거래 업체 정리 및 보고 → 내년 상반기 사업 계획 수립 및 보고

⑤ 송년회 일정 정리 및 보고 → 인사고과 자료 정리 → 제품 클레임 건 처리 및 보고 → 전산망 보완에 따른 업무 누락 방지책 마련

15. 다음 중 효율적이고 합리적인 인사관리의 원칙에 대한 설명으로 가장 적절하지 않은 것은?

① 적재적소 배치의 원리에 따라 해당 직무 수행에 가장 적합한 인재를 선발하여 배치해야 한다.

② 근로자가 안정된 회사 생활을 할 수 있도록 직장에서 신분이 보장되고 계속해서 근무할 수 있다는 믿음을 갖게 해야 한다.

③ 공정 인사의 원칙에 따라 근로자의 인권을 존중하고 공헌도에 따라 노동의 대가를 공정하게 처리해야 한다.

④ 근로자가 창의력을 발휘할 수 있도록 새로운 제안, 건의 등의 기회를 마련하고 적절한 보상을 하여 인센티브를 제공해야 한다.

⑤ 직장 내 구성원들이 소외감을 느끼지 않도록 배려해야 하며 서로 유대감을 가지고 협동 및 단결하는 체제를 이루도록 해야 한다.

16. U 고등학교 교장 선생님은 매일 아침 본인이 소유하고 있는 화분 중 두 개를 골라 정문과 후문에 각각 1개씩 놓는다. 총 30일 동안 서로 다른 배치대로 화분을 놓을 수 있을 때, U 고등학교 교장 선생님이 보유하고 있는 화분의 개수는? (단, U 고등학교 교장 선생님이 보유하고 있는 화분의 종류는 모두 다르다.)

① 5개   ② 6개   ③ 7개   ④ 8개   ⑤ 9개

17. 모든 테이블에 8명씩 앉으면 20명이 앉지 못하고, x개의 테이블에 7명씩 앉은 뒤 나머지 27개의 테이블에 9명씩 앉으면 딱 맞게 앉을 수 있을 때, 전체 인원수는?

① 260명   ② 268명   ③ 276명   ④ 284명   ⑤ 292명

18. 다음 두 단어 쌍이 같은 관계가 되도록 빈칸에 들어갈 단어를 고르면?

사이 : 간격 = 정리 : (   )

① 난장   ② 장난   ③ 정격   ④ 정돈   ⑤ 상황

19. 다음은 과학치안 아이디어 공모전에 대한 공고문이다. 다음 공고문을 근거로 판단한 내용으로 가장 적절하지 않은 것은?

[과학치안 아이디어 공모전 공고]

1. 목적
   – 과학기술 활용 과학치안 아이디어를 공모해 치안 관련 문제를 해결하고, 국민 안전 및 편익을 높이고자 함

2. 응모 대상
   – 일반 국민(청소년 포함) 또는 경찰관(행정관 및 의경 포함)
   ※ 일반 국민 부문과 경찰관 부문 중 하나의 부문으로 지원하되, 반드시 팀 단위(최대 3명)로만 응모할 수 있으며, 팀원 중 대표자 1인을 필수로 지정하여 응모해야 함

3. 응모 내용
   – 문제 제안 유형과 해결방안 유형 중 선택하여 응모할 수 있고, 두 유형을 중복하여 응모할 수 있음

4. 유형①: 문제 제안
   – 주제: 치안 사각지대, 가정폭력, 아동학대, 학교폭력 등의 치안 관련 문제
   – 접수처: 치안정책연구소 홈페이지에서 온라인 접수
   – 제출 분량: 100자 이상
   – 응모 혜택: 모바일 음료 쿠폰 1개(응모 인원 전원에게 전달함)

5. 유형②: 해결방안
   – 주제: 범죄예방·수사, 사이버 안전 등의 경찰 활동 분야, 교통사고 예방 등의 교통안전 분야 등 경찰 활동 모든 분야에서의 과학치안 구현 아이디어
   – 접수처: 과학치안진흥센터 홈페이지에서 온라인 접수
   – 제출 서류: 아이디어 제안서 5장
   – 시상 계획

구분	등급	시상 팀	시상 내용
일반 국민	최우수상	2	경찰청장상 및 팀당 300만 원
	우수상	3	한국과학기술연구원장상 및 팀당 100만 원
	장려상	3	과학치안진흥센터소장상 및 팀당 30만 원
경찰관	최우수상	2	경찰청장상 및 팀당 300만 원
	우수상	3	경찰청장상 및 팀당 100만 원
	장려상	3	경찰대학장상 및 팀당 30만 원

6. 참고 사항
   – 경찰관으로 구성된 팀의 경우 과거 수상 경력자는 대표자로 지원할 수 없음
   – 상금은 팀당 지급하며, 상장은 팀원 모두에게 수여함

---

① 해결방안 유형에서 각 등급별로 수상하는 팀의 수는 경찰관 부문과 일반 국민 부문이 서로 동일하다.

② 응모 대상의 신분에 상관없이 우수상 이상에 해당하는 등급을 받으면 경찰청장상을 받을 수 있다.

③ 과거에 동일한 공모전에 응시하여 우수상을 받은 경찰관은 팀의 대표자가 될 수 없다.

④ 의경 1명과 경찰관 2명으로 이루어진 팀은 문제 제안과 해결방안 두 유형을 한 번에 지원할 수 있다.

⑤ 학교폭력 예방 및 대응 기술과 관련한 문제에 대한 아이디어를 100자 이상 보낸 사람은 모두 모바일 음료 쿠폰을 지급받을 수 있다.

20. 다음은 ○○자격증 수강반 학생들의 시험 점수를 바탕으로 귀하가 정리한 보고서이다. 과목 1, 2, 3의 평균이 60점 이상인 경우 자격증 시험에 합격할 수 있을 때, 귀하가 입력한 함수식으로 가장 적절하지 않은 것은?

	A	B	C	D
1	이름	과목 1	과목 2	과목 3
2	장하나	82	78	82
3	조두리	83	40	90
4	오석희	90	90	95
5	도사연	60	50	60
6	우다솜	85	72	77
7	박철승	96	90	90
8	유행철	70	70	80
9	민석열	80	86	76
10	윤지민	78	81	94

① 장하나의 총점을 구하기 위해 '=SUM(B2:D2)'를 입력하였다.

② 유행철의 평균 점수를 구하기 위해 '=AVERAGE(B8:D8)'을 입력하였다.

③ 박철승의 자격증 시험 합격 여부를 구하기 위해 '=IF(AVERAGE(B7:D7)<=60, "합격", "불합격")'을 입력하였다.

④ ○○자격증 수강반 학생 9명의 과목 3 점수에 대한 평균 점수를 구하기 위해 '=SUM(D2:D10)/9'를 입력하였다.

⑤ ○○자격증 수강반 학생 9명의 과목 1 점수 중 윤지민이 받은 점수의 순위를 구하기 위해 '=RANK(B10, B2:B10)'을 입력하였다.

[21-22] 귀하는 개인정보 보호를 위해 암호화된 성명 코드 및 주소 코드를 토대로 개인 식별코드를 생성하는 업무를 담당하게 되었다. 다음은 귀하가 개인 식별코드 생성을 위해 사용할 개인 식별코드 생성 시스템이다. 각 물음에 답하시오.

[개인 식별코드 생성 시스템]

항목	세부사항
Input values	• 성명 코드 및 주소 코드 확인 − 성명 코드와 주소 코드 중 각 코드 내 숫자의 합이 더 큰 입력값 산출 예 (성명 코드, 주소 코드)
Conversion value	• 산출된 Input value에 개인 식별코드 생성 시스템을 적용한 값

[개인 식별코드 생성 시스템]

문자	변환 값	문자	변환 값	문자	변환 값	문자	변환 값
A	j	N	r	a	J	n	R
B	h	O	f	b	H	o	F
C	l	P	s	c	L	p	S
D	b	Q	g	d	B	q	G
E	z	R	u	e	Z	r	U
F	n	S	w	f	N	s	W
G	d	T	v	g	D	t	V
H	p	U	y	h	P	u	Y
I	e	V	x	i	E	v	X
J	c	W	i	j	C	w	I
K	q	X	m	k	Q	x	M
L	t	Y	a	l	T	y	A
M	k	Z	o	m	K	z	O

※ 숫자는 초기 입력값에서 +1한 값으로 변환되며, 9는 0으로 변환됨

Personal Identification Code	• Conversion value에 추가 공식 시스템을 적용한 최종 코드

[추가 공식 시스템]

추가 공식	적용 방식	적용 예시
○	개인 식별코드 생성 시스템을 적용한 Conversion value 내의 알파벳을 소문자는 대문자로, 대문자는 소문자로 바꾼다.	Ef9ue7 → eF9UE7
#	개인 식별코드 생성 시스템을 적용한 Conversion value 내의 숫자를 개인 식별코드 생성 시스템을 적용하기 전 숫자로 바꾼다.	ez6fp5 → ez5fp4

21. 다음 상태에서 입력될 Personal Identification Code로 가장 적절한 것은?

Checking the input values…
Input value is (4Jw7E, tu3Pr9)

Applying Conversion System…
Checking Conversion value…

Applying additional formula system…
Formula ○ is applied

Personal Identification Code: (   )

① vy3Su9   ② 5cI8z   ③ vy4Su0   ④ 4cI7z   ⑤ VY4sU0

22. 다음 상태로 알 수 있는 Input value로 가장 적절한 것은?

Checking the input values…
Input value is (   )

Applying Conversion System…
Checking Conversion value…

Applying additional formula system…
Formula ○ is applied
Formula # is applied

Personal Identification Code: 8uW3q

① 7uW2q   ② 8rS3k   ③ 7Uw2Q   ④ 8Rs3k   ⑤ 9rS5k

23. 다음은 ○○공사에서 개최한 20XX년 빅데이터 경진대회 개최 안내문의 일부와 1차 심사를 통과한 지원자 갑~무의 2차 심사 점수이다. 제시된 자료를 근거로 판단할 때, 우수상을 받은 사람 중 2차 심사 점수가 두 번째로 높은 사람은?

[20XX년 빅데이터 경진대회 개최 안내]

1. 평가 절차

1) 1차 심사
   - ○○공사 자체 심사를 통해 경진대회 최우수상 후보자 5명 선정

2) 2차 심사
   - 전문가 평가(60%)

구분	평가항목	배점
데이터 적정성(35점)	확보성	10점
	구축 가능성	25점
과제 적합성(35점)	창의성	25점
	확산성	10점
활용 가능성(30점)	실현 가능성	15점
	적용성	15점

   ※ 전문가는 각 평가항목에 대해 매우 높음/높음/보통/낮음/매우 낮음으로 평가하며, 평가항목별 점수는 매우 높음의 경우 배점 × 100%, 높음의 경우 배점 × 80%, 보통의 경우 배점 × 60%, 낮음의 경우 배점 × 40%, 매우 낮음의 경우 배점 × 20%로 산출함

   - 대국민 평가(40%)

구분	배점
주제 부합성	20점
기술 실현 가능성	50점
활용 용이성	30점

2. 시상내역

구분	상금
최우수상	200만 원
우수상	100만 원
장려상	50만 원

   ※ 1차 심사를 통과한 최우수상 후보자 5명 중 2차 심사의 최종 점수가 높은 순서대로 최우수상 1명, 우수상 2명, 장려상 2명을 선정함

[갑~무의 2차 심사 점수]

구분			갑	을	병	정	무
전문가 평가	데이터 적정성	확보성	매우 높음	높음	낮음	보통	매우 낮음
		구축 가능성	보통	높음	보통	매우 높음	높음
	과제 적합성	창의성	보통	낮음	매우 높음	높음	매우 낮음
		확산성	낮음	보통	높음	보통	매우 높음
	활용 가능성	실현 가능성	매우 낮음	매우 높음	낮음	보통	낮음
		적용성	낮음	보통	높음	높음	보통
대국민 평가	주제 부합성		19점	18점	14점	16점	20점
	기술 실현 가능성		40점	44점	38점	32점	47점
	활용 용이성		20점	21점	27점	24점	25점

① 갑   ② 을   ③ 병   ④ 정   ⑤ 무

24. 다음 중 물적자원의 활용을 방해하는 요인에 대한 설명으로 가장 적절하지 않은 것은?

① 구입한 물적자원을 분실하여 필요한 물건을 다시 구입해야 하는 일이 발생하지 않도록 보관 장소를 명확히 지정해야 한다.

② 물품의 구입 목적이 불분명할 경우 물적자원 관리를 소홀히 할 수 있기 때문에 물건을 구입할 때는 구입 목적을 분명히 해야 한다.

③ 물적자원의 사용 기간은 한정적이지 않으나 물적자원의 고장으로 인한 경제적 손실이 발생하지 않도록 주의해야 한다.

④ 물적자원이 필요한 상황에 즉시 공급하지 못할 경우 물적자원의 사용으로 인한 효과를 거둘 수 없으므로 보관 장소를 정확히 파악해야 한다.

⑤ 물적자원의 보관 장소를 파악하지 못한 경우와 달리 물적자원을 분실한 경우와 훼손한 경우는 모두 물적자원을 재구입해야 활용이 가능하다.

25. 다음 글의 내용과 일치하지 않는 것은?

라면을 끓일 때 처음부터 분말수프를 넣은 물을 끓이기 시작하면 물만 끓일 때보다 끓는 데 더 오랜 시간이 소요된다. 이는 물에 분말수프를 녹이면 끓는점이 더 높아져 이를 끓게 하기 위해서는 더 많은 열을 가해야 하기 때문이다. 외부 압력이 1기압이라고 가정했을 때 순수한 물의 경우 섭씨 1백 도에서 끓어 기화하게 된다. 분말수프를 넣은 물과 순수한 물을 끓일 때 시간 차이가 발생하는 경우에서 알 수 있듯이 끓는점은 주변에서 작용하는 요소에 따라 상이하다. 물질이 열에너지를 받아 기화할 경우 압력이 발생하는데, 끓는점은 이 압력이 대기압을 초과하는 순간과 연결되기 때문이다. 1기압 이하로 외부 압력이 떨어질 경우에는 물의 끓는점 또한 1백 도보다 낮아지는 이유 또한 동일하다. 그렇다면 분말수프를 넣은 물의 끓는점이 순수한 물의 끓는점보다 더 높은 이유는 무엇일까?

밀폐된 용기에 물을 담아 둘 경우 표면의 물 분자들은 증발하게 되는데, 이때 물 분자들이 증발하는 속도는 일정하다. 물이 증발하는 과정에서 액체 상태의 물이 기화하기 때문에 물의 양은 점점 줄어드는데, 일정 시간이 흐른 뒤에는 물이 더 이상 줄어들지 않는다. 그 이유는 물에서 증발하는 분자 수와 물로 돌아오는 분자 수가 동일해지기 때문이다. 기체 상태의 분자들이 액체로 돌아오는 과정을 응축이라 하는데, 밀폐된 용기 속에서 증발된 기체 분자 수가 많아질수록 응축 속도가 빨라져 결국 증발 속도와 같아진다. 증발 속도와 응축 속도가 같은 때를 평형 상태라 일컫는데, 이때부터 물의 양은 더 이상 줄어들지 않으며, 평형 상태에서 증기가 나타내는 압력을 액체의 증기압이라고 한다.

라면의 분말수프를 넣은 물은 일종의 용액인데, 용액의 증기압은 용액의 농도와 온도, 용매의 종류에 따라 변한다. 순수한 용매만 있을 때에는 용매의 표면 전체에서 증발이 일어난다. 그러나 용액은 표면에서 비휘발성 용질이 차지하는 부분만큼 증발이 일어나지 않아 용액의 증기압은 순수한 용매의 증기압보다 낮아진다. 용액에 비휘발성 용질이 많이 녹아 있을수록, 즉 용액의 농도가 진할수록 표면에서 증발하는 용매 분자 수가 적어지기 때문에 용액의 증기압이 더 낮아진다. 한편, 온도가 높아지면 분자의 운동이 활발해져서 증발하는 용매의 분자 수가 많아지고 이에 따라 용액의 증기압도 높아진다.

분말수프를 넣은 물의 끓는점이 높아지는 이유는 용액의 증기압 변화를 통해 설명할 수 있다. 끓는다는 것을 과학적으로 정의하면 액체의 증기압이 대기압과 같아져서 액체 내부에서 기체 상태로 변한 분자들이 액체의 표면 바깥으로 나오는 것이라고 할 수 있다. 그러므로 끓는점은 액체의 증기압이 대기압과 같아지는 온도로 정의할 수 있다. 비휘발성 용질을 녹인 용액은 순수한 용매보다 증기압이 낮기 때문에 더 높은 온도가 되어야 용액의 증기압과 대기압이 같아진다. 분말수프를 넣은 물이 순수한 물에 비해 끓는 점이 높은 이유는 이 때문이다. 반면 높은 산에 올라가면 대기압이 낮아지기 때문에 평지보다 액체의 증기압이 낮은 상태에서도 끓게 되는 것이다.

① 분말수프를 넣은 물의 증기압은 순수한 물의 증기압보다 높아진다.

② 외부 압력이 1기압 이하로 떨어지게 되면 물의 끓는점도 외부 압력이 1기압일 때보다 낮아진다.

③ 기체의 응축 속도와 액체의 증발 속도가 같을 때를 평형 상태라 한다.

④ 비휘발성 용질을 녹인 용액의 증기압과 대기압이 같아지게 하기 위해서는 용매일 때보다 더 높은 온도가 되어야 한다.

⑤ 온도가 높아지면 분자 운동이 활발해지기 때문에 증발하는 분자 수 역시 많아진다.

26. C 도시에 사는 지민이는 A 도시에 위치한 갑 업체에서 판매하는 물품을 구매하였다. 갑 업체는 을 택배회사를 통해 물품을 배송하며, 을 택배회사의 배송 서비스를 이용하면 2,000원의 기본비용과 이동하는 도시를 모두 포함한 도시 간 배송 추가 비용이 발생한다. 갑 업체는 발생하는 총 배송비에서 2,500원을 부담하며 나머지 금액은 고객이 직접 부담한다. 을 택배회사가 배송하는 물품은 모두 D 도시에 위치한 물류센터를 거쳐 배송될 때, 지민이가 부담할 배송비는?

[도시 간 배송 추가 비용]

(단위: 원)

출발도시 \ 도착도시	A	B	C	D	E
A	–	1,000	1,200	700	1,500
B	500	–	1,000	1,500	1,000
C	1,500	1,000	–	1,000	500
D	700	700	1,500	–	2,500
E	2,000	1,000	500	3,000	–

① 1,000원　　② 1,200원　　③ 1,700원　　④ 2,200원　　⑤ 2,500원

27. 회사에서는 A~E 다섯 개의 프로젝트를 진행하려고 한다. 다음 조건을 모두 고려하였을 때, 항상 옳지 않은 것은?

- 프로젝트는 한 번에 하나씩만 진행할 수 있으며, 다섯 개의 프로젝트는 연속적으로 진행하여야 한다.
- A는 B보다 먼저 진행하여야 하지만, 첫 번째로 진행할 수는 없다.
- C는 D보다는 늦게 진행하여야 하지만, D 바로 다음에 진행하지 못한다.
- D를 첫 번째로 진행한다면, A는 세 번째로 진행하여야 한다.
- E를 첫 번째로 진행한다면, D는 세 번째로 진행하여야 한다.

① A는 네 번째로 진행한다.

② B는 C보다 먼저 진행한다.

③ C는 A 바로 다음에 진행한다.

④ D는 홀수 번째로 진행한다.

⑤ E는 짝수 번째로 진행한다.

28. 다음 지문의 디스크 스케줄링에 대한 설명으로 가장 적절하지 않은 것은?

> 하드 디스크는 고속으로 회전하는 디스크의 표면에 데이터를 저장하는 장치로, 디스켓과 비교하여 기억 용량이 크고 데이터를 읽는 속도가 빠르다는 특징을 지닌다. 하드 디스크에 저장되는 데이터는 동심원으로 된 트랙에 모이는데, 하드 디스크는 이 트랙을 다수의 섹터로 미리 구획한 후 트랙을 오고 가는 헤드를 통해 데이터를 섹터 단위로 읽고 쓴다. 이때 하드 디스크에서 데이터 입출력 요청을 완료하는 데 걸리는 시간을 접근 시간이라고 하며, 접근 시간은 하드 디스크의 성능을 결정하는 기준 중 하나가 된다. 접근 시간은 헤드가 하드 디스크 내 원하는 트랙까지 이동하는 데 소요되는 탐색 시간과 트랙 위에서 해당 섹터가 헤드의 위치까지 회전해 오는 데 걸리는 대기 시간의 합으로 계산된다. 따라서 접근 시간이 줄어들수록 하드 디스크의 성능이 좋다고 말할 수 있으므로 하드 디스크의 제어기는 디스크 스케줄링을 활용하여 접근 시간이 최소가 되도록 한다. 이러한 디스크 스케줄링 방식에는 대표적으로 FCFS 스케줄링과 SSTF 스케줄링, SCAN 스케줄링, LOOK 스케줄링이 있다.
>
> 200개의 트랙이 있고 가장 안쪽의 트랙이 0번인 하드 디스크가 있다고 가정해보자. 현재 헤드가 54번 트랙에 있고 대기 큐에는 '99, 35, 123, 15, 66' 트랙에 대한 처리 요청이 차례로 들어와 있다고 할 때 요청 순서대로 데이터를 처리하는 방법을 FCFS 스케줄링이라 한다. FCFS 스케줄링 방식에 따르면 헤드는 '54 → 99 → 35 → 123 → 15 → 66'의 순서로 이동하여 데이터를 처리하므로 헤드의 총이동 거리는 356이 된다. 이와 달리 만약 헤드가 현재 위치로부터 이동 거리가 가장 가까운 트랙 순서로 이동한다면 헤드의 총이동 거리는 어떻게 달라질까? 현재 위치로부터 이동해야 하는 거리가 가장 짧은 트랙을 순서대로 정리하면 '54 → 66 → 35 → 15 → 99 → 123'으로 나열할 수 있다. 이에 따라 헤드의 총이동 거리는 FCFS 스케줄링 방식을 통한 헤드의 총이동 거리 356에서 171로 줄어들게 되는데, 이러한 방식을 SSTF 스케줄링이라 한다. 이 방법을 사용하면 FCFS 스케줄링에 비해 헤드의 이동 거리가 짧거나 같아 탐색 시간이 줄어들 수 있다.
>
> 하지만 현재의 헤드 위치로부터 가까운 트랙에 대한 데이터 처리 요청이 계속해서 인입되면 거리가 먼 트랙에 대한 요청들의 처리가 미뤄지는 문제가 발생할 수 있다. 이러한 SSTF 스케줄링의 단점을 개선한 방식이 SCAN 스케줄링이다. SCAN 스케줄링은 헤드가 디스크의 양 끝을 오가면서 이동 경로 위에 포함된 모든 대기 큐에 있는 트랙에 대한 요청을 처리하는 방식이다. 위의 예에서 헤드가 현재 위치에서 트랙 0번 방향으로 이동한다면 '54 → 35 → 15 → 0 → 66 → 99 → 123'의 순서로 처리되며, 이때 헤드의 총이동 거리는 177이 된다. 이 방법을 쓰면 현재 헤드 위치에서 멀리 떨어진 트랙이라도 최소한 다음 이동 경로에는 포함되므로 처리가 지나치게 늦어지는 상황을 막을 수 있다. 마지막으로 LOOK 스케줄링은 SCAN 스케줄링 방식을 더욱 개선하였다. LOOK 스케줄링은 현재 위치로부터 이동 방향에 따라 대기 큐에 있는 트랙의 최솟값과 최댓값 사이에서만 헤드가 이동함으로써 SCAN 스케줄링에서 불필요하게 양 끝까지 헤드가 이동하는 데 걸리는 시간을 없애 탐색 시간을 더욱 줄였다.

① SSTF 스케줄링 방식은 FCFS 스케줄링에 비해 헤드가 이동해야 하는 거리가 길기 때문에 탐색 시간이 비교적 길어진다.

② 트랙 위에서 해당 섹터가 헤드의 위치까지 회전하여 이동하는 데 걸리는 시간을 대기 시간이라 일컫는다.

③ 헤드가 대기 큐에 들어온 트랙의 최솟값과 최댓값 사이에서만 움직이는 방식은 SCAN 스케줄링 방식에 비해 탐색 시간을 줄일 수 있다.

④ 하드 디스크에서 데이터 입출력 요청을 완료하는 데 소요되는 시간은 하드 디스크의 성능을 결정하는 기준에 포함된다.

⑤ 헤드가 62번 트랙에 있으며 164, 57, 105, 155, 65 순으로 들어온 데이터를 FCFS 스케줄링을 통해 처리할 경우 헤드의 총이동 거리는 397이다.

29. 한 달 전 운전면허증을 취득한 초보 운전자 갑은 교통법규 위반으로 과태료 부과 사전 통지서를 받았다. 위반행위에 따른 과태료와 갑의 과태료 부과 사전 통지서를 고려할 때, 갑이 납부해야 하는 과태료는? (단, 갑은 모든 위반행위에 대한 과태료를 사전 납부한다.)

[위반행위에 따른 과태료]

구분			일반도로	교통약자 보호구역
속도위반	초과속도	20km/h 이하	4만 원	7만 원
		20km/h 초과 40km/h 이하	7만 원	10만 원
		40km/h 초과 60km/h 이하	10만 원	13만 원
		60km/h 초과	13만 원	16만 원
주정차 위반			4만 원	8만 원
신호 지시 위반			6만 원	12만 원
보행자 보호의무 불이행		횡단보도	6만 원	12만 원
		일반도로	4만 원	8만 원

※ 1) 교통약자 보호구역에는 어린이 보호구역, 노인 보호구역, 장애인 보호구역이 포함됨
2) 과태료를 과태료 부과 사전 통지서에 기재된 의견 제출 및 납부 기한 내에 사전 납부할 경우 초과속도가 20km/h 이하인 자의 속도위반 과태료를 20% 감경함

[갑의 과태료 부과 사전 통지서]

구분	내용
위반 일시	• 20XX년 8월 26일
위반 장소	• ○○시 가나구
위반 내용	• 어린이 보호구역 내 속도 (제한: 30km/h, 주행: 48km/h) • 일반도로 내 신호 지시 위반 • 장애인 보호구역 내 횡단보도에서 보행자 보호의무 불이행
의견 제출 및 납부 기한	• 20XX년 9월 1일~20XX년 9월 5일

① 196,000원   ② 212,000원   ③ 236,000원   ④ 250,000원   ⑤ 316,000원

30. ○○공사 이 대리는 5박 6일 동안의 근무지 외 국내 출장을 마친 다음 날 출장 여비 사용 내역에 관한 증거 서류를 갖춰 회계팀에 출장 여비 정산을 신청하였다. 다음 규정과 이 대리의 출장 여비 정산 신청서를 고려하였을 때, 이 대리가 지급받게 될 출장 여비의 총합은? (단, 이 대리의 직급은 [별표 2] 국내 여비 지급표의 제2호에 해당한다.)

[근무지 외 국내 출장 여비 규정]

제9조(운임의 구분)

① 운임은 철도운임·선박운임·항공운임·자동차운임으로 구분하되, 철도운임은 철도여행에, 선박운임은 수로(水路)여행에, 항공운임은 항공여행에, 자동차운임은 철도 외의 육로여행에 각각 지급한다.

제16조(일비·숙박비·식비의 지급)

① 국내 여행자의 일비(日費)·숙박비 및 식비는 [별표 2]에 따라 지급한다. 다만, 공무의 형편이나 그 밖의 부득이한 사유로 숙박비의 상한액을 초과하여 여비를 지출했을 때에는 1박당 숙박비 상한액의 10분의 3을 넘지 아니하는 범위에서 여비를 추가로 지급할 수 있다.

② 일비는 여행 일수에 따라 지급하되, 공용차량을 이용하는 경우 등 인사혁신처장이 정하는 바에 따라 여행을 하는 경우에는 일비의 2분의 1을 지급한다.

③ 숙박비는 숙박하는 밤의 수에 따라 지급한다. 다만, 수로여행과 항공여행에는 숙박비를 지급하지 아니하되, 천재지변이나 그 밖의 부득이한 사유로 육지에서 숙박할 필요가 있는 경우에는 숙박비를 지급한다.

④ 식비는 여행 일수에 따라 지급한다.

[별표 2] 국내 여비 지급표

구분	운임				일비 (1일당)	숙박비 (1박당)	식비 (1일당)
	철도	선박	항공	자동차			
제1호	실비 (특실)	실비 (1등급)	실비	실비	20,000원	실비	25,000원
제2호	실비 (일반실)	실비 (2등급)	실비	실비	20,000원	실비 (상한액: 서울특별시 70,000원, 광역시 60,000원, 그 밖의 지역 50,000원)	20,000원

[이 대리의 출장 여비 정산 신청서]

소속	영업팀	**직위**	과장	**성명**	이은우
출장 일정	**일시**	20XX년 11월 21일~20XX년 11월 26일			
	출장지	서울특별시 중구, 대구광역시 수성구, 경상북도 김천시			

	일자	**실제 사용 금액**	**초과 지출 사유**		
숙박비	11월 21일	50,000원	–		
	11월 22일	48,000원	–		
	11월 23일	66,000원	숙박 지역과 업무 지역 간 거리상의 이유로 부득이하게 초과 지출함		
	11월 24일	60,000원			
	11월 25일	72,000원	숙박 지역과 업무 지역 간 거리상의 이유로 부득이하게 초과 지출함		
운임	**일자**	**교통편**	**출발지**	**도착지**	**금액**
	11월 21일	철도(일반실)	서울특별시 중구	경상북도 김천시	24,000원
	11월 22일	자동차	경상북도 김천시	경상북도 김천시	12,000원
	11월 23일	자동차	경상북도 김천시	경상북도 김천시	8,500원
	11월 24일	철도(일반실)	경상북도 김천시	대구광역시 수성구	4,500원
	11월 25일	자동차	대구광역시 수성구	대구광역시 수성구	7,000원
	11월 26일	항공	대구광역시 수성구	서울특별시 중구	40,000원

※ 숙박은 일자별 도착지에서 하였음

① 603,000원   ② 621,000원   ③ 630,000원   ④ 631,000원   ⑤ 662,000원

31. 다음 글의 내용과 일치하지 않는 것은?

초현실주의란 제1차 세계대전 이후인 1924년부터 제2차 세계대전 직후까지 약 20년 동안 프랑스를 중심으로 일어난 예술 운동이다. 전쟁에서 살아남은 사람들이 전쟁의 원인을 이성에 의한 합리주의라고 생각하며 이성의 지배를 거부하고 비합리적인 것을 추구하기 시작하였다. 초현실주의가 등장하기 직전 전쟁 중에 발생하여 초현실주의에 직접적인 영향을 준 다다이즘은 그동안의 정형적이고 사회적인 전통과 질서를 모두 거부한 반예술적 운동으로, 무질서한 태도로 작품에서 표현되었으나 초현실주의가 등장하면서 통일성과 방향성을 찾게 되었다.

초현실주의 미술가들은 현실을 초월한 미술로써 의식과 무의식을 혼합하여 현실에 존재하지 않거나 있을 법하지 않은 일들을 그림으로 표현하고자 했다. 이미지를 기록하는 오토마티즘, 비논리적 상황을 표현하는 데페이즈망, 그 외에도 콜라주, 데칼코마니 등의 새로운 기법들은 그러한 초현실주의를 표현하기 위해 미술가들이 고안해 낸 방법이다.

그중 초현실주의 미술가들이 자주 이용했던 방법인 오토마티즘은 이성 등을 제외하고 무의식의 세계에서 나타나는 이미지를 그대로 기록하는 기법이다. 습관이나 고정관념 등은 모두 배제하고 아무 생각이 없는 상태에서 손이 움직이는 대로 그리는 방식이다. 예컨대 머릿속을 비워 두고 있다가 갑자기 떠오르는 이미지를 그리는 것이다. 호안 미로는 캔버스 사방으로 붓을 자유롭게 놀리며 그림을 그렸는데, 그는 본인의 작품을 통해 끊임없이 이성을 통제하고 무의식을 자유롭게 풀기 위해 노력했다.

데페이즈망 역시 초현실주의 미술가들이 자주 이용한 방법 중 하나이다. 서로 관련이 없는 물체를 같은 공간에 그려 넣음으로써 낯설고 논리적이지 않은 상황을 표현하는 기법으로, 낮을 표현한 그림 안에 별과 해를 그려 넣는 등 현실에서는 일어나기 힘든 상황을 표현하는 것이다. 데페이즈망을 활용한 대표적인 미술가인 살바도르 달리는 정신 분석학을 이용하여 인간의 마음속에 존재하는 불안과 공포를 자신의 작품에 의도적으로 표현하려고 했으며, 「기억의 고집」에서는 기괴하고 왜곡된 비현실적인 꿈속 장면과 같은 초현실적 공간을 나타냈다.

이외에도 잡지 등에서 잘라낸 사진을 아무렇게나 자유로운 방식으로 붙이는 콜라주 기법을 통해 서로 연관이 없던 것들을 합쳐 예상치 못한 아름다움을 만들어냈다. 또한 나무판 등과 같은 질감 있는 사물 위에 종이를 올려두고 연필로 문질러 그림이 떠오르게 하는 프로타주를 통해 문질러 나타난 형태에 상상력을 더해 독특한 느낌의 그림을 만들어내기도 했다. 또한 물감을 짠 종이 위에 광택이 있는 종이를 올려 가볍게 누르고 난 후 종이를 가장자리부터 들어 올려서 생긴 무늬를 다시 캔버스에 놓고 누른 후 그림을 덧그려 완성하는 데칼코마니 역시 초현실주의 예술가들이 많이 사용한 미술 표현 기법이다.

① 나뭇잎에 종이를 올려서 연필로 종이 위를 문질러 나뭇잎의 모습을 본뜬 그림은 프로타주 기법을 사용한 것이다.

② 초현실주의 예술가들이 사용한 오토마티즘은 손이 움직이는 대로 이성과 무의식을 조합해 낸 생각들을 그리는 방식이다.

③ 초현실주의는 무질서하고 반예술적이었던 다다이즘으로부터 직접적인 영향을 받은 예술 운동이다.

④ 공중에 떠 있는 사람들이 땅으로 떨어지지 않고 서 있는 그림은 초현실주의 기법 중 데페이즈망 기법을 사용하여 그려졌다고 할 수 있다.

⑤ 초현실주의 작품에서는 무의식의 세계뿐만 아니라 의식의 세계가 함께 복합된 가상의 세계가 나타난다.

32. 다음은 연도별 바이오산업 투자 현황에 대한 자료이다. 자료에 대한 설명으로 적절하지 않은 것은?

[연도별 바이오산업 투자 현황]

(단위: 백만 원)

구분	2016	2017	2018	2019	2020
기업 연구개발비	5,015,227	5,143,459	5,655,387	6,992,398	5,350,656
기업 시설투자비	979,588	1,152,249	979,614	1,002,064	869,219
기업 전체 투자비	5,994,815	6,295,708	6,635,001	7,994,462	6,219,875
바이오 연구개발비	1,411,799	1,497,274	1,697,419	1,839,677	2,018,500
바이오 시설투자비	637,618	718,949	702,427	753,277	669,382
바이오 전체 투자비	2,049,417	2,216,223	2,399,846	2,592,954	2,687,882

※ 출처: KOSIS(산업통상자원부, 국내바이오산업실태조사)

① 2018년 바이오 전체 투자비에서 바이오 연구개발비가 차지하는 비중은 70% 이상이다.

② 2017년 이후 기업 연구개발비와 기업 전체 투자비의 전년 대비 증감 추이는 동일하다.

③ 제시된 기간 동안 바이오 시설투자비의 평균은 7천억 원 이상이다.

④ 제시된 기간 중 기업 시설투자비가 가장 적은 해와 기업 전체 투자비가 가장 적은 해는 서로 다르다.

⑤ 기업 전체 투자비와 바이오 전체 투자비의 차이는 2019년이 2020년보다 더 크다.

33. 인터넷서비스의 종류 및 특징을 다음과 같이 정리하였을 때, 인터넷서비스의 종류 및 특징이 바르게 연결된 것을 모두 고르면?

	종류	특징
㉠	이메일	인터넷을 통해 편지나 정보를 주고받는 서비스로, 포털사이트, 웹사이트에 가입하여 이용할 수 있으며, 회사나 학교 같은 기관에서는 자체 도메인과 계정을 만들어 업무 또는 학습에 활용한다.
㉡	메신저	인터넷에서 메시지와 데이터를 실시간으로 주고받을 수 있는 소프트웨어로, 상대방이 인터넷에 접속해 있는지 확인이 가능하여 응답이 즉시 이루어질 수 있고, 여러 사람과의 문자 및 음성채팅도 지원하며, 대용량의 동영상 파일도 전송이 가능하다.
㉢	클라우드	사용자들이 복잡한 정보를 보관하기 위해 별도의 데이터 센터를 구축하지 않고도 인터넷을 통해 제공되는 서버를 활용해 정보를 보관하고 있다가 필요할 때 사용하는 기술로, 작업한 컴퓨터 외 다른 컴퓨터로도 필요한 자료를 불러올 수 있다.
㉣	SNS	인터넷이라는 전자 매체를 통해 상품을 사고팔거나, 재화나 용역을 거래하는 사이버 비즈니스로, 거래에 연관되는 모든 기관과의 관련 행위를 포함하며 거래되는 상품으로는 전자부품, 컴퓨터, 의류 등의 물리적 상품과 주식 정보, 전자책 등과 같은 디지털 상품이 있다.

① ㉠, ㉡   ② ㉠, ㉢   ③ ㉡, ㉣   ④ ㉢, ㉣   ⑤ ㉠, ㉡, ㉢

34. 다음 지문의 스마트폰 위치 측정 기술에 대한 설명으로 가장 적절하지 않은 것은?

> 스마트폰은 다양한 위치 측정 기술을 활용하여 여러 지형 환경에서 위치를 측정한다. 위치에는 절대 위치와 상대 위치가 있다. 절대 위치는 위도, 경도 등으로 표시된 위치이고, 상대 위치는 특정한 위치를 기준으로 한 상대적인 위치이다.
>
> 실외에서는 주로 스마트폰 단말기에 내장된 GPS(위성항법장치)나 IMU(관성측정장치)를 사용한다. GPS는 위성으로부터 오는 신호를 이용하여 절대 위치를 측정한다. GPS는 위치 오차가 시간에 따라 누적되지 않는다. 그러나 전파 지연 등으로 접속 초기에 짧은 시간 동안이지만 큰 오차가 발생하고 실내나 터널 등에서는 GPS 신호를 받기 어렵다. IMU는 내장된 센서로 가속도와 속도를 측정하여 위치 변화를 계산하고 초기 위치를 기준으로 하는 상대 위치를 구한다. 단기간 움직임에 대한 측정 성능이 뛰어나지만, 센서가 측정한 값의 오차가 누적되기 때문에 시간이 지날수록 위치 오차가 커진다. 이 두 방식을 함께 사용하면 서로의 단점을 보완하여 오차를 줄일 수 있다.
>
> 한편 실내에서 위치 측정에 사용 가능한 방법으로는 블루투스 기반의 비콘을 활용하는 기술이 있다. 비콘은 실내에 고정 설치되어 비콘마다 정해진 식별 번호와 위치 정보가 포함된 신호를 주기적으로 보내는 기기이다. 비콘들은 동일한 세기의 신호를 사방으로 보내지만, 비콘으로부터 거리가 멀어질수록, 벽과 같은 장애물이 많을수록 신호의 세기가 약해진다. 단말기가 비콘 신호의 도달 거리 내로 진입하면 단말기 안의 수신기가 이 신호를 인식한다. 이 신호를 이용하여 2차원 평면에서의 위치를 측정하는 방법으로는 다음과 같은 것들이 있다.
>
> 근접성 기법은 단말기가 비콘 신호를 수신하면 해당 비콘의 위치를 단말기의 위치로 정한다. 여러 비콘 신호를 수신했을 경우에는 신호가 가장 강한 비콘의 위치를 단말기의 위치로 정한다. 삼변측량 기법은 3개 이상의 비콘으로부터 수신된 신호 세기를 측정하여 단말기와 비콘 사이의 거리로 환산한다. 각 비콘을 중심으로 이 거리를 반지름으로 하는 원을 그리고, 그 교점을 단말기의 현재 위치로 정한다. 교점이 하나로 모이지 않는 경우에는 세 원에 공통으로 속한 영역의 중심점을 단말기의 위치로 측정한다.
>
> 위치 지도 기법은 측정 공간을 작은 구역들로 나누어 구역마다 기준점을 설정하고 그 주위에 비콘들을 설치한다. 그리고 나서 비콘들이 송신하여 각 기준점에 도달하는 신호의 세기를 측정한다. 이 신호 세기와 비콘의 식별 번호, 기준점의 위치 좌표를 서버에 있는 데이터베이스에 위치 지도로 기록해 놓는다. 이 작업을 모든 기준점에서 수행한다. 특정한 위치에 도달한 단말기가 비콘 신호를 수신하면 신호 세기를 측정한 뒤 비콘의 식별 번호와 함께 서버로 전송한다. 서버는 수신된 신호 세기와 가장 가까운 신호 세기를 갖는 기준점을 데이터베이스에서 찾아 이 기준점의 위치를 단말기에 알려 준다.

① 근접성 기법에 따르면 단말기의 위치는 여러 개의 비콘 중 신호가 가장 강한 비콘의 위치로 결정한다.

② 위성으로부터 전달받은 신호를 이용하여 절대 위치를 측정하는 GPS는 위치 오차를 시간의 흐름에 따라 누적하지는 않는다.

③ 위치 지도 기법에 따르면 비콘의 위치가 달라질 경우 기준점에 도달하는 신호의 세기가 달라지기 때문에 데이터베이스를 갱신해야 한다.

④ 비콘의 보내는 신호의 세기는 비콘으로부터 거리가 멀고 벽과 같은 장애물이 많을수록 오히려 강해진다.

⑤ IMU는 시간이 지날수록 오차가 누적되기 때문에 시간이 경과함에 따라 위치의 정확도가 떨어진다.

35. ○○초등학교는 아이스크림을 구매하여 교직원과 학생들에게 나눠주려고 한다. 아래의 조건에 따라 아이스크림을 나눠주려고 할 때, 1학년 학생들에게 나눠줄 아이스크림의 총개수는?

- 구매한 아이스크림의 7%는 교직원에게 나눠준다.
- 교직원에게 나눠준 아이스크림의 15%는 교원에게 나눠준다.
- 구매한 아이스크림 중 595개는 사무직원에게 나눠준다.
- 구매한 아이스크림의 8%는 1학년 학생들에게 나눠준다.
- 교직원은 교원과 사무직원으로 구분된다.

① 680개   ② 800개   ③ 840개   ④ 880개   ⑤ 960개

36. 다음 글의 빈칸에 들어갈 용어를 바르게 연결한 것은?

(㉠)은/는 (㉡)을/를 작성하기 위하여 필요한 데이터로, 아직 특정 목적에 대하여 평가되지 않은 상태의 숫자나 문자들의 단순한 나열이자 가공하기 전 순수한 상태의 수치를 말한다. (㉡)은/는 (㉠)을/를 일정한 프로그램에 따라 컴퓨터가 처리·가공함으로써 특정한 목적을 달성하는 데 필요하거나, 특정한 의미를 가진 것으로 다시 생산된 것을 말한다.

	㉠	㉡
①	지식	정보
②	자료	정보
③	자료	정보처리
④	정보	자료
⑤	정보	정보처리

37. 다음은 공공데이터 활용기업 맞춤형 지원 사업에 대한 안내문이다. 다음 안내문을 근거로 판단할 때, 기업 조건과 지원 프로그램 내용이 올바르게 짝지어진 것은?

[공공데이터 활용기업 맞춤형 지원 사업 안내]

1. 모집 개요

1) 모집 대상: 공공데이터를 활용하여 서비스를 개발하고자 하는 기업 또는 예비창업자
2) 신청 기간: 7. 18.(월) 10:00~8. 8.(월) 18:00
3) 추진 일정

기업 모집		기업 선정		패키지 지원		후속 지원
모집 공고 신청 및 접수	▶	참여 신청서 평가 및 위원회 심의	▶	활용 유형별 기업 맞춤형 지원	▶	정보제공 및 홍보
7. 18.(월)~8. 8.(월)		8. 31.(수)		9. 19.(월)~12. 16.(금)		사업종료 후

2. 지원 대상

- 기업의 공공데이터에 대한 인식 수준, 활용역량 등에 따라 4가지 유형(미활용, 활용 미흡, 활용 우수, 혁신)으로 분류한 후 기업 유형에 따른 패키지 프로그램을 지원함

구분	세부 내용
미활용 기업	공공데이터 활용 아이디어는 있으나 사업 실현 구체성이 낮은 기업 → 지원 패키지: 활용 역량 강화 프로그램
활용 미흡 기업	공공데이터 사업모델이 없으며 활용 가치 인식이 낮은 기업 → 지원 패키지: 데이터 큐레이션 프로그램
활용 우수 기업	공공데이터 사업모델을 활용 중이지만 혁신 단계로 도약을 희망하는 기업 → 지원 패키지: 데이터 제공 프로그램
혁신 기업	공공데이터 사업모델은 있으나 성과 창출을 위한 투자·마케팅 역량이 낮은 기업 → 지원 패키지: 사업화 및 투자유치 프로그램

3. 패키지 프로그램

구분	세부 내용
데이터 제공	- 사업계획에 적합한 공공데이터 검색 및 추천 - 공공데이터 포털 개방데이터 내 필요 데이터 제공
데이터 큐레이션	- 기업이 보유한 데이터와 공공데이터의 결합 컨설팅 - 공공데이터를 활용한 비즈니스 전략 수립 컨설팅
활용 역량 강화	- 공공데이터 제공 및 분쟁조정 관련 이론 교육 - 공공데이터 분석 및 시각화 체험
사업화 및 투자유치	- 사업계획서 작성 방법, 발표 등의 투자유치 실습 및 투자기업 매칭 - 1:1 공공데이터 창업 중견기업 기업 성장 멘토링, 컨설팅

	기업 조건	지원 프로그램 내용
㉠	• 공공데이터 사업모델이 있음 • 투자 및 마케팅 역량이 낮음	• 공공데이터 관련 사업 계획서 작성 방법 안내 및 투자 기업 매칭을 지원함
㉡	• 공공데이터 활용 아이디어가 있음 • 사업 실현 구체성이 낮음	• 공공데이터 포털의 개방데이터 안에서 필요한 데이터를 제공함
㉢	• 공공데이터 사업모델이 없음 • 활용 가치 인식이 낮음	• 공공데이터 분석 및 시각화 체험 등 기초 활용 실습을 지원함
㉣	• 공공데이터 사업모델을 활용하고 있음 • 혁신 단계로 도약을 희망함	• 공공데이터와 기업이 가지고 있는 데이터 결합을 위한 컨설팅을 제공함

① ㉠   ② ㉢   ③ ㉠, ㉡   ④ ㉡, ㉣   ⑤ ㉡, ㉢, ㉣

38. 다음은 2015년의 국내 공급 물가 수준을 기준으로 한 계정 코드별 국내 공급 물가지수에 대한 자료이다. 자료에 대한 설명으로 적절한 것은?

[계정 코드별 국내 공급 물가지수]

구분	2017년	2018년	2019년	2020년	2021년
원재료	104.01	119.36	118.78	99.28	130.49
중간재	100.86	103.59	103.47	101.47	111.07
최종재	101.40	102.18	103.21	103.74	106.23
생산재	101.24	105.42	105.25	101.26	113.48

※ 1) 국내 공급 물가지수 = (비교 시점의 국내 공급 물가 수준 / 기준 시점의 국내 공급 물가 수준) × 100
   2) 2015년의 계정 코드별 국내 공급 물가지수 = 100
※ 출처: KOSIS(한국은행, 생산자물가조사)

① 제시된 계정 코드 중 2020년 국내 공급 물가 수준이 2015년 대비 증가한 계정 코드는 총 1개이다.

② 제시된 기간 동안 원재료의 국내 공급 물가지수는 매년 최종재의 국내 공급 물가지수보다 높다.

③ 2018년 이후 최종재의 국내 공급 물가 수준은 전년 대비 매년 증가하였다.

④ 제시된 계정 코드 중 2019년 국내 공급 물가지수가 가장 높은 계정 코드는 생산재이다.

⑤ 2021년 중간재의 국내 공급 물가 수준은 전년 대비 10% 이상 증가하였다.

39. 지혜는 3년 동안 사용할 공기청정기를 임대하기 위해 A 제품과 B 제품을 비교하고 있다. 적용 면적이 큰 제품을 우선으로 고려하되 2순위 제품의 사용 기간 동안 발생하는 총비용이 1순위 제품의 사용 기간 동안 발생하는 총비용보다 15% 이상 저렴할 경우 저렴한 제품을 구매하려 할 때, 지혜가 선택할 제품과 사용 기간 동안 발생하는 총비용을 알맞게 짝지은 것은 무엇인가? (단, 1평은 3.3m²이다.)

구분	A 제품	B 제품
임대비용	50,900원/월	44,500원/월
적용 면적	19평	62m²
필터 교체 비용	65,000원/회 * 단, 첫 3회 무상 교체	42,000원/회
필터 교체 횟수	연 2회	임대 시작 시점으로부터 5개월마다 1회

	제품	사용기간 동안 발생하는 총비용
①	A 제품	1,896,000원
②	A 제품	2,027,400원
③	A 제품	3,041,100원
④	B 제품	1,723,290원
⑤	B 제품	1,896,000원

40. 다음 의미에 해당하는 한자성어를 고르면?

> 줏대 없이 남의 의견에 따라 움직임

① 괄목상대(刮目相對) ② 수불석권(手不釋卷) ③ 탁상공론(卓上空論)

④ 청출어람(靑出於藍) ⑤ 부화뇌동(附和雷同)

41. 다음은 상파울루 지사에서 근무하는 A와 방콕 지사에서 근무하는 B, 서울 지사에서 근무하는 C의 회의 가능 시간을 나타낸 자료이다. A~C가 모두 참석할 수 있는 시간에 원격으로 1시간 동안 회의를 진행할 때, 진행 가능한 회의의 서울 현지 시간은?

<table>
<tr><td colspan="5" align="center">[A~C 회의 가능 시간]</td></tr>
<tr><td>구분</td><td>5일</td><td>6일</td><td>7일</td><td>8일</td></tr>
<tr><td>A</td><td>03:00~16:00</td><td>09:00~11:00
15:00~23:00</td><td>05:00~16:00</td><td>09:00~18:00</td></tr>
<tr><td>B</td><td>06:00~13:00</td><td>02:00~14:00
20:00~23:00</td><td>06:00~16:00</td><td>05:00~17:00</td></tr>
<tr><td>C</td><td>09:00~18:00</td><td>11:00~22:00</td><td>14:00~18:00</td><td>03:00~15:00</td></tr>
</table>

※ A~C의 일자별 회의 가능 시간은 A~C가 각각 속한 지사의 지역 기준 시간임

[그리니치 표준시]

구분	그리니치	상파울루	방콕	서울
그리니치 시차	0	-3	+7	+9

① 5일 17:00~18:00

② 6일 16:00~17:00

③ 7일 14:00~15:00

④ 7일 17:00~18:00

⑤ 8일 06:00~07:00

42. 다음 중 악성코드의 증상에 해당하는 것의 개수는?

㉠ 네트워크 속도 저하	㉡ 시스템 성능 향상	㉢ 파일 삭제
㉣ 이메일 발송	㉤ CMOS 변경	㉥ 기본 메모리 증가
㉦ 파일 생성	㉧ 이상 화면 출력	㉨ 메시지 상자 출력

① 3개   ② 5개   ③ 6개   ④ 7개   ⑤ 8개

43. 다음은 스마트팜 청년창업 보육센터 교육생 모집에 대한 안내문이다. 다음 안내문을 근거로 판단한 내용으로 가장 적절하지 않은 것은?

[스마트팜 청년창업 보육센터 교육생 모집 안내]

1. 신청 대상
- 전공에 관계없이 스마트팜 영농기술 습득을 희망하는 신청일 기준 만 18세~39세 미취업자 청년
  - ※ 취업자 혹은 재학생이라도 20개월의 교육과정 중 의무 교육시간 이수 가능자는 신청할 수 있음

2. 신청 기간 및 신청 방법
- 신청 기간: 9월 1일 목요일~10월 31일 월요일
- 신청 방법: 스마트팜 코리아 홈페이지 회원가입 후 '스마트팜 교육·보육사업 신청'을 통해 온라인 신청

3. 지원 내용
- 스마트팜 기초 입문 교육 → 교육형 실습 → 경영형 실습 단계별 교육과정 운영을 통해 전문인력 육성

구분	과정별 주요 내용	이수 기간
입문 교육	경영관리, 시설관리, 작물생리, 품목별 재배관리 교육을 위한 현장 견학 및 전문가 특강 진행	2개월(180시간)
교육형 실습	보육센터 실습 온실과 스마트팜 선도 농가 온실 등을 활용한 현장실습 진행	6개월(480시간)
경영형 실습	자기 책임하에 영농 경영을 경험해 볼 수 있도록 경영 실습 온실을 팀별로 제공(개인별 구역 지정), 영농 전 주기별 실습 교육 진행	12개월(960시간)

- ※ 1) ICT, IoT 등의 첨단기술 및 AI, 빅데이터 등의 데이터 분야 외부 전문 교육기관과 연계한 특강은 입문 교육에서 진행됨
- 2) 선발된 지원자는 자신이 거주하고 있는 지역의 주요 품목만을 재배할 수 있음

4. 선정 방법

STEP 1 적격 심사	지원자가 제출한 서류의 누락 및 적격 여부를 검토하여 서류 심사 대상자를 선정함

▼

STEP 2 서류 심사	지원동기의 구체성, 창농 계획의 적절성 등의 내용을 심사하여 면접 대상자로 선발함 ※ 최종 합격 인원의 2배수 선발

▼

STEP 3 면접 심사	스마트 농업에 대한 열정 및 자세, 영농 정착 가능성, 친화력 및 소통능력 등을 심사하여 최종 합격자로 선발함

5. 교육 혜택
- 교육 수강료 국비 지원(무료)
- 교육기간 내 숙식 제공
- 국내·외 우수 현장 전문가의 영농 기술 지도 및 컨설팅 지원
- 수료생을 대상으로 농림수산업자신용보증기금 보증 비율 우대
- 수료생을 대상으로 청년 스마트팜 종합자금 대출 신청자격 부여, 청년후계농 선발 시 가점 부여, 후계농업 경영인 선발인원 배정(총 100명)
- 수료생 중 수행실적 우수자를 대상으로 임대형 스마트팜 입주 우선권 부여

[참고] 지역별 주요 품목

구분	주요 품목
경상북도	딸기, 토마토, 멜론, 오이
경상남도	딸기, 토마토, 파프리카
전라북도	딸기, 엽채소, 오이, 가지, 아스파라거스
전라남도	딸기, 토마토, 멜론, 만감류

※ 만감류는 재배 특성상 5년생부터 수확이 가능하여 교육 수료 후 임대형 스마트팜 입주가 불가하며 창업 및 취업 형태를 권장함

① 교육생으로 최종 선정되는 인원이 200명이라면 서류 심사에서는 총 400명의 인원이 선발될 것이다.

② 전라남도에 거주하고 있는 교육생이 수행실적 우수자인 수료생으로 임대형 스마트팜 입주 우선권을 받았을지라도 만감류를 재배하려고 한다면 입주할 수 없다.

③ 9월 1일에 입사가 예정되어있는 만 28세의 청년이 의무 교육시간을 이수할 수 있다면 10월 31일 안으로 사업을 신청할 수 있다.

④ 빅데이터, AI, 첨단기술 분야 등의 외부 전문 교육기관과 연계된 특강이 진행되는 교육과정은 480시간의 교육을 이수해야 한다.

⑤ 영농 전 주기별로 실습할 수 있도록 교육하고 개인별 구역으로 선정된 온실을 통해 직접 영농 경영 체험을 할 수 있는 단계는 이수 기간이 가장 길다.

44. 다음 글의 내용과 일치하지 않는 것은?

　　어떠한 행위의 범죄 성립 여부를 판단하기 위해서는 해당 행위가 범죄의 성립 요건인 구성요건의 해당성, 위법성, 책임성을 모두 충족하는지를 따져야 한다. 여기서 구성요건이란 형법상 금지 또는 요구되는 행위를 구체적으로 규정해 놓은 것으로, 특정 행위가 금지 및 요구되는 규범의 적용을 받는 행위일 경우 그 행위는 구성요건의 해당성을 가진다고 본다. 예를 들어 형법에서는 사람을 살해한 사람은 사형·무기 또는 5년 이상의 징역에 처한다고 규정하고 있으므로 타인을 살해하는 행위는 이유를 막론하고 구성요건에 해당하는 행위이다.

　　위법성은 어떤 행위가 범죄 또는 불법 행위로 인정되는 객관적인 요건을 의미한다. 다시 말해 위법성이란 법규 및 사회상규에 위배되는 행위를 의미하며, 위법성이 없는 행위는 구성요건에 해당하더라도 범죄가 성립되지 않는다. 예를 들어 사형 집행인이 사형을 집행하는 행위 자체는 타인 살해라는 구성요건에 해당하지만, 법규 및 사회상규에 위배되는 행동이 아니므로 위법성이 없다. 이처럼 구성요건에 해당하는 행위라고 하더라도 행위의 위법성을 조각, 즉 위법성을 배제하여 범죄가 성립하지 않는다고 판단하는 사유를 위법성 조각 사유라고 한다. 대표적인 위법성 조각 사유에는 정당방위가 있다.

　　정당방위란 급박하고 부당한 침해를 막기 위하여 침해자에게 어쩔 수 없이 취하는 행위를 말한다. 그러나 침해 행위에 대응한 방위적 행위가 모두 정당방위로 인정되는 것은 아니다. 정당방위가 성립하기 위해서는 먼저 정당방위 상황이 있어야 한다. 정당방위 상황은 자기 또는 타인의 법익에 대한 현재의 부당한 침해가 있을 때를 말하며, 이를 객관적 정당화 요소라 일컫는다. 이와 더불어 방위를 하는 행위자가 방위 행위를 실현한다는 의사가 있어야 하는데, 이러한 방위 행위자의 인식과 의사를 주관적 정당화 요소라 한다. 방위 행위는 주먹을 막는 것과 같이 방어만을 하는 보호 방위와 적극적 반격의 형태로 행해지는 공격 방위로 나뉠 수 있는데, 이들은 모두 자신이나 타인을 지키기 위해 방위 행위를 행한다는 방위 행위자의 명확한 인식하에 이루어져야 한다.

　　정당방위가 성립되기 위해서는 행위에 상당성이 있어야 한다. 법률에서는 방위 행위가 사회 상규에 비추어 상당한 정도를 넘지 않는 것을 상당성이 있다고 하는데, 방위 행위에 상당성이 있는지를 판단하기 위해서는 방위의 필요성과 요구성을 고려해야 한다. 방위의 필요성이 인정되기 위해서는 방위 행위가 위험을 효과적으로 제거하는 데 적합한 수단을 쓴 것이어야 하고, 여러 수단 중 방위자가 선택한 수단이 침해자에게 최소한의 손실을 입히는 수단이어야 한다. 요구성은 방위 행위가 법질서 전체의 입장에서 요구 및 허용된 것이어야 한다는 의미이다. 따라서 사회 및 윤리적으로 제한된 행위는 요구성이 없으므로 정당방위로 인정되지 않는다.

　　마지막으로 책임성은 특정 행위가 구성요건에 해당하는 행위라고 하더라도 그 행위를 비난할 수 있는 가능성 또는 해당 행위자가 형벌을 적용할 수 있는 능력이 있는지를 의미한다. 이는 해당 행위가 적법한 행위 능력을 갖춘 자가 행한 행위인지를 전제로 판단하는 것으로, 만약 행위자가 14세 미만의 형사미성년자이거나 심신장애자로서 사물식별능력이나 의사결정능력이 없는 경우, 강요에 의해 어쩔 수 없이 행위한 경우, 정당한 이유에 근거하여 자기의 행위가 범죄가 되지 않는 것으로 오인한 경우에 해당한다면 행위의 책임이 조각된다. 따라서 특정 행위가 구성요건의 해당성, 위법성, 책임성 중 어느 하나라도 충족하지 못한다면 범죄로 성립되지 않아 처벌 또한 받지 않게 된다.

① 특정 행위가 형법에 구체적으로 규정된 금지 행위에 해당한다면 그 행위는 구성요건에 해당한다.

② 위법성 조각 사유에 해당하는 행위라고 하더라도 구성요건에 해당하는 행위일 수 있다.

③ 정당방위로 인정받기 위해서는 방어자의 행위가 침해자에게 최소한의 피해도 입히지 않아야 한다.

④ 사물을 식별할 수 있는 능력이 떨어지는 사람뿐 아니라 의사결정능력이 없는 자는 행위의 책임능력이 없다.

⑤ 방위 행위가 정당방위로 인정되기 위해서는 자신이나 타인을 보호하기 위한 어쩔 수 없는 행위였다는 방위 행위자의 인식이 확인되어야 한다.

45. 다음 명제가 모두 참일 때, 항상 옳은 것은?

> • 비타민 D 영양제를 먹는 사람은 아토피가 없다.
> • 우울증 기질이 없는 사람은 긍정적인 사고를 한다.
> • 실내 활동을 주로 하는 사람은 비타민 D 영양제를 먹는다.
> • 우울증 기질이 있는 사람은 비타민 D 영양제를 먹지 않는다.

① 아토피가 없는 사람은 긍정적인 사고를 한다.

② 우울증 기질이 있는 사람은 실내 활동을 주로 한다.

③ 긍정적인 사고를 하지 않는 사람은 비타민 D 영양제를 먹는다.

④ 비타민 D 영양제를 먹는 사람은 실내 활동을 주로 하지 않는다.

⑤ 실내 활동을 주로 하는 사람은 우울증 기질이 없다.

46. 다음 중 맞춤법에 맞지 않는 것은?

① 하늘을 나는 기러기 떼의 모습이 장관이다.

② 대학교에 입학하게 되어 설레이는 마음을 감출 수 없었다.

③ 우리는 유명 식당을 찾지 못하고 골목에서 헤매고 다녔다.

④ 한바탕 소나기가 쏟아진 뒤에 날씨가 개고 있다.

⑤ 아버지의 월급에 다섯 식구가 목매어 살고 있다.

[47 – 48] 다음은 ○○렌터카의 차종별 정보 및 연료별 1L당 가격표이다. 각 물음에 답하시오.

[○○렌터카의 차종별 정보]

구분	차종	월 대여료	사용 연료	연비	옵션 사항
A 차량	소형 SUV	284,000원	가솔린	11.2km/L	스마트키 열선시트
B 차량	중형 세단	303,000원	LPG	12.5km/L	스마트키 선루프
C 차량	준중형 세단	263,000원	가솔린	12.8km/L	스마트키 후방 카메라
D 차량	경형 해치백	215,000원	가솔린	15.0km/L	스마트키 후방 카메라
E 차량	준중형 SUV	297,000원	디젤	12.8km/L	후방 카메라 안마 시트

[연료별 1L당 가격표]

구분	가솔린	디젤	LPG
가격	1,750원	1,900원	1,100원

47. 다음은 렌터카 회사 직원과 영식이의 대화를 근거로 판단할 때, 영식이가 렌트할 차량은? (단, 소수점 첫째 자리에서 반올림하여 계산한다.)

직원: 안녕하세요. 무엇을 도와드릴까요?
영식: 네, 자동차 렌트를 하려고 합니다.
직원: 원하시는 차량의 조건이 있으신가요?
영식: 튼튼한 차량을 원해서 경형을 제외한 차종으로 렌트하려고 합니다.
직원: 네, 경형을 제외한 차종을 원하시는군요. 원하시는 차량 옵션은 있으신가요?
영식: 스마트키는 필수로 있었으면 좋겠습니다.
직원: 가격대는 어느 정도로 생각하고 계시는가요?
영식: 따로 생각한 가격대는 없으나, 직업 특성상 매월 1,000km 정도를 이동해야 할 것으로 보여 한 달에 1,000km를 탔을 때, 월 대여료와 연료비의 합이 가장 저렴한 차로 결정하겠습니다.

① A 차량   ② B 차량   ③ C 차량   ④ D 차량   ⑤ E 차량

48. 근우는 ○○렌터카에서 D 차량을 매매로 구매하여 이용하려고 한다. D 차량을 매매로 구매할 때 매매계약 금액이 렌터카를 렌트하기 시작했을 때부터 들어가는 월 대여료의 합보다 적어지는 시기는? (단, 제시되지 않은 사항은 고려하지 않는다.)

[중고 자동차 매매계약]

양도인	이름	○○렌터카	양수인	이름	이근우
	전화번호	02-111-1111		전화번호	02-111-1112
	주소	강남구 역삼동		주소	서초구 서초동
등록번호	20221014KNY002		차종	경형 해치백	
차명	D 차량		차대번호	KNAJE00000K000000	
최초 등록일	2017년 5월 14일		검사증 유효기간	2021년 5월 14일~2023년 5월 13일	
매매계약 금액	일금 8,250,000원정				
계약보증금	2022년 10월 1일		일금 500,000원정		
중도금	년 월 일		일금 원정		
잔금	2022년 10월 15일		일금 7,750,000원정		
비고	해당 차량은 일시불로 매매하였음				

① 34개월 후   ② 36개월 후   ③ 38개월 후   ④ 39개월 후   ⑤ 40개월 후

49. 다음 수의 나열을 보고 9번째로 올 숫자의 각 자릿수의 합에서 13번째로 올 숫자를 소인수분해 했을 때 지수들의 합을 뺀 값은?

2 6 12 36 72 216…

① 5　　　　② 6　　　　③ 7　　　　④ 8　　　　⑤ 9

50. 컴퓨터 부팅 중 다음과 같은 오류 메시지가 출력됐을 때, 대처 방안으로 가장 적절한 것은?

Operating System Not Found

① CMOS 세트업 설정이 잘못됐으므로 CMOS 세트업 설정을 다시 진행한다.

② 메모리에 문제가 발생하였으므로 메모리를 교체한다.

③ 키보드 컨트롤러에 이상이 발생하였으므로 키보드를 교체한다.

④ 메인보드에 문제가 발생하였으므로 메인보드를 교체한다.

⑤ 하드 디스크 드라이브에 문제가 발생하였으므로 하드 디스크 드라이브를 점검한다.

약점 보완 해설집 p.14

무료 바로 채점 및 성적 분석 서비스 바로 가기
QR코드를 이용해 모바일로 간편하게 채점하고 나의 실력이
어느 정도인지, 취약 부분이 어디인지 바로 파악해 보세요!

해커스잡

실전모의고사 2회 50문항형

	①	②	③	④	⑤
1	①	②	③	④	⑤
2	①	②	③	④	⑤
3	①	②	③	④	⑤
4	①	②	③	④	⑤
5	①	②	③	④	⑤
6	①	②	③	④	⑤
7	①	②	③	④	⑤
8	①	②	③	④	⑤
9	①	②	③	④	⑤
10	①	②	③	④	⑤
11	①	②	③	④	⑤
12	①	②	③	④	⑤
13	①	②	③	④	⑤
14	①	②	③	④	⑤
15	①	②	③	④	⑤
16	①	②	③	④	⑤
17	①	②	③	④	⑤
18	①	②	③	④	⑤
19	①	②	③	④	⑤
20	①	②	③	④	⑤

	①	②	③	④	⑤
21	①	②	③	④	⑤
22	①	②	③	④	⑤
23	①	②	③	④	⑤
24	①	②	③	④	⑤
25	①	②	③	④	⑤
26	①	②	③	④	⑤
27	①	②	③	④	⑤
28	①	②	③	④	⑤
29	①	②	③	④	⑤
30	①	②	③	④	⑤
31	①	②	③	④	⑤
32	①	②	③	④	⑤
33	①	②	③	④	⑤
34	①	②	③	④	⑤
35	①	②	③	④	⑤
36	①	②	③	④	⑤
37	①	②	③	④	⑤
38	①	②	③	④	⑤
39	①	②	③	④	⑤
40	①	②	③	④	⑤

	①	②	③	④	⑤
41	①	②	③	④	⑤
42	①	②	③	④	⑤
43	①	②	③	④	⑤
44	①	②	③	④	⑤
45	①	②	③	④	⑤
46	①	②	③	④	⑤
47	①	②	③	④	⑤
48	①	②	③	④	⑤
49	①	②	③	④	⑤
50	①	②	③	④	⑤

성명

수험번호

| ⑩ | ① | ② | ③ | ④ | ⑤ | ⑥ | ⑦ | ⑧ | ⑨ |

응시분야

감독관 확인

해커스공기업
NCS 피듈형
통합 봉투모의고사

실전모의고사
3회

50문항형

해커스잡

수험번호	
성명	

실전모의고사
3회
(50문항형)

시작과 종료 시각을 정한 후, 실전처럼 모의고사를 풀어보세요.

시   분 ~   시   분 (총 50문항/60분)

□ **시험 유의사항**

[1] 50문항형 시험은 한전 KPS, 한국농어촌공사, 한국남동발전, 한국서부발전, 부산교통공사 등의 기업과 경기도 통합 채용에서 출제 영역, 시간, 시험 순서 등 세부 구성을 다르게 출제하고 있습니다. (2022년 상·하반기 필기시험 기준)

[2] 본 실전모의고사는 50문항형 시험에서 자주 출제되는 의사소통능력, 수리능력, 문제해결능력, 자원관리능력, 조직이해능력 5개 영역으로 구성되어 있으며, 문제 번호는 이어져 있으나 문제가 영역 순서대로 출제되는 순차 통합형 모의고사이므로 영역별 제한 시간 없이 전체 문항을 60분 내에 푸는 연습을 하시기 바랍니다.

[3] 마지막 페이지에 있는 OMR 답안지와 해커스잡 애플리케이션의 모바일 타이머를 이용하여 실전처럼 모의고사 를 풀어보시기 바랍니다.

01. 다음 글을 통해 추론한 내용으로 가장 적절하지 않은 것은?

> 반사회적 인격장애란 15세 이전부터 시작된 품행장애가 18세 이후에도 나타나면서 타인의 권리를 무시하고 규범을 따르지 않는 장애를 가리킨다. 반사회적 인격장애는 거짓말을 일삼고 충동적이며 공격적인 특성을 갖고 있다. 사이코패스와 반사회적 인격장애를 구분하지 못하고 소시오패스와도 혼동하여 사용하는 경우가 많다. 미국 정신의학회에서는 사이코패스나 소시오패스의 구분 없이 반사회적 인격장애로 진단하며, 반사회적 인격장애를 보다 넓은 개념으로 사용하고 있다. 그러나 심리학계에서는 사이코패스와 소시오패스를 구분하여 사용하고 있다.
>
> 사이코패스는 타인을 도구로 이용해 목적을 달성하는 등 극단적으로 이기적이고 공감 능력이 매우 떨어지며, 거짓말을 일삼고 무책임하다. 사이코패스는 생물학적, 사회환경적 문제가 원인이 되어 발생한다. 생물학적으로 공감 능력을 담당하는 뇌의 전두엽과 충동을 통제하는 세로토닌 분비에 문제가 있으며, 사회환경적으로는 어린 시절에 범죄를 저지른 경험이 있거나 학대 환경에 노출되었을 가능성이 높다. 그러나 사이코패스는 타인에 대한 공감 능력에만 문제가 있을 뿐, 자신의 감정과 고통에는 매우 예민하므로 과대망상증이 심하고 자신의 욕구를 충족시키기 위해 충동적으로 범죄를 저지른다. 또한 윤리나 법규에 대한 인식이 없어서 어떤 문제에 대한 당부를 구별할 수 없다는 특징이 있다.
>
> 소시오패스는 반사회적 인격장애의 특성을 갖고 있으나 사이코패스에 비해 일정 수준의 공감과 사회적 애착 형성이 가능하다. 이런 능력에 더하여 감정조절 능력도 뛰어나 자신이 원하는 목적을 달성하기 위해 타인에게 친절을 베푸는 등 타인의 감정을 이용한다. 또한 사이코패스와 달리 무엇이 반사회적인 행동인지 인지한 상태에서 의도적으로 계산된 반사회적인 행동을 한다는 특징이 있다. 소시오패스의 경우 생물학적으로는 정상적인 기질을 갖고 태어나나 유년기 시절의 학대나 방임 등의 경험 및 성공지향적인 사회분위기에 노출되었을 가능성이 높다.

① 사이코패스는 세로토닌의 분비에 문제가 있어서 일반인에 비해 충동을 통제하는 데 문제가 있다.

② 사이코패스는 소시오패스보다 공감 능력이 부족하고 사회적 애착 형성이 어렵다.

③ 소시오패스와 사이코패스는 유년기의 주변 환경이 영향을 미쳤을 가능성이 높다.

④ 심문 중인 범죄자가 자신을 악마라고 칭했다면, 소시오패스보다는 사이코패스일 가능성이 높다.

02. 다음 글의 내용 흐름상 가장 적절한 문단 배열의 순서는?

(가) 카르타고는 기원전 9세기 말에 페니키아가 지중해 연안에 식민도시를 건설하면서 생겨났다. 카르타고는 지중해의 심장부에 위치하였을 뿐만 아니라 비옥한 경작지를 소유한 탓에 일찍부터 지중해 최대의 부자 도시로 명성을 떨쳤다. 풍부한 자원을 바탕으로 용병과 무기를 구입한 카르타고는 그리스와 시칠리아를 둘러싸고 경쟁하며 영토를 확장해 나갔다. 이런 상황에서 지중해의 신(新)세력으로 떠오르는 로마의 성장은 신구 세력 간의 충돌을 야기했다.

(나) 초기에 로마는 그리스처럼 밀집 대형 전술을 사용했다. 그러나 이 전술은 수비와 방어에는 훌륭하였으나 공격에 취약했다. 영토 확장을 열망했던 로마는 정복 전쟁을 벌여야 했으므로 군대의 기동성이 필요했다. 그래서 로마군은 기동성에 따라 보병을 3개의 대열로 나누는 '군단' 전술을 통해 이탈리아반도를 통일하고 시칠리아를 얻었다. 그러나 로마는 지중해를 제패하려면 무엇보다 함대의 건설이 필요하다는 깨달음을 얻게 됐다.

(다) 기원전 753년에는 지중해 서쪽 그리스 문명이 쇠퇴하면서 로마가 태동하는 중이었다. 로마는 기원전 272년 이탈리아반도를 통일하고 지중해의 주인이 되고자 하는 야망을 드러냈다. 로마와 카르타고 사이에는 시칠리아라는 완충지가 있었다. 로마와 카르타고가 호시탐탐 시칠리아를 노리던 중 시칠리아에 내전이 발생했다. 내전은 두 개의 파벌을 형성했고, 각각의 파벌은 로마와 카르타고에 지원을 요청했다. 이에 따라 로마와 카르타고는 시칠리아에서 전투를 벌이게 되었다.

(라) 카르타고와 로마 군대는 카르타고 본진에서 치열한 전투를 벌였다. 양측의 병력은 비슷했으나 로마의 기병이 카르타고의 기병보다 두 배나 많았다. 로마는 수(數)적으로 우세한 기병을 활용한 '군단' 전술로 적을 전방위로 압박했다. 카르타고는 본진의 지리적 이점을 살려 공격을 방어했으나 결국 기병의 열세를 극복하지 못하고 항복했다.

(마) 전쟁의 승리로 막대한 배상금을 받은 로마는 해상 병력을 증진하여 지중해 해상권을 점령했다. 이에 카르타고는 4만의 대군과 37마리의 코끼리를 거느리고 육로로 로마군을 기습하여 2만 5,000여 명의 사상자를 냈다. 그러나 로마는 여전히 해상을 장악하고 있었고, 추가 병력 및 보급이 부족했던 카르타고 군대는 더 나아가지 못했다. 한편 로마는 카르타고 대부분의 군대가 로마에 주둔하고 있는 사실을 이용하여 해로를 통해 카르타고의 본진을 공격해 카르타고 군대를 본진으로 불러들였다.

① (가) - (나) - (라) - (다) - (마)
② (가) - (다) - (나) - (마) - (라)
③ (나) - (가) - (다) - (마) - (라)
④ (다) - (가) - (라) - (나) - (마)

03. 다음 빈칸에 들어갈 문장으로 가장 적절한 것은?

지도를 보면 땅 위에는 수많은 가상의 선들이 있다. 이를 위도와 경도라고 한다. 위도는 적도와 지구 중심에 대한 각도를 말하는 것으로 지구의 가로선인 위선으로 나타낸다. 이에 따르면 적도는 위도 0°, 남북극은 각각 북위 90°, 남위 90°로 정의할 수 있다. 경도는 영국의 그리니치 천문대와 지구 자전축을 중심으로 서경과 동경의 각도를 말하는 것으로 지구의 세로선인 경선으로 나타낸다. 이에 따르면 그리니치 천문대는 0°로 정의할 수 있다. 그런데 왜 경도의 기준이 그리니치 천문대가 되었을까? 그 이유는 (   )

15세기부터 유럽에서는 발전된 선박 기술과 신대륙에 대한 열망으로 바다에 나가려는 사람들이 많아졌다. 그러나 바다는 뚜렷한 지형이 없기 때문에 선원들은 배의 정확한 위치를 알기 어려웠다. 위도는 태양의 고도를 통해 알 수 있었지만, 경도는 뚜렷하게 알 수 있는 방법이 없었기에 많은 나라에서 경도를 측정할 방법을 연구하였다. 영국은 해상국가로서 일찍이 바다를 통해 무역을 하고 있었지만 잦은 침몰 사고로 인해 피해가 컸기 때문에 정확한 경도 측정을 위해 경도 심사국을 설치하여 바다 위에서도 경도를 측정할 수 있는 방법을 만든 사람에게 막대한 상금을 수여하도록 하였다.

정확한 경도를 측정하기 위해 여러 방법이 고안되었고, 그중 가장 정확도가 높았던 방법은 시계를 이용한 것이었다. 지구의 자전과 경도에 따라 발생하는 시차를 이용하여 경도를 측정할 수 있는데, 출발지의 시간과 현재 위치의 시간 차이를 알면 되는 방법이다. 그러나 배에 실린 시계는 정확도가 너무 떨어졌다. 예를 들어 시계를 정확히 맞추고 항구에서 출발해서 하루 뒤에 돌아오면 출발하였던 항구의 시간과 몇 분씩 오차가 발생했다. 당시 시계는 진자 운동을 이용한 것이었는데, 배 위에서는 일정한 진자 운동을 할 수 없었다. 따라서 출발지의 시간을 정확히 알 수 없어서 경도를 정확히 측정할 수 없었다.

많은 사람들이 시계의 오차를 줄이기 위해 연구하였지만, 마의 '하루 6초 오차'를 넘지 못하였다. 이 문제를 해결한 사람이 시계공이었던 존 해리슨이었다. 당시 해리슨의 시계는 그리니치 천문대에서 출발하여 81일간의 항해에서 5초 오차를 기록하였다. 이후 영국은 해리슨의 시계를 이용하여 경도를 측정하였다. 그 후로도 해리슨은 오차를 줄이기 위해 다양한 시계들을 개발하였고 그 공을 인정받아 해리슨의 시계는 그리니치 천문대에 지금까지 전시되고 있다.

① 시계를 제작한 곳이 그리니치 천문대였기 때문이다.
② 시계를 전시한 곳이 그리니치 천문대였기 때문이다.
③ 시계를 발명한 곳이 그리니치 천문대였기 때문이다.
④ 시계가 출발한 곳이 그리니치 천문대였기 때문이다.

04. 다음 글의 내용과 일치하는 것은?

> 주식 거래의 수익률을 높이기 위해서는 주문집행 과정에서 발생하는 거래비용을 최소화해야 한다. 주문집행 이란 증권사 등이 주식을 매수 혹은 매도하는 것을 말한다. 주문집행의 거래비용은 크게 명시적 거래비용과 암묵적 거래비용으로 나뉜다. 명시적 거래비용은 주식 거래에 수반되는 각종 수수료나 세금 등의 비용으로, 법이나 제도 차원에서 부과되기 때문에 줄이기가 어려운 비용이다. 암묵적 거래비용에는 시장충격비용과 시간위험비용, 기회비용 등이 있다. 시장충격비용은 대량의 주문을 집행하는 과정에서 주식의 가격인 주가가 변동됨에 따라 발생하는 비용이다. 소량의 주식을 거래하는 경우에는 시장이 주문을 집행하는 과정에서 거래량을 충분히 수용하기 때문에 주가의 변동이 발생하지 않는다. 그러나 시장이 충분히 수용하기 어려운 대량의 주문을 한 번에 집행하는 경우 주가가 상승하거나 하락한다.
>
> 예를 들어 증권사가 현재 1주당 100원인 A 회사의 주식 100만 주를 매수한다면, 명시적 거래비용을 제외한 주식 매수금은 1억 원이 되어야 하지만 100만 주의 수요를 충당할 수 있는 공급량, 즉 시장의 유동성이 충분하지 않은 경우 매수량 급증에 따라 주식 매수 가격이 상승한다. 즉, 100만 주를 모두 구입하기 위해서는 1주당 100원 이상의 가격을 지불해야 하는 것이다. 이와 같이 주가의 변동으로 추가적으로 지불해야 하는 비용을 시장충격비용이라고 한다.
>
> 주가 변동에 따른 시장충격비용을 줄일 수 있는 방법 중 하나는 시장이 주식 거래량을 충분히 수용할 수 있도록 소량씩 나누어 주문하는 것이다. 한 번에 주문되는 주문량이 적을수록 주가 변동폭이 작아 시장충격비용이 줄어든다. 그러나 이로 인해 다른 암묵적 거래비용이 발생하게 된다. 소량으로 나누어 주문을 집행할 경우, 한 번에 주문을 집행할 때보다 주문 완료까지의 시간이 더 많이 소요된다. 소요 시간이 증가함에 따라 주가는 다른 요인에 의해서도 변동될 수 있는데, 이러한 불확실 비용을 시간위험비용이라고 한다. 또한 소량으로 나누어 주문을 집행할 경우, 여러 번 주문을 집행해야 하는 기관의 번거로움 역시 증가하는데, 이 비용을 기회비용이라고 한다. 이 두 가지 암묵적 거래비용은 주문량을 더 작게 나눌수록 더 커진다. 결국 주문집행 과정에서 발생하는 거래비용을 최소화하기 위해서는 각 상황의 주문집행 방식에 따른 거래비용을 비교해야 한다.

① 주문집행에 있어 주가 변동에 따른 암묵적 거래비용은 주문 거래량과는 무관하다.
② 소량으로 나누어 주문을 집행할 경우 시장충격비용과 시간위험비용은 감소한다.
③ 시장의 유동성을 초과하는 주식 매수가 집행되는 경우 시장충격비용으로 주식 매수 가격이 상승한다.
④ 주문량 조정에 따른 시장충격비용의 감소는 기회비용의 증가를 가져온다.

05. 다음 글을 통해 추론한 내용으로 가장 적절하지 않은 것은?

> UN은 빈곤, 질병 등 인류 보편적 문제, 지구 환경문제, 경제·사회문제 등을 해결하기 위해 국제사회가 공동으로 추진해 나갈 지속가능 개발 목표를 수립하고, 이를 2030년까지 이행하기 위해 노력하고 있다. 이 중 기아 종식 의제는 굶어 죽는 사람이 0명에 수렴하게 만드는 것이다. 세계식량기구인 WFP(World Food Programme)는 기아 종식을 달성하기 위해 블록체인 기술을 도입하여 물자 지원 과정에서 투명성을 확보하고 지원금 송금의 효율성을 높이고자 노력하였다.
>
> 이전에 WFP는 원조에 있어서 주로 쌀과 옥수수 등의 현물을 지급하였으나 최근에는 수혜자가 스스로 물건을 구매할 수 있는 현금 기반의 CBT(Cash-Based-Transfer) 형태로 지원하기 시작하였다. 그러나 WFP가 원조하는 수혜국이 서로 다른 금융 시스템을 쓰기 때문에 지원금을 전달할 때 은행과 금융 기관에 3.5%의 송금 수수료를 지급해야 하는 문제와 지원금을 받는 수혜국의 불투명한 회계 관리 문제가 발생하였다.
>
> 이러한 문제를 해결하기 위해 WFP는 원조를 받는 난민들에게 블록체인 계좌로 지원금을 입금하는 프로그램인 빌딩 블록(Building Blocks)을 시행하였다. 대표적으로 2017년 1월, 파키스탄에서 신분 증명 및 기록, 화폐 및 식량 보조금 송금 등의 업무에 활용한 예가 있다. WFP는 난민에게 현금이 아닌 블록체인 기반의 암호화폐를 계좌로 제공하였고, 난민은 홍채 인증 결제 시스템을 통해 암호화폐로 업자들에게서 식량을 구매하였다. 이때 업자들은 해당 거래 내용을 전산 시스템에 입력하고, 거래 기록에 기반해 WFP가 직접 업자에게 실제 대금을 이체하였다. 이를 통해 WFP는 지원금을 송금할 때 발생하는 수수료를 줄이고, 부정수급, 이중계상 등의 장부상 확인이 어려웠던 여러 문제를 해결해 원조의 투명성을 확보하였다.
>
> 그러나 빌딩 블록을 통한 난민 원조는 난민 대부분이 인터넷이나 스마트폰을 사용하기 힘든 환경으로 디지털 기기를 활용하는 능력이 부족하다는 문제가 있다. 또한 블록체인을 기반으로 원조를 할 경우, 암호화폐를 사용해야 하는데 암호화폐는 가격이 변동될 수 있고, 일부 국가에선 불법으로 규정되어 있어 이를 해결할 방안이 필요하다.

① WFP는 빌딩 블록을 운영하면서 금융 기관을 통해 지원금을 송금하여 원조의 효율성을 달성하였다.

② WFP는 지속가능 개발 목표 중 하나인 기아 종식을 달성하기 위해 블록체인 기술을 활용하고 있다.

③ 빌딩 블록이 제대로 이행되기 위해서 WFP는 난민들의 생활 환경을 고려한 보완책이 요구된다.

④ 빌딩 블록을 시행할 경우, 난민은 가상의 화폐를 이용하여 업자에게 직접 물품을 구매할 수 있다.

06. 다음 글의 내용과 일치하는 것은?

> GPS(Global Positioning System)는 지구를 중심으로 공전하는 인공위성을 활용하여 지구상 어디에서나 지표면의 위치를 파악할 수 있는 시스템이다. 초기 GPS는 24개의 인공위성으로 구성되었으나, 현재는 24개의 인공위성과 예비용 위성을 포함하여 30개의 인공위성이 존재한다.
>
> GPS는 크게 지상관제, 사용자, 위성 부문으로 구성된다. 지상관제 부문은 지상에 위치한 관제국으로, GPS 위성과 GPS 수신기 사이의 시차를 조정하고 인공위성을 추적하여 위성이 본 궤도를 유지하도록 하는 역할을 수행한다. 사용자 부문은 내비게이션과 같은 GPS 수신기로, 위성의 신호를 수신하는 안테나 역할을 한다. 위성 부문은 GPS 수신기에 위치와 시간 정보를 발송하는 24개의 GPS 위성을 의미한다. GPS 위성은 전 지구의 위치를 파악하기 위해 지구를 중심으로 공전한다. 이때 위성 간 중복이 없도록 궤도 간 간격은 60도로 설정하여 각 궤도에 인공위성이 균일하게 위치하도록 한다.
>
> GPS가 사용자의 지표면 상 위치를 파악하는 원리는 다음과 같다. 지구 궤도를 돌고 있는 GPS 위성들은 현재 위치와 시간이 담긴 전파 신호를 지상의 GPS 수신기에 발송한다. GPS 수신기는 신호를 받아 전파가 도달하기까지 걸린 시간을 계산해 자신의 현재 위치를 파악한다. 1번 인공위성의 위치와 발신 시간에 대한 정보를 GPS 수신기가 받고, 그 수신 시간이 정해지면 1번 인공위성과 수신기의 거리는 발신−수신 시간의 차이에 전파의 속력을 곱해서 구할 수 있다. 마찬가지로 2번 인공위성의 위치와 시간을 수신하면 사용자의 위치와 2번 위성과의 거리를 알게 된다. 지구를 둘러싼 공간에서 각 인공위성의 위치를 중심으로 일정한 거리의 원 2개를 그리면 2개의 교차점이 생기는데, 여기서 위성 하나를 더 사용하여 1개의 원을 더 그리면 2개의 교차점 중 우주 방향과 반대 방향, 즉 지표면 방향과 가까운 점을 파악할 수 있다. 이 점이 사용자의 위치점이라 할 수 있다.
>
> 그러나 현실에서는 전파 수신 과정에 있어 여러 방해 요소로 인해 위성에 장착된 시계와 수신기에 장착된 시계가 일치하지 않아 3개의 위성만으로는 정확한 위치 파악이 불가능하다. 따라서 위성과 GPS 수신기의 시차 오차를 계산하기 위해 1개의 위성이 더 사용되었고, 이에 따라 현재 GPS는 궤도별로 공전하는 4개의 위성을 활용하여 사용자의 정확한 위치를 파악하고 있다.

① 수신자의 정확한 위치를 파악하기 위해서는 최소 3개의 인공위성이 필요하다.

② 위성 부문은 예비용 위성을 포함한 30개의 GPS 위성으로 GPS 수신기에 위치와 시간 정보를 발송한다.

③ 사용자가 자신의 위치와 시간을 위성에 보내면 4개의 위성이 시차를 활용하여 사용자의 위치와 시간을 정확히 계산할 수 있다.

④ GPS는 GPS 위성과 지상 관제국, GPS 수신기의 전파 송수신을 통해 사용자의 정확한 위치를 파악한다.

07. 다음 글의 중심 내용으로 가장 적절한 것은?

　　사람들은 석유, 석탄, 천연가스 등 화석연료를 다양하게 활용하며 살아가고 있다. 그러나 화석연료는 환경 파괴의 원인이 되고 있으며, 이를 해결하기 위해 많은 기업은 탄소 중립 프로젝트에 참여하고 있다. 그중 가장 대표적 협약인 RE100은 재생에너지(Renewable Electricity) 100%의 줄임말로, 영국의 국제 비영리 단체인 클라이미트 그룹과 탄소 정보공개 프로젝트로부터 처음 시작되어 이루어진 다국적 기업들 사이의 자발적인 협약이다. 전 세계적 약속인 RE100 협약은 기업이 사용하고 있는 전력의 100%를 태양열, 태양광, 바이오, 풍력, 수력, 지열 등의 재생에너지 전력으로 충당하겠다는 목표를 가지고 있으며, 정부가 강제한 것이 아닌 기업 스스로의 참여로 진행된다는 점에서 그 의미가 깊다는 평가를 받고 있다.

　　RE100 가입은 더 클라이미트 그룹에 가입 신청서를 제출하는 것으로 시작되며, 신청서 검토 결과에 따라 가입 여부가 최종 확정된다. 가입 이후 1년 이내에 이행 계획서를 제출해야 하며, 이에 따른 이행 상황을 점검받게 된다. 기업은 RE100의 달성을 위해 태양광 발전 시설 등과 같은 설비를 직접 만들거나 재생에너지 발전소에서 전기를 구입해 사용해야 한다. 국내에서는 8개의 기업이 가입하였으며, 가입을 추진하고 있는 기업도 있는 것으로 알려져 있다. 국내 기업경쟁력 강화를 목적으로 RE100에 본격적으로 참여할 수 있는 기반을 구축하고 재생에너지 사용을 활성화하기 위해 한국형 RE100 제도를 도입하여 시행하기도 했다.

　　신청서를 통해 쉽게 가입할 수 있는 RE100은 가입 대비 목표 달성이 어려워 여러 전문가 사이에서 효율성에 대한 논쟁이 일어나고 있다. 실제로 RE100을 부담스러워하는 기업들이 존재하며, 실질적인 탄소 중립을 위해서는 RE100에서 확장된 기준인 CF100을 목표로 삼아야 한다는 주장 또한 등장하고 있다. CF100은 탄소 배출 제로(Carbon Free) 100%의 줄임말로, 사용 전력의 전부를 무탄소 에너지로 공급한다는 의미를 가진다. CF100은 탄소 배출 감소라는 목표는 RE100과 동일하다. 하지만 CF100은 전력 부문에서 탄소를 완전히 제거한다는 점, RE100은 기업이 사용하는 전력 100%를 재생에너지로 충당한다는 점이라는 차이가 있다. 또한 RE100은 재생에너지로 수단을 한정하고 있는 데 반해 CF100은 재생에너지뿐만 아니라 탄소를 배출하지 않는 원자력 발전, 연료 전지 등을 수단에 포함하고 있다.

　　한편 전문가들은 우리나라 기업이 RE100의 중요성을 모른다기보다는 여러 이유로 인해 재생에너지 발전에 전념하기 어렵다고 이야기한다. 이에 따라 국내 기업들은 글로벌 기업들의 요구에 수동적이고 소극적으로 RE100에 가입하기보다는 CF100에도 동시에 관심을 두고 능동적이고 적극적으로 준비할 수 있어야 한다. 기업들이 RE100과 CF100 모두 잘 이해하고 준비한다면 ESG 시대를 선도하기 위한 발판이 될 것이다.

① CF100과 RE100의 차이점을 분명히 알고 자사에 맞는 협약에 참여해야 한다.
② 기업들은 RE100의 기본 원칙을 정확히 알고 자발적으로 지킬 수 있어야 한다.
③ 탄소 중립을 위해 RE100뿐만 아니라 CF100에 대한 적극적인 관심이 필요하다.
④ 국내 기업의 경쟁력 강화를 위해 해외 기업의 CF100 사례를 살펴볼 필요가 있다.

08. 다음 글의 내용과 일치하는 것을 모두 고르면?

와인은 포도를 발효시킨 과실주로 고대 그리스 시절부터 주조되어 왔다. 와인의 종류는 다양하지만 주로 색에 따라 레드와인과 화이트와인으로 구분한다. 와인의 색이 다른 이유는 포도 품종의 차이와 가공법의 차이에서 발생한다. 레드와인은 적포도를 원재료로 사용하여 한 번에 껍질, 과육, 씨를 파쇄해서 발효하는 과정을 거친다. 반면 화이트와인은 청포도를 수확하여 껍질과 씨를 제거하여 과육만 사용하거나 씨가 깨지지 않을 정도로 압착하여 과즙만을 사용해 가공한다. 레드와인은 발효 중에 침용 과정이 추가된다는 차이가 있다. 침용은 껍질과 씨를 우려내어 안토시아닌과 탄닌을 우려내는 과정이다. 껍질과 씨에는 탄닌이 많이 들어있는데 탄닌은 떫고 묵직한 느낌을 준다. 화이트와인은 과일의 향미와 산도를 유지하기 위해 침용 과정을 거치지 않고 발효 후에 바로 정제하고 숙성한다. 이러한 가공 방법의 차이로 레드와인은 떫고 묵직한 맛이 나지만 화이트와인은 가볍고 과일의 신맛이 난다.

와인이 건강에 좋다는 연구 결과가 나오면서 와인 소비량이 증가하고 있다. 와인에는 약 200여 종의 폴리페놀 성분들이 함유되어 있는데, 탄닌, 레스베라트롤, 안토시아닌 등은 폴리페놀의 일종이다. 폴리페놀은 식물에서 자주 발견되는 유기화합물로 와인의 맛, 향, 바디감에 영향을 미친다. 폴리페놀은 몸의 노화를 촉진하고 암이나 동맥경화를 유발하는 활성산소를 해가 없는 물질로 바꾸는 항산화 물질이다. 나쁜 콜레스테롤인 LDL을 감소시키고, 착한 콜레스테롤인 HDL을 증가시켜 혈관 질환을 예방하는 역할도 한다.

와인이 건강에 좋다는 연구 결과에 따라 권장되고 있지만 본질적으로 포도를 발효시켜 만든 과실주이므로 적당량의 음주가 필요하다. 이에 각 나라에서는 국민들의 체질을 고려하여 와인의 일일 권장량을 안내하고 있다. 미국에서는 일일 권장량으로 성인 남녀의 경우 와인 1~2잔, 영국의 경우에는 와인 3잔까지를 권하고 있다. 우리나라의 경우 서양인에 비해 부족한 알코올 분해효소를 감안하면 서양인들의 2/3 정도가 일일 권장량으로 적당하다.

ⓐ 침용은 껍질과 씨에서 폴리페놀을 추출해내는 과정이다.
ⓑ 맛으로 화이트와인과 레드와인을 구분한다면, 둘 중에 보다 떫은맛이 나는 것이 레드와인이다.
ⓒ 우리나라의 와인 권장량은 영국의 권장량을 기준으로 할 때 1주일에 와인 2잔이 적당하다.
ⓓ 탄닌은 폴리페놀의 일종으로 떫은맛과 묵직한 느낌을 준다.

① ㉠, ㉡　　　　② ㉢, ㉣　　　　③ ㉠, ㉡, ㉣　　　　④ ㉠, ㉢, ㉣

09. 다음 중 맞춤법에 맞지 않는 것은?

① 다음번 시험에서 좋은 성적을 거두려면 좀 더 분발토록 해라.

② 맞벌이 부부에게는 간편케 식사를 할 수 있는 밀키트가 유용하다.

③ 일련의 사건을 고려해 회장직에서 사임고자 합니다.

④ 청컨대 일전에 요구했던 사항들을 취소해주시기를 바랍니다.

10. 다음 중 적극적 경청을 위한 방법으로 가장 적절하지 않은 것은?

① 비판적이고 충고적인 태도를 갖는다.

② 상대방이 하는 말의 의미를 이해한다.

③ 단어 이외의 보이는 표현에도 신경을 쓴다.

④ 상대방의 말에 경청하고 있음을 표현한다.

11. A 팀장은 자신을 포함한 팀원 50명의 회식 메뉴 선정을 위해 피자, 치킨, 곱창의 선호도 조사를 했다. 선호도 조사 결과, 피자를 좋아한다고 응답한 사람은 25명, 치킨을 좋아한다고 응답한 사람은 20명, 곱창을 좋아한다고 응답한 사람은 20명이고, 피자와 치킨 둘 다 좋아한다고 응답한 사람은 10명, 치킨과 곱창 둘 다 좋아한다고 응답한 사람은 15명, 피자와 곱창 둘 다 좋아한다고 응답한 사람은 12명일 때, 피자와 치킨, 곱창을 모두 좋아한다고 응답한 사람 x명과 피자와 치킨, 곱창 중 아무것도 선택하지 않은 사람 y명의 조합으로 가능한 것은?

	x	y
①	10명	13명
②	11명	12명
③	10명	12명
④	11명	11명

12. 한 변의 길이가 1cm씩 차이나는 5개의 정사각형이 있다. 정사각형 5개의 넓이의 합이 255cm²일 때, 정사각형 5개의 둘레의 합은?

① 120cm ② 130cm ③ 140cm ④ 150cm

13. 다음은 광역 지방자치단체 중 8개 도의 시행 주체별 도시개발사업 지구 수 및 면적에 대한 자료이다. 자료에 대한 설명으로 적절한 것의 개수는?

[시행 주체별 도시개발사업 지구 수 및 면적]

구분	국가·지방자치단체		정부 투자기관		지방공사		민간사업	
	지구(개)	면적(천 m²)	지구(개)	면적(천 m²)	지구(개)	면적(천 m²)	지구(개)	면적(천 m²)
경기도	53	19,156	7	6,648	7	1,490	126	30,130
강원도	6	1,118	1	244	1	44	13	1,662
충청북도	2	339	2	847	2	672	16	2,899
충청남도	22	7,107	3	4,305	4	829	43	8,291
전라북도	8	6,100	3	2,280	2	393	1	495
전라남도	10	3,375	2	2,076	1	987	12	3,803
경상북도	13	1,919	2	863	5	1,596	37	10,075
경상남도	18	5,705	0	0	5	710	47	14,571

※ 출처: KOSIS(한국국토정보공사, 도시계획현황)

ⓐ 제시된 지역의 도시개발사업 면적은 모든 지역에서 민간사업이 다른 시행 주체에 비해 가장 넓다.
ⓑ 제시된 지역 중 국가·지방자치단체가 시행하는 도시개발사업 지구가 15개 이상인 지역은 총 3개 지역이다.
ⓒ 지방공사가 시행하는 도시개발사업 지구 1개당 면적은 경기도가 충청남도보다 넓다.
ⓓ 정부 투자기관이 전라북도와 전라남도에 시행하는 도시개발사업의 총면적은 4,356천 m²이다.

① 1개   ② 2개   ③ 3개   ④ 4개

14. 배추 도매상인 A 씨는 1포기에 700원 하는 배추를 소매업자 B 씨에게 20%의 이익을 남겨 판매하였다. B 씨는 구매한 배추들을 온라인 쇼핑몰을 통해 50%의 이익을 남겨 판매하며, 100포기 이상 구매 시 전체 배춧값의 10%를 할인해 준다. B 씨가 판매하는 배추를 500포기 구매할 때, 지불해야 하는 총금액은? (단, 배추 구매 시 100포기당 3,000원의 배송비가 별도로 발생한다.)

① 567,000원 　　　② 582,000원 　　　③ 648,000원 　　　④ 663,000원

15. P 회사 임직원 1,000명의 출퇴근 교통수단으로 대중교통과 자가용의 이용비는 7:3이며, 대중교통 또는 자가용을 이용하는 임직원의 자전거 구매 희망 비율은 각각 5%, 4%이다. 자전거 구매를 희망하는 임직원 1명을 임의로 골랐을 때, 그 임직원이 대중교통을 이용하여 출퇴근할 확률은? (단, P 회사의 임직원 전부는 대중교통 또는 자가용을 이용하여 출퇴근한다.)

① $\dfrac{12}{47}$ 　　　② $\dfrac{15}{43}$ 　　　③ $\dfrac{28}{43}$ 　　　④ $\dfrac{35}{47}$

16. 다음은 지역별 아파트 동수 현황에 대한 자료이다. 자료에 대한 설명으로 적절한 것은?

[지역별 아파트 동수 현황]

(단위: 동)

구분	2017년	2018년	2019년	2020년	2021년
A 지역	19,845	20,715	20,967	21,207	21,892
B 지역	7,328	7,834	7,999	8,194	8,371
C 지역	5,540	6,105	6,298	6,477	6,581
D 지역	6,521	6,776	6,942	7,088	7,266
E 지역	3,582	4,002	4,113	4,182	4,334
F 지역	3,355	3,590	3,673	3,740	3,780
G 지역	1,654	1,881	1,974	2,091	2,197
H 지역	3,851	4,174	4,242	4,456	4,663
I 지역	3,553	4,005	4,185	4,333	4,415

① 2017년 F 지역과 H 지역 아파트 동수의 합은 같은 해 B 지역의 아파트 동수보다 많다.

② 2021년 E 지역 아파트 동수의 2017년 대비 증가율은 20% 미만이다.

③ 제시된 기간 동안 C 지역의 평균 아파트 동수는 약 6,200동이다.

④ A~I 지역 중 2019년 아파트 동수가 세 번째로 많은 지역은 C 지역이다.

17. 다음은 지역별 터널 현황에 대한 자료이다. 자료에 대한 설명으로 적절한 것을 모두 고르면?

[지역별 터널 현황]

(단위: 개소)

구분	2017년	2018년	2019년	2020년	2021년
서울특별시	69	72	89	87	251
부산광역시	61	61	80	81	135
대구광역시	40	41	41	42	95
인천광역시	17	24	28	26	73
광주광역시	27	30	31	29	51
대전광역시	32	33	35	35	77
울산광역시	37	37	43	62	96
세종특별자치시	8	8	8	8	21
경기도	367	491	491	500	773
강원도	372	381	399	396	410
충청북도	162	166	173	174	206
충청남도	124	123	120	120	145
전라북도	197	204	203	202	229
전라남도	277	279	294	294	314
경상북도	326	339	345	359	391
경상남도	266	277	302	327	378
합계	2,382	2,566	2,682	2,742	3,645

※ 출처: KOSIS(국토교통부, 도로교량및터널현황)

ㄱ 제시된 기간 중 대구광역시 터널 수가 두 번째로 많은 해와 충청북도의 터널 수가 두 번째로 많은 해는 동일하다.
ㄴ 제시된 기간 동안 경기도 터널 수가 전국 터널 수에서 차지하는 비중은 매년 20% 미만이다.
ㄷ 제시된 기간 동안 부산광역시의 터널 수는 매년 광주광역시와 대전광역시 터널 수의 합보다 많다.
ㄹ 2019년 터널 수가 전년 대비 감소한 지역은 총 2곳이다.

① ㄱ, ㄴ
② ㄱ, ㄹ
③ ㄴ, ㄷ
④ ㄱ, ㄷ, ㄹ

18. S 회사의 신입사원 OJT 교육에 멘토 30명과 멘티 83명이 참석하였다. 신입사원 OJT 교육에 참석한 인원을 한 명도 남김없이 재정부 7개 조와 기획부 8개 조로 나누어 편성할 때, 재정부 한 조와 기획부 한 조에 편성된 인원의 차이는? (단, 같은 부서 내 조별 인원은 동일하다.)

① 1명　　　　　　② 2명　　　　　　③ 3명　　　　　　④ 4명

19. 정사각형 모양의 종이를 가로 혹은 세로로 절반씩 접어 정사각형 내에 총 64칸의 직사각형이 생겼다. 직사각형한 칸의 가로 길이가 세로 길이의 4배일 때 세로로 종이를 접은 횟수는? (단, 접는 과정에서 종이를 돌리지 않는다.)

① 2회　　　　　　② 3회　　　　　　③ 4회　　　　　　④ 5회

20. 다음은 2022년 상반기 행정 구역별 아파트 매매 호수에 대한 자료이다. 자료에 대한 설명으로 적절하지 않은 것은?

[2022년 상반기 행정 구역별 아파트 매매 호수]

(단위: 호)

구분	1월	2월	3월	4월	5월	6월
서울특별시	1,281	1,404	1,236	1,624	2,372	2,014
부산광역시	1,470	1,480	1,923	2,268	2,529	1,831
대구광역시	795	861	1,075	987	1,191	834
인천광역시	963	940	1,296	1,567	1,769	1,393
광주광역시	1,610	1,405	1,600	1,881	1,974	1,379
대전광역시	597	628	699	778	805	659
울산광역시	792	861	893	1,146	1,268	895
세종특별자치시	201	202	343	294	303	167
경기도	4,642	4,537	6,190	7,306	7,414	5,460
강원도	1,294	1,676	2,343	2,072	2,073	1,713
충청북도	1,317	1,617	1,985	2,094	2,166	1,599
충청남도	1,848	2,049	2,445	2,682	2,712	2,114
전라북도	1,530	1,838	2,420	2,383	2,292	1,771
전라남도	1,209	1,256	1,542	1,528	1,550	1,141
경상북도	1,851	2,024	2,406	2,705	2,572	1,974
경상남도	2,776	3,203	3,734	4,089	3,837	2,956
제주특별자치도	289	251	357	275	297	247

※ 출처: KOSIS(한국부동산원, 부동산거래현황)

① 6월 아파트 매매 호수는 모든 지역에서 전월 대비 감소하였다.

② 3월 아파트 매매 호수가 1,500호 이상인 지역은 총 10개 지역이다.

③ 5월 제주특별자치도의 아파트 매매 호수는 전월 대비 8% 증가하였다.

④ 제시된 기간 동안 아파트 매매 호수는 서울특별시가 강원도보다 매월 더 적다.

21. 다음은 ○○공사의 승진 포인트제 운용 규정과 직원별 재직 정보 및 성과이다. 제시된 내용을 근거로 판단할 때, 갑~정 중 2022년 승진 대상자로 선정되는 직원은?

[○○공사 승진 포인트제 운용 규정]

제1조(목적)

이 규정은 ○○공사 직원들에게 승진에 대한 공정한 기회를 제공함과 동시에 승진자 심의를 위한 합리적 절차를 제공하는 것을 목적으로 한다.

제2조(정의)

본 규정에서 승진 포인트제란 직원이 ○○공사 재직 중 달성한 성과 및 노력에 대해 일정한 승진 포인트를 부여하고 그 포인트에 따라 승진할 수 있도록 하는 제도를 말한다.

제3조(승진 대상)

직급별 최소 재직기간 및 최소 승진 포인트 기준을 모두 충족하는 직원에 한하여 승진 대상자로 선정될 수 있으며, 승진 대상자로 선정되기 위한 직급별 최소 재직기간 및 최소 승진 포인트 기준은 다음과 같다.

구분	6급 → 5급	5급 → 4급	4급 → 3급	3급 → 2급	2급 → 1급
최소 재직기간	4년	5년	3년	4년	5년
최소 승진 포인트	35점	35점	25점	35점	30점

※ 승진 대상자로 선정되기 위해서는 현재 직급에서 재직한 기간이 직급별 최소 재직기간을 만족해야 함

제4조(구성)

승진 포인트는 경력 포인트, 상벌 포인트, 성과평가 포인트로 구성되며 포인트별 점수 부여 기준은 [별표1]과 같다.

[별표 1] 포인트별 점수 부여 기준

구분			포인트
경력 포인트	1년 이하		1점
	1년 초과 2년 이하		2점
	2년 초과		3점
상벌 포인트	가점	모범직원상 수상자	2점/회
		장관상 수상자	3점/회
	감점	견책	1점/회
		감봉	2점/회
		정직	3점/회
성과평가 포인트	S 등급		10점
	A 등급		8점
	B 등급		6점
	C 등급		4점

※ 1) 경력 포인트는 직급별 최소 재직기간의 초과분을 기준으로 부여함
   2) 성과평가 포인트는 승진 대상자로 선정되기 위한 직급별 최소 재직기간 동안의 성과평가 등급을 기준으로 부여하며, 최근 성과평가 등급순으로 승진 포인트에 반영함
   3) 성과평가 포인트는 연도별 성과평가 등급에 따라 부여하며, 휴직 등의 사유로 성과평가 등급이 누락된 경우 직급별 최소 재직기간 중 받은 평균 성과평가 포인트를 해당 연도의 성과평가 포인트로 부여함

[2022년 직원별 재직 정보 및 성과]

구분	직급	현재 직급 재직기간	상벌	성과평가
갑	3급	3년 8개월	• 장관상 1회 수상	• 2019년: B 등급 • 2020년: A 등급 • 2021년: C 등급
을	4급	4년 2개월	• 견책 3회	• 2018년: 누락 • 2019년: A 등급 • 2020년: B 등급 • 2021년: S 등급
병	5급	7년 3개월	• 감봉 2회 • 정직 1회	• 2015년: A 등급 • 2016년: B 등급 • 2017년: B 등급 • 2018년: C 등급 • 2019년: B 등급 • 2020년: A 등급 • 2021년: S 등급
정	6급	4년 7개월	• 장관상 2회 수상	• 2018년: B 등급 • 2019년: A 등급 • 2020년: 누락 • 2021년: S 등급

① 갑   ② 을   ③ 병   ④ 정

22. 홍진이는 증권사를 통해 1주당 300달러인 미국 주식 20주를 가장 저렴하게 매수하려고 한다. 증권사별 환전 우대율 및 매수 수수료를 고려할 때, 홍진이가 선택할 증권사는? (단, 국내 시장에 고시된 1달러당 환율은 1,350원이다.)

[증권사별 환전 우대율 및 매수 수수료]

구분	환전 수수료	환전 우대율	매수 수수료
A 증권사	20원	100%	0.07%
B 증권사	10원	90%	0.05%
C 증권사	환율의 1%	60%	0.04%
D 증권사	10원	70%	0.1%

※ 1) 증권사별 환율 = 국내 시장에 고시된 1달러당 환율 + {환전 수수료 − (환전 수수료 × 환전 우대율)}
　 2) 매수한 미국 주식의 달러 가치의 매수 수수료에 해당하는 금액을 증권사에 지불해야 함

① A 증권사　　　　② B 증권사　　　　③ C 증권사　　　　④ D 증권사

23. 다음 결론이 반드시 참이 되게 하는 전제를 고르면?

전제	거북목 증후군이 있는 어떤 사람은 도수치료를 받는다.
결론	도수치료를 받는 어떤 사람은 허리디스크가 있다.

① 허리디스크가 없는 모든 사람은 거북목 증후군이 없다.

② 허리디스크가 없는 어떤 사람은 도수치료를 받는다.

③ 거북목 증후군이 없는 어떤 사람은 허리디스크가 있다.

④ 거북목 증후군이 있는 모든 사람은 허리디스크가 없다.

24. 고대 유적의 동서남북과 중앙에는 다섯 개의 석상이 있으며, 이 중 세 개는 천사 석상이고 두 개는 악마 석상이다. 천사 석상에 쓰여 있는 글은 모두 진실이고, 악마 석상에 쓰여 있는 글은 모두 거짓일 때, 악마 석상이 위치한 방향을 모두 고른 것은?

> • **동쪽**: 서쪽과 남쪽의 석상은 모두 악마 석상이다.
> • **서쪽**: 남쪽 석상은 천사 석상이다.
> • **남쪽**: 북쪽 석상은 천사 석상이다.
> • **북쪽**: 나는 천사 석상이다.
> • **중앙**: 나는 북쪽 석상과 같은 종류이다.

① 동쪽, 남쪽   ② 동쪽, 중앙   ③ 서쪽, 남쪽   ④ 서쪽, 중앙

25. A~E는 런웨이에 참가한 모델이다. 다음 조건을 모두 고려하였을 때, 항상 옳은 것은?

> • A~E 5명의 모델이 총 8번 런웨이에 올라왔다.
> • 같은 모델이 연속한 두 순번에 올라가지 않았으며, 각각의 모델은 1회 이상 런웨이에 올라왔다.
> • 1번과 4번 순번에는 같은 사람이 올라왔다.
> • B가 올라온 바로 다음에는 항상 C가 올라왔다.
> • D가 올라온 어느 순번 바로 다음에는 E가 올라왔다.
> • A가 올라온 바로 다음에는 항상 D가 올라왔다.
> • 3번에는 B가 올라왔다.
> • 5번에는 E가 올라왔다.

① 2번에 E가 올라왔다.

② 7번에 D가 올라왔다.

③ E는 A보다 올라온 횟수가 적다.

④ B와 D가 올라온 횟수는 다르다.

26. 다음은 폭염특보 및 근로자 열사병 대응요령에 관한 공지이다. 다음 자료를 근거로 판단한 내용으로 적절하지 않은 것은?

[폭염특보]

"폭염특보는 기상청에서 일 최고 체감 온도에 따라 폭염주의보·경보를 발령하는 것을 의미합니다."
- 기상청 날씨누리 홈페이지 및 날씨알리미 앱 첫 화면에 실제 온도 및 체감 온도 표시
  ※ 체감 온도: 기온에 습도, 바람 등의 영향을 고려하여 사람이 실제 느끼는 더위를 정량적으로 나타낸 온도
- 폭염주의보: 일 최고 체감 온도 33℃ 이상인 상태가 2일 이상 지속될 것으로 예상될 때 또는 급격한 체감 온도 상승 또는 폭염 장기화 등으로 중대한 피해 발생이 예상될 때
- 폭염경보: 일 최고 체감 온도 35℃ 이상인 상태가 2일 이상 지속될 것으로 예상될 때 또는 급격한 체감 온도 상승 또는 폭염 장기화 등으로 중대한 피해 발생이 예상될 때

[근로자 열사병 대응요령]

1. 사전 확인
   - 열사병 등 온열질환 민감군 및 작업강도가 높은 힘든 작업 사전 확인 및 구분

온열질환 민감군	비만, 당뇨, 고혈압/저혈압 등 질환자, 온열질환 과거 경력자, 고령자, 폭염 노출 작업 신규배치자
작업강도가 높은 힘든 작업	육체적으로 업무강도가 높은 작업으로 열스트레스에 노출되기 쉬운 작업 ※ 삽, 망치 등을 이용하거나 건설현장에서 전신을 움직이는 작업 또는 중량물을 수작업에 의해 반복적으로 들고 내리거나 취급하는 작업

2. 안전 수칙
   - 규칙적으로 물을 마실 수 있도록 해야 합니다.
   - 근로자가 일하는 장소에서 가까운 곳에 휴식 공간을 마련해야 합니다.
   - 휴식 공간은 반드시 소음·낙하물·차량 통행 등 위험이 없는 안전한 장소에 설치해야 합니다.
   - 휴식 공간은 쉬고자 하는 근로자를 충분히 수용할 수 있어야 하고 의자나 돗자리, 음료수대 등 적절한 비품을 비치합니다.
   - 폭염특보 발령 시 1시간 주기로 휴식을 취할 수 있어야 합니다.
     ※ 폭염주의보 발령 시 매시간 10분, 폭염경보 발령 시 매시간 15분
   - 근무 시간을 조정하여 무더위 시간대(14~17시)에는 옥외작업을 피해야 합니다.
   - 근로자가 온열질환 발생 우려 등 급박한 위험으로 작업 중지 요청 시 즉시 조치해야 합니다.
   - 실내에서 안전보건 교육 및 경미한 작업을 하는 시간도 휴식 시간에 포함됩니다.
   - 실내 온도가 적정 수준으로 유지되도록 작업장 내 냉방장치를 설치해야 합니다.
     ※ 주요 냉방장치: 공기순환장치(환기 장치), 선풍기, 냉풍기, 이동식 에어컨 등
   - 냉방장치를 설치하기 곤란한 경우에는 주기적으로 창문이나 출입문을 여는 등 더운 공기가 실내에 정체되지 않도록 가급적 아이스조끼·아이스팩 등 보냉 장구를 지급·착용하도록 하시기 바랍니다.

① 작업장의 사업주는 휴식을 원하는 근로자를 모두 수용할 수 있는 규모의 휴식 공간을 차량 통행이나 소음이 없는 곳에 설치하는 것이 원칙이다.

② 근로자의 안전을 위해 작업장 내부에 이동식 에어컨이나 환기 장치 등을 설치하여 작업장 내부 온도를 적절하게 유지할 수 있어야 한다.

③ 평소 고혈압을 앓고 있는 근로자가 온열질환 발생을 우려하여 사용자에게 작업 중지를 요청한다면 즉시 중지해야 한다.

④ 일 최고 체감 온도가 33℃인 상태가 2일 이상 지속된 지역의 작업장은 매시간 필수적으로 15분간의 휴식을 취할 수 있어야 한다.

27. 다음은 산업융합 혁신품목 및 선도기업 선정계획에 대한 공고문이다. 다음 공고문을 근거로 판단한 내용으로 적절한 것은?

[산업융합 혁신품목 및 선도기업 선정계획 공고]

1. 사업 목적
  - '산업융합 혁신품목'을 선정하여 산업융합 제품·서비스 개발을 촉진하고, '산업융합 선도기업'을 선정하여 혁신제품을 개발한 중소·중견기업을 지원하기 위함

2. 지원 대상
  - 산업융합 혁신품목: 산업융합성 평가위원회를 통해 제품·서비스의 융합성, 혁신성, 경제적·사회적 가치가 인정되는 품목
  - 산업융합 선도기업: 산업융합 혁신품목 생산기업이면서 해당 품목 매출액이 연간 5억 원 이상인 중소·중견기업

3. 선정 절차
  - 공고 → 신청접수 → 서류검토 → 현지실사 → 심사평가 → 심의 → 결과 공고 및 통보 → 수여식
  - ※ 기존에 선정된 산업융합 혁신품목 또는 선도기업이 동일 품목을 갱신 신청하는 경우에 한하여 현지실사 단계를 면제함

4. 지원 내용
  1) 산업융합 혁신품목 선정 시 혜택

구분	혜택 내용	담당 기관
공공시장 판로 개척	중소기업 기술개발 제품 우선구매 대상 품목에 포함	중소벤처기업부
	벤처나라 물품 등록 시 기술평가 면제 및 우수 조달물품 지정 신청 시 가점 최대 3점 부여	조달청
	우수 상용품 시범사용 품목 선정 시 평가 반영	국방부
시장 확대	해외진출 BM 구축 시 우대 지원	대한무역투자진흥공사
기업 활력 제고	신사업 투자의 원활한 진행 보조를 위해 세제 및 자금 지원, 상법 등 특례, 정부 R&D 우선 지원 등 실시	사안별 관련 조직

  2) 산업융합 선도기업 선정 시 혜택

구분	혜택 내용	담당 기관
금융	기술보증·신용보증 신청 시 우대보증(보증료 0.3% 감면) 및 심사 완화(신용도 유의기업 판별기준 완화)	기술보증기금 및 신용보증기금
기술 확대	융합형 기업지원 프로그램 신청 시 우대	국가산업 융합지원센터
시장 확대	산업융합 성과전시회 개최 시 기업 홍보 지원	
컨설팅	산업융합 품목 및 관련 핵심기술의 발전 방향 및 맞춤형 컨설팅 보고서 제공(예산 범위 내 지원)	
네트워크	선도기업 간 정보 공유 및 우수 사례 전파 등 교류 지원	

---

① 연간 총매출액이 5억 원 이상이거나 산업융합 혁신품목을 생산하는 기업은 산업융합 선도기업으로 선정될 수 있다.

② 산업융합 선도기업으로 선정된 중소기업은 보증료 0.3% 감면 및 신용도 유의기업 판별기준 완화 혜택을 받을 수 있다.

③ 선도기업이 갱신 신청한 것과 동일한 품목은 신청접수를 완료한 세 가지의 절차를 거친 후에 심의를 받게 된다.

④ 중소벤처기업부에서 담당하는 중소기업 기술개발 제품 우선구매 대상 품목 후보에 포함될 때 최대 3점의 가점을 받을 수 있다.

28. 다음은 K 예술단에서 P 아트홀의 공연장을 대관하고자 보고 있는 P 아트홀 대관 정보이다. P 아트홀 대관 정보와 최 단장의 지시를 고려해 공연장과 연습실을 대관했을 때, P 아트홀에 지불해야 할 대관료의 총합은?

[P 아트홀 대관 정보]

구분			기간/수량	대여료
대공연장(1,200석)	무대	공연 대관	1일(09:00~22:00)	50만 원
		리허설 대관	오전(06:00~12:00)	20만 원
			오후(12:00~18:00)	40만 원
			야간(18:00~24:00)	30만 원
			심야(24:00~06:00)	15만 원
	부대시설	그랜드 피아노	1대	7만 원/회
		빔프로젝터	1대	10만 원/회
		유선 마이크	1개	5천 원/회
		무선 마이크	1개	1.5만 원/회
		냉/난방	30분	1.5만 원
소공연장(800석)	무대	공연 대관	1일(09:00~22:00)	30만 원
		리허설 대관	오전(06:00~12:00)	10만 원
			오후(12:00~18:00)	20만 원
			야간(18:00~24:00)	15만 원
			심야(24:00~06:00)	10만 원
	부대시설	그랜드 피아노	1대	6만 원/회
		빔프로젝터	1대	9만 원/회
		유선 마이크	1개	5천 원/회
		무선 마이크	1개	1.5만 원/회
		냉/난방	30분	1만 원
연습실	무대	오케스트라 연습실	오전(04:00~12:00)	2만 원
			오후(12:00~20:00)	4만 원
			야간(20:00~04:00)	3만 원
		일반 연습실	오전(04:00~12:00)	1만 원
			오후(12:00~20:00)	2만 원
			야간(20:00~04:00)	1.5만 원
	부대시설	그랜드 피아노	1대	4만 원/일
		무선 마이크	1개	1.5만 원/일
		냉/난방	1시간	1만 원

※ 1) 공연 대관은 1일 1회 공연을 기준으로 하며, 공연 횟수가 1회 추가될 때마다 1일 공연 대관료의 30%를 가산함
　 2) 주말의 경우 1일 1회 공연 대관료의 20%를 가산하며, 공연 횟수가 1회 추가될 때마다 20%를 가산한 1일 공연 대관료의 30%를 추가로 가산함
　 3) 회당 사용료가 제시된 부대시설의 사용료는 공연 횟수를 기준으로 함

[최 단장]

　　뮤지컬 공연을 위해 P 아트홀 공연장을 대관하고자 합니다. 이번 뮤지컬 공연은 다음 주 금요일, 토요일 2일 동안 각 2회씩 총 4회 공연할 예정입니다. 금요일에는 500명 이상 800명 미만의 관객을, 토요일에는 1,000명의 관객을 수용할 수 있는 공연장으로 대관해야 합니다. 공연할 때뿐 아니라 연습할 때와 리허설할 때 모두 그랜드 피아노 2대와 무선 마이크 30개가 필요하니 준비해 주세요. 공연은 매일 12:30~15:00, 17:00~19:30 2타임으로 진행할 예정이며, 첫 공연 전 7일간 매일 오후 1시부터 오후 7시까지 연습이 있을 예정이므로 오케스트라 연습실을 대관해 주세요. 공연 당일에는 오전 7시부터 오전 9시까지 공연이 열릴 무대에서 리허설을 진행할 예정이며, 냉방 시설은 공연 당일 본무대 때만 사용할 계획이니 참고해주세요.

① 743만 원　　　　② 765만 원　　　　③ 778만 원　　　　④ 803만 원

29. 다음은 상권활성화 지원 대상 모집에 대한 공고문이다. 다음 공고문을 근거로 판단한 내용으로 적절한 것은?

[상권활성화 지원 대상 모집 공고]

1. 사업 목적
   - 재도약이 필요한 상권을 상권활성화구역 또는 자율상권구역으로 지정하고, 상권 전반의 종합적인 지원을 통해 소상공인 및 지역 상권의 경쟁력을 높이기 위함

2. 신청 기간 및 신청 방법
   1) 신청 기간: 8. 1.(월)~10. 31.(월) 18시까지
   2) 신청 방법: 사업 신청서 및 사업 계획서를 작성하여 도지사 또는 시장의 날인을 받은 후, 소상공인시장진흥공단 상권육성실에 전자문서로 송부함
   ※ 도지사 또는 시장의 날인이 없는 서류는 신청 대상에서 제외됨

3. 선정 및 지원 규모
   1) 선정 규모: 8곳(일반상권 4곳, 도심형 소형상권 4곳)
      - 권역별 상한 적용(8곳): 지원이 일부 지역에 편중되지 않도록 신청권역을 수도권(서울·경기·인천), 강원권, 충청권, 전라권, 경상권 5개로 분류하고, 권역당 30%까지만 선정함
   2) 지원 규모

구분	점포 수	총사업비	
		기본 3년	연장 2년
일반상권	400~599개	36억 원	24억 원
	600~799개	48억 원	32억 원
	800~999개	60억 원	40억 원
	1,000개 이상	72억 원	48억 원
도심형 소형상권	100~399개	36억 원	24억 원

4. 분야별 세부 요건
   1) 일반상권
      ① 근거 법령: 전통시장법
      ② 지원 기간: 사업의 3년 운영성과 평가를 거쳐 최대 2년 연장 가능
      ③ 지원 대상: 상권활성화 구역에 해당하는 곳
         - 시장·상점가 또는 골목형 상점가가 하나 이상 포함된 곳
         - 국토계획법에 따른 상업지역이 100분의 50 이상 포함된 곳
         - 빈 점포를 제외하고 도매점포·소매점포 또는 용역점포가 400개 이상인 곳
         - 예정 구역 내 시장의 매출액 및 행정동의 인구·사업체 수 등이 최근 2년간 계속 감소하여 상업활동이 위축되었거나 우려되는 곳
      ④ 상생 협약: 해당 상권의 상인, 임대인이 각각 1/2 이상 사업 동의 및 상생 협약 체결

2) 도심형 소형상권
  ① 근거 법령: 지역상권법
  ② 지원 기간: 사업의 3년 운영성과 평가를 거쳐 최대 2년 연장 가능
  ③ 지원 대상: 자율상권구역에 해당하는 곳
    – 국토계획법에 따른 상업지역이 100분의 50 이상 포함된 곳
    – 빈 점포를 제외하고 도매점포·소매점포 또는 용역점포가 100개 이상인 곳
    – 구역 내 행정동의 사업체 수, 매출액 또는 인구수 중 2개 이상이 연평균 기준으로 최근 2년간 계속 감소한 곳
  ④ 상생 협약: 해당 상권의 상인, 임대인이 각각 2/3 이상 사업 동의 및 상생 협약 체결
  ※ 분야별 지원 대상 요건에 모두 충족해야 함

① 점포 수가 500개 이상인 지역은 도심형 소형상권으로 분류되며 사업운영 성과 평가로 인해 해당 지역에 2년의 추가 지원이 주어진다면 최대 60억 원을 지원받을 수 있다.

② 일반상권의 협약 요건을 충족하기 위해서는 상인과 임대인을 합한 총인원 중 50%만 협약을 체결하면 된다.

③ 사업 신청을 위해서는 시장의 날인이 찍힌 사업 계획서와 사업 신청서를 가지고 소상공인시장진흥공단 상권 육성실에 직접 방문해야 한다.

④ 수도권을 포함한 5개의 권역 중 일반상권과 도심형 소형상권의 합이 총 3곳 이상 선정되는 지역은 없다.

30. 다음은 맞춤형 텃밭 정원 조성 지침에 대한 자료이다. 다음 자료를 근거로 판단한 내용으로 적절하지 않은 것은?

[맞춤형 텃밭 정원 조성 지침]

1. 유아·아동 농업체험 텃밭 정원
   1) 목표
      - 아이들 눈높이에 맞춘 '텃밭'과 텃밭에서 만날 수 있는 곤충, 식물들로 꾸며진 '휴게공간'을 결합하여 농업 체험과 교육이 동시에 이루어지는 텃밭 정원을 구성하기 위함
   2) 설계 지침
      - 어린이 텃밭과 놀이 공간을 반드시 포함시키도록 함
      - 열매채소 또는 덩굴성 식물의 생육을 위한 지지대 설치가 필요한 경우는 아이들의 시야를 가리지 않도록 1m 높이로 설치하도록 함
      - 어린이 놀이터는 놀이 공간의 바닥, 추락위험이 있는 그네, 사다리 등의 놀이시설 주변 바닥은 충격을 흡수·완화할 수 있는 모래, 고무 재료, 잔디 등 완충 재료를 사용하여 설계하도록 함

2. 휠체어 등의 보행이 자유로운 텃밭 정원
   1) 목표
      - 휠체어, 보행 보조기구 등 이동기구를 이용하는 시민들도 자유롭게 텃밭 활동을 할 수 있는 텃밭 정원을 구성하기 위함
   2) 설계 지침
      - 유모차, 휠체어 등을 이용하기 위하여 보도블록, 점토 벽돌 등 미끄럽지 않고 균일한 재질의 바닥재를 선택하여 평탄하게 바닥을 조성하도록 함
      - 텃밭의 높이는 45~51cm, 면적은 세로 1.2m, 가로 2.4m로 설계하도록 함
      - 텃밭 식재는 재배관리가 쉬운 잎채소와 마리골드, 금잔화, 로즈메리 등의 허브·화훼류를 함께 심어 재배하도록 함
      - 텃밭의 규모에 따라 필요시에 한하여 휴게공간을 조성하도록 함

3. 고령자 세대 공동체 텃밭 정원
   1) 목표
      - 고령자 세대의 신체적, 문화적 특성을 고려하여 여가활동과 공동체 활성화를 이룰 수 있는 텃밭 정원 및 시설물을 구성하기 위함
   2) 설계 지침
      - 골절 등 부상의 위험이 없도록 산책로, 텃밭 등은 미끄럽지 않고 충격을 흡수·완화할 수 있는 바닥 재질을 사용하도록 함
      - 고령자 세대의 시력 저하를 고려하여 화단이나 팻말 등을 밝은색으로 칠하고 안내 문구는 단순하고 글씨는 크게 작성하도록 함
      - 텃밭 작업 시 일사 등에 취약한 고령자 세대가 이로 인한 신체 변화에 대비하여 휴식을 취할 수 있도록 벤치 등의 휴게공간을 반드시 조성하도록 함

4. 반려동물 동반 텃밭 정원
   1) 목표
      - 반려동물의 스트레스를 완화하고 시민들이 반려동물과 함께 산책하며 안전하게 텃밭을 즐길 수 있는 텃밭 정원을 구성하기 위함

2) 설계 지침
　　– 반드시 견고한 울타리나 펜스를 조성하되 주변과의 미관을 고려하도록 함
　　– 텃밭 내 반려동물 배변물 버릴 휴지통 비치 및 음수대, 배변장 등 설치하도록 함
　　– 독성이 있는 식물 등 반려동물에 해가 가는 식물 및 식재 재배는 지양하도록 함
　　　　※ 해가 가는 식물: 수선화, 튤립, 백합, 베고니아 등

① 휠체어 이용자가 활동할 수 있는 텃밭 정원과 달리 노인을 위한 텃밭 정원을 설치할 때는 휴게 공간을 반드시 함께 설치해야 한다.

② 반려동물도 함께 즐길 수 있는 텃밭 정원을 설계할 때는 튤립이나 백합과 같은 독성 식물을 심지 않도록 주의해야 한다.

③ 보행 보조기구를 이용하는 사람들을 위한 텃밭 정원에는 허브 및 화훼류나 재배관리가 쉬운 잎채소 중 하나만 선택하여 심을 수 있다.

④ 아이들을 위한 텃밭 정원을 구축할 때는 어린이용 텃밭과 놀이 공간을 필수적으로 조성해야 하지만 1m 높이의 지지대는 선택 사항이다.

31. 다음 P 사의 예산 성과금 지급 규정을 확인한 갑 사원의 반응으로 가장 적절한 것은?

[예산 성과금 지급 규정]

1. 목적

이 규정은 P 사의 예산 성과금 지급에 관하여 필요한 사항을 규정함을 목적으로 한다.

2. 정의

① 예산 성과금이란 예산 절약, 수익증대, 영업이익 및 당기순이익을 증가시킨 경우 이의 일부를 성과금으로 지급하는 것을 말한다.

② 예산 절약이란 신기술 개발, 신경영 기법 도입 등으로 예산을 절감한 경우를 말한다.

③ 수익 증대란 신규수요 발굴, 제도 개선 등으로 수익을 증대시킨 경우를 말한다.

④ 영업이익 및 당기순이익 증가란 전년도에 비해 영업이익과 당기순이익이 증가한 경우를 말한다.

3. 지급요건

① 다음 각 호 중 어느 하나에 해당하는 경우 예산 성과금을 지급할 수 있다.

    1. 신기술 개발, 신경영 기법 도입 등으로 예산을 절감한 경우

    2. 신규수요 발굴, 제도 개선 등으로 수익을 증대시킨 경우

    3. 전년도 대비 영업이익 12% 이상, 당기순이익 10% 이상 모두 증가한 경우

② 예산 성과금 지급 기준 및 지급액은 [별표 1]과 같다.

③ 제1항의 규정에도 불구하고 다음 각 호에 해당하는 경우에는 예산 성과금 지급 대상에서 제외한다.

    1. 당해연도의 예산 절약에 따라 차년도 이후 예산 지출 소요가 증가될 것으로 예상되는 경우

    2. 특정 예산 절약에 따라 다른 예산지출 소요가 증가되는 경우

    3. 당해연도 예산 절약에 따라 서비스 수준의 질적 저하가 예상되는 경우

4. 지급 대상

① 예산 절약 및 수익 증대가 개인적 노력에 의한 때에는 해당자에게, 다수의 노력에 의한 때에는 개인별 기여도에 따라 예산 성과금을 차등 지급한다.

② 영업이익 및 당기순이익 증가의 경우 임원을 포함한 전 직원에게 성과금을 지급하되, 기여도가 높은 자에게 혜택이 많이 가도록 예산 성과금을 차등 지급한다.

[별표 1] 예산 성과금 지급 기준 및 지급액

구분	지급 기준	지급액
예산 절약	절감된 예산의 10% 범위 내	• 1건당 3,000만 원 한도 • 1인당 500만 원 한도
수익 증대	증대된 수익의 10% 범위 내	• 1인당 200만 원 한도
영업이익 및 당기순이익 증가	전년 대비 당기순이익 증가분의 10% 범위 내	• 1인당 100만 원 한도

---

① 올해 영업이익과 당기순이익이 각각 100억 원, 92억 원으로 전년 대비 모두 15%씩 증가하였다면 최대 1억 2천만 원 범위 내에서 예산 성과금을 지급하겠구나.

② 신경영 기법 도입으로 예산을 절감한다면 1인당 최대 200만 원의 예산 성과금을 지원받을 수 있겠군.

③ 영업이익이 전년 대비 10% 증가하였다면 예산 성과금을 지급받을 수 있어.

④ 다수의 기여로 수익이 증대하면 원칙상 수익증대에 기여한 직원 모두에게 같은 예산 성과금을 지급해야해.

32. R 사 총무팀에서 근무하는 손 사원은 ○○시 채용 박람회에 설치할 배너를 주문하려고 한다. 유 팀장의 지시에 따라 업체를 선정하였을 때, 손 사원이 배너를 주문하게 될 업체는?

[배너 가격표]

구분	개별 가격		세트 가격
	배너 가격	배너 거치대 가격	
A 업체	• 10장 미만 주문 시: 11,000원/장 • 10장 이상 주문 시: 8,000원/장	• 실내용: 6,500원/개 • 실외용: 7,000원/개	• 1세트: 14,000원 • 10세트: 115,000원
B 업체	• 5장 미만 주문 시: 12,000원/장 • 5장 이상 주문 시: 10,000원/장	• 실내용: 6,000원/개 • 실외용: 6,500원/개	• 1세트: 15,000원 • 5세트: 60,000원
C 업체	• 10장 미만 주문 시: 12,000원/장 • 10장 이상 주문 시: 8,500원/장	• 실내용: 8,000원/개 • 실외용: 8,500원/개	• 1세트: 15,500원 • 10세트: 120,000원
D 업체	• 15장 미만 주문 시: 13,000원/장 • 15장 이상 주문 시: 9,500원/장	• 실내용: 6,700원/개 • 실외용: 7,200원/개	• 1세트: 16,000원 • 15세트: 195,000원

※ 1) 세트 한 개당 배너 1장, 배너 거치대 1개가 포함되며, 실내용 배너 거치대와 실외용 배너 거치대의 세트 가격이 동일함
　 2) 모든 업체는 총비용이 가장 적어지도록 배너 및 배너 거치대에 개별 가격 또는 세트 가격을 적용함

유 팀장: 손 사원, 이번에 참가할 ○○시 채용 박람회에 설치할 배너를 주문하고자 해요. 박람회가 진행되는 컨벤션 센터 내부에 배너를 설치하고, 이와 더불어 우리 회사가 이번 채용 박람회에 참가한 것을 사람들이 쉽게 알 수 있도록 컨벤션 센터 외부 야외에도 배너를 설치하려고 해요. 실내에는 박람회장 출입문이 총 4곳 있으니 출입문마다 하나씩 배너 거치대를 설치하고, 부스 양쪽에도 배너 거치대를 한 개씩, 총 2개 설치할 수 있도록 해주세요. 그리고 야외에는 배너 거치대 10개를 설치하도록 하죠. 실내 배너 거치대에는 거치대 한 개당 배너 한 장을 단면으로, 야외 거치대에는 거치대 한 개당 배너 두 장을 양면으로 설치하는 것이 좋겠어요. 아, 배너 주문에 사용할 수 있는 예산은 300,000원으로 책정되어 있지만, 예산을 최대한 아낄 수 있는 방향으로 주문하고자 하니 이 점 유념해주세요.

① A 업체　　　　② B 업체　　　　③ C 업체　　　　④ D 업체

33. ○○회사 재무팀에서 근무하는 이 대리는 장기보관 과정에서 자연감모가 발생한 물품들을 체크하여 자연감모 물품 관리 규정에 따라 물품들을 주문하려고 한다. ○○회사 물류창고 내 자연감모 발생 물품 내역을 고려할 때, 이 대리가 주문하게 될 물품의 총주문 금액은?

[자연감모 물품 관리 규정]

1. 정의
   자연감모란 물품이 장기보관 또는 운송 과정 등 불가피한 사유로 물건이 줄어들어 수량에 부족함이 생기는 것을 말한다.

2. 자연감모 대상 물품
   회사 예산으로 구매 또는 취득하는 물품으로서, 장기보관 과정에서 감모가 발생하거나 운송 등 기타 취급과정에서 감모가 발생하는 물품

3. 자연감모 처리 절차
   다음 각 항의 순서에 따라 자연감모 물품을 처리한다.
   ① 수량을 주기적으로 파악하여 조사 이전의 물량과 실사 물량의 차이를 통해 감소한 물량을 산출한다.
   ② 자연감모 인정 물량보다 실제 감소한 물량이 적은 경우 실제 감소한 물량만큼만 다시 주문한다.
     – 자연감모 인정 물량은 [별표 1]과 같다.
   ③ 자연감모 인정 물량보다 실제 감소한 물량이 많을 경우 자연감모 인정 물량만큼만 다시 주문한다.

[별표 1] 자연감모 인정 물량

구분	산정 방식
자연감모 인정 물량	조사 이전의 물량 × (보관 일수 / 365일) × 감모율

※ 1) 감모율: (조사 이전의 물량 – 실사 물량) / 조사 이전의 물량
   2) 자연감모 인정 물량은 소수점 첫째 자리에서 반올림함

[○○회사 물류창고 내 자연감모 발생 물품 내역]

구분	조사 이전의 물량	실사 물량	보관 일수	물품 가격
A 물품	40개	30개	146일	50,000원/개
B 물품	35개	28개	730일	6,500원/개
C 물품	30개	15개	438일	11,200원/개
D 물품	80개	68개	511일	7,200원/개
E 물품	100개	72개	584일	33,000원/개

① 1,212,500원   ② 1,284,700원   ③ 1,373,600원   ④ 1,423,900원

34. 다음 중 명함의 가치에 대한 설명으로 적절한 것의 개수는?

> ㉠ 대화의 실마리를 제공할 수 있다.
> ㉡ 후속 교류를 위한 도구로 사용할 수 있다.
> ㉢ 개인의 정보를 얻을 수 있다.
> ㉣ 자신을 PR하는 도구로 사용할 수 있다.

① 1개   ② 2개   ③ 3개   ④ 4개

35. 다음은 목표를 성공적으로 달성하기 위해 필요한 필수 요건들을 제시한 SMART 법칙이다. 다음 자료를 기반으로 유진이가 세운 목표 설정 중 가장 적절한 것은?

구분	내용
S(Specific)	목표를 구체적으로 작성한다.
M(Measurable)	목표를 수치화시켜 측정 가능하도록 척도를 세운다.
A(Action)	사고 및 생각에 그치지 않고 행동을 중심으로 목표를 세운다.
R(Realistic)	실현 가능한 목표를 세운다.
T(Time limited)	목표 설정에 제한 시간을 둔다.

① 취업 준비를 위해 이번 달 안에 자격증 취득하기

② 다음 주까지 몸무게 감량하기

③ 토익 점수로 800점 이상 받기

④ 규칙적인 삶을 살기 위해 매일 아침 6시에 기상하기

36. 다음은 건설 기술인의 기술등급 산정 방식이다. 건설 기술인의 기술등급 산정 방식과 건설 기술인별 이력 사항을 근거로 판단할 때, 기술등급이 특급인 건설 기술인은?

[건설 기술인의 기술등급 산정 방식]

- 역량지수에 따라 수행업무별 건설 기술인의 기술등급을 아래와 같이 산정한다.

구분	건설사업관리 업무	품질관리 업무
특급	역량지수 80점 이상	역량지수 75점 이상
고급	역량지수 70점 이상 80점 미만	역량지수 65점 이상 75점 미만
중급	역량지수 60점 이상 70점 미만	역량지수 55점 이상 65점 미만
초급	역량지수 60점 미만	역량지수 55점 미만

※ 역량지수는 자격지수, 학력지수, 경력지수, 교육지수를 더한 값에 감점을 적용한 점수이다.

- 자격지수는 40점 만점이며, 취득한 자격종목에 따른 자격지수는 아래와 같다.

구분	배점
기술사/건축사	40점
기사/기능장	30점
산업기사	20점
기능사	15점

- 학력지수는 20점 만점이며, 최종학력 따른 학력지수는 아래와 같다.

구분	배점
학사 이상	20점
전문학사(3년제)	19점
전문학사(2년제)	18점
고등학교	15점

- 경력지수는 40점 만점이며, 수행업무 관련 경력에 따른 경력지수는 아래와 같다.

구분	배점
1년 미만	0점
1년 이상 3년 미만	10점
3년 이상 7년 미만	20점
7년 이상 11년 미만	25점
11년 이상 18년 미만	30점
18년 이상 27년 미만	35점
27년 이상 40년 미만	39점
40년 이상	40점

- 교육지수는 5점 만점이며, 교육 시간에 따른 교육지수는 아래와 같다.

구분	배점
건설정책 역량강화 교육	35시간마다 2점
건설정책 역량강화 교육 이외의 교육	35시간마다 1점

※ 교육지수는 최대 5점까지 합산할 수 있음

- 감점 기준은 아래와 같다.

구분	배점
3개월 초과의 업무정지 처분을 받은 경우	3점/회
3개월 이하의 업무정지 처분을 받은 경우	2점/회
벌점을 받은 경우	1점/회

※ 감점은 중복으로 적용할 수 있음

[건설 기술인별 이력 사항]

구분	수행업무	취득 자격종목	최종학력	수행업무 관련 경력	기타
갑	건설사업관리	기능장	3년제 전문학사	5년	• 건설정책 역량강화 교육 50시간 이수 • 벌점 1회
을	품질관리	산업기사	석사	11년	• 건설정책 역량강화 이외 교육 30시간 이수 • 1개월 업무정지 처분 1회
병	품질관리	기능사	2년제 전문학사	25년	• 2개월 업무정지 처분 1회 • 벌점 2회
정	건설사업관리	건축사	고등학교	8년	• 건설정책 역량강화 교육 70시간 이수 • 5개월 업무정지 처분 1회

① 갑   ② 을   ③ 병   ④ 정

37. 다음은 자동차를 생산 및 판매하는 데 발생하는 비용 중 일부이다. 이 중 직접비용에 해당하는 것을 모두 고르면?

> ㄱ. 광고비
> ㄴ. 공장 전기 요금
> ㄷ. 재료비
> ㄹ. 서비스 창출을 위한 출장비

① ㄱ, ㄴ   ② ㄱ, ㄹ   ③ ㄴ, ㄷ   ④ ㄷ, ㄹ

38. 다음 중 효과적으로 인력을 배치하기 위해 고려해야 하는 내용으로 가장 적절하지 않은 것은?

① 팀원의 능력뿐 아니라 성격도 함께 고려하여 팀원 개별에게 적합한 위치에 배치해야 한다.

② 팀원의 적성 및 흥미에 따라 질적 배치를 해야 한다.

③ 특정 업무의 작업량과 조업도를 감안하여 양적 배치를 해야 한다.

④ 현재 개인이 지니고 있는 능력뿐 아니라 미래에 개발 가능한 능력 또한 고려하여 인력을 배치해야 한다.

39. 다음은 효과적인 물적 자원관리 과정을 그림으로 나타낸 자료이다. 각 빈칸에 들어갈 말로 적절한 것은?

	㉠	㉡	㉢
①	사용 물품과 보관 물품의 구분	동일 및 유사 물품으로의 분류	물품 특성에 맞는 보관 장소 선정
②	사용 물품과 보관 물품의 구분	물품 특성에 맞는 보관 장소 선정	동일 및 유사 물품으로의 분류
③	물품 특성에 맞는 보관 장소 선정	동일 및 유사 물품으로의 분류	사용 물품과 보관 물품의 구분
④	동일 및 유사 물품으로의 분류	물품 특성에 맞는 보관 장소 선정	사용 물품과 보관 물품의 구분

40. 직장에서 발생할 수 있는 시간 낭비 요인 중 외적인 낭비 요인으로 적절하지 않은 것은?

① 예정 외의 방문자가 많은 경우

② 여러 가지 일을 한 번에 많이 다루는 경우

③ 거절하지 못하여 우유부단한 성격의 경우

④ 팀원 간 커뮤니케이션이 부족하거나 결여된 경우

41. 다음 중 브레인스토밍의 규칙에 대한 설명으로 가장 적절하지 않은 것은?

① 핵심적인 아이디어만 간추려 제시한다.

② 다른 사람이 아이디어를 제시할 때는 비판하지 않는다.

③ 모든 아이디어가 제안되고 난 뒤 이를 결합하여 해결책을 마련한다.

④ 문제에 대한 제안은 자유롭게 이루어질 수 있다.

42. 조직문화의 유형을 집단문화, 개발문화, 합리문화, 계층문화 크게 4가지로 구분한다고 할 때, ㉠, ㉡에 들어갈 조직문화의 유형을 바르게 연결한 것은?

조직문화 유형	특징
㉠	• 실적을 중시한다. • 과업 지향적이며, 결과 지향적인 조직으로서의 업무 완수를 강조한다. • 직무에 몰입하며, 미래를 위한 계획을 수립하는 것을 강조한다. • 조직 구성원 간의 경쟁을 유도하여 조직에 대한 조직 구성원들의 방어적인 태도와 개인주의적인 성향을 드러내는 경향이 있다.
㉡	• 높은 유연성과 개성을 강조한다. • 조직 구성원의 성장과 발전에 관심이 높다. • 외부 환경에 대한 변화 지향성과 신축적 대응성을 기반으로 한다. • 조직 구성원의 업무 수행에 대한 자율성과 자유 재량권을 부여한다.

	㉠	㉡
①	합리문화	집단문화
②	계층문화	합리문화
③	합리문화	개발문화
④	집단문화	계층문화

43. 다음 ○○공사의 정원 운영 평가 기준과 20XX년 정원 운영 평가 관련 정보를 근거로 판단할 때, 20XX년 정원 운영 평가 점수가 가장 높은 정원은?

[정원 운영 평가 기준]

- 정원 운영 평가 점수는 전담 조직의 전문성 점수와 정원 관리 인력의 전문성 점수를 합산하여 산출한다.
- 전담 조직의 전문성 점수는 전담 조직 내 정원 관련 전문인력 비율에 따른 점수에 교육 이수 가산점을 합산하여 산출한다.
  - 전문인력 비율별 점수

50% 이상	40% 이상 50% 미만	30% 이상 40% 미만	30% 미만
40점	30점	20점	10점

  ※ 전담 조직 내 정원 관련 전문인력 비율 = (전담 조직 내 녹지 연구원 수 / 전담 조직 내 전체 인원수) × 100
  - 교육 이수 가산점: 정원 관련 비전문인력의 정원 분야 교육 이수율이 100%일 경우 1점을 부여함
- 정원 관리 인력의 전문성 점수는 정원 전문 관리인의 비율에 따른 점수에 교육 횟수 가산점을 합산하여 산출한다.
  - 정원 전문 관리인 비율별 점수

30% 이상	20% 이상 30% 미만	10% 이상 20% 미만	10% 미만
60점	40점	20점	10점

  ※ 1) 정원 전문 관리인 비율 = (정원 전문 관리인 수 / 정원 관리 인력) × 100
     2) 정원 관리 인력 = 정원 전문 관리인 + 현장 관리 상시인력
  - 교육 횟수 가산점: 정원 관리 인력의 연간 교육 횟수가 연 2회 이상일 경우 2점을, 연 1회일 경우 1점을 부여함

[20XX년 정원 운영 평가 관련 정보]

구분	전담 조직 내 인원		정원 관리 인력		정원 관련 비전문인력의 정원 분야 교육 이수율	정원 관리 인력의 연간 교육 횟수
	녹지 연구원 수	전체 인원	정원 전문 관리인 수	현장 관리 상시인력		
A 정원	75명	150명	4명	16명	88%	1회
B 정원	42명	120명	4명	12명	92%	2회
C 정원	65명	130명	5명	20명	77%	2회
D 정원	54명	150명	16명	34명	100%	2회

① A 정원   ② B 정원   ③ C 정원   ④ D 정원

44. 다음 H 공사의 위임 전결 규정 중 일부를 근거로 판단한 내용으로 가장 적절하지 않은 것은?

제3조(용어의 정의)
① "결재"란 사장이 직접 그 의사를 결정하는 행위를 말한다.
② "전결"이란 사장으로부터 사무의 내용에 따라 결재권을 위임받은 자가 행하는 결재를 말한다.

제4조(전결 기준)
사장의 결재를 받아야 하는 사무와 본부장, 실장, 부장 등의 전결을 받아야 하는 사무의 기준은 다음 각 호와 같다.
 1. 사장의 결재 사항
  가. 회사의 운영에 관한 기본 목표의 설정
  나. 주요 사업의 기본방향 결정
  다. 주요 사업의 합법성 검토
 2. 본부장의 전결 사항
  가. 일반사업의 합법성 검토
  나. 실장의 업무수행에 필요한 조정 및 감독
  다. 기본방침에 따르는 구체적인 사업계획의 수립
 3. 실장의 전결 사항
  가. 정책 및 기본방침에 따른 업무처리 총괄
  나. 부장 업무수행에 대한 조정 및 감독
  다. 중요 업무에 관한 집행 및 대외기관 협의
 4. 부장의 전결 사항
  가. 소관 업무의 진도 파악
  나. 업무처리계획의 입안
  다. 일상 업무에 관한 집행 및 대외기관 협의

제5조(전결 사항)
① 공사의 직위별 위임 전결 사항은 [별표 1]과 같다.
② 이 규정에서 전결 사항으로 열거되지 아니한 사항으로 그 전결 사항과 유사한 사항도 당해 전결권자가 전결할 수 있다.

제6조(전결 사항의 예외)
① 전결 사항이라 할지라도 전결권자보다 상급 직위자가 특히 지정한 것은 지정한 자의 결재를 받아 시행하여야 한다.
② 이 규정에서 규정한 중요한 사항 또는 경미한 사항의 구분은 경미한 사항의 결재권자에 해당하는 직위자가 일차적으로 판단한다.
③ 각 전결권자는 자기 권한에 속하는 사항일지라도 중요하거나 이례적 사항에 대하여는 바로 위 직급 직위자의 지시를 받아 처리한다.

제7조(전결 사항의 특례)
① 결재권자 또는 전결권자 유고 시 대결권자는 다음과 같이 한다.
 1. 사장 결재사항: 직제규정에서 정한 순위에 의한 본부장
 2. 본부장 전결 사항: 본부별 직제순위에 의한 실장
 3. 실장 전결 사항: 실별 직제순위에 의한 부장
 4. 부장 전결 사항: 부장이 지명한 자

---

② 전결 사항 중 본부장, 실장, 부장의 관련 사항으로서 합의를 보지 못하였을 때는 바로 위 직급 직위자의 결재를 받아야 한다.

③ 제1항의 규정에 의하여 처리한 사항에 대한 책임은 당해 대결권자가 지며, 결재권자 또는 전결권자가 복귀하였을 경우에 대결권자는 지체 없이 그 처리결과를 보고하여야 한다.

[별표 1] 위임 전결 사항

내용		결재권자			
		부장	실장	본부장	사장
사장 지시사항 처리결과 보고					○
민원처리	중요사항			○	
	일반사항		○		
보고	사내 정기보고		○		
	사내 수시보고	○			
국외 출장	심사 전 보고			○	
	심사 후 허가				○
법령 및 사규관리	사규의 제정 및 개폐안 확정				○
	사규 정비계획 수립			○	
	사규심의위원회 운영 및 계획 수립			○	
	법령의 개정 등에 대한 대정부 건의				○
홍보자료 제출		○			
간행물 발간		○			

① 사장이 특히 지정한 국외 출장에 대한 심사 전 보고는 본부장의 결재를 받아야 한다.

② 주요 사업의 합법성 검토의 결재권자가 특별한 사항으로 부재중일 경우에 대결권자는 본부장이다.

③ 간행물 발간에 대한 사항이 합의를 보지 못한 때에는 실장의 결재를 받아야 한다.

④ 사규 정비계획 수립에 대한 결재를 대결권자가 진행한 경우 처리한 사항에 대한 책임은 실장이 진다.

45. 다음 중 마이클 포터의 본원적 경영전략에 대한 설명으로 가장 적절한 것은?

① 온라인 소매 업체가 오프라인 업체에 비해 저렴한 가격과 구매의 편의성을 내세워 시장 점유율을 넓히는 것은 차별화 전략에 해당한다.

② 집중화 전략은 산업 전체를 대상으로 하는 전략으로, 경쟁조직들이 소홀히 하고 있는 시장에 새로운 수요를 만들어낸다.

③ 고급 기술을 적용한 고품질의 프리미엄 제품으로 차별화를 두어 고가 시장의 점유율을 넓히는 것은 원가 우위 전략에 해당한다.

④ 차별화 전략이 성공하기 위해서는 연구개발 및 광고를 통한 기술, 품질, 서비스, 브랜드 이미지 개선이 필요하다.

46. 다음 글에서 설명하고 있는 업무수행 시트의 종류로 가장 적절한 것은?

> 일의 흐름을 동적으로 보여주는 데 효과적인 업무수행 시트이다. 특히 주된 작업과 부차적인 작업, 혼자 처리할 수 있는 일과 다른 사람의 협조가 필요한 일, 주의해야 하는 일, 도구를 사용해서 할 일 등을 서로 다른 도형으로 시트에 표현함으로써 구분할 수 있다.

① 간트 차트   ② 체크리스트   ③ 워크 플로 시트   ④ WBS

47. 경영전략의 추진 과정이 5단계로 나누어진다고 할 때, ㉠~㉢에 들어갈 내용을 순서대로 바르게 나열한 것은?

| 전략목표 설정 | ▶ | ㉠ | ▶ | ㉡ | ▶ | ㉢ | ▶ | 평가 및 피드백 |

① 환경분석 – 경영전략 실행 – 경영전략 도출

② 환경분석 – 경영전략 도출 – 경영전략 실행

③ 경영전략 도출 – 환경분석 – 경영전략 실행

④ 경영전략 도출 – 경영전략 실행 – 환경분석

48. 다수의 조직은 업무의 종류 및 성격에 따라 부서가 나눠지며, 조직의 목적이나 규모에 따라 부서별 수행 업무가 다양하게 구성된다. 다음 ⊙~@ 중 부서별 업무 내용에 대한 설명으로 가장 적절하지 않은 것은?

구분	업무
기획부	• 종합예산 수립 및 실적관리 • ⊙ 실적관리 및 분석
영업부	• ⓒ 외상매출금의 청구 및 회수 • 거래처로부터의 불만 처리
회계부	• 재무 상태 및 경영실적 보고 • 결산 관련 업무
총무부	• ⓒ 보험 가입 및 보상 업무 • 집기 비품 및 소모품의 구입과 관리
인사부	• 조직기구의 개편 및 조정 • @ 직무 및 정원의 조정 종합

① ⊙   ② ⓒ   ③ ⓒ   ④ @

49. 다음 중 나라별 인사 예절에 대한 설명으로 가장 적절한 것은?

① 영미권 나라에서는 업무용 명함을 주고받은 후 악수를 한다.

② 미국에서 악수할 때는 오른손을 힘주어 잡지 않고 손끝만 잠시 잡았다가 놓아야 한다.

③ 아프리카에서는 상대방의 눈을 직접 바라보고 대화해야 한다.

④ 영미권 나라에서는 아랫사람이나 손님이 먼저 명함을 건네야 한다.

50. 다음은 P 사의 근로자 휴양 콘도 지원 규정이다. 20XX년 6월 30일에 휴양 콘도 이용 신청서를 제출한 근로자 정보를 근거로 판단할 때, 6월 30일에 휴양 콘도 이용 신청서를 제출한 근로자 중 휴양 콘도를 이용할 수 있는 사람은? (단, 제시되지 않은 사항은 고려하지 않는다.)

[근로자 휴양 콘도 지원 규정]

- 성수기는 7~8월이며, 이외에는 비수기이다.
- 주말은 토요일이고, 이외에는 평일로 보며, 성수기는 평일과 주말 모두 동일한 성수기 기준을 적용한다.
- 비수기 이용 희망일에 주말이 하루라도 포함된 경우 주말 이용 기준을 적용하고, 이용 희망일에 성수기가 하루라도 포함된 경우 성수기 이용 기준을 적용한다.
   예 비수기 목요일부터 일요일까지 3박 4일 이용 시 토요일을 포함하고 있으므로 주말 이용 기준을 적용함
- 이용 희망자는 비수기 주말 또는 성수기의 경우 이용일 기준 전월 10일까지, 비수기 평일의 경우 이용일 기준 7일 전까지 이용 신청서를 제출해야 한다.
- 비수기 주말 또는 성수기 이용 예정자는 이용 가능 점수가 높은 순으로 선정하고, 비수기 평일 이용 예정자는 선착순으로 선정한다. 다만, 이용 가능 점수가 같은 등 우선순위를 정할 필요가 있는 경우 생년월일이 빠른 사람을 우선 선정한다.
- 이용 가능 점수가 0점이 되는 경우, 해당 연도에는 비수기 평일에만 휴양 콘도를 이용할 수 있다.
- 비수기 주말 또는 성수기의 경우 1회 이용 시 이용 희망자별로 1실을 3박 4일 이내로 이용할 수 있으며, 비수기 평일의 경우 주말을 포함하지 않고 4박 5일 이내로 이용할 수 있다.
- 이용 가능 점수는 매년 새로 산정하며, 산정 방식은 다음과 같다.

구분	배점 세부기준			
	50점	40점	30점	20점
월평균 소득	기준임금 미만	기준임금 이상 기준임금 110% 미만	기준임금 110% 이상 기준임금 130% 미만	기준임금 130% 이상
가산점	5점	4점	3점	
	기초생활수급자	북한이탈주민	다자녀 가정	

※ 1) 20XX년 기준임금은 200만 원임
　 2) 가산점은 중복 적용할 수 있음

- 이용이 확정된 근로자의 이용 가능 점수는 해당연도 중 콘도 선정 일수만큼 점수가 차감되며, 차감 기준은 아래와 같다.

성수기	비수기	
	주말	평일
20점	10점	0점

※ 1) 차감 점수는 1박을 기준으로 함
　 2) 이용 가능 점수가 음수가 되는 경우 잔여 점수는 0점으로 함

[6월 30일에 휴양 콘도 이용 신청서를 제출한 근로자 정보]

구분	이용 희망일 정보		신청자 정보			기타
	이용 희망일	잔여 객실	생년월일	월평균 소득	20XX년 콘도 이용 내역	
갑	8월 13일(토) ~ 8월 14일(일)	1개	1972. 07. 18.	240만 원	• 2월 23일(수) ~ 2월 24일(목)	• 북한이탈주민 • 다자녀 가정
을	9월 22일(목) ~ 9월 26일(월)	4개	1988. 06. 03.	180만 원	• 1월 10일(월) ~ 1월 13일(목) • 4월 19일(화) ~ 4월 20일(수)	• 기초생활수급자 • 다자녀 가정
병	10월 8일(토) ~ 10월 10일(월)	1개	1996. 01. 15.	260만 원	• 2월 11일(금) ~ 2월 12일(토) • 5월 21일(토) ~ 5월 22일(일)	−
정	8월 13일(토) ~ 8월 14일(일)	1개	1984. 04. 22.	210만 원	• 3월 26일(토) ~ 3월 27일(일)	• 다자녀 가정

① 갑   ② 을   ③ 병   ④ 정

약점 보완 해설집 p.26

무료 바로 채점 및 성적 분석 서비스 바로 가기
QR코드를 이용해 모바일로 간편하게 채점하고 나의 실력이
어느 정도인지, 취약 부분이 어디인지 바로 파악해 보세요!

해커스잡

실전모의고사 3회 50문항형

성명

수험번호

| 0 | 1 | 2 | 3 | 4 | 5 | 6 | 7 | 8 | 9 |

감독관 확인

1	①	②	③	④
2	①	②	③	④
3	①	②	③	④
4	①	②	③	④
5	①	②	③	④
6	①	②	③	④
7	①	②	③	④
8	①	②	③	④
9	①	②	③	④
10	①	②	③	④
11	①	②	③	④
12	①	②	③	④
13	①	②	③	④
14	①	②	③	④
15	①	②	③	④
16	①	②	③	④
17	①	②	③	④
18	①	②	③	④
19	①	②	③	④
20	①	②	③	④

21	①	②	③	④
22	①	②	③	④
23	①	②	③	④
24	①	②	③	④
25	①	②	③	④
26	①	②	③	④
27	①	②	③	④
28	①	②	③	④
29	①	②	③	④
30	①	②	③	④
31	①	②	③	④
32	①	②	③	④
33	①	②	③	④
34	①	②	③	④
35	①	②	③	④
36	①	②	③	④
37	①	②	③	④
38	①	②	③	④
39	①	②	③	④
40	①	②	③	④

41	①	②	③	④
42	①	②	③	④
43	①	②	③	④
44	①	②	③	④
45	①	②	③	④
46	①	②	③	④
47	①	②	③	④
48	①	②	③	④
49	①	②	③	④
50	①	②	③	④

해커스공기업

NCS 피듈형

통합 봉투모의고사

실전모의고사
4회

60문항형

해커스잡

실전모의고사
4회
(60문항형)

시작과 종료 시각을 정한 후, 실전처럼 모의고사를 풀어보세요.

시 　 분 ~ 　 시 　 분 (총 60문항/60분)

□ **시험 유의사항**

[1] 60문항형 시험은 국민연금공단, 국민건강보험공단, 한국도로공사 등의 기업에서 출제 영역, 시간, 시험 순서 등
세부 구성을 다르게 출제하고 있습니다. (2022년 상·하반기 필기시험 기준)

[2] 본 실전모의고사는 60문항형 시험에서 자주 출제되는 의사소통능력, 수리능력, 문제해결능력, 정보능력, 조직
이해능력, 직업윤리 6개 영역으로 구성되어 있으며, 문제 번호는 이어져 있으나 문제가 영역 순서대로 출제되
는 순차 통합형 모의고사이므로 영역별 제한 시간 없이 전체 문항을 60분 내에 푸는 연습을 하시기 바랍니다.

[3] 마지막 페이지에 있는 OMR 답안지와 해커스잡 애플리케이션의 모바일 타이머를 이용하여 실전처럼 모의고사
를 풀어보시기 바랍니다.

01. 다음 글의 제목으로 가장 적절한 것은?

바이러스성 질환은 여름철에 가까워질수록 그 위험도가 함께 높아지는데, 덥고 습한 여름 환경은 바이러스가 생존하기 좋아 감염 가능성을 높이기 때문이다. 이러한 무더운 여름철 속 주의해야 할 대표적인 바이러스성 질환 중 하나는 헤르페스이다. 헤르페스는 헤르페스 바이러스가 일으키는 감염증으로, 다양한 원인으로 인하여 피부나 점막에 크고 작은 물집이 발생하는 질환이다. 한 번 감염되면 몸속에 평생을 존재하는 만성 감염증이며, 평소에는 무증상으로 잠복하고 있다가 자극을 받으면 증상이 나타난다.

손상된 피부나 점막이 바이러스에 노출됐을 때 발생하는 헤르페스 바이러스 1형과 2형은 인후염, 구내염, 물집 등으로 나타나고, 1형의 경우 재발 시 입술 주위에 물집이 잡히거나 간혹 뇌염을 발생시키기도 한다. 2형은 처음 감염됐을 때 발열이나 근육통 등이 동반되는 모습을 보이기도 한다. 수두대상포진 바이러스는 호흡기를 통해 처음 감염되어 발열과 전신 발진과 같은 수두로 나타나게 된다. 이후에는 신경절에 잠복하고 있다가 감염된 사람의 면역 기능이 감소할 때 신경절을 따라 대상포진을 발생시킨다. 영유아기에 감염되면 증상이 경미한 엡스타인바 바이러스는 청소년기 이후에 감염될 경우 발열, 인후통, 발진 등 감염단핵구증과 같은 질병을 일으킨다. 이외에도 감염 시에 아무런 증상을 보이지 않지만 면역 기능이 심각하게 저하되면 폐렴, 위장관염 등을 일으키는 거대세포 바이러스, 소아에게서 돌발진 등을 일으키는 헤르페스 바이러스 6형과 7형, 카포시육종, 캐슬만 병과 같은 질병을 일으키는 헤르페스 바이러스 8형 등이 있다.

헤르페스는 재발률이 높으며 뇌염이나 뇌척수막염을 일으키는 원인이 될 수 있으므로 조기 진단 역시 중요한 질환이다. 기본적으로 헤르페스 물집을 면봉으로 긁어내 검체를 채취하여 바이러스 핵산을 증폭시키는 PCR 검사를 통해 감염 여부를 확인하는 검사를 진행하며, 물집처럼 특징적인 증상이 나타나지 않을 경우 혈액 검사를 시행한다. 이때 해당 검사를 통해 항체를 따로 확인하고 주로 사람 팔의 정맥에서 혈액 검체를 채혈한다. 헤르페스로 인해 발생하는 뇌염의 경우 MRI를 통해 확인할 수 있고, 뇌척수액에서 단순포진 바이러스의 DNA가 검출되는지 확인한다.

한편 헤르페스는 바이러스의 종류에 따라 그 치료법도 다양하다. 헤르페스 1형과 2형, 수두대상포진 바이러스는 아시클로비어, 발아시크롤비어, 팜시클로비어 등을 사용하지만, 감염단핵구증에서는 항바이러스제를 투여하지 않는 것이 좋다. 그 밖에도 강시클로비어, 발강시클로비어, 포스카넷 등의 치료제를 사용하기도 하며, 저절로 낫는 경우도 흔한 질환이기 때문에 항바이러스제를 투여할 것인지에 대한 결정은 감염병의 종류나 감염병에 걸린 사람의 면역 상태를 판단하여 결정하는 것이 좋다.

① 아동에게서 많이 발생하는 헤르페스 질환
② 헤르페스 질환의 예방법
③ 헤르페스 바이러스 1형과 2형의 차이
④ 헤르페스 질환의 종류별 특징
⑤ 헤르페스 바이러스의 주된 증상

02. 다음 중 맞춤법에 맞는 것은?

　　① 지난 밤의 사고는 웬만한 사람은 다 아는 일이었다.

　　② 작년 여름은 몹시 덥드라.

　　③ 사과던지 감이던지 하나만 골라서 먹도록 해라.

　　④ 소연이는 미자가 교실에서 공부를 하고 있든걸 목격했다.

　　⑤ 오랜만에 친구들을 만났더니 반갑더라.

03. 다음 중 맞춤법에 맞지 않는 것은?

　　① 누군가 초인종을 눌러 대문 밖에 나갔더니 아무도 없었다.

　　② 영수는 행동이 굼떠서 한 동작을 하는 데도 시간이 한참 걸린다.

　　③ 잘못을 저질러 놓고 사과하기는커녕 변명만 늘어놓아서는 안 된다.

　　④ 그가 나의 곁을 떠난지도 어느새 3년이 지났다.

　　⑤ 오늘은 날씨가 정말 맑군그래.

04. 다음 문단을 논리적 순서대로 알맞게 배열한 것은?

(가) 조선의 인조는 청군 선발대가 기습하자 강화도로 세자빈과 원손을 먼저 도피시켰다. 이후 도성에서 강화도로 가는 길을 차단 당하자 목적지를 변경하여 남한산성에 도착하였다. 강화산성은 기병을 중심으로 운용하는 청군에 대항할 수 있는 최적의 요충지이므로, 인조는 다시 한번 강화도로 향하였다. 그러나 얼어붙은 산길과 청군의 매복 가능성 때문에 끝내 강화도에 도달하지 못하고 남한산성으로 돌아와 농성을 시작하였다.

(나) 협상의 진척이 보이지 않자 조선 사신들은 청과의 협상을 위해 많은 노력을 기울였다. 최명길은 청 황제에게 황제로서의 아량을 베풀어 줄 것과 병력을 물러 줄 것을 요청했다. 그러나 청군의 지도부는 명확한 답변을 주지 않았다. 이에 최명길은 청 황제에게 항전을 포기하고 성 밖으로 나가겠으나 인조의 출성만은 면제해달라고 다시 한번 간곡히 요청했다. 그러자 청군은 해당 요청을 거부하고 강화도를 공격해 강화도에서 항성 중이던 세자빈과 원손을 포로로 잡았다.

(다) 청의 사신이 남한산성 아래로 와서 청 태종이 후속군을 이끌고 개성에 도착한 것을 알리며 화친의 성사를 압박하였으나, 조선은 선제공격을 시도함으로써 청과의 협상에서 유리한 고지를 점하는 쪽으로 대응의 기조를 정하였다. 조선군은 성 밖으로 나아가 여러 차례의 공격을 시도하였지만 청군에게 결정적인 타격을 주지 못한 채 병력만 소진하였다. 청군 후속 부대가 도착하여 진영을 재정비한 후 조선 측에서도 확연히 늘어난 청군의 병세를 눈으로 확인할 수 있었다. 더욱 불리해진 전황으로 조선에서는 다시 협상을 추진하자는 목소리가 힘을 얻었다. 이런 상황에서 청은 인조의 출성이라는 새로운 강화조건을 제시하였다.

(라) 청의 태종이 후속 병사를 이끌고 빠른 속도로 남한산성으로 향하고 있었다. 뿐만 아니라 산성 내 식량이 얼마 있지 않음이 청군에 의해 간파됐다. 전술적으로 유리한 고지와 협상 과정에서 거짓이 탄로 나자 청군 지휘부는 강화의 요구조건을 격상시켜 세자를 인질로 요구했다. 인조는 세자를 인질로 보내겠다는 뜻을 피력했으나, 신하들은 세자를 보내더라도 종국에는 더 많은 요구조건이 제시될 것이라 판단하여 반대했다.

(마) 청군 선발대의 진군을 지연하기 위해 적진에 파견되었던 최명길은 산성으로 돌아와 청의 강화 조건이 왕의 동생인 대군과 화친에 반대한 대신을 인질로 삼는 것이라고 조정에 보고하였다. 청군의 후속 부대가 국경을 넘고 있다는 보고가 조정에 도착하자 인조는 강화도에 있는 대군을 차후에 청에 보내는 선에서 협상을 마무리하고자 했다. 그러나 인조가 보낸 대군이 왕의 동생이 아닌 종실이었고 인질로 보내진 대신 역시 주전을 주장한 대신이 아니었다. 이런 사실이 탄로 나자 협상이 종결되었다.

① (가) – (라) – (마) – (다) – (나)
② (가) – (마) – (나) – (라) – (다)
③ (가) – (마) – (라) – (다) – (나)
④ (마) – (가) – (다) – (나) – (라)
⑤ (마) – (가) – (라) – (다) – (나)

05. 다음 글을 통해 추론한 내용으로 가장 적절하지 않은 것은?

> 인공지능이라는 용어는 1956년에 존 매카시가 미국 다트머스 대학의 워크숍에서 처음 사용하면서 등장하였다. 인공지능(Artificial Intelligence)은 인간의 인지·학습·이해·추론 등의 지적능력을 실현하는 기술을 의미한다. 인공지능은 수준에 따라 강한 AI와 약한 AI로 구분된다. 강한 AI는 인간의 사고작용을 고차원적으로 구현한 것이며, 약한 AI는 특정 분야에 한정된 인공지능이다. 예를 들어 약한 AI는 체스를 둔다거나 어떤 이미지나 음성을 인식하고 분류하는 등의 특정 업무에 제한적으로 활용된다. 반면 강한 AI는 분야에 제한 없이 스스로 판단하고 해결할 수 있는 수준으로 인간 수준의 인공지능을 가리킨다.
>
> 인공지능을 구현하기 위해 머신러닝(Machine Learning)을 사용한다. 머신러닝은 경험적 데이터를 통해 작업의 성능을 향상시키는 방법으로, 훈련데이터를 통해 데이터의 패턴을 학습하고 이를 통해 새로운 데이터에 대한 답을 할 수 있다. 머신러닝은 주어진 훈련데이터의 라벨링(Labeling) 여부에 따라 지도학습과 비지도학습으로 구분된다. 지도학습은 훈련데이터에 대한 라벨링이 되어 있어 'A(입력)는 B(출력)다'를 학습한다. 그러나 비지도학습은 훈련데이터에 라벨링이 되어있지 않아 비슷한 데이터들의 군집을 통해 데이터를 자동으로 분류하도록 한다. 즉, 입력값만 주어진 것으로 대부분의 데이터마이닝 기법이다.
>
> 딥러닝(Deep Learning)이란 다층구조의 인공신경망을 이용한 머신러닝의 한 분야다. 인공신경망이란 인간의 신경망과 같이 많은 수의 노드를 연결하고 연결 값들을 훈련시켜 데이터를 학습하는 것이다. 딥러닝은 과거에도 존재하던 개념이었으나 최근에 와서야 다시 활발하게 연구가 진행되는 이유는 과거에는 거대한 인공신경망 네트워크를 학습시키기 위한 컴퓨팅 능력이 부족했기 때문이다. 딥러닝은 다량의 데이터를 단계별 계층적 추상화를 통한 과정으로 학습해 스스로 특징값을 추출해낸다. 인공지능은 추출한 특징값으로 데이터를 분석해 높은 정확도를 보인다. 이는 인간이 사물을 인식하는 것과 유사한 방법으로 인공지능이 학습하는 것으로 강한 AI의 등장 가능성에 대한 희망을 딥러닝에서 찾을 수 있다.

① 인공지능이 고객 정보와 구매 데이터를 활용하여 비슷한 구매고객을 그룹화하는 것은 지도학습 방법이다.

② 딥러닝과 머신러닝의 관계는 어느 한 개념이 다른 한 개념에 포함되는 관계다.

③ 인공지능이 CCTV로 행인들의 얼굴을 인식하고 지명수배자를 찾는 데 특화되어 있다면 약한 AI다.

④ 꽃 이미지에 어떤 꽃인지 품종을 입력한 데이터들로 인공지능을 학습시키는 것은 지도학습 방법이다.

⑤ 다량의 데이터에서 특징값을 추출해내는 딥러닝을 진행하기 위해서는 많은 컴퓨팅 능력이 소요된다.

06. 다음 보도자료의 제목으로 가장 적절한 것은?

> 법제처는 지난 5일부터 18일까지 14일 동안 국민신문고 국민생각함에서 실시한 '만 나이 통일'에 관한 국민의견 조사 결과를 22일 공개했다. 총 6,394명이 참여한 이번 조사에 응답자 중 81.6%에 해당하는 5216명이 '만 나이 통일'을 담은 민법 및 행정기본법 개정안 처리가 신속하게 이뤄져야 한다는 데 찬성하는 것으로 나타났다.
>
> 특히 법안이 통과·시행된 이후 일상생활에서 '만 나이'를 사용할 의향이 있는지에 대해서는 응답자의 86.2%인 총 5511명이 사용하겠다고 답했다. '만 나이 통일'을 찬성하는 주요 이유로는 ▲다양한 나이 계산법으로 인한 혼란·불편 해소 ▲기존 한국식 나이 계산법으로 인한 서열문화 타파 기대 ▲국제적 기준과 통일 ▲체감 나이 하향 등을 꼽았다. 한편 '만 나이 통일'과 관련해 민법과 행정기본법 개정안이 발의된 사실을 알고 있는지에 대해서는 응답자의 68%가 알고 있다고 대답했다.
>
> 이○○ 법제처장은 "만 나이 통일 관련 법안이 이번 정기국회에서 통과될 수 있도록 정부 차원에서 적극 노력할 것이며, 국회에서도 법안 처리에 대한 많은 관심과 협조를 당부드린다"고 밝혔다. 이어 "법안이 국회를 통과하면 만 나이 사용이 조기에 정착될 수 있도록 관련 부처와 협력해 대국민 홍보를 적극 실시하고, 내년에는 '연 나이'가 규정돼 있는 개별 법령의 정비를 추진할 계획"이라고 덧붙였다.

※ 출처: 법제처(2022-09-23 보도자료)

① 법제처, 내년 '연 나이' 규정된 개별 법령의 정비 추진 시행해

② 국민생각함 실시 국민의견조사 결과 국민 81.6%, 만 나이 통일 법안 신속 통과 찬성해

③ 국민의견조사 결과 만 나이 통일 찬성 이유로 체감 나이 하향을 주요 이유로 꼽아

④ 법제처, 만 나이 통일 관련 법안 정기국회에서 통과되어 곧 실시돼

⑤ 법제처, 만 나이 통일 관련 민법 및 행정기본법 개정안 발의될 예정임을 공개해

07. 다음 글을 통해 추론한 내용으로 가장 적절하지 않은 것은?

> 서브프라임 모기지는 비우량 주택 담보대출로 미국에서 집을 살 때 융자를 받는 모기지 제도다. 미국의 주택 담보대출은 3등급으로 구분된다. 프라임은 신용도가 높은 개인, 알트-A는 중간 정도의 신용을 가진 개인, 서브프라임은 신용도가 낮은 저소득층을 가리킨다. 서브프라임 모기지는 신용 등급이 낮은 저소득층을 상대로 주택 담보대출을 하기 때문에 부실 위험이 높아 다른 등급에 비해 대출 금리가 2~4% 정도 높다.
>
> 미국은 2000년대 초반 경기가 악화되자 경기부양을 위해 초저금리 정책을 시행했다. 금융회사들은 낮은 금리를 이용해 주택 대출을 확대하였고 이로 인해 부동산 가격이 상승하기 시작했다. 대출 금리보다 부동산 가격의 상승 속도가 빨라 채무자가 파산하더라도 금융회사는 채무자가 담보로 제시한 주택의 가격 상승으로 대출금을 보전할 수 있었다. 모기지 거래량이 증가하면서 서브프라임 모기지 규모도 증가하였다.
>
> 서브프라임 모기지 업체들은 대출상품을 유동화해서 주택저당증권(MBS)을 시장에 판매하였다. 투자은행들은 이러한 고위험 고수익의 유동화된 상품을 다시 파생 상품으로 만들었다. 리스크관리를 위해 안전한 상품과 묶어서 부채담보부증권(CDO)을 만들었으며, 신용평가기관은 해당 상품에 최고등급을 매겨주었다. 이로 인해 미국 주택 담보대출에서 서브프라임 등급이 차지하는 비중이 3.4%에서 13.7%까지 증가하였고, 모기지 회사부터 해당 대출을 기초자산으로 증권을 발행한 회사 및 금융회사들이 연결되었다.
>
> 경기과열로 인플레 압박을 받은 미국은 2004년부터 2006년에 이르기까지 기준 금리를 1.0%에서 5.25%까지 인상하였다. 신용도가 낮은 저소득층은 높은 이자 부담으로 원리금을 갚지 못해 집을 내놓기 시작했다. 매도 물량이 늘어나면서 주택 가격이 하락하고 매매가 줄어드는 악순환이 발생하였다. 서브프라임 연체율이 상승하면서 개인들의 파산신청도 증가하였다. 연체율이 높은 금융상품에 대한 신용 평가 조정이 일어나면서 자산의 가치가 급락함에 따라 해당 상품에 투자한 은행들이 유동성 위기에 직면하기 시작했다. 이는 국제 금융 시장에 신용경색을 불러와 세계 금융 위기의 원인이 되었다.

① 알트-A 모기지는 서브프라임 모기지 보다 높은 신용 등급을 가진 개인을 상대로 대출을 제공하므로 금리가 더 낮다.

② 대출 금리보다 부동산 가격 속도가 빠르다면 금융회사는 주택을 담보로 제공한 대출의 위험이 낮아질 것이다.

③ 서브프라임 계층에서는 이자 부담이 높아지면서 다시 주택 담보대출을 받는 악순환이 발생하였다.

④ 서브프라임 모기지가 막대한 규모로 증가한 원인에는 서브프라임 모기지 업체, 투자은행, 신용평가기관이 있다.

⑤ 미국은 경기부양을 위해 초저금리 정책을 시행했으나 경기과열로 이어지면서 금리를 다시 상승시켰다.

08. 다음 글의 내용과 일치하지 않는 것은?

본래 엠바고(Embargo)는 선박의 입·출항을 금지하는 것을 의미하는 용어지만, 저널리즘 영역에서는 취재원과 합의를 통해 보도 시점을 조절하는 관행을 의미한다. 정부 기관 등의 정보제공자가 언론기관이나 기자에게 제보한 뉴스나 보도자료를 일정 시간이나 기일, 즉 해금 시간 후에 공개하도록 요청하여 그때까지 보도를 미루는 것을 말한다. 이러한 엠바고는 크게 보충 취재용 엠바고, 조건부 엠바고, 국가 안보와 공익 엠바고, 관례적 엠바고, 발표 자료 엠바고 5가지 유형으로 구분할 수 있다.

보충 취재용 엠바고는 보도 내용이 전문적이고 복합적인 문제를 다루고 있을 때 시행하는 유형이다. 이는 정부 기관 등의 발표 내용과 관련하여 추가적인 취재가 필요한 경우 취재원과 취재 기자 사이에 합의가 이루어져 보도가 유예되는 것이다. 조건부 엠바고는 뉴스로서의 가치가 충분히 있는 사건이 발생할 것이라는 예견이 확실하지만, 정확한 시간을 예측하기 어려울 때 시행하는 유형으로, 취재 기자가 취재원에게 해당 사건 발생 후에 기사화하겠다는 조건으로 사건의 보도자료를 미리 제공받는 것이다.

다음으로 국가 안보와 공익을 위한 엠바고는 사건이 진행 중일 경우에 해당 사건이 해결될 때까지 특정 보도를 일시적으로 중지하는 유형이다. 이는 국가의 안전이나 이익과 같이 공익에 직접적으로 연관이 있거나 인명에 피해를 끼칠 수 있는 사건이 진행 중일 때 사건이 해결될 때까지 보도하지 않는 것이다. 다른 나라와 관련이 있는 관례적 엠바고는 외교 관례를 존중하여 시행되는 유형이다. 사전에 취재한 정상회담, 외교 사안 등에 관한 사항을 양국이 동시에 발표하기로 되어 있는 협정이 있을 때까지 일시적으로 보도를 중지하는 것이다. 발표 자료 엠바고는 정부의 인사이동이나 보도의 발표 시점에 대한 조절이 필요할 때 시행하는 유형으로, 해당 보도의 발표 시기를 조절하는 것이다.

엠바고는 충분한 취재 시간을 확보해 언론 보도의 정확성과 심층성을 향상시켜 궁극적으로 언론 수용자의 권익을 보호하는 기능을 한다. 현재 수사 중인 사건이나 어린이 유괴사건과 같이 해결되지 않은 사건, 국가 사이의 복잡한 갈등으로 인해 진행 중인 협상이 미리 보도되어 야기될 혼란을 방지한다. 또한, 납치나 현행범 체포 작전 등의 수사 사건이 언론에 노출됨으로 인해 일어나는 공익의 침해가 발생하지 않을 수 있다. 그런데 때로는 엠바고가 깨지기도 하고, 언론 통제의 성격이 강하다는 측면에서 엠바고가 불필요하다거나 국민의 알 권리를 침해한다는 시각이 제기되기도 한다. 사회적 강자의 힘의 논리에 의해 만들어진 잘못된 정보가 독자들에게 전달될 수 있고, 이로 인해 소수의 피해자가 발생할 수 있다는 점이다.

한편 엠바고와 유사하여 자주 혼동하는 용어인 오프 더 레코드는 취재원이 제공한 정보 중에서 실제 보도에서 제외하겠다는 것을 전제로 하여 기록으로 남기지 않는 비공식적인 발언을 말한다. 보도 자체를 중지하는 엠바고와 달리 보도를 금지하는 것을 암묵적으로 인정하는 것이다. 예를 들어 취재원이 인터뷰를 하기 전에 오프 더 레코드를 요구했다면, 이는 자신의 인터뷰 내용이 보도되는 것을 원하지 않는다는 의미이다. 다만, 취재 기자에게 오프 더 레코드를 지킬 의무는 없다. 오프 더 레코드는 취재원 보호와 상호 신뢰 유지를 위한 행위이지만, 한편으로는 알 권리를 제한하는 측면이 있다. 때문에 일각에서는 보다 명확한 기준을 세워 오프 더 레코드를 사용해야 한다고 주장한다.

① 미제 사건이나 진행 중인 사건이 미리 보도되어 발생하게 될 사회적 혼란을 막을 수 있다는 것은 엠바고의 장점 중 하나이다.

② 양국의 관례를 존중하기 위해 사전에 취재가 완료된 두 국가 사이의 사안을 일정 시점까지 보도하지 않는 것을 관례적 엠바고라고 한다.

③ 오프 더 레코드는 취재 기자와 취재원 사이의 신뢰를 유지할 수 있게 돕지만 취재 기자가 이를 꼭 지켜야 할 의무는 없다.

④ 조건부 엠바고는 발생 사건이 뉴스로 보도할만한 가치를 가지고 있는지 확실하지 않아 시행하는 엠바고이다.

⑤ 엠바고와 오프 더 레코드는 국민의 알 권리를 침해할 수 있다는 공통적인 한계점을 가지고 있다.

09. 다음 ㉠~㉺을 문서이해 절차에 따라 바르게 나열한 것은?

> ㉠ 문서에서 이해한 목적을 달성하기 위한 행동을 생각 및 결정
> ㉡ 문서의 목적 이해
> ㉢ 문서를 통한 상대의 의도와 나에게 요구되는 행동 분석
> ㉣ 문서 작성 배경 및 주제 파악
> ㉤ 문서에 제시된 정보와 현안 파악
> ㉥ 상대의 의도를 도표, 그림 등으로 메모하여 요약 및 정리

① ㉡ - ㉠ - ㉣ - ㉤ - ㉥ - ㉢

② ㉡ - ㉣ - ㉤ - ㉠ - ㉢ - ㉥

③ ㉡ - ㉣ - ㉤ - ㉢ - ㉠ - ㉥

④ ㉣ - ㉡ - ㉤ - ㉢ - ㉠ - ㉥

⑤ ㉣ - ㉠ - ㉡ - ㉤ - ㉢ - ㉥

10. 다음 두 단어 쌍이 같은 관계가 되도록 빈칸에 들어갈 단어를 고르면?

구차 : 풍요 = 전용 : (   )

① 독점   ② 전유   ③ 공용   ④ 활용   ⑤ 적용

11. H 사는 올해 기업 실적에 기여도가 높은 직원 4명을 선정한 뒤, 선정된 직원을 기여도가 높은 순서대로 S 등급, A 등급, B 등급, C 등급으로 구분하여 성과 보상금을 지급하려고 한다. 아래의 조건에 따라 S 등급부터 C 등급까지 차례로 성과 보상금이 지급된다고 할 때, 성과 보상금의 총액은? (단, 성과 보상금은 남김없이 모두 지급된다.)

- S 등급: 성과 보상금 총액의 $\frac{1}{3}$보다 260만 원이 더 지급된다.
- A 등급: S 등급에 지급되고 남은 성과 보상금의 $\frac{1}{2}$보다 30만 원이 더 지급된다.
- B 등급: A 등급에 지급되고 남은 성과 보상금의 $\frac{1}{4}$보다 170만 원이 더 지급된다.
- C 등급: B 등급에 지급되고 남은 성과 보상금의 $\frac{1}{2}$보다 80만 원이 더 지급된다.

① 1,200만 원   ② 1,500만 원   ③ 1,600만 원   ④ 1,800만 원   ⑤ 2,000만 원

12. 가로와 세로가 각각 1cm인 정사각형이 있다. 이 정사각형은 1초가 지날 때마다 가로는 1cm씩, 세로는 2cm씩 증가한다고 할 때, 8초 후 만들어지는 직사각형의 넓이는?

① 128cm^2 ② 136cm^2 ③ 144cm^2 ④ 153cm^2 ⑤ 162cm^2

13. 다음 설명에 해당하는 그래프 종류로 적절한 것은?

- 주로 시간의 경과에 따른 수량의 변화를 꺾은선의 기울기로 나타내는 그래프이다.
- 시계열 변화를 표시하거나 경과, 비교, 분포를 비롯하여 상관관계 등을 나타내는 용도로 사용된다.
- 일반적으로 세로축에 수량(금액, 매출액 등), 가로축에 명칭 구분(연, 월, 장소 등)을 제시한다.
- 세로축의 눈금을 가로축의 눈금보다 크게 나타내어 높이에 따른 수치 파악을 용이하게 한다.

① 선 그래프   ② 막대 그래프   ③ 원 그래프
④ 점 그래프   ⑤ 방사형 그래프

[14 – 15] 다음은 ○○발전의 발전소별 태양광 발전량을 나타낸 자료이다. 각 물음에 답하시오. (단, ○○발전의 발전소는 A~E 발전소 5개뿐이다.)

[○○발전 발전소별 태양광 발전량]

(단위: MWh)

구분	7월	8월	9월	10월	11월	12월
A 발전소	81.6	95.8	93.6	106.0	80.7	79.4
B 발전소	100.5	115.8	107.2	95.4	100.8	85.5
C 발전소	113.1	102.6	139.4	89.0	103.6	103.4
D 발전소	98.8	108.5	102.7	73.7	103.9	102.3
E 발전소	91.2	105.5	96.9	86.6	89.6	87.3

14. 조사 기간 동안의 태양광 발전량 합계가 가장 큰 발전소의 8월 이후 태양광 발전량의 전월 대비 증가율이 가장 큰 달은?

① 8월   ② 9월   ③ 10월   ④ 11월   ⑤ 12월

15. 다음 중 제시된 자료를 바탕으로 만든 그래프로 적절하지 않은 것은?

① 12월 발전소별 태양광 발전량 비중

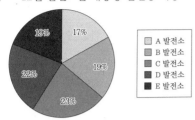

② 월별 B 발전소와 C 발전소의 태양광 발전량 차이

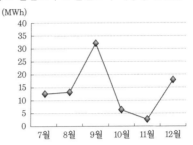

③ 월별 D 발전소 태양광 발전량

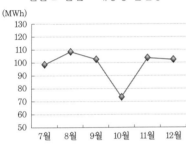

④ 월별 A 발전소와 E 발전소의 태양광 발전량 합

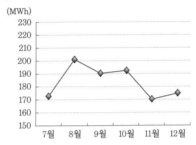

⑤ 9월 발전소별 태양광 발전량

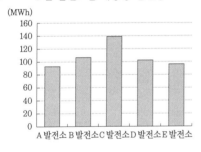

16. 다음은 A 단체에서 성별 및 연령대별 메타버스 인식 정도에 대한 설문조사를 진행한 결과이다. 자료에 대한 설명으로 적절한 것을 모두 고르면?

[성별 및 연령대별 메타버스 인식 정도]

구분		응답자 수 (명)	전혀 모른다 (%)	모르는 편이다(%)	보통이다 (%)	아는 편이다 (%)	매우 잘 안다(%)
남자	20대 이하	3,000	1.0	33.0	42.0	21.0	3.0
	30대	2,900	2.0	35.0	43.0	18.0	2.0
	40대	3,300	3.0	30.0	42.0	20.0	5.0
	50대	3,400	4.0	34.0	42.0	19.0	1.0
	60대 이상	4,400	12.0	42.0	30.0	16.0	0.0
여자	20대 이하	2,800	1.0	28.0	43.0	23.0	5.0
	30대	2,600	2.0	34.0	41.0	21.0	2.0
	40대	3,200	4.0	36.0	38.0	21.0	1.0
	50대	3,500	7.0	40.0	35.0	17.0	1.0
	60대 이상	4,900	17.0	45.0	30.0	8.0	0.0

ⓐ 메타버스에 대해 '모르는 편이다'로 응답한 남자 응답자 수는 20대 이하와 40대가 동일하다.
ⓑ 메타버스에 대해 '매우 잘 안다'로 응답한 60대 이상 응답자 수는 500명 이상이다.
ⓒ 50대 여자 응답자 중 메타버스에 대해 '보통이다'로 응답한 응답자 수는 '전혀 모른다'로 응답한 응답자 수의 5배이다.
ⓓ 메타버스 인식 정도에 대한 설문조사에서 전체 응답자 수는 여자가 남자보다 많다.

① ⓐ, ⓒ   ② ⓐ, ⓓ   ③ ⓑ, ⓒ   ④ ⓑ, ⓓ   ⑤ ⓒ, ⓓ

17. 현수는 300평의 토지에 사과나무를 심어 사과를 재배하였다. 현수가 1년 동안 재배한 사과가 15,000kg일 때, 현수가 토지 1m²에서 1년 동안 재배한 사과의 양은? (단, 1평 = 3.3m²이고, 소수점 둘째 자리에서 반올림하여 계산한다.)

① 5.0kg   ② 15.2kg   ③ 22.7kg   ④ 45.5kg   ⑤ 50.0kg

18. 다음은 5개의 추 중 3개를 골라 무게를 잰 총 10가지 데이터이다. 5개의 추 중 2개의 무게는 동일하고 나머지 3개의 무게는 서로 다를 때, 가장 무거운 추의 무게는?

18g, 18g, 17g, 17g, 16g, 16g, 16g, 15g, 15g, 14g

① 7g   ② 8g   ③ 9g   ④ 10g   ⑤ 11g

19. 가로가 10cm, 세로가 5cm인 직사각형에 다음과 같이 선을 그었을 때, 오른쪽에 위치한 사각형의 넓이는?

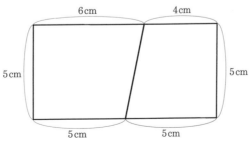

① 20.5cm²   ② 21.0cm²   ③ 22.5cm²   ④ 24.0cm²   ⑤ 25.0cm²

20. 다음은 2022년 상반기 부산광역시 내 자치구별 미분양주택 수에 대한 자료이다. 자료에 대한 설명으로 적절하지 않은 것은?

[2022년 상반기 부산광역시 내 자치구별 미분양주택 수]

(단위: 호)

구분	1월	2월	3월	4월	5월	6월
중구	0	0	0	0	0	0
강서구	27	27	27	27	27	20
서구	15	15	15	14	14	14
동구	122	237	236	235	233	232
금정구	114	113	113	111	111	110
영도구	27	27	27	27	27	27
기장군	30	30	29	28	25	25
남구	32	32	33	33	33	31
부산진구	104	102	102	101	101	100
동래구	67	65	58	55	15	14
북구	12	12	10	10	10	10
해운대구	48	48	45	45	44	44
사상구	208	205	203	202	202	202
사하구	110	110	110	110	373	369
연제구	1	1	1	1	1	1
수영구	4	4	4	4	4	68
합계	921	1,028	1,013	1,003	1,220	1,267

※ 출처: KOSIS(국토교통부, 미분양주택현황보고)

① 제시된 기간 동안 미분양주택 수가 매월 동일한 자치구는 총 3곳이다.

② 사하구의 미분양주택 수는 5월이 4월의 4배 이상이다.

③ 2월 이후 동래구의 미분양주택 수는 전월 대비 매월 감소하였다.

④ 6월 미분양주택 수가 100호 초과인 자치구는 총 4곳이다.

⑤ 2월부터 4월까지 미분양주택 수가 가장 많은 자치구는 매월 동일하다.

21. ○○시에 거주 중인 만 21세 현정이는 다른 지역에서 놀러 온 동갑 친구 세 명과 ○○시 케이블카에 함께 탑승하려고 한다. 현정이와 친구들은 왕복으로 운행하는 바닥이 투명한 케이블카를 가장 저렴하게 탑승하는 방법을 찾으려고 할 때, 현정이와 친구들이 지불하게 될 케이블카 요금의 총합은?

[○○시 케이블카 이용 요금]

구분			대인	소인
일반 캐빈	4인승	편도	15,000원/인	12,000원/인
		왕복	18,000원/인	15,000원/인
	6인승	편도	20,000원/인	17,000원/인
		왕복	24,000원/인	21,000원/인
크리스탈 캐빈	4인승	편도	18,000원/인	15,000원/인
		왕복	21,000원/인	18,000원/인
	6인승	편도	24,000원/인	21,000원/인
		왕복	28,000원/인	25,000원/인

※ 1) 소인: 만 12세 미만인 자
  2) 대인: 만 12세 이상인 자
  3) 크리스탈 캐빈: 바닥이 투명한 캐빈

[할인 안내]

구분	할인 정보
○○시민	30% 할인
경로우대	40% 할인
단체	20% 할인
야간	15% 할인

※ 1) 경로우대 할인 대상자는 만 65세 이상인 자로 함
  2) 단체 할인 대상자는 20명 이상인 단체로 함
  3) 야간 할인은 오후 7시 이후부터 적용됨
  4) 중복할인 불가능함

① 68,250원　　② 71,400원　　③ 74,550원　　④ 77,700원　　⑤ 84,000원

22. 다음은 독서경영 우수 직장 인증제에 대한 자료이다. 다음 자료를 근거로 판단한 내용으로 적절하지 않은 것은?

[독서경영 우수 직장 인증제]

1. 독서경영 우수 직장 인증제란?
  – 직장 내 독서문화 활성화를 통해 창조적 인재양성, 직원 복지 향상, 지역사회 나눔 등 독서문화 증진에 공헌하는 기업·기관에 대하여 심사를 통해 인증을 부여하는 제도

2. 인증 대상
  – 독서경영을 통해 조직과 개인의 소통 및 창의력 증진 등의 성과를 거두고 있는 기업·기관
  ※ 직장 독서동아리 운영, 정기적 독서 프로그램 등을 통한 독서문화 확립을 선도하는 기업·기관

3. 신청 방법
  – 독서 IN 홈페이지의 신규 신청 안내(재인증의 경우 재인증 신청)에 따라 신청서 및 정보이용 동의서 1부, 자가진단표 1부, 사업자등록증(사본) 1부를 이메일로 제출함

4. 인증 기업·기관 특전
  1) 인증 시상 및 규모

구분		규모	포상
문체부장관상	대상	1개	150만 원 상당의 도서문화상품권 및 인증현판
	최우수상	5개	100만 원 상당의 도서문화상품권 및 인증현판
진흥원장상	우수상	10개	50만 원 상당의 도서문화상품권 및 인증현판
인증 혜택		인증기업 전체	인증서 및 우수 사례집 배포

  2) 지원 내용

구분	대상	지원 내용	비고
독서문화 프로그램	대기업, 도서 및 출판 관련 기업 등	기업 맞춤형 프로그램 지원	선착순 지원
독서경영 컨설팅		기업 맞춤형 컨설팅 지원	선착순 지원
도서 구입비	중소기업	소정의 도서 구입비 지원	신규 인증 기업 대상

  ※ 인증 기관별 1개의 항목만 지원 신청할 수 있음

5. 인증 유효기간

구분	대상	유효기간
신규 인증	새롭게 인증 획득을 희망하는 기업·기관	인증일로부터 1년
재인증	신규 인증 유효기간 종료 후, 인증 연장을 희망하는 기업·기관	인증일로부터 1년

  ※ 재인증 시 최대 3년까지 연장할 수 있음

6. 참고 사항
  – 재인증 연장을 희망하는 기업·기관은 매년 연장 신청을 해야 하며, 전년도 재인증 신청 누락 시 재인증 연장이 불가함

① 신규 인증 유효기간이 끝난 기업이 인증 연장을 희망한다면 재인증을 받은 날로부터 1년의 기간에 2년을 추가하여 인증 유효기간을 연장할 수 있다.

② 신규 인증을 신청하는 기업은 신청서를 포함한 네 가지의 서류를 이메일로 제출해야 한다.

③ 도서 구입비 지원을 희망하는 재인증 기업은 독서 IN 홈페이지의 재인증 신청 안내에 따라 신청해야 한다.

④ 독서문화를 자리 잡게 하기 위하여 사내에 독서 동아리를 운영하고 있는 기관이나 기업은 독서경영 우수 직장 인증 대상에 포함된다.

⑤ 진흥원원장상과 문체부장관상을 받는 기업 및 기관들에 총 1,150만 원 상당의 도서문화상품권이 수여된다.

23. 갑, 을, 병, 정, 무, 기 6명은 직사각형 탁자에 앉아있다. 다음 조건을 모두 고려하였을 때, 갑의 직업은?

> - 갑, 을, 병, 정, 무, 기 6명의 직업은 서로 다르고, 각각의 직업은 의사, 변호사, 변리사, 법무사, 세무사, 관세사 중 하나이다.
> - 병은 1번 자리에 앉아있고, 을은 5번 자리에 앉아있다.
> - 변호사는 2번 자리에 앉아있고, 세무사는 6번 자리에 앉아있다.
> - 관세사와 변리사는 바로 옆에 이웃하여 앉아있고, 의사는 세무사 바로 맞은 편에 마주 보고 앉아있다.
> - 무의 직업은 변리사이고, 기와 정은 바로 맞은 편에 마주 보고 앉아있다.

1번	2번	3번
	탁자	
4번	5번	6번

① 의사   ② 변호사   ③ 법무사   ④ 세무사   ⑤ 관세사

24. A~E는 만두 한 판을 시켜서 나누어 먹었다. 다음 조건을 모두 고려하였을 때, 항상 옳은 것은?

> - 만두 한 판에는 만두가 14개 있으며, 하나의 만두를 쪼개서 먹지는 않았다.
> - 만두를 가장 많이 먹은 사람은 B이며, 가장 적게 먹은 사람은 D이다.
> - A와 E가 먹은 만두의 개수는 같다.
> - A보다 만두를 많이 먹은 사람은 1명이고, E보다 만두를 적게 먹은 사람은 1명이다.
> - A~E 각각은 만두를 적어도 1개는 먹었다.

① A는 3개의 만두를 먹었다.
② B는 7개의 만두를 먹었다.
③ C는 3개의 만두를 먹었다.
④ D는 1개의 만두를 먹었다.
⑤ E는 2개의 만두를 먹었다.

25. 다음 명제가 모두 참일 때, 항상 옳은 것은?

> - 빵을 좋아하는 사람은 아이스크림을 좋아하지 않는다.
> - 밥을 좋아하는 사람은 떡을 좋아한다.
> - 떡을 좋아하지 않는 사람은 빵을 좋아한다.
> - 음료수를 좋아하는 사람은 과자를 좋아한다.
> - 아이스크림을 좋아하는 사람은 과자를 좋아한다.

① 음료수를 좋아하는 사람은 아이스크림을 좋아한다.

② 떡을 좋아하지 않는 사람은 과자를 좋아하지 않는다.

③ 과자를 좋아하지 않는 사람은 빵을 좋아한다.

④ 밥을 좋아하는 사람은 음료수를 좋아한다.

⑤ 아이스크림을 좋아하는 사람은 떡을 좋아한다.

26. 축구 동아리에 가입한 5명의 학생 중 부산이 고향인 사람은 1명이다. 5명 중 2명이 거짓을 말할 때, 부산이 고향인 사람은?

> - **승우**: 나의 고향은 부산이 아니야.
> - **의조**: 나의 고향은 부산이야.
> - **희찬**: 승우 또는 현우의 고향은 부산이야.
> - **홍민**: 승우의 말은 진실이야.
> - **현우**: 의조의 고향은 부산이야.

① 승우   ② 의조   ③ 희찬   ④ 홍민   ⑤ 현우

27. 다음은 기록사랑 공모전에 대한 안내문과 지원자 세부 정보이다. 다음 안내문을 근거로 판단할 때, 지원자 중 창작물이 접수되는 사람은?

[기록사랑 공모전 안내]

"행정안전부 국가기록원에서는 기록의 중요성에 대한 국민의 인식 제고와 기록문화 확산을 위하여 전 국민을 대상으로 '기록'과 관련된 주제로 '기록사랑 공모전'을 개최합니다."

1. 공모전 개요

1) 접수 기간: 7. 20.(수)~8. 31.(수)
   ※ 온라인으로 접수 시 8. 31.(수) 24:00 도착분까지 인정함
2) 참가 대상: 전 국민(초등부, 중·고등부, 일반부)
3) 공모 주제: 세 가지 주제 중 한 가지를 선택한 후, 관련 소재를 활용하여 자유롭게 창작
   - 문화영화로 보는 그때 그 시절: 문화영화 감상 후, 우리 사회·경제·문화의 변화상 표현해 보기
   - 나의 일상, 기록하는 행복한 시간: 일기, 편지 등 생활 속 기록을 소재로 기록사랑 표현해 보기
   - 나의 사진, 역사가 되다: 순간을 담은 사진 한 장을 소개하고, 의미와 가치 부여해 보기
4) 공모 부문: 글짓기, 그림 그리기, 동영상 제작
5) 접수 방법: 글짓기, 동영상 제작 부문은 홈페이지 온라인 접수, 그림 그리기 부문은 등기우편 접수
   ※ 창작물별 지정된 접수 방법으로 접수하지 않을 경우 해당 창작물은 접수되지 않음

2. 작품 규격

구분		양식
글짓기	시	표지를 포함하여 A4 2매 분량으로 작성 ※ 안내 서식으로 제출(hwp, 신명조 13pt, 줄 간격 200%)
	산문	표지 포함하여 A4 3매 이상의 분량으로 작성 ※ 안내 서식으로 제출(hwp, 신명조 13pt, 줄 간격 160%)
그림 그리기(포스터·캘리그래피)		도화지 1장 분량으로 제작 ※ 초등부: 4절 도화지(54×39cm), 중등부 이상: 2절 도화지(78×54cm)
동영상 제작		다큐멘터리, 애니메이션, 1인 방송 등 자유 형식의 순수 창작 영상 ※ 2분 이내, 500MB 이하의 영상으로 제출

※ 양식을 지키지 않은 창작물은 접수되지 않음

3. 시상 내용

구분	대상		금상	은상	동상
훈격	행정안전부 장관	교육부 장관	국가기록원장		
부상(상품권)	40만 원	40만 원	30만 원	20만 원	10만 원
인원	5명	5명	5명	10명	15명

[지원자 세부 정보]

구분	부문	내용	접수 방법
갑	글짓기(일반부)	• 주제: 문화영화로 보는 그때 그 시절 • 형식: 시 • 규격 및 분량: hwp, 신명조 13pt, 줄 간격 160%, A4 3매	온라인
을	동영상 제작(초등부)	• 주제: 나의 사진, 역사가 되다 • 규격 및 분량: 400MB, 180초	등기우편
병	글짓기(일반부)	• 주제: 나의 일상, 기록하는 행복한 시간 • 형식: 산문 • 규격 및 분량: hwp, 신명조 13pt, 줄 간격 160%, A4 2매	온라인
정	그림 그리기(일반부)	• 주제: 문화영화로 보는 그때 그 시절 • 형식: 캘리그래피 • 규격 및 분량: 78×54cm 크기의 도화지, 1장	등기우편
무	그림 그리기(초등부)	• 주제: 나의 사진, 역사가 되다 • 형식: 포스터 • 규격 및 분량: 78×54cm 크기의 도화지, 1장	등기우편

① 갑   ② 을   ③ 병   ④ 정   ⑤ 무

28. 신규 광고 프로젝트를 진행 중인 △△기관 기획팀의 주간회의록이다. 주간회의록을 바탕으로 볼 때, 각 팀원이 다음 주 주간회의 전까지 완료해야 하는 업무로 옳지 않은 것은?

주간회의록						
팀명	기획팀			**진행 및 작성자**	송○○ 대리	
회의 일시	20XX. 11. 30.(금) 15:00~16:30					
회의 장소	2층 회의실 A					
참석자	민○○ 팀장, 송○○ 대리, 진○○ 주임, 안○○ 사원, 김○○ 사원					
안건	• 신규 광고 프로젝트 진행 상황 및 일정 논의 　- 팀원별 이번 주 업무 일정 점검 　- 팀원별 다음 주 업무 일정 논의					

회의 내용

■ 팀원별 이번 주 업무 일정

구분	11/26(월)	11/27(화)	11/28(수)	11/29(목)	11/30(금)
민 팀장	광고주 추구 방향 분석		광고 계획 수립	광고주 미팅 (1차)	전략 및 세부 실행방안 수립
송 대리	광고주 미팅 준비				
진 주임					
안 사원					미디어믹스 초안 작성
김 사원	제품 특징 및 소비자 분석		광고주 미팅 준비		스토리보드 제작 및 디자인팀에 디자인 요청

■ 팀원별 다음 주 업무 일정

구분	12/3(월)	12/4(화)	12/5(수)	12/6(목)	12/7(금)
민 팀장	광고 캠페인 관리/운영		광고주 미팅 (2차)	광고 캠페인 관리/운영	
송 대리	제안서 작성			제안서 최종 작성	–
진 주임	광고 제작팀과 논의			보고서 작성	
안 사원					
김 사원	디자인 제작 및 광고주 컨펌 완료			신매체 발굴	

특이사항	• 광고주 미팅은 되도록 2차에서 완료하도록 진행함 • 2차 광고주 미팅을 진행한 다음 날 주간회의를 진행하도록 함

① 김 사원은 제작한 스토리보드를 디자인팀에 전달하여 디자인 제작을 완료해야 한다.

② 안 사원은 지면 및 매체를 선정하여 미디어믹스 초안 작성을 완료해야 한다.

③ 송 대리는 제안서를 작성한 후 2차 광고주 미팅에 참석해야 한다.

④ 민 팀장은 1차 광고주 미팅 후 광고주의 니즈를 파악하여 전략 및 세부 실행방안을 수립해야 한다.

⑤ 진 주임은 광고 제작 관련하여 타팀과 논의하고 2차 광고주 미팅에 참석한 후에 보고서 작성을 완료해야 한다.

29. A, B, C, D, E, F 6명의 사람이 8층 건물을 임대하여 사용하고 있다. 6명의 사람이 각각 한 층을 사용하고 있을 때, 항상 옳은 것은? (단, 이웃한 층은 서로 붙어있는 층이다.)

- A가 사용하는 층의 이웃한 아래층은 사용하는 사람이 없는 층이다.
- F는 A보다 높은 층을 사용한다.
- 사용하는 사람이 없는 모든 층은 C가 사용하는 층보다 높다.
- B는 6층을 사용하고, 5층은 사용하는 사람이 없는 층이다.
- D와 E가 사용하는 층과 이웃한 층은 모두 사용하는 사람이 있는 층이다.

㉠ C는 F보다 낮은 층을 사용한다.
㉡ E는 B보다 높은 층을 사용한다.
㉢ A와 D가 사용하는 층 사이에는 사용하는 사람이 없는 층이 있다.
㉣ F가 사용하는 층과 이웃한 층은 모두 사용하는 사람이 있는 층이다.

① ㉠, ㉡　　　　② ㉠, ㉢　　　　③ ㉡, ㉢　　　　④ ㉠, ㉢, ㉣　　　　⑤ ㉠, ㉡, ㉢, ㉣

30. P 공사 최 과장은 △△시 출장 기간 동안 항상 택시를 이용하여 장소를 이동하였다. △△시의 택시 요금 체계와 출장 기간 동안 최 과장의 택시 이용 내역을 고려하였을 때, 최 과장이 출장 기간 동안 지불한 택시 요금의 총합은?

[△△시의 택시 요금 체계]

구분		요금
주간	기본요금	2km까지 3,800원
	거리요금	130m마다 100원
	시간요금	30초마다 100원
심야	기본요금	2km까지 4,600원
	거리요금	130m마다 120원
	시간요금	30초마다 120원

※ 1) 거리요금과 시간요금은 기본요금이 적용되는 이동 거리를 초과하는 경우 초과분에 대해 적용됨
   2) 심야요금이 적용되는 시간은 24:00~04:00이며, 심야를 제외한 시간에는 주간요금이 적용됨
   3) 운행 속도가 15km/h 미만일 경우 시간요금과 거리요금이 동시에 적용되며, 운행 속도가 15km/h 이상일 경우 거리요금만 적용됨

[출장 기간 동안 최 과장의 택시 이용 내역]

구분	이용 날짜	탑승 시간	이동 거리	이동 시간	운행 속도
1	7/22	06:20	5km	• 기본요금 구간: 8분 • 기본요금 이후 구간: 12분	13km/h
2	7/22	20:30	1.4km	• 기본요금 구간: 6분	14km/h
3	7/23	01:15	2.2km	• 기본요금 구간: 10분 • 기본요금 이후 구간: 1분	12km/h
4	7/23	04:30	12km	• 기본요금 구간: 4분 • 기본요금 이후 구간: 20분	30km/h
5	7/24	21:45	10km	• 기본요금 구간: 3분 • 기본요금 이후 구간: 12분	40km/h
6	7/24	02:55	2.1km	• 기본요금 구간: 7분 • 기본요금 이후 구간: 1분	12km/h

① 43,400원   ② 47,800원   ③ 50,200원   ④ 54,300원   ⑤ 56,600원

31. 다음 중 Microsoft Excel의 오류 메시지에 대한 설명으로 가장 적절하지 않은 것은?

① #DIV/0! – 0으로 숫자를 나누는 경우 표시되는 오류 메시지

② #NAME? – 수식 이름에 오타가 있는 경우 표시되는 오류 메시지

③ #N/A – 수식이 검색하도록 요청받은 항목을 찾을 수 없는 경우 표시되는 오류 메시지

④ #NULL! – 수식에 잘못된 범위 연산자를 사용하거나 교차하지 않는 두 영역의 교집합을 지정하기 위해 범위 참조 사이에 교집합 연산자를 사용하는 경우 표시되는 오류 메시지

⑤ #REF! – 수식이나 함수에 잘못된 숫자 값이 포함된 경우 표시되는 오류 메시지

32. 다음 글에서 설명하고 있는 용어로 가장 적절한 것은?

> 어떤 동작이 수행되거나, 데이터베이스가 미리 정해 놓은 조건을 만족할 경우 자동으로 수행되는 동작을 의미하며, 데이터베이스에서 데이터에 대한 유효성 조건과 무결성 조건을 기술하는 데 유용하다. 일반적으로 특정 데이터베이스에 대한 DDL SQL문 실행에 따라 반응하는 것과 테이블 내의 데이터가 변경되었을 때 반응하는 것으로 나뉘며, 대부분의 주요 데이터베이스 관리시스템은 자체적으로 조금씩 상이한 방식을 지원한다.

① 프러시저   ② 사용자 정의 함수   ③ 트랜잭션

④ 트랜잭션 스케줄링   ⑤ 트리거

33. 다음 지문의 컴퓨터 구성 장치에 대한 설명으로 가장 적절한 것은?

> 컴퓨터를 구성하고 있는 여러 가지 장치 중에서도 중앙처리장치(CPU), 주기억장치, 보조기억장치는 컴퓨터 실행에 가장 핵심적인 역할을 담당하고 있으며, 보통 주기억장치로 램을, 보조기억장치로 HDD(Hard Disk Drive)를 사용한다. 다시 말해 CPU와 램, HDD의 성능이 컴퓨터의 전반적인 속도를 좌우한다고 할 수 있다.
>
> CPU나 램은 컴퓨터 내부의 미세 회로 사이를 오가는 전자의 움직임만으로 데이터를 처리하는 반도체 재질이기 때문에 고속으로 동작이 가능하다. 그러나 HDD는 원형의 자기디스크를 물리적으로 회전시키며 데이터를 읽거나 저장하기 때문에 자기디스크의 회전 속도를 아무리 높인다고 해도 반도체의 처리 속도를 따라갈 수 없다. 게다가 디스크의 회전 속도가 빨라질수록 소음이 심해지고 전력 소모량이 급속도로 높아지는 단점이 있다. 이 때문에 CPU와 램의 동작 속도가 하루가 다르게 향상되고 있는 반면, HDD의 동작 속도는 그렇지 못했다.
>
> 이러한 HDD의 단점을 보완하기 위해 등장한 것이 바로 SSD(Solid State Drive)이다. SSD의 용도나 외관, 설치 방법 등은 HDD와 유사하다고 볼 수 있으나, SSD는 HDD가 자기디스크를 사용하는 것과 달리 반도체를 이용해 데이터를 저장한다는 점에서 차이가 있다. 또한, 물리적으로 움직이는 부품이 없기 때문에 작동 시 소음 발생 및 전력 소모량이 적다. 이로 인해 휴대용 컴퓨터에 SSD를 사용하면 전지 유지 시간을 늘릴 수 있다.
>
> SSD는 컴퓨터 시스템과 SSD 사이에 데이터를 주고 받을 수 있도록 연결하는 부분인 인터페이스, 데이터를 저장하는 메모리, 그리고 인터페이스와 메모리 사이의 데이터 교환 작업을 제어하는 컨트롤러, 외부 장치와 SSD 간의 처리 속도 차이를 줄여주는 버퍼 메모리로 이루어져 있다. 이 중에 주목해야 할 것이 데이터를 저장하는 메모리이다. 이 메모리를 무엇으로 쓰는지에 따라 램 기반 SSD와 플래시메모리 기반 SSD로 나뉜다.
>
> 먼저 램 기반 SSD는 매우 빠른 속도를 발휘하는데, 이것을 장착한 컴퓨터는 전원을 켠 후 1~2초 만에 윈도우 운영체제의 부팅을 끝낼 수 있을 정도다. 다만 램은 전원이 꺼지면 저장 데이터가 모두 사라지기 때문에 컴퓨터의 전원을 끈 상태에서도 SSD에 계속해서 전원을 공급해 주는 전용 전지가 반드시 필요하다. 이런 단점 때문에 램 기반 SSD는 많이 쓰이지 않는다.
>
> 따라서 일반적으로 SSD는 플래시메모리 기반 SSD를 지칭한다. 플래시메모리는 전원이 꺼지더라도 기록된 데이터가 보존되기 때문에 HDD를 쓰던 것처럼 쓰면 된다. 그리고 플래시메모리 기반 SSD를 장착한 컴퓨터는 램 기반 SSD를 장착한 컴퓨터보다 느리긴 하지만 HDD를 장착한 동급 사양의 컴퓨터보다 최소 2~3배 이상 빠른 부팅 속도와 프로그램 실행 속도를 기대할 수 있다.

① 반도체를 활용하여 데이터를 저장하는 SSD는 작동 시 소모되는 전력량이 많다.

② 운영체제를 빠르게 쓰고 싶다면 SSD보다 HDD를 보조기억장치로 쓰는 것이 낫다.

③ 램 기반의 SSD는 컴퓨터 전원이 차단되더라도 저장된 정보가 모두 보존된다.

④ HDD는 데이터 처리 방식의 한계 때문에 속도의 향상이 더딘 편이었다.

⑤ 인터페이스와 메모리 간의 데이터를 주고받는 작업을 제어하는 버퍼 메모리는 SSD를 구성하는 장치 중 하나이다.

34. 다음 중 휴지통에 관련한 설명으로 가장 적절하지 않은 것은?

① 휴지통에 있는 파일은 30일 동안 보관된 후 자동으로 삭제된다.

② 휴지통에 보관된 파일은 복원할 수 없다.

③ 휴지통 비우기 기능을 사용하면 휴지통 내 파일들이 삭제된다.

④ 휴지통에 보관된 파일을 개별적으로 삭제할 수 있다.

⑤ 휴지통에 있는 파일을 휴지통으로 이동한 날짜순으로 정렬할 수 있다.

35. 다음 중 트로이 목마에 대한 설명으로 가장 적절하지 않은 것은?

① 카드사의 결제 명세서, 관공서의 협조공문 등 가짜 파일로 위장하여 PC에 유입된다.

② 감염될 경우 주소록에 등록된 사람들에게 스스로 트로이 목마가 첨부된 이메일을 보내 번식한다.

③ PC 성능이 저하될 수 있으며, DDoS 공격을 받을 경우 좀비 PC로 활용당할 수 있다.

④ 감염될 경우 신용카드 번호나 게임 비밀번호가 유출될 수 있다.

⑤ 감염된 프로그램을 삭제하는 방식으로 쉽게 제거가 가능하다.

36. 다음 중 유틸리티 프로그램에 대한 설명으로 가장 적절하지 않은 것은?

① 일반적으로 파일의 크기가 크고 복잡하다.

② 운영체제의 일부로써 제공되거나, 별도로 제공되는 경우가 있다.

③ 유틸리티 프로그램이 없더라도 컴퓨터시스템 운영에 영향을 주지 않는다.

④ 시스템 사용에 있어 편리함을 주기 위한 목적으로 설계되어 단독으로 사용되는 경우가 많다.

⑤ 파일 압축 및 해제, 하드 디스크 백업, 디스크 정리 등의 프로그램이 있다.

[37 – 38] 다음은 서버의 System Error 세부 사항 및 판단 기준을 설명하는 자료이다. 각 물음에 답하시오.

[System Error 세부 사항]

구분	세부 사항
Error Code @ ○ □	• Error Code는 Type, Hazard, Frequency로 구성됨 1) @: Type(에러 유형) 　– Simple(단순 사용자 실수의 오류): S 　– Software(소프트웨어 오류): W 　– Hardware(하드웨어 오류): H 2) ○: Hazard(에러 심각도) 　– 0~20 3) □: Frequency(1년 내 동일한 에러 발생 빈도) 　– 3회 미만: C(2) 　– 3회 이상 5회 미만: B(3) 　– 5회 이상: A(5) 　※ 1회일 경우 C가 출력되고, Result Value 산출 시 Frequency에 2 대입
Result Value	• Error Code에 따른 Result Value 산출 방법 1) Error Code의 Type이 S인 경우: 2 + Hazard + (2 × Frequency) 2) Error Code의 Type이 W인 경우: (2 × Hazard) + Frequency 3) Error Code의 Type이 H인 경우: Hazard + (5 × Frequency)

[System Error 판단 기준]

Result Value	System Condition	Input Code
12 이하의 값	안전	Safe
12 초과~20 이하의 값	주의	Attention
20 초과~28 이하의 값	경고	Warning
28 초과~36 이하의 값	위험	Danger
36 초과의 값	고위험	High

[System Error 확인 절차]

Checking error on system…
▶ Error Code W15B
Input Code: Danger

절차 1. Result Value 산출
Type이 W, Hazard가 15, Frequency가 B이므로
'(2 × Hazard) + Frequency'에 값을 대입하면 (2 × 15) + 3 = 33이다.

절차 2. System Error 판단 기준에 따른 Input Code 입력
Result Value(33)은 '28 초과~36 이하의 값'에 해당하여 System Condition
은 '위험'이므로 입력할 Input Code는 'Danger'이다.

37. 다음 시스템 상태에서 입력할 Input Code로 가장 적절한 것은?

> Checking error on system⋯
> ▶ Error Code H5A
> Input Code: _____

① Safe   ② Attention   ③ Warning   ④ Danger   ⑤ High

38. 다음 시스템 상태에서 입력할 Input Code로 가장 적절한 것은?

> Checking error on system⋯
> ▶ Error Code S12C
> Input Code: _____

① Safe   ② Attention   ③ Warning   ④ Danger   ⑤ High

39. 전자 회사 총무팀에 근무하는 귀하는 강남점의 제품 재고 현황을 조사하였다. 다음 엑셀 시트에서 제품 코드의 가장 오른쪽 알파벳과 코드표를 참고하여 제품명 셀을 채우려고 할 때, [D4] 셀에 입력할 함수식으로 가장 적절한 것은?

	A	B	C	D
1	제품 코드	지점명	재고량	제품명
2	TN-100T	강남점	185	
3	QV-202N	강남점	66	
4	RS-210Q	강남점	134	
5				
6	코드표			
7	코드	제품명		
8	T	TV		
9	N	냉장고		
10	Q	세탁기		

① = VLOOKUP(LEFT(A4, 1), $A$8:$B$10, 2, 1)

② = VLOOKUP(RIGHT(A4, 1), $A$8:$B$10, 2, 0)

③ = VLOOKUP(RIGHT(A4, 1), $A$8:$B$10, 1, 0)

④ = HLOOKUP(LEFT(A4, 1), $A$8:$B$10, 2, 0)

⑤ = HLOOKUP(RIGHT(A4, 1), $A$8:$B$10, 1, 0)

40. 다음 중 Excel에서 이용하는 단축키에 대한 설명으로 가장 적절하지 않은 것은?

① Alt + F1 – 선택 영역의 데이터에 대한 차트를 만든다.

② Alt + Shift + F1 – 새 워크시트가 삽입된다.

③ Ctrl + S – 텍스트에 밑줄을 추가한다.

④ Ctrl + C – 셀 또는 범위를 복사한다.

⑤ Shift + F3 – 함수 삽입 대화 상자를 표시한다.

41. 맥킨지는 조직문화를 7개의 요소로 구성하고, 각 요소의 상호연관성을 분석하여 '7-S 모형'을 개발하였다. 7-S에 해당하는 조직문화의 구성요소에 대한 설명이 다음과 같을 때, ㉠~㉣에 들어갈 조직문화의 구성요소를 바르게 연결한 것은?

구분	내용
Shared Value	조직 구성원들의 행동이나 사고를 특정 방향으로 이끌어 가는 원칙이나 기준
㉠	조직의 인력 구성, 구성원들의 능력과 전문성, 가치관과 신념, 욕구와 동기, 지각과 태도 그리고 그들의 행동 패턴 등을 의미
Style	구성원들을 이끌어 나가는 전반적인 조직관리 스타일
㉡	조직의 전략을 수행하는 데 필요한 틀로서 구성원의 역할과 그들 간의 상호관계를 지배하는 공식 요소
System	조직 운영의 의사결정과 일상 운영의 틀이 되는 각종 시스템을 의미
㉢	조직의 장기적인 목적과 계획 그리고 이를 달성하기 위한 장기적인 행동 지침
㉣	하드웨어는 물론, 이를 사용하는 소프트웨어 기술을 포함하는 요소를 의미

	㉠	㉡	㉢	㉣
①	Strategy	Staff	Structure	Skill
②	Skill	Staff	Strategy	Structure
③	Staff	Strategy	Structure	Skill
④	Structure	Staff	Strategy	Skill
⑤	Staff	Structure	Strategy	Skill

42. 다음 ○○공사의 위험성 평가 실시 규정을 근거로 판단한 내용으로 가장 적절한 것은?

[위험성 평가 실시 규정]

제1조(목적)

이 규정은 ○○공사 전체의 위험요인을 파악하고 위험성을 추정한 후 위험성을 감소시키기 위해 필요한 조치를 실시함을 목적으로 한다.

제2조(평가대상)

근로자, 협력업체 직원, 방문객에게 안전상 영향을 주는 다음 사항 등을 평가대상으로 한다.
① 연구원 내부 또는 외부 작업장에 제공되는 모든 위험시설
② 작업장에서 보유 또는 취급하고 있는 모든 유해물질
③ 일상적인 작업 및 수리 또는 정비 등의 비일상적인 작업
④ 발생할 수 있는 비상조치 작업

제3조(실시 시기)

연구원의 위험성 평가 실시 시기는 다음과 같다.
① 최초 평가: △△연구단지로 이전한 직후 전체작업을 대상으로 1개월 동안 실시한다.
② 정기 평가: 최초 평가 후 사업장 전반에 대해 매년 7월에 정기적으로 실시한다.
③ 수시 평가: 다음 계획의 실행을 착수하기 전 또는 작업 개시 전에 실시한다.
　가. 중대 산업사고 또는 산업재해가 발생한 때
　나. 작업장 변경 시
　다. 건설물, 기계·기구, 설비 등의 정비 또는 보수 작업 시

제4조(추진 절차)

위험성 평가는 사전준비, 유해·위험요인 파악, 위험성 추정, 위험성 결정, 위험성 감소대책 수립 및 실행 순으로 실시한다.
① 사전준비 단계에서는 작업의 흐름에 따라 평가대상 및 범위를 확정한다.
② 유해·위험요인 파악 단계에서는 단위 작업별 유해·위험요인을 상세히 파악한다.
③ 위험성 추정 단계에서는 [별표 1]에 따른 사고 발생의 가능성 점수와 [별표 2]에 따른 예상되는 상해의 심각성 점수를 곱하여 위험성 점수를 산출한다.
④ 위험성 결정 단계에서는 위험성 추정 단계에서 산출된 위험성 점수에 따라 위험성 수준을 결정하며, 위험성 수준 결정 기준은 [별표 3]과 같다.
⑤ 위험성 감소대책 수립 및 실행 단계에서는 위험성 수준이 보통 이상으로 판정된 위험성에 대해 감소대책을 수립 및 실행한다.

[별표 1] 사고 발생의 가능성 점수

구분		배점	기준
가능성	상	3점	• 발생 가능성이 높음 • 실제 유해·위험요인에 노출되는 시간이 매일 6시간 이상인 경우
	중	2점	• 발생 가능성이 있음 • 실제 유해·위험요인에 노출되는 시간이 매일 2시간 이상, 6시간 미만인 경우
	하	1점	• 발생 가능성이 낮음 • 실제 유해·위험요인에 노출되는 시간이 매일 2시간 미만인 경우

[별표 2] 예상되는 상해의 심각성 점수

구분		배점	기준
심각성	상	3점	• 사고 발생 시 사망을 초래할 것으로 예측되는 경우
	중	2점	• 사고 발생 시 장애가 발생할 것으로 예측되는 경우
	하	1점	• 사고 발생 시 병원치료가 필요할 것으로 예측되는 경우

[별표 3] 위험성 수준 결정 기준

구분	위험성 점수
높음	6점~9점
보통	3점~5점
낮음	1점~2점

① 작업장 변경에 대한 위험성 평가는 매년 7월에만 정기적으로 평가한다.

② 실제 유해·위험요인에 노출되는 시간이 매일 8시간이며, 사고 발생 시 사망을 초래할 것으로 예측되는 경우 위험성 점수는 9이다.

③ 건설물 보수 작업에 따른 사고 발생 시 병원치료가 필요할 것으로 예측되는 경우 위험성 수준은 최대 높음으로 결정될 수 있다.

④ 협력업체 직원에게 안전상 영향을 주는 작업장 내 유해물질은 위험성 평가대상에서 제외된다.

⑤ 위험성 평가를 위해 유해·위험요인을 상세히 파악한 후 평가대상 및 범위를 확정한다.

43. 다음 중 업무의 방해요인과 해결책에 대한 설명으로 가장 적절하지 않은 것은?

> 업무를 수행하는 과정에서 우리는 쉽게 여러 가지 방해요인을 마주할 수 있으며, 그로 인한 좌절감을 경험할 수 있다. 방해요인을 통제하지 못할 경우 생산성이 저하될 수 있으나, ① 방해요인을 잘 관리하고 활용한다면 오히려 업무 수행에 도움이 될 수도 있다. 업무 수행의 대표적인 방해요인으로는 갑작스러운 타인의 방문이나 인터넷·전화·메신저, 그리고 갈등과 스트레스 등이 있다. 우선 타인의 방문이나 인터넷·전화·메신저로 인한 업무 방해는 ② 수많은 광고 메일과 같이 업무 계획과 관계없이 찾아와 필요한 메일을 선별하는 데 시간을 할애하게 되는 것과 같은 상황을 의미한다. 이들을 효과적으로 통제하기 위해서는 ③ 외부 방문 시간 및 메신저 접속 시간 등을 정하는 등 외부와 접촉하는 시간을 정해두는 것이 좋으며, 다른 사람들과의 교류 및 대화를 완전히 차단하는 것은 바람직하지 않다. 다음으로 갈등에는 개인적인 갈등뿐 아니라 집단적 갈등 역시 포함되는데, 이러한 갈등은 업무 시간을 지체시키고, 정신적인 스트레스를 야기한다. 갈등을 효과적으로 관리하기 위해서는 갈등 상황을 객관적으로 평가하는 것이 중요하며, ④ 직접적인 해결이 방해요인 제거에 필수적이므로 어떤 상황에서도 갈등을 회피하는 것은 좋지 않다. 갈등은 새로운 시각에서 문제를 바라보게 하여 조직의 침체를 예방해 주기도 하므로 갈등을 효과적으로 관리한다면 조직에 긍정적인 영향을 가져올 수 있다. 마지막으로 스트레스는 새로운 기술, 과중한 업무 부담 등으로 인해 발생할 수 있다. 스트레스가 심할 경우 우울증이나 심장마비 등의 질병을 초래할 수 있으나, ⑤ 적정 수준의 스트레스는 사람들을 자극하여 개인의 능력을 향상시키기도 한다. 따라서 개인 차원에서는 운동이나 명상, 전문가의 도움을 받는 것이 좋으며, 조직 차원에서는 직무를 재설계하거나 학습동아리와 같은 사회적 관계 형성을 장려하여 스트레스를 적절히 관리하는 것이 중요하다.

44. 조직 내 집단은 조직의 공식적인 목표를 추구하기 위해 조직에서 의도적으로 만든 공식적 조직과 조직구성원들의 요구에 따라 자발적으로 형성된 비공식적 집단으로 나누어진다. 다음 중 비공식적 집단에 해당하는 것을 모두 고르면?

> ㉠ 상설위원회
> ㉡ 봉사 활동 동아리
> ㉢ 업무 수행 능력 향상을 위한 스터디 모임
> ㉣ 임무 수행을 위한 작업팀

① ㉠, ㉢   ② ㉠, ㉣   ③ ㉡, ㉢   ④ ㉡, ㉣   ⑤ ㉢, ㉣

45. 다음 글의 빈칸 ㉠~㉢에 들어갈 말로 가장 적절한 것은?

> 적대적 M&A는 인수 대상 기업의 동의 없이 강행하는 기업의 인수와 합병을 뜻하며, 일반적으로 공개매수나 위임장 대결의 형태를 취한다. 공개매수는 (　㉠　)을 공개적으로 매수하는 방식이다. 위임장 대결은 주주 총회에서 다수의 의결권을 행사하기 위해 (　㉡　)을 교체 후 기업의 인수나 합병을 추진하는 전략이다. 적대적 M&A 방법으로는 공개매수와 위임장 대결 외에도 (　㉢　) 등이 있다. 적대적 M&A에 대한 방어 전략으로는 백기사 동원 전략, 초토화법 등이 있으며, 백기사 동원 전략은 인수 대상 기업에 (　㉣　) 적대적 M&A를 통한 경영지배를 피하기 위한 방법이고, 초토화법은 (　㉤　) 적대적 M&A의 목적을 제거하는 방법이다.

① ㉠ - 경영권을 지배할 목적으로 주식시장에서 인수 대상 기업의 주식
② ㉡ - 위임장을 인수 대상 기업보다 많이 확보하여 현 이사진 또는 경영진을
③ ㉢ - 곰의 포옹, 시장 매집, 포이즌 필
④ ㉣ - 우호적인 제3자가 가진 자사주를 싼값에 매입하여
⑤ ㉤ - 경영진이 임기 전에 퇴직할 경우 거액의 퇴직금을 받을 수 있도록 하여

46. G 기업에서 프로젝트 진행에 필요한 A~F 업무를 소요일에 따라 정리한 간트 차트가 다음과 같을 때, 간트 차트를 근거로 판단한 내용으로 적절한 것을 모두 고르면?

	1일	2일	3일	4일	5일	6일	7일	8일	9일	10일	11일	12일	13일
A 업무	■	■											
B 업무	■	■	■										
C 업무				■	■	■	■						
D 업무				■	■	■	■	■	■	■			
E 업무								■	■	■			
F 업무											■	■	■

※ 1) 모든 업무의 선결 작업은 최대 한 개임
  2) 선결 작업은 해당 업무를 수행하기 위하여 먼저 이루어져야 하는 업무를 의미하며, 모든 업무는 선결 작업이 끝나는 시점에 즉시 시작함

⊙ 모든 업무가 계획한 일정대로 진행될 경우 프로젝트 진행에 총 24일이 소요된다.
ⓒ C 업무와 D 업무의 선결 작업은 동일하다.
ⓒ D 업무의 수행에 계획한 일정보다 하루 더 소요되었다면, 프로젝트를 기존 일정과 동일한 날짜에 완료하기 위해서는 F 업무의 소요일을 2일 줄여야 한다.
ⓔ A 업무의 소요일이 계획한 일정보다 3일 더 길어지더라도 전체 일정은 변하지 않는다.

① ⊙, ⓒ   ② ⊙, ⓒ   ③ ⓒ, ⓒ   ④ ⓒ, ⓔ   ⑤ ⓒ, ⓔ

47. 다음 중 빈칸에 들어갈 단어에 대한 설명으로 가장 적절한 것은?

조직구조는 조직마다 다양하게 이루어지며, 조직목표의 효과적인 달성에 영향을 미친다. 조직구조에 영향을 미치는 요인으로 조직의 전략, (   ), 기술, 환경 등이 있다.

① 자원을 배분하고 경쟁적 우위를 달성하기 위한 주요 방침이다.
② 투입 요소를 산출물로 전환하는 지식과 기계, 절차 등을 말한다.
③ 조직의 목적을 달성하기 위하여 수립한 계획이다.
④ 조직의 업무 전문화와 분화 정도, 규칙과 규정의 양과 관련 있다.
⑤ 조직이 달성하려는 미래의 상태이며, 현재의 조직 행동에 방향성을 부여한다.

48. 다음 지문의 빈칸에 들어갈 용어로 가장 적절한 것은?

> (   )은 한 문화권에 속한 사람이 익숙하지 않거나 낯선 다른 문화를 접했을 때 체험하게 되는 것을 말한다. 문화는 종종 전체의 90%가 표면 아래 감추어진 빙하에 비유된다. 우리가 눈으로 볼 수 있는 음악, 음식, 예술, 의복, 디자인, 건축, 정치, 종교 등과 같은 문화는 전체 문화의 10%에 불과한 것이다. 따라서 개인이 자란 문화에서 체험된 방식이 아닌 다른 방식을 느끼게 되면 의식적 또는 무의식적인 상태에서 상대 문화를 이질적으로 대하게 되고 불일치, 위화감, 심리적 부적응 상태를 경험하게 된다. (   )에 대비하기 위해서는 다른 문화에 개방적인 태도를 갖는 것이 가장 중요하다. 자신이 속한 문화의 기준으로 다른 문화를 평가하지 말고, 자신의 정체성은 유지하되 새롭고 다른 것을 경험하는 데 즐거움을 느끼도록 적극적인 자세를 취해야 한다.

① 문화충격   ② 문화교류   ③ 문화지체   ④ 문화변용   ⑤ 문화접변

49. 다음 중 매트릭스 조직에 대한 설명으로 적절한 것을 모두 고르면?

> ㉠ 기능조직과 프로젝트 조직이 결합한 이중구조이다.
> ㉡ 특정 프로젝트를 수행하기 위해 조직 내 전문 인력을 임시로 결합하여 한시적으로 운영하며, 태스크포스(task force)라고도 한다.
> ㉢ 명령 통일의 원칙을 따르지 않으며, 한 개인이 기능부서 관리자와 프로젝트 관리자의 지시를 받는다.
> ㉣ 서로 다른 기능부서에 속한 전문가들이 함께 일하므로 효율적 자원 사용이 가능하다.
> ㉤ 조직 질서의 혼란을 야기하므로 의사결정의 지연이나 수비적 경영 등의 단점이 부각될 수 있다.

① ㉠, ㉡, ㉤   ② ㉠, ㉢, ㉣   ③ ㉠, ㉢, ㉤   ④ ㉠, ㉣, ㉤   ⑤ ㉡, ㉢, ㉣

50. 다음은 △△공사의 경영평가 성과급 지급 규정이다. 기획부 소속 갑 사원의 20XX년 부서 평가점수 및 개인 평가점수와 인건비를 근거로 판단할 때, 20XX년 갑 사원의 경영평가 성과급은? (단, △△공사는 20XX년에 당기순이익이 발생하였다.)

[경영평가 성과급 지급 규정]

- 경영평가 성과급은 경영평가 대상 연도에 당기순이익이 발생한 경우, 정부의 공기업 예산편성 지침상의 기준월봉을 기준으로 성과급을 지급한다.
- 정부의 공기업 예산편성 지침상의 기준월봉은 인건비에 해당하는 연간보수의 1/12의 60%에 해당하는 금액이며, 인건비는 기본급여, 통상적 수당, 복리후생비, 고정 상여금으로 구성된다.
- 경영평가 성과급은 부서 평가 등급 및 개인 평가 등급을 적용하여 다음과 같이 차등 지급한다.

개인 평가 등급 / 부서 평가 등급	최상	상	중	하	최하
S	기준월봉의 140%	기준월봉의 130%	기준월봉의 120%	기준월봉의 110%	기준월봉의 100%
A	기준월봉의 130%	기준월봉의 120%	기준월봉의 110%	기준월봉의 100%	기준월봉의 90%
B	기준월봉의 120%	기준월봉의 110%	기준월봉의 100%	기준월봉의 90%	기준월봉의 80%
C	기준월봉의 110%	기준월봉의 100%	기준월봉의 90%	기준월봉의 80%	기준월봉의 70%

- 부서 평가 등급의 평가 항목별 최대 배점은 다음과 같다.

경영평가	실적평가	혁신평가	기여도	업무 달성도
20점	30점	15점	15점	20점

- 부서 평가 등급의 산정 기준은 다음과 같다.

부서 평가 등급	S	A	B	C
부서 평가 점수	90~100점	80~89점	70~79점	60~69점

   ※ 부서 평가 점수 = 경영평가 점수 + 실적평가 점수 + 혁신평가 점수 + 기여도 점수 + 업무 달성도 점수

- 개인 평가 등급의 평가 항목별 최대 배점은 다음과 같다.

의사소통	업무 수행 역량	전략적 사고	혁신 주도	비전 제시
15점	30점	30점	15점	10점

- 개인 평가 등급의 산정 기준은 다음과 같다.

개인 평가 등급	최상	상	중	하	최하
개인 평가 점수	90~100점	75~89점	60~74점	45~59점	45점 미만

   ※ 개인 평가 점수 = 의사소통 점수 + 업무 수행 역량 점수 + 전략적 사고 점수 + 혁신 주도 점수 + 비전 제시 점수

[20XX년 갑 사원의 부서 및 개인 평가 점수]

구분	평가 항목	평가 점수
부서 평가	경영평가	18점
	실적평가	25점
	혁신평가	12점
	기여도	13점
	업무 달성도	16점
개인 평가	의사소통	11점
	업무 수행 역량	18점
	전략적 사고	16점
	혁신 주도	14점
	비전 제시	7점

[20XX년 갑 사원의 연간 인건비]

구분	금액
기본급여	38,440,000원
통상적 수당	2,420,000원
복리후생비	780,000원
고정 상여금	1,560,000원

① 1,728,000원 ② 1,944,000원 ③ 2,376,000원 ④ 2,592,000원 ⑤ 2,808,000원

51. 다음 글의 빈칸에 들어갈 단어에 대한 설명으로 가장 적절하지 않은 것은?

> (   )은/는 사전에서 "정성스럽고 참됨"으로 풀이하고 있으며, 심리학자들은 이를 "책임감이 강하고 목표한 바를 이루기 위해 목표 지향적 행동을 촉진하며 행동의 지속성을 갖게 하는 성취 지향적인 성질"로 설명하기도 한다.

① 충동을 억제하고 사회규범이나 법을 존중하게 한다.

② 신뢰를 포괄하므로 보이지 않는 가장 확실한 사회적 자본이라고 할 수 있다.

③ 단어의 본질 자체는 충이나 신의 의미보다는 근면의 의미와 더 유사하다.

④ 현대 사회에서는 시대 정신에 뒤지는 개인의 낡은 생활 방식이나 도덕적 영역으로 범위가 위축되는 경향을 보인다.

⑤ 항상성의 특징을 가지고 있어 다른 직업윤리 덕목들의 모태가 되며 일을 할 때 꾸준히 자신의 정성을 다하도록 만든다.

52. 다음 사례에서 나타나는 직업윤리로 가장 적절한 것은?

> 중앙해양안전심판원에 따르면 최근 5년간 운항자 과실로 인한 해양 사고 원인 중 법령 위반이 약 20%를 차지하였다. 조사 결과를 바탕으로 해양경찰청은 해양 사고 예방을 위해 10일간 선박교통관제 관련 법령 위반행위를 집중단속 할 예정이다. 이번 집중단속 대상은 관제 구역 출입 신고 위반, 관제 통신 미청취, 지정 항로·제한속도 위반, 음주 운항 등 해상불법 행위이다. 집중단속 기간 중 전국 20개 해상교통관제센터에서는 이러한 불법 행위를 집중적으로 관찰하여 해당 선박 발견 시 관련 규정을 준수하도록 안내하고, 불응 시 위반행위에 따라 1년 이하의 징역 또는 1천만 원 이하의 벌금, 300만 원 이하의 과태료를 부과할 것이라고 밝혔다.

① 성실성   ② 준법성   ③ 근면성   ④ 정직성   ⑤ 책임성

53. 다음 ㉠~㉢에 해당하는 비윤리적 행위의 유형을 바르게 연결한 것은?

> ㉠ 침묵이나 표정 등도 하나의 표현 방법이 될 수 있으나 주로 말이나 글로 표현되는 것에 한정하며, 상대를 속이려는 의도가 있는 것을 말한다. 이는 그 목적 대상이 누구냐에 따라 여러 유형으로 분류할 수 있다.
> ㉡ 우리가 직면하는 윤리적 문제에 대하여 무감각하거나 행동하지 않는 것을 말한다. 이는 윤리적인 문제에 대하여 제대로 인식하지 못하거나 일상생활에서 윤리적인 배려가 선택의 우선순위에 밀려날 때 발생한다.
> ㉢ 비윤리적인 결과를 피하기 위하여 일반적으로 필요한 주의나 관심을 기울이지 않는 것을 말한다. 어떤 결과가 나쁜 것인지 알지만 자신의 행위가 그러한 결과를 가져올 수 있다는 것을 모르는 경우이다.

	㉠	㉡	㉢
①	거짓말	도덕적 태만	도덕적 타성
②	거짓말	도덕적 타성	도덕적 태만
③	도덕적 태만	거짓말	도덕적 타성
④	도덕적 타성	거짓말	도덕적 태만
⑤	도덕적 타성	도덕적 태만	거짓말

54. 다음 A 씨의 태도에서 나타나는 직업윤리의 덕목으로 가장 적절한 것은?

> 최근 한 음식점에서 식사하던 의사가 계산 도중 갑자기 쓰러진 손님을 응급조치하여 살려낸 사연이 전해졌다. 식사를 마친 남성이 계산을 마치고 가게를 나서려다 갑자기 의식을 잃고 쓰러지게 되었다. 그때 곧바로 옆 테이블에서 식사하던 한 남성이 달려와 심폐소생술을 진행했고, 이내 쓰러진 남성은 의식을 회복했다. 불과 13초 만의 일이었다. 빠른 판단과 응급조치로 소중한 생명을 구해낸 남성은 인근 병원에서 근무하는 내과 전문의 A 씨였다. A 씨는 병원 동료들과 식사 중에 쿵 소리가 나서 보니 30대로 보이는 남성이 쓰러져 있었고, 환자의 얼굴이 파랗게 되는 청색증을 통해 심정지 혹은 호흡이 안 되는 상황이라 판단해 바로 심폐소생술을 진행한 것이라고 말했다. A 씨는 "자신은 사람의 생명을 구하는 중요한 역할을 하고 있고, 이런 역할을 하고 있는 의사는 사회에 반드시 필요한 존재라고 항상 생각하며 하루하루 일 하고 있다."며, "앞으로도 어떠한 긴급한 상황에서도 빠른 판단을 통해 조치를 취할 것이다."라고 전했다.

① 봉사의식　　② 직분의식　　③ 소명의식　　④ 천직의식　　⑤ 전문가의식

55. 다음 공모전과 관련된 직업윤리의 덕목으로 가장 적절한 것은?

[국민 참여 콘텐츠 공모전]

- 응모 일정: 7월 1일 금요일~9월 13일 화요일
- 응모 자격: 대한민국 국민 누구나 참여 가능
  ※ 단, 개인 응모만 가능하며, 팀 응모는 불가능함
- 응모 방법: 공모전 홈페이지 접수
- 응모 주제
  − 내가 바라는 우리 사회의 바람직한 모습
  − 국민이 직장, 학교, 지역사회 등 일상생활 속에서 경험한 양심, 정직, 공정 등의 가치와 관련된 경험
  − 부정부패·부조리, 권한의 과도한 행사 등과 같은 상황을 개선한 사례
  − 행정의 투명성 및 공개의 가치 실현, 적극 행정으로 국민의 실생활에 도움을 준 공직자 사연
- 제출 분량 및 규격

구분	형식
작품 형식	산문, 공연용 시나리오
제작 분량	시놉시스 1매를 포함한 A4 용지 15매 이내 혹은 15분 내외로 제작 가능한 시나리오
글자 모양	휴먼명조, 10pt
문단 모양	줄 간격 160%
파일 형식	워드프로세서 또는 한글 ※ 홈페이지에서 제공하는 양식 다운로드하여 작성 후 제출해야 함

---

① 청렴성　　　　② 성실성　　　　③ 창의성　　　　④ 신뢰성　　　　⑤ 책임성

56. 다음 중 근면에 대해 잘못 이야기하고 있는 사람은?

갑: 생계를 유지하기 위해 근면할 수밖에 없었던 것은 외부로부터 강요당한 근면에 해당해.
을: 근면은 행위자가 환경과의 대립을 극복해나가는 과정에서 발현되는 것이야.
병: 인생의 성공과 근면이 표리관계에 있다는 말은 근면한 것만으로 성공할 수 있다는 의미를 내포하는 것이라고 할 수 있어.
정: 아침에 일찍 일어나서 외국어 공부를 하거나 운동을 하는 것처럼 자기개발을 위한 활동도 근면이라고 할 수 있어.
무: 농업적 근면성이 일상생활과 일에 전반적인 영향을 미쳤던 사회에서는 일의 질보다 양을 더 중시했어.

---

① 갑　　　　② 을　　　　③ 병　　　　④ 정　　　　⑤ 무

57. 손 사원은 신입사원들에게 비즈니스 매너를 교육하기 위해 관련 내용을 정리하고 있다. 손 사원이 정리한 내용의 일부가 다음과 같을 때, 비즈니스 매너에 대한 설명으로 가장 적절하지 않은 것은?

구분	특징
악수 예절	• 오른손을 사용하고, 너무 강하게 쥐어짜듯이 잡지 않아야 한다. • ① 회사 내 직급이 높은 사람이 낮은 사람에게 청해야 한다.
소개 예절	• 나이가 어린 사람을 연장자에게 소개해야 한다. • ② 회사 동료를 고객에게, 타 회사 관계자를 자신이 속해 있는 회사 관계자에게 먼저 소개해야 한다.
명함 교환 예절	• ③ 상대방에게 명함을 건넬 때는 왼손으로 명함을 받치고 오른손으로 건네야 한다. • 받은 명함은 바로 명함 지갑에 집어넣지 않고 테이블 위나 명함 지갑 위에 올려둔 뒤 대화하는 데 참고하는 것이 좋다.
전화 예절	• 전화를 걸기 전 상대방의 전화번호, 소속, 직급, 성명 등을 확인하고 용건과 통화에 필요한 서류 등은 미리 준비해야 한다. • ④ 통화 담당자가 자리에 없을 경우 용건을 확인하고 대신 처리할 수 있는 업무는 대신 처리해야 한다.
이메일 예절	• ⑤ 이메일 작성 시에는 반드시 핵심이 드러나도록 간결하게 제목을 작성하고, 서두에 자신의 이름과 소속을 밝혀야 한다. • 업무 성격에 맞는 형식을 갖추고 간결하면서도 명확하게 작성해야 한다.

58. 다음 중 직장 내 괴롭힘을 판단하는 요소에 대한 설명으로 가장 적절하지 않은 것은?

① 행위자의 의도가 없는 행위일지라도 그 행위로 인해 피해자가 신체적·정신적 고통을 받았거나 근무 환경이 악화된 경우 직장 내 괴롭힘으로 인정될 수 있다.

② 사업주뿐만 아니라 근로자 역시 행위자가 될 수 있으며, 이 경우 행위자는 피해자와 동일한 사용자와 근로관계를 맺고 있어야 한다.

③ 업무상 필요하다고 볼 수 있는 행위일지라도 합리적 이유 없이 대상 근로자에게 이루어진 경우 사회 통념상 상당성을 결여한 행위라고 볼 수 있다.

④ 지위나 관계 등의 우위를 이용하지 않은 특수한 상황도 직장 내에서 발생한 것이라면 직장 내 괴롭힘에 해당한다.

⑤ 직장 내 공간뿐만 아니라 외근 출장지나 기업 행사, 사내 메신저나 SNS 등의 온라인 공간도 행위장소에 해당할 수 있다.

59. 다음 ㉠~㉥을 개인윤리와 직업윤리 각각의 특징에 따라 바르게 분류한 것은?

> ㉠ 모든 사람은 공사의 구분, 동료와의 협조, 전문성, 책임감, 사회적 책임 등의 확립을 통해 존경받는 인간으로서의 인격을 완성하고 사회발전에 기여할 수 있다.
> ㉡ 보통 상황에서의 일반적 원리 규범이다.
> ㉢ 책임감, 성실함, 정직함, 신뢰성, 창의성, 협조성, 청렴함 순으로 덕목이 강조된다.
> ㉣ 행동 기준으로 우선시 되는 윤리이다.
> ㉤ 인간 행복을 위한 기본적 가치를 중심으로 관계를 이루는 사람 사이의 윤리 관계에 비하여 좀 더 전문화된 분업체계로서의 직업이라는 특수상황에서 요구되는 별도의 덕목과 규범이 있다.
> ㉥ 구체적인 상황에서의 실천 규범이다.
> ㉦ 타인에 대한 물리적 행사가 절대적으로 금지된다.

	직업윤리	개인윤리
①	㉠, ㉡, ㉤	㉢, ㉣, ㉥, ㉦
②	㉠, ㉢, ㉤, ㉥, ㉦	㉡, ㉣
③	㉠, ㉡, ㉥, ㉦	㉢, ㉣, ㉥
④	㉠, ㉢, ㉣, ㉤, ㉥	㉡, ㉦
⑤	㉠, ㉢, ㉣, ㉤, ㉥, ㉦	㉡

60. 다음 준법 의식에 관련된 자료에서 ㉠~㉣에 들어갈 단어를 바르게 연결한 것은?

> 우리 사회는 민주주의와 시장경제를 지향하지만 그것이 제대로 정착될 만한 사회적, 정신적 토대를 갖추지 못하고 있다. 민주주의와 시장경제는 구성원들에게 많은 (㉠)와 (㉡)을/를 부여하지만, 동시에 (㉢)의 준수와 그에 따르는 (㉣)을/를 요구한다. 규칙이 없는 경기는 참가자 모두에게 혼란과 고통을 주고, 다른 사람에게도 재미있는 볼거리를 제공하지 못한다. 따라서 선진국들과 경쟁하기 위해서는 개개인의 의식변화와 함께 체계적 접근과 단계별 실행을 통한 제도 및 시스템적 기반의 확립이 필요하다.

	㉠	㉡	㉢	㉣
①	자유	역할	규율	책임
②	자유	권리	규율	책임
③	자유	권리	제도	도리
④	규제	역할	제도	책임
⑤	규제	권리	규율	도리

약점 보완 해설집 p.38

무료 바로 채점 및 성적 분석 서비스 바로 가기
QR코드를 이용해 모바일로 간편하게 채점하고 나의 실력이
어느 정도인지, 취약 부분이 어디인지 바로 파악해 보세요!

해커스군무원

실전모의고사 4회 | 60문항형

성명

수험번호

	0	1	2	3	4	5	6	7	8	9
	0	1	2	3	4	5	6	7	8	9
	0	1	2	3	4	5	6	7	8	9
	0	1	2	3	4	5	6	7	8	9
	0	1	2	3	4	5	6	7	8	9
	0	1	2	3	4	5	6	7	8	9

응시분야

감독관 확인

문번	답란	문번	답란	문번	답란
1	① ② ③ ④ ⑤	21	① ② ③ ④ ⑤	41	① ② ③ ④ ⑤
2	① ② ③ ④ ⑤	22	① ② ③ ④ ⑤	42	① ② ③ ④ ⑤
3	① ② ③ ④ ⑤	23	① ② ③ ④ ⑤	43	① ② ③ ④ ⑤
4	① ② ③ ④ ⑤	24	① ② ③ ④ ⑤	44	① ② ③ ④ ⑤
5	① ② ③ ④ ⑤	25	① ② ③ ④ ⑤	45	① ② ③ ④ ⑤
6	① ② ③ ④ ⑤	26	① ② ③ ④ ⑤	46	① ② ③ ④ ⑤
7	① ② ③ ④ ⑤	27	① ② ③ ④ ⑤	47	① ② ③ ④ ⑤
8	① ② ③ ④ ⑤	28	① ② ③ ④ ⑤	48	① ② ③ ④ ⑤
9	① ② ③ ④ ⑤	29	① ② ③ ④ ⑤	49	① ② ③ ④ ⑤
10	① ② ③ ④ ⑤	30	① ② ③ ④ ⑤	50	① ② ③ ④ ⑤
11	① ② ③ ④ ⑤	31	① ② ③ ④ ⑤	51	① ② ③ ④ ⑤
12	① ② ③ ④ ⑤	32	① ② ③ ④ ⑤	52	① ② ③ ④ ⑤
13	① ② ③ ④ ⑤	33	① ② ③ ④ ⑤	53	① ② ③ ④ ⑤
14	① ② ③ ④ ⑤	34	① ② ③ ④ ⑤	54	① ② ③ ④ ⑤
15	① ② ③ ④ ⑤	35	① ② ③ ④ ⑤	55	① ② ③ ④ ⑤
16	① ② ③ ④ ⑤	36	① ② ③ ④ ⑤	56	① ② ③ ④ ⑤
17	① ② ③ ④ ⑤	37	① ② ③ ④ ⑤	57	① ② ③ ④ ⑤
18	① ② ③ ④ ⑤	38	① ② ③ ④ ⑤	58	① ② ③ ④ ⑤
19	① ② ③ ④ ⑤	39	① ② ③ ④ ⑤	59	① ② ③ ④ ⑤
20	① ② ③ ④ ⑤	40	① ② ③ ④ ⑤	60	① ② ③ ④ ⑤

해커스공기업
NCS 피듈형
통합 봉투모의고사

실전모의고사
5회

80문항형

해커스잡

수험번호	
성명	

실전모의고사
5회
(80문항형)

□ **시험 유의사항**

[1] 80문항형 시험은 서울교통공사, 도로교통공단, 한국중부발전 등의 기업에서 출제 영역, 시간, 시험 순서 등 세부 구성을 다르게 출제하고 있습니다. (2022년 상·하반기 필기시험 기준)

[2] 본 실전모의고사는 직업기초능력평가 10개 영역의 80문항으로 구성된 순차 통합형 모의고사로, 문제 번호는 이어져 있으나 문제가 영역 순서대로 출제되므로 영역별 제한 시간 없이 전체 문항을 100분 내에 푸는 연습을 하시기 바랍니다.

[3] 마지막 페이지에 있는 OMR 답안지와 해커스잡 애플리케이션의 모바일 타이머를 이용하여 실전처럼 모의고사를 풀어보시기 바랍니다.

01. 다음 의미에 해당하는 한자성어를 고르면?

정도를 지나침은 미치지 못함과 같다는 뜻으로, 중용(中庸)이 중요함을 이르는 말

① 과유불급(過猶不及)　　　　② 온고지신(溫故知新)　　　　③ 유유자적(悠悠自適)
④ 전화위복(轉禍爲福)　　　　⑤ 형설지공(螢雪之功)

02. 다음 중 공문서 작성법으로 가장 적절하지 않은 것은?

① 금액은 숫자로 표기하되, 숫자 다음에 괄호로 한글도 함께 기재해야 한다.
② 날짜에 괄호를 사용할 경우 괄호 다음에 마침표를 찍어 구분해야 한다.
③ 시간을 명시할 때는 24시각제에 따라 숫자로 표기한다.
④ 마지막에는 반드시 '끝'자로 마무리하여야 한다.
⑤ 내용이 복잡할 경우 '- 다음 -'과 같은 항목으로 구분한다.

03. 다음 글을 읽고 일치하는 것은?

2009년 9월 30일 유네스코 세계 무형 문화유산으로 등재된 남사당놀이는 유랑 예인들이 행하던 한국 전통 민속공연이다. 과거 남사당패는 한곳에 머무르지 않고 대개 농어촌이나 성곽 밖에 있는 서민층 마을을 대상으로 떠돌아다니며 공연을 진행했다. 정치적으로 힘이 없는 사람들을 대변하고 사회를 풍자하면서 사회 속에 존재하는 문제들을 이야기하는 식의 공연을 선보였는데, 이로 인해 서민들에게는 환영받았으나 양반층에는 모멸의 대상으로 인식되어 아무 마을에서나 자유롭게 공연하는 것이 쉽지 않았다.

남사당패가 벌이는 남사당놀이의 종목에는 풍물, 버나, 살판, 어름, 덧뵈기, 덜미 총 여섯 가지가 있으며, 이는 순서대로 진행된다. 풍물은 일종의 농악으로, 공연 시작을 알리면서 구경꾼을 유도하기 위한 놀이이며, 버나는 앵두나무 막대기를 이용하여 쳇바퀴나 대접 등을 돌리는 묘기로, 접시를 돌리는 버나잽이와 소리꾼인 매호씨가 주고받는 만담과 소리가 묘미이다. 체조의 텀블링과 유사한 살판은 버나와 마찬가지로 재주를 부리는 살판쇠와 소리꾼인 매호씨가 장단에 맞추어 만담을 주고받는 놀이이다. 어름은 무대 중앙을 가로지른 높다란 외줄을 줄꾼인 어름사니가 건너가며 매호씨와 재담을 주고받는 놀이로, 줄타기 곡예이다.

한편 덧뵈기와 덜미는 남사당놀이의 여섯 마당 중 사회적 메시지를 담고 있어 주목할만한 가치가 있다. 덧뵈기는 탈을 쓰고 하는 탈놀음으로, 총 4마당의 순서로 진행된다. 이는 놀이판을 확보하는 내용의 마당씻이, 외세를 물리치는 내용의 옴탈잡이, 내부의 모순을 없애는 내용의 샌님잡이, 외래문화를 배척하는 내용인 먹중잡이 순으로 구성되어 있다. 남사당놀이의 가장 마지막 순서인 덜미는 한국에 하나뿐인 민속인형극 꼭두각시놀음으로, 31종의 인형 총 51개가 등장하여 2마당 7거리로 공연된다. 인형 조종자들이 무대에 설치되어 있는 검은 천인 막 뒤에서 인형을 조종하면서 악사들과 함께 무대에 앉은 화자들과 대화를 주고받는 형식으로 진행된다.

남사당놀이를 했던 유랑 예인들은 들르는 마을마다 평화와 풍요를 비는 의식을 열고 큰 소리로 음악을 연주하여 즐겁게 공연했다. 그들은 남사당놀이를 통해 음악과 연극, 춤, 곡예로 마을 사람들을 즐겁게 해주고 억압받는 서민들에게 즐거운 순간을 선사함과 동시에 서민들의 사기를 북돋아 주었다. 당시 사회에서 천대받던 한을 풀고 놀이를 통해 양반사회의 부도덕성을 비판하고, 민중 의식을 일깨우는 중요한 역할을 했다. 이렇게 현대 문화 콘텐츠로서의 잠재성을 가지고 있는 남사당놀이는 현시대에도 각종 영화나 드라마, 애니메이션 등으로 재창조되고 있다.

① 남사당놀이의 맨 마지막 순서에 진행되는 꼭두각시놀음은 31개의 인형을 등장시켜 2마당 7거리로 인형극을 벌인다.

② 남사당놀이는 민중 의식에 대한 일깨움, 부도덕성에 대한 비판 등의 의미를 내포하고 있어 다양한 현대 문화 콘텐츠로 자리 잡을 가능성을 가지고 있다.

③ 남사당패는 여러 마을을 돌아다니며 음악, 춤, 곡예 등의 남사당놀이를 통해 사회계층에 상관없이 즐거움을 선사했다.

④ 남사당놀이 중 줄꾼이 무대 중앙에 놓여있는 높다란 외줄을 건너가며 소리꾼인 매호씨와 만담을 주고받는 놀이는 살판이다.

⑤ 탈을 쓰고 공연하는 덧뵈기의 네 번째 마당은 내부의 모순을 없애기 위한 내용의 샌님잡이로 구성되어 있다.

04. 다음 글의 내용과 일치하지 않는 것은?

> 면역이란 외부의 침입인자로부터 신체를 지키고, 신체 균형이 유지되도록 돕는 보안 시스템이다. 면역 체계를 이루는 각각의 세포들이 균형을 이룰 때 우리는 흔히 면역력이 좋다고 말한다. 이렇듯 우리 몸은 외부에서 침입하는 바이러스, 세균 등의 병원체가 체내로 들어오지 못하도록 방어 체계를 작동시킨다. 만약 외부의 병원체가 체내에 침투했을 경우 그 병원체를 직접 파괴하거나 병원체에 감염된 세포를 죽여 우리 몸을 보호한다. 병원체에 대한 우리 몸의 면역 체계는 선천성 면역 체계와 후천성 면역 체계 두 가지로 구분되는데, 두 가지 면역 체계는 서로 협력 관계를 유지함으로써 체내 방어 전선을 관리한다.
>
> 먼저 선천성 면역 체계는 체내에 침투하는 병원체의 종류나 감염 여부와 상관없이 반응한다 하여 비특이적 면역 체계라 불리기도 한다. 이는 병원체가 우리 몸 안으로 침투하지 못하도록 가장 먼저 반응하는 면역 체계로, 여기에 관여하는 세포들은 인간이 태어나면서부터 가지고 있는 것이다. 후천성 면역 체계에 비해 항원에 대한 특이성이나 면역 기억 능력이 떨어져 모든 병원체를 거의 동일한 방식으로 처리하지만, 병원체와 관련한 분자 패턴을 인식하여 활성화할 수 있다. 또한, 선천성 면역 체계의 주요 구성 세포 및 인자는 항상 즉각적으로 반응이 가능한 활성화 상태에 놓여 있어 새로운 병원체에 대해 후천성 면역 체계보다 빠른 반응을 기대할 수 있다. 이러한 선천성 면역 체계가 활성화되면 사이토카인 등의 반응이 일어나게 되는데, 이로 인해 후천성 면역 체계를 구성하는 세포들이 활성화되면서 후천성 면역 체계의 반응이 유도된다.
>
> 후천성 면역 체계를 구성하는 대표적인 세포로는 T 세포와 B 세포가 있다. 바이러스의 거센 공격을 견디지 못하고 선천성 면역 체계의 전선이 무너진다면 조금 더 강력한 힘을 지닌 후천성 면역 체계가 활성화되기 시작한다. 후천성 면역 체계는 병원체의 종류에 따라 서로 다른 일련의 면역 세포들이 반응한다 하여 특이적 면역 체계라 불리기도 한다. 병원체의 분자적 차이까지 구분하여 대응할 수 있고, 한 번 경험한 병원체에 대해서는 빠르고 강력한 대응이 가능하다는 특징이 있지만, 새로운 병원체에 대한 반응 개시까지는 최소 며칠이 걸린다는 단점도 존재한다.
>
> 한편, 면역 체계 능력은 수면을 통해 향상시킬 수 있다는 과학적인 연구 결과가 보고되었다. 독일 튀빙겐대학의 스토얀 디미트로프(Stoyan Dimitrov) 박사와 루시아나 베제도프스키(Luciana Besedovsky) 박사가 주도한 연구팀은 수면과 면역에 관한 가설을 검증하기 위해 한 가지 실험을 진행하였다. 연구팀이 주목한 대상은 면역 세포인 T 세포이다. T 세포는 바이러스에 감염된 세포를 인식했을 때, 인테그린이라는 끈적한 단백질을 활성화시켜 표적 세포에 붙음으로써 감염된 표적 세포를 제거하는 세포이다. 연구팀은 충분한 수면을 취한 사람과 그렇지 못 한 사람의 T 세포를 수집해 인테그린의 기능을 비교하였다. 그 결과, 충분한 수면을 취하지 못 한 사람의 경우 인테그린 기능이 떨어져 T 세포가 표적 세포에 제대로 붙지 못하는 것을 발견하였다. 따라서 수면 시간이 크게 부족할 경우 면역 기능이 떨어질 가능성이 있다.

① 후천성 면역 체계는 병원체 대응 시 병원체의 분자적 차이까지 구분할 수 있다.

② 선천성 면역 체계에 관여하는 세포들은 병원체와 관련된 분자의 패턴을 인식할 수 있다.

③ T 세포는 바이러스에 감염된 세포를 인식했을 때 인테그린을 활성화시켜 표적을 없앤다.

④ 선천성 면역 체계와 후천성 면역 체계는 체내에 침입하려는 병원체를 막는 조력 관계이다.

⑤ 선천성 면역 체계는 후천성 면역 체계보다 체내로 침입하려는 병원체에 대한 기억 능력이 좋다.

05. 다음 글을 읽고 윈드서핑에 대한 설명으로 적절하지 않은 것을 모두 고르면?

1967년 미국 캘리포니아 해안 지방에서 시작된 것으로 알려진 윈드서핑은 컴퓨터 기사인 호일 슈바이처와 항해사 출신의 짐 드레이크에 의해 창안된 스포츠이다. 이들은 요트와 서핑 등의 해양스포츠를 즐기는 동호인들이었는데, 서핑과 요트의 장점을 접목시켜 새로운 기구를 고안해 냈다. 이들은 돛대를 보드에 수직으로 고정시킨다는 기본 개념을 타파하고, 움직이는 연결 쇠를 사용하여 돛대가 움직일 수 있도록 하였다. 바람을 받아 동력을 내는 엔진 역할과 동시에 바람의 압력 중심을 이동시켜 방향을 자유롭게 정하는 키 역할도 수행할 수 있게 되었다.

윈드서핑의 용구는 크게 보드와 리그로 구분할 수 있다. 먼저 부력을 가진 판을 의미하는 보드는 앞과 뒤를 구분할 수 있고, 이를 삼등분하여 앞부분, 중앙부, 뒷부분을 각각 바우, 미집, 스턴이라고 부르며, 바우에서 스턴 쪽으로 이등분하였을 때 좌측을 포트사이드, 우측을 스턴보드사이드라고 부른다. 또한, 보드의 하부에 위치하여 보드가 옆으로 흘러가는 것을 막아주는 역할을 하는 대거보드와 보드가 옆으로 흔들리는 것을 막아주는 역할을 하는 스케그가 있다.

한편 리그는 조인트 윗부분을 통틀어서 칭하는 용어로, 바람을 받아 보드를 움직이게 하는 세일, 세일의 펄럭거림을 방지하는 배튼, 세일에 의하여 차단되고 있는 풍향의 상태를 알아보기 위한 윈도, 세일을 세우고 조작하는 붐, 세일을 세우기 위한 돛대인 마스트, 마스트와 세일을 일으켜 세우는 줄인 업홀라인 등으로 구성되어 있다. 특히 보드 부분과 세일 부분을 연결하는 마스트풋은 윈드서퍼에게 있어서 가장 중요한 부분 중 하나로, 360도 회전이 가능하여 윈드서핑의 진로를 결정하게 된다. 그리고 이 마스트풋이 고장 났을 때를 대비한 장치로 세이프티 라인이 있는데, 세이프티 라인은 보드와 리그가 완전 분리되는 것을 막아준다.

윈드서핑의 경기 방식은 코스 레이스, 슬라럼, 웨이브 퍼포먼스, 장거리 경주로 구분할 수 있다. 일반 세일러를 위한 경주로서 내용이 단순하고 오래된 경기인 코스 레이스는 모든 선수가 동시에 출발하여 7개의 마크를 돌고 회전을 포함하여 20km에 달하는 코스를 달리는 경기이다. 슬라럼은 8명의 선수가 주어진 시간 안에 택킹과 다이빙 등의 연기를 하며 표적을 도는 경기로, 바다 한 가운데의 아웃사이드 마크와 파도가 칠 때의 인사이드 마크를 8자 모양으로 여러 번 돌아 속도를 겨루어 4명의 승자가 나오게 된다. 웨이브 퍼포먼스는 체조의 마루운동 자유 경기와 유사하지만 공중에서 회전을 하는 묘기가 이루어지며, 일정한 시간 내에 파도타기를 하며 선보이는 선수들의 묘기를 심판이 평가하여 승부를 겨루는 경기이다. 마지막으로 장거리 경주는 15~30km의 코스를 달리는 경기로, 기술 외에도 체력과 지구력을 요구하며 육상의 마라톤과 유사하다.

㉠ 윈드서핑의 용구 중 리그에서 마스트는 세일을 세우기 위해 사용하고, 배튼은 그러한 세일의 펄럭거림을 방지하기 위해 사용한다.

㉡ 윈드서핑을 하기 위해 사용하는 보드 위에는 돛이 세워져 있지만 돛이 고정되지 않고 움직일 수 있도록 해놓은 것이 큰 특징이다.

㉢ 웨이브 퍼포먼스는 8명의 선수가 아웃사이드 마크와 인사이드 마크를 8자 모양으로 돌면서 속도를 겨루는 경기로, 그중 절반이 승자가 된다.

㉣ 윈드서핑을 할 때는 대거보드를 이용하여 보드가 옆으로 흔들리지 않도록 하고, 보드가 옆으로 흘러가지 않도록 스케그를 이용하면 된다.

① ㉠, ㉡   ② ㉠, ㉣   ③ ㉡, ㉢   ④ ㉡, ㉣   ⑤ ㉢, ㉣

06. 다음 글의 내용 흐름상 가장 적절한 문단 배열의 순서는?

(가) 충수에 염증이 발생하면 복통이 동반되는데, 충수의 위치에 따라 복통의 위치도 조금씩 달라진다. 주로 오른쪽 옆구리나 치골 위쪽에서 발생하고 발열, 구토, 설사 등이 동반되기도 한다. 그런데 이러한 징후는 다른 질병에서도 볼 수 있기에, 비슷한 경험을 한 환자가 이를 방치하여 염증이 복막으로 번지는 경우도 있다. 충수염과 비슷한 증상의 질병으로는 궤양 천공, 급성 담낭염 등이 있으며, 여성의 경우 배란통, 골반염과 유사하다. 때문에 병원에서도 충수염 여부를 확인하기 위해서 혈액 검사나 초음파, 복부 CT 등 추가적인 검사를 하기도 한다.

(나) 맹장은 대장의 시작 부분에 있는 창자로, 막창자꼬리라고 하는 돌기 형태의 짧고 얇은 주머니를 가지고 있다. 막창자꼬리는 충수라고도 하며, 소화기능은 없지만 벽에 커다란 림프조직을 가지고 있는데, 이를 통해 감염에 저항하는 역할을 한다.

(다) 수술 후유증보다 복막염 후유증이 심각하므로 충수염으로 의심되면 바로 충수를 절제하는 수술을 한다. 그러나, 염증이 고름을 만들었다면 튜브를 넣어 고름을 제거하고 항생제를 통해 염증을 가라앉히고 수술을 한다. 예전엔 충수를 절제하기 위해 개복 수술을 하였는데, 최근에는 흉터가 적고 회복이 빠른 복강경 수술을 많이 한다. 수술을 하면 며칠 동안 금식을 해야 하지만 퇴원하면 정상적으로 식사를 할 수 있다. 회복기는 수술 후 한 달 정도인데, 이 시기에는 술과 담배를 할 수 없으며, 운동은 가벼운 정도로만 하는 것이 좋다.

(라) 충수는 입구가 막혀 폐쇄될 수도 있다. 폐쇄된 충수 안에서 세균으로 인한 염증이 발생하는데 이를 충수염이라고 한다. 흔히들 아는 맹장염은 이 충수염의 잘못된 표현이다. 충수가 입구가 막히는 이유는 나이에 따라 조금 상이한데, 10대에는 충수 벽에 붙어있는 림프조직이 과대 증식하여 입구를 막는 경우가 많으며, 성인의 경우 딱딱해진 대변 찌꺼기에 의해 막히는 경우가 많다.

① (나) – (가) – (라) – (다)

② (나) – (라) – (가) – (다)

③ (나) – (라) – (다) – (가)

④ (라) – (나) – (가) – (다)

⑤ (라) – (나) – (다) – (가)

07. 다음 글을 읽고 일치하지 않는 것은?

> 이기론은 모든 사물의 존재와 생성에 관련된 근본인 이(理)와 모든 사물의 존재와 생성의 관련된 형질인 기(氣)의 원리를 통해 자연, 인간, 사회의 존재와 운동을 설명하는 성리학 이론체계이다. 이 이론에서는 이와 기의 관계를 해명하는 것이 중요한 사안으로 작용하는데, 크게 이와 기가 별개의 요소로 분리되어 따로 존재하는 것이 아닌 하나의 요소로 존재한다고 보는 이기일원론(理氣一元論)과 이와 기가 서로 분리되어 별개의 요소로 존재하고 있다고 보는 이기이원론(理氣二元論)으로 나뉜다. 그중 이기일원론에서는 이와 기 사이에 선후가 있다거나 이가 기의 원인이 되는 관계로 파악하는 이기이원론적 입장을 철저히 거부하는데, 이와 기의 일원적 통일성을 주장한 이기일원론의 대표적 인물로는 나흠순을 들 수 있다. 그는 이는 기에 의거해 수립하고 기에 붙어서 행해지는 것으로, 이가 기에 의존해 통일된 존재라고 주장하였다. 그의 이론은 우리나라 조선 시대 전반기에도 영향을 미쳤다. 이항은 심·성과 이·기는 혼연한 하나의 존재라고 이기일물설의 일원론을 명확하게 밝히고 있으며, 이이도 이기이원론을 거부하며 이기일원론의 입장을 고수하였다. 이처럼 이기일원론은 조선 중기에는 이이 등에 의한 주기론적 입장에서 이를 기 속에 포함시키려는 경향이 강했다. 그런데 조선 말기에는 기정진 등에 의해 유리론의 입장에서 기를 이 속에 포함시키는 경향이 대두되었다. 기정진은 이기일체론을 전제로 하면서, 기를 이와 상대시키는 것은 성현의 말씀이 아니라 하여 이기이원론을 거부하고, 기는 이 속의 일이며 이가 유행하는 데 손발 노릇을 하는 것이라고 지적하였다.

① 이기일원론을 주장했던 이이는 기 속에 이를 포함하려는 주기론적 입장을 보인 인물이다.
② 이기일원론에서는 이와 기가 분리되어 따로 존재하는 것이 아닌 하나의 요소로 존재하고 있다고 본다.
③ 이기론에서는 이와 기가 서로 혼합될 수도 있고, 별개의 요소로 구분될 수도 있다고 규정한다.
④ 이기이원론의 사상을 거부했던 기정진은 이 안에 기가 내포되어 있다고 설명했다.
⑤ 이기일원론을 주장하는 학자들은 이와 기가 인과 관계에 있거나 선후 관계에 있다는 입장을 보인다.

08. 일 경험에서 의사소통의 목적과 기능으로 가장 적절하지 않은 것은?

① 원활한 의사소통을 통해 조직의 팀워크가 향상될 수 있다.
② 공동의 목표를 표방하는 조직에서는 생산성 향상을 저해할 수 있다.
③ 조직 내 구성원들의 사기가 진작될 수 있다.
④ 조직 생활을 위해 필요한 정보를 전달할 수 있다.
⑤ 조직 내 구성원 간의 의견이 다를 경우 설득할 수 있다.

09. 다음은 연도별 전자부품업 현황에 대한 자료이다. 자료에 대한 설명으로 적절하지 않은 것은?

[연도별 전자부품업 현황]

(단위: 개, 명)

구분		20X1	20X2	20X3	20X4	20X5
반도체	사업체 수	375	392	401	377	362
	상용 종사자 수	110,758	110,997	119,430	110,924	116,791
디스플레이	사업체 수	273	269	259	239	223
	상용 종사자 수	93,414	89,813	79,064	76,058	74,503
인쇄회로기판 및 전자부품 실장기판	사업체 수	1,089	1,136	1,078	1,045	1,035
	상용 종사자 수	55,298	53,108	50,710	50,001	50,610
기타	사업체 수	1,351	1,443	1,415	1,384	1,393
	상용 종사자 수	61,399	63,669	69,687	70,694	69,236

① 20X2년 이후 인쇄회로기판 및 전자부품 실장기판 사업체 수와 기타 사업체 수의 전년 대비 증감 추이는 동일하지 않다.

② 기타를 제외하고 20X1년에 사업체 수가 가장 적은 전자부품업의 20X3년 상용 종사자 수는 79,064명이다.

③ 20X4년 전자부품업의 총 상용 종사자 수는 3년 전 대비 증가하였다.

④ 반도체 상용 종사자 수의 전년 대비 증가율은 20X5년보다 20X3년이 높다.

⑤ 20X5년에 기타를 제외하고 사업체 1개당 상용 종사자 수가 가장 많은 전자부품업은 디스플레이다.

10. ○○공장은 1월부터 12월까지 1년 동안 우산을 생산하여 판매하였다. 장마철인 6월부터 8월까지는 개당 생산비용의 60% 이익을 붙여 매월 1,150개씩 판매하였고, 6월부터 8월까지를 제외한 나머지 달에는 개당 생산비용의 45% 이익을 붙여 매월 600개씩 판매하였다. 1년 동안 판매한 우산의 이익이 총 540만 원일 때, 우산의 개당 생산비용은?

① 900원　　　　② 1,200원　　　　③ 1,400원　　　　④ 1,500원　　　　⑤ 1,800원

11. 다음은 재배유형별 채소류 생산실적에 대한 자료이다. 자료에 대한 설명으로 적절한 것은?

[재배유형별 채소류 생산실적]

구분	전체		노지		시설	
	면적(ha)	생산량(천 톤)	면적(ha)	생산량(천 톤)	면적(ha)	생산량(천 톤)
근채류	24,381	1,296	23,403	1,253	978	43
엽채류	49,642	2,808	40,429	2,536	9,213	272
과채류	47,921	2,123	11,102	321	36,819	1,802
조미 채소류	89,356	2,030	87,124	1,975	2,232	55
양채류	3,902	83	2,669	44	1,233	39
기타 채소류	4,255	149	2,159	46	2,096	103

※ 출처: KOSIS(농림축산식품부, 시설채소온실현황및생산실적)

① 채소류의 전체 생산량은 노지가 시설보다 적다.

② 조미 채소류의 생산 면적 1ha당 생산량은 노지가 시설보다 많다.

③ 노지에서 생산량이 가장 많은 채소류와 시설에서 생산량이 가장 많은 채소류는 동일하다.

④ 양채류의 전체 생산 면적에서 노지 생산 면적이 차지하는 비중은 70% 이상이다.

⑤ 근채류의 생산 면적은 노지가 시설보다 22,425ha 더 넓다.

12. 마케팅팀 팀원들은 대전, 대구, 광주, 부산으로 출장을 가려고 한다. 과장 2명, 대리 3명, 사원 1명이 출장을 가게 되며 출장지마다 대리 이상의 직급이 1명은 있어야 할 때, 과장, 대리, 사원이 같은 지역으로 출장을 가게 될 확률은? (단, 같은 직급의 직원이 동일한 지역으로 출장을 가는 경우는 없다.)

① $\frac{3}{32}$ ② $\frac{1}{8}$ ③ $\frac{1}{4}$ ④ $\frac{9}{32}$ ⑤ $\frac{3}{8}$

[연도별 U 공사의 경영성적]

(단위: 억 원)

구분		2016	2017	2018	2019	2020	2021
당기순이익		3,123	−28,737	−44,672	−4,754	5,776	−2,044
총수익	영업수익	39,745	43,049	45,528	48,076	52,207	53,651
	기타수익	20,244	8,458	1,978	3,120	9,263	1,936
	합계	59,989	51,507	47,506	51,196	61,470	55,587
총비용	영업비용	44,969	46,640	47,460	47,042	51,063	52,112
	기타비용	11,897	33,604	44,718	8,908	4,631	5,519
	합계	56,866	80,244	92,178	55,950	55,694	57,631

※ 1) 당기순이익 = 총수익 − 총비용
  2) 당기순이익이 양수인 경우는 이익을, 음수인 경우는 손실을 의미함

13. 당기순이익의 전년 대비 변화량의 절댓값이 가장 큰 해에 총수익에서 영업수익이 차지하는 비중은 약 얼마인가?
(단, 소수점 둘째 자리에서 반올림하여 계산한다.)

① 83.6%   ② 84.9%   ③ 88.6%   ④ 93.9%   ⑤ 95.8%

14. 다음 중 위의 자료를 바탕으로 만든 그래프로 적절하지 않은 것은?

① 당기순이익의 전년 대비 증감량

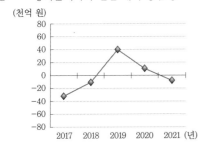

② 연도별 기타수익

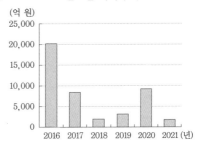

③ 2019년 총비용의 비중

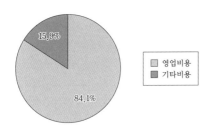

④ 2018~2021년 총수익의 전년 대비 변화율

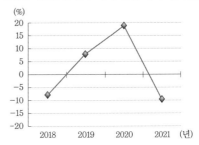

⑤ 연도별 경영성적

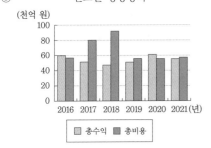

15. 불량률이 2.5%인 반도체 칩의 불량률 감소를 위한 연구를 한 번 진행할 때마다 연구비는 1억이 들고 불량률은 80% 감소한다. 반도체 칩의 불량률 감소를 위한 연구에 3억을 사용한 후 반도체 칩 50,000개를 생산하였을 때, 불량품의 개수는?

① 10개   ② 20개   ③ 25개   ④ 50개   ⑤ 100개

16. A, B, C, D, E, F, G 7개의 문자는 각각 1~9 중 한 가지의 자연수를 의미한다. 다음과 같은 조건을 고려하여 문자를 두 개씩 골라 해당하는 숫자를 오름차순으로 나열할 때, EG 다음에 올 수 있는 숫자로 가능한 것은? (단, 중복해서 사용하는 경우는 없다.)

- A~G는 서로 다른 숫자를 의미한다.
- D는 모든 자연수와 서로소이다.
- G는 7개의 문자 중 가장 큰 수이다.
- D가 십의 자리에 들어간 문자 중 소수는 3개이다.

① 34   ② 46   ③ 63   ④ 71   ⑤ 97

다음은 임산부 및 다자녀 가족 고속열차 요금 할인 서비스에 대한 안내문이다. 다음 안내문을 근거로 판단할 때, A의 가족이 편도 열차 요금으로 지불해야 하는 총액은? (단, 제시되지 않은 조건은 고려하지 않는다.)

[임산부 및 다자녀 가족 고속열차 요금 할인 서비스 안내]

- **임산부 열차 요금 할인**
  1) 할인 대상: 멤버십 회원인 임산부와 보호자 1명
     ※ 보호자 단독 승차 불가능
  2) 할인 기간: 신청일로부터 출산예정일 + 1년까지
     ※ 출산 이후 1년 이내 임산부 할인 이용 등록 시 관공서 발급 서류의 출생일을 출산예정일로 간주
  3) 할인율: 30%
     ※ 특실 서비스 요금은 할인되지 않으며(운임만 할인), 최저 운임 이하로는 할인하지 않음
  4) 이용 방법
     – 열차 출발 1개월 전부터 20분 전까지 온라인 홈페이지, 모바일 앱에서 할인 대상 열차 구매 시 할인 가능
     – 할인이 적용된 승차권을 역 창구에서 변경 시 할인 취소
     – 구입한 본인과 보호자 1명에 한하여 이용 가능(승차 시 신분증 제시), 1인 1회 2매, 1일 2회, 1개월 10회 이용 가능
     – 할인 승차권을 다른 사람이 이용하는 경우 할인 금액 회수 및 추가로 부가 운임을 수수하며, 할인 승차권을 다른 사람에게 제공한 회원은 할인 자격 정지
  5) 기타: 명절 특별 수송기간 할인 불가

- **다자녀 열차 요금 할인**
  1) 할인 대상: 멤버십 회원 중 만 25세 미만 자녀 2명 이상을 둔 회원
     ※ 세대원에 가족 구성원이 모두 포함되지 않은 가족인 경우 가족 정보를 등록 후 홈페이지에 증빙자료(가족관계증명서, 건강보험증 등 관공서에서 발급한 자료)를 추가 등록 후 상품 이용 가능
  2) 할인율: 30%
     ※ 등록된 가족 중 대인 요금이 적용되는 구성원 모두 할인이 적용되며, 임산부 열차 요금 할인을 받지 못한 구성원에 한하여 할인이 적용됨
  3) 기타: 명절 특별 수송기간에는 운영하지 않으며, 열차별 승차율에 따라 운영하는 상품으로 고객이 원하는 시간대에 할인 좌석이 조기에 매진될 수 있음

출산예정일이 한 달 남은 임산부 A는 이번 주말에 가족과 함께 대구로 고속열차를 타고 내려갈 예정이다. 비싼 열차 티켓을 저렴하게 구매하기 위하여 할인받을 수 있는 방법을 찾아보고 있던 A는 멤버십 회원인 자신과 자신의 가족이 임산부 및 다자녀 가족 고속열차 요금 할인 서비스 지원 대상에 해당된다는 것을 알게 되었다. A의 가족 구성원은 만 37세의 A와 A의 보호자인 만 38세의 남편 B, 만 17세의 고등학생 자녀 C, 만 6세의 유치원생 자녀 D로 구성되어 있다. 대구로 가는 열차는 만 14세 이상부터 만 64세 이하에 해당하는 대인의 요금이 38,000원, 만 13세 이하에 해당하는 소인과 만 65세 이상에 해당하는 노약자의 요금이 26,000원이다.

① 98,000원   ② 105,800원   ③ 117,200원   ④ 128,600원   ⑤ 140,000원

18. 갑, 을, 병, 정, 무 5명 중 3명은 산으로, 2명은 바다로 당일치기 여행을 다녀왔다. 5명 중 4명은 진실을 말하고 1명은 거짓을 말할 때, 바다에 다녀온 사람은?

- 갑: 을과 병은 같은 곳에 다녀오지 않았다.
- 을: 정과 무는 같은 곳에 다녀오지 않았다.
- 병: 갑과 무는 같은 곳에 다녀왔다.
- 정: 나와 을은 같은 곳에 다녀왔다.
- 무: 나와 정은 같은 곳에 다녀왔다.

① 갑, 을   ② 갑, 병   ③ 을, 정   ④ 병, 정   ⑤ 병, 무

19. A 회사의 인사팀은 갑, 을, 병, 정, 무 5명의 팀원으로 구성되어 있다. 제시된 조건을 모두 고려하였을 때, 항상 옳은 것은?

- 직급은 부장, 차장, 과장, 대리, 사원 순으로 부장이 가장 높고, 사원이 가장 낮다.
- 각 팀원은 부장, 차장, 과장, 대리, 사원 중 하나의 직급이며 2명의 직급은 같다.
- 갑의 직급은 과장이고, 갑의 직급보다 낮은 직급의 팀원은 2명이다.
- 정의 직급보다 직급이 높은 팀원은 없다.
- 을의 직급은 무의 직급보다 높다.
- 병의 직급은 사원이다.

ⓒ 병의 직급보다 높은 직급의 팀원은 4명이다.
ⓒ 갑의 직급은 정의 직급보다 낮다.
ⓒ 무의 직급은 대리이다.
ⓒ 직급이 같은 팀원 2명 중 1명은 을이다.

① ㉠   ② ㉡   ③ ㉠, ㉡   ④ ㉠, ㉡, ㉢   ⑤ ㉠, ㉡, ㉣

20. 갑, 을, 병, 정, 무 5명의 위원은 각자 소속되어 있는 위원회에서 회의를 하고자 한다. 다음 제시된 위원별 회의 참석 여부를 고려하였을 때, 모든 회의를 진행하는 데 필요한 최소한의 시간은? (단, 모든 회의 시간은 1시간이고 쉬는 시간 없이 진행된다.)

[위원별 회의 참석 여부]

구분	갑	을	병	정	무
A 회의		○		○	
B 회의	○		○		
C 회의		○	○		○
D 회의	○	○		○	
E 회의		○		○	○
F 회의	○		○		○

① 2시간　　　　② 3시간　　　　③ 4시간　　　　④ 5시간　　　　⑤ 6시간

21. 다음은 상생협력 우수 사례 선정 방식에 대한 자료이다. 다음 자료를 토대로 판단할 때, 두 기업의 사례에서 나타나는 공통된 선정 기준은?

[상생협력 우수 사례 선정 방식]

- **선정 대상**: 상생협력 우수 사례 공모에 신청한 가맹본부
  ※ 신청 마감일 기준 최근 1년 이내에 가맹사업법 위반으로 시정명령 이상의 처분을 받은 가맹본부 및 사회적 물의를 일으켰거나 허위 신청을 한 가맹본부는 대상에서 제외함

- **선정 기준**: 정량적 요소 및 정성적 요소의 평가 기준에 부합하는 가맹본부를 우수 사례로 선정함
  ① 정량적 요소

구분	내용	평가 기준
적극성	가맹본부와 가맹점 사업자의 상생협력 참여 여부	- 가맹사업자의 참여도 - 가맹본부의 지원금액
효과성	상생협력의 실질적인 효과성 정도	- 매출 증가 정도 - 경영 여건 개선 정도
중소기업	중소기업기본법 제2조 제1항에 따른 중소기업 여부	- 평균 매출액 및 자산 총액

  ※ 경영 여건 개선 정도 판단 시 분쟁 감소, 비용 절감 등 매출 이외의 요소로 판단함
  ② 정성적 요소

구분	내용	평가 기준
독창성	업계에서 시도된 적 없는 참신한 사례인지 여부	- 신규성 및 창의성
파급력	상생협력 사례가 사업수행에 실질적인 도움이 되어 업계에 모범이 될 만한 사례인지 여부	- 매출 및 경영 여건 개선 등의 파급력 정도

- 대표적인 커피 브랜드인 A 기업은 최근 가맹점 사업자 심층 인터뷰 등 소통을 통해 원가 절감의 필요성을 인식하고, 이를 위해 가맹본부 내 리브랜딩 TF를 구성하여 원재료 공급 방법 변경, 메뉴 제조 방법 개선 및 신메뉴 개발 등을 추진하였으며, 원재료 변경 등을 통해 원가를 최대 10% 절감한 성과를 냈다.
- 사람들에게 많은 사랑을 받고 있던 대표적인 치킨 브랜드 B 기업은 가맹점 사업자와 상생 협력을 통해 신메뉴를 개발하였으며, 신메뉴 출시 이후 가맹점 매출액이 전월과 비교하여 평균 15%가 상승하였고 상위 30개 가맹점의 매출액은 평균 30%가 상승했다.

① 적극성 ② 효과성 ③ 독창성 ④ 파급력 ⑤ 중소기업

22. ○○업체는 A~E 5명의 지원자 중 1명만 채용하려고 한다. 채용 평가 방법 및 배점 기준과 지원자 정보를 근거로 판단할 때, 채용되는 사람은?

[채용 평가 방법 및 배점 기준]

• 지원자 중 자격점수, 학점점수, 가산점, 면접점수의 총합이 가장 높은 지원자 1명을 채용하고, 동점자 발생 시 자격점수와 면접점수의 산술평균이 가장 높은 지원자를 우선 채용한다.
• 자격점수와 학점점수의 합이 40점 이하이거나 면접점수가 20점 미만인 지원자는 채용 대상에서 제외된다.
• 각각의 점수는 아래의 항목별 배점 기준에 따라 부여한다.

구분	배점 기준	배점
자격점수	국가 기술 자격증 기사 이상 소지자	40점
	국가 기술 자격증 산업기사 소지자	35점
	국가 기술 자격증 기능사 소지자	32점
	국가 기술 자격증 미소지자	30점
학점점수	대졸 4년 평균 학점 4.0 이상	25점
	대졸 4년 평균 학점 3.5 이상 4.0 미만	20점
	대졸 4년 평균 학점 2.5 이상 3.5 미만	15점
	대졸 4년 평균 학점 2.5 미만	10점
가산점	국가유공자 자녀, 독립유공자 자녀, 다자녀(3명 이상)	4점
	사회봉사 활동 경력	8시간마다 1점 최대 8점
	한국사능력검정 1급, 2급 소지자 한국사능력검정 3급, 4급 소지자	1급, 2급: 2점 3급, 4급: 1점
면접점수	면접자가 직무 적합성, 인성, 발전 가능성, 논리적 사고력 등을 평가	최대 35점

※ 가산점의 경우 같은 셀에 포함된 내용의 경우 가장 높은 1개에만 가산점을 적용하고, 다른 셀에 포함된 내용의 경우 가산점 모두 적용
예 국가유공자 자녀이면서 다자녀인 지원자의 가산점: 4점
국가유공자 자녀이면서 한국사능력검정 1급 소지자의 가산점: 4+2=6점

[지원자 정보]

구분	국가 기술 자격증 소지 여부	대졸 4년 평균 학점	기타 특이사항	면접점수
A	기사	4.3	한국사능력검정 4급	19점
B	산업기사	3.8	독립유공자 자녀	20점
C	미소지	4.5	사회봉사 활동 12시간	25점
D	기능사	3.7	국가유공자 자녀 사회봉사 활동 30시간	22점
E	미소지	2.4	독립유공자 자녀 다자녀 사회봉사 활동 80시간 한국사능력검정 1급	35점

① A   ② B   ③ C   ④ D   ⑤ E

23. 다음은 식사 지원 및 영양 관리 서비스 사업에 대한 자료이다. 다음 자료를 근거로 판단한 내용으로 적절하지 않은 것은?

[식사 지원 및 영양 관리 서비스 사업]

1. 사업 목적
- 탈시설 장애인 및 재가 장애인 중 스스로 식사 준비가 어려운 중증장애인을 대상으로 식사 지원 및 영양 관리 서비스를 통해 건강한 자립 생활을 할 수 있도록 지원함

2. 사업 대상
- 욕구 기준과 소득 기준을 모두 충족하는 장애인

구분	판단 기준	비고
욕구 기준	- 혼자 거동하기 어렵거나 독립적인 일상생활 유지가 어려워 스스로 식사 준비가 어려운 자 - 고도 비만(만성 질환) 등 식이요법이 필요하거나 식습관을 조절하기 어려운 자	-
소득 기준	- 기준 중위소득 160% 이하인 자	소득 구간별 차등 지원

※ 1) 병원 또는 요양시설에 2개월 이상 입원이나 입소 시 서비스 지원을 중단함
 2) 통합돌봄 거주지역에 거주하는 자에게는 우선 신청 자격 부여

3. 서비스 내용

구분	내용	주기
사전 검사	- 간이 영양검사 등 식습관 및 건강상태 파악	초기 1회
식사 지원	- 반찬·도시락 배달, 완전 조리식품 배달 등 지원 서비스 제공 - 영양사가 대상자 특성을 파악하여 제작한 식단 제공 ※ 식단 작성 시 1끼 식단가에서 식재료비 최소 55% 유지	주 3~5회
영양 관리	- 사전 영양 검사에 기반한 정기적 영양 관리 지도 상담	월 1회

4. 서비스 기간 및 가격
- 서비스 기간: 12개월
- 서비스 가격(월): 250,000원(정부 지원금 공제 전)
- 정부 지원금(월)
  - 1등급(기초생활수급자 또는 차상위계층인 자): 225,000원
  - 2등급(기준중위소득 120% 이하 중 기초생활수급자 또는 차상위계층이 아닌 자): 200,000원
  - 3등급(기준중위소득 120% 초과 160% 이하인 자): 175,000원

5. 제공 인력
- 필수 인력: 영양사, 임상영양사 또는 식품학, 영양학 등 관련 전공자 중 실무경력이 3개월 이상인 자
- 그 외 인력: 요양보호사, 사회복지사 또는 사회복지시설에서 6개월 이상 근무한 경력이 있는 자

① 식사 지원 및 영양 관리 서비스를 받고 있던 장애인이 요양시설에 2개월간 입소했다면 해당 서비스를 지원받을 수 없다.

② 서비스를 지원받는 대상자는 영양사가 자신의 특성을 파악하여 만든 식단을 일주일에 최대 5번 제공받을 수 있다.

③ 소득 기준과 욕구 기준을 모두 충족한 장애인이 통합돌봄 거주지역에 거주한다면 우선 신청이 가능하다.

④ 2개월의 실무 경력이 있는 식품학 전공자는 서비스 제공 필수 인력에 해당하지 않는다.

⑤ 기준중위소득이 50%인 차상위계층자는 식사 지원 및 영양 관리 서비스의 본인 부담금으로 매달 5만 원을 지불한다.

24. 다음은 에코 스타트업 지원 대상 평가 기준 및 기업별 에코 스타트업 지원 대상 세부 내용에 대한 자료이다. 다섯 개 창업기업의 각 평가 기준에 따른 점수가 다음과 같을 때, 다섯 개의 창업기업 중 선정된 기업은? (단, 다섯 개의 창업기업 모두 창업 이력이 없는 기업으로 일반 분야에 지원하였다.)

[에코 스타트업 지원 대상 평가 기준]

1. 평가 시 자격 검토를 거친 후 서류 평가와 발표 평가를 진행합니다.
2. 지원 대상 선정 시 발표 점수와 추가 점수, 가점을 합산하여 점수가 가장 높은 한 곳을 선정합니다.
   ※ 단, 서류 점수가 80점 미만인 기업은 선정 기업에서 제외됨
3. 평가 기준은 아래 기준에 맞추어 점수를 산출합니다.
   – 서류 점수(100점): 사업 계획(60점), 기술성(25점), 시장성(15점) 각각의 점수를 합산합니다.
   – 발표 점수(100점): 시장성 및 기대효과(25점), 사업비 계획 타당성(25점), 창업 역량(25점), 기술성(25점) 각각의 점수를 합산합니다.
4. 추가 점수는 아래 기준에 맞추어 점수를 산출합니다.
   – 추가 점수(17.5점): (시장성 및 기대효과 점수 × 0.4) + (창업 역량 점수 × 0.3)로 산출합니다.
5. 가점은 아래 조건에 부합하는 기업에 한해 각 조건별 1점씩 부여하고, 최대 2점을 부여할 수 있습니다.
   – 친환경 인증, 우수 재활용 인증, 재제조제품 품질 인증 등 환경 관련 인증서를 보유한 기업
   – 환경산업 분야 국내외 특허권 또는 실용신안권, 환경 기술 이전 및 거래에 따른 기술 실시권을 보유한 기업
   ※ 실용신안권에 디자인권 및 상표권은 제외함

[기업별 에코 스타트업 지원 대상 세부 내용]

구분	서류 점수	발표 점수				기타
		시장성 및 기대효과	사업비 계획 타당성	창업 역량	기술성	
A 기업	89점	25점	17점	15점	15점	• 친환경 인증서 보유
B 기업	78점	24점	21점	20점	25점	–
C 기업	95점	18점	18점	21점	19점	• 국내 환경산업 분야 디자인권 보유
D 기업	82점	19점	22점	19점	15점	• 우수 재활용 인증서 보유 • 국외 환경산업 분야 특허권 보유
E 기업	90점	23점	20점	19점	16점	–

① A 기업   ② B 기업   ③ C 기업   ④ D 기업   ⑤ E 기업

25. 다음 글에서 설명하고 있는 조직변화의 유형으로 가장 적절한 것은?

> 조직의 경영과 관계되는 것으로, 경영방식 등 각종 시스템 등을 개선하여 조직의 목적을 달성하고 효율성을 높이기 위한 것이다.

① 제품의 변화   ② 서비스의 변화   ③ 전략과 구조의 변화
④ 기술의 변화   ⑤ 문화의 변화

26. 다음 중 집단의사결정의 특징에 대한 설명으로 적절하지 않은 것을 모두 고르면?

> ㉠ 집단이 가지고 있는 지식과 정보가 개인이 가진 지식보다 많아 효과적인 결정을 할 수 있다.
> ㉡ 다양한 집단 구성원이 갖고 있는 능력이 서로 다르므로 문제를 다양한 시각으로 볼 수 있다.
> ㉢ 집단으로 의사결정을 내릴 경우 한 사람이 의사결정을 내릴 때보다 항상 더 적은 시간이 소요된다.
> ㉣ 여러 사람이 의견을 제시하므로 특정 구성원이 의사 결정권을 독점할 수 없다.

① ㉠, ㉡   ② ㉠, ㉣   ③ ㉡, ㉢   ④ ㉡, ㉣   ⑤ ㉢, ㉣

27. 다음 중 조직목표의 특징에 대한 설명으로 가장 적절하지 않은 것은?

① 다수의 조직목표를 추구할 수 있다.
② 조직목표 간의 위계적 상호관계가 존재한다.
③ 가변적이다.
④ 조직의 구성요소와 상호관계를 가진다.
⑤ 공식적 목표와 실제적 목표는 항상 동일하다.

28. 다음 중 팀제의 특징에 대해 가장 적절하지 않은 설명을 한 사람은?

> 윤지: 직무 그룹이 단순히 정보 공유를 위해 모인 것이라면, 직무팀은 멤버가 서로 부족한 점을 보완해 주면서 시너지를 창출할 수 있도록 구성한 것입니다.
>
> 지훈: 팀을 구성할 때에는 기술적 전문성이 있는 사람, 문제해결 능력이 높은 사람, 대인관계에 능숙한 사람을 적절히 섞어 구성해야 합니다.
>
> 성찬: 자가 경영 직무팀은 관리자 역할을 팀 단위에 맡긴 팀의 형태로, 직무 관련 일상적 의사결정은 물론, 인사권 역시 행사할 수 있습니다.
>
> 이슬: 조직 내 기존의 보상체계가 개개인의 퍼포먼스에 기반하여 오랫동안 유지되어 왔거나, 조직 내 상명하복 문화가 강한 경우 팀제 도입이 실패할 수 있습니다.
>
> 민재: 팀제의 성과를 높이기 위해서는 구성원의 수를 20명 이상으로 많게 하는 것이 좋으며, 개인적 보상뿐 아니라 그룹의 퍼포먼스에 대해서도 별도의 보상체계를 마련하는 것이 좋습니다.

① 윤지   ② 지훈   ③ 성찬   ④ 이슬   ⑤ 민재

29. 다음은 조직에서 업무를 효과적으로 수행하기 위한 계획을 수립하는 절차이다. 업무수행 계획 수립 절차 중 ㉠, ㉡에 들어갈 내용을 순서대로 바르게 나열한 것은?

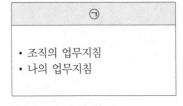 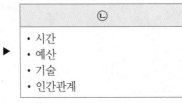 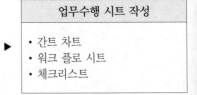

㉠	㉡	업무수행 시트 작성
• 조직의 업무지침 • 나의 업무지침	• 시간 • 예산 • 기술 • 인간관계	• 간트 차트 • 워크 플로 시트 • 체크리스트

① 업무목표 확인 – 제약 조건 확인

② 업무지침 확인 – 활용 자원 확인

③ 업무지침 확인 – 제약 조건 확인

④ 업무수행 방법 확인 – 활용 자원 확인

⑤ 업무수행 방법 확인 – 제약 조건 확인

30. 의사결정 과정이 3단계로 이루어진다고 할 때, 다음 중 ㉠에 대한 설명으로 가장 적절하지 않은 것은?

확인 단계	▶	㉠	▶	선택 단계

① 이전에 없었던 완전히 새로운 문제에 대한 해결안을 설계할 수 있다.

② 확인된 주요 문제나 근본 원인에 대해서 해결방안을 모색하는 단계이다.

③ 다양한 의사결정 기법을 통해 시행착오를 거치면서 새로운 문제에 대한 해결안을 찾아 나간다.

④ 문제 해결의 긴급성을 파악하여 진단 시간을 단축할 수 있다.

⑤ 조직 내의 기존 해결 방법 중에서 당면한 문제의 해결 방법을 찾는 탐색 과정이 이루어지기도 한다.

31. 다음 중 나라별 비즈니스 매너에 대해 가장 적절하게 설명하고 있는 사람은?

> 갑: 중국 바이어와 미팅이 있을 경우 중국에서 위상과 번영을 상징하는 황금색으로 인쇄된 명함을 건네야겠어.
> 을: 그리고 중국 바이어와의 미팅에서는 통역사를 동반하는 것보다 자신이 직접 번역하면서 이야기하는 것이 좋아.
> 병: 일본 바이어와 비즈니스적으로 처음 만나는 경우에는 원활한 소통과 거래를 위해 성을 떼고 이름만 불러야겠어.
> 정: 다만 일본에서는 한 손으로 술을 따르고 술을 받는 것은 실례가 되는 일이니 이 점을 유의하도록 해야 해.
> 무: 미국에서는 시간 약속을 형식적인 것으로 생각하기 때문에 미국 바이어가 약속 시간보다 늦게 나오더라도 인내를 가지고 기다리는 것이 좋아.

① 갑   ② 을   ③ 병   ④ 정   ⑤ 무

32. 다음 중 유기적 조직의 특징으로 적절하지 않은 것의 개수는?

> ㉠ 비공식적인 상호 의사소통이 원활하게 이루어진다.
> ㉡ 많은 규칙과 규제가 존재한다.
> ㉢ 조직 구성원들의 업무가 분명하게 규정되어 있다.
> ㉣ 하부 구성원들에게 의사결정 권한이 많이 위임되어 있다.
> ㉤ 대표적으로 군대, 정부, 공공기관 등이 있다.

① 1개   ② 2개   ③ 3개   ④ 4개   ⑤ 5개

33. 다음 중 정보를 기획할 때 활용하는 5W2H 원칙에 해당하지 않는 것은?

① WHAT   ② WHERE   ③ WHICH   ④ HOW   ⑤ HOW MUCH

34. 다음 중 데이터베이스에 대한 설명으로 가장 적절하지 않은 것은?

① 데이터베이스는 일반적으로 서로 연관된 여러 개의 파일을 의미한다.

② 데이터베이스 시스템을 이용하면 데이터의 중복성을 줄이고, 데이터의 무결성은 높일 수 있다.

③ 다수의 데이터베이스 관리시스템은 사용자가 정보에 대한 보안등급을 정할 수 있도록 한다.

④ 데이터베이스의 기능으로 입력 기능, 데이터의 검색 기능, 데이터의 일괄 관리 기능, 보고서 기능이 있다.

⑤ 데이터베이스 관리시스템은 한 번에 한 개의 파일에 대해서 생성, 유지, 검색을 할 수 있는 소프트웨어이다.

35. 총무팀에서 근무하는 귀하는 부서별 급여 현황을 조사하여 실수령액 평균을 구하고자 한다. 다음 엑셀 시트에서 생산부 실수령액 평균을 구할 때, [E11] 셀에 입력할 함수식으로 가장 적절한 것은?

	A	B	C	D	E
1	성명	직급	부서	기본급	실수령액
2	가송희	사원	영업부	1,600,000	2,160,000
3	김동현	과장	총무부	2,200,000	2,970,000
4	김성배	대리	생산부	1,850,000	2,500,000
5	박두환	과장	영업부	2,000,000	2,700,000
6	박민수	사원	총무부	1,700,000	2,300,000
7	박주하	과장	생산부	2,150,000	2,900,000
8	서유미	대리	총무부	1,800,000	2,430,000
9	안영주	대리	영업부	1,800,000	2,430,000
10	유미영	사원	생산부	1,650,000	2,230,000
11	생산부 실수령액 평균				

① = SUMIF(B2:B10, "생산부", D2:D10)/COUNTIF(C2:C10, "생산부")

② = SUMIF(B2:B10, "생산부", E2:E10)/COUNTIF(B2:B10, "생산부")

③ = SUMIF(C2:C10, "생산부", D2:D10)/COUNTIF(C2:C10, "생산부")

④ = SUMIF(C2:C10, "생산부", E2:E10)/COUNTIF(C2:C10, "생산부")

⑤ = SUMIF(C2:C10, "생산부", E2:E10)/COUNTIF(B2:B10, "생산부")

[36 – 37] 다음은 Windows와 Linux 운영체제의 바이러스 감염을 진단하는 프로그램에 사용되는 Code 해독 방법 및 시스템 상태 판단 기준에 대한 자료이다. 각 물음에 답하시오.

[Code 해독 방법]

구분	세부 사항
Operating System Type	1) Win(Windows 운영체제): Code에 해당하는 값의 합 산출 2) Lin(Linux 운영체제): Code에 해당하는 값 중 가장 큰 값을 산출

Code	• 발생 Code의 종류에 따라 산출되는 값은 다음과 같다.
	 1) Boot
	  – Flofy(플로피 디스크 감염): F(1)
	  – Hard(하드 디스크 감염): H(3)
	 2) File
	  – COM(COM 파일 감염): C(2)
	  – EXE(EXE 파일 감염): E(3)
	  – SYS(SYS 파일 감염): S(4)
	 3) Macro
	  – Word(워드 프로그램에서 사용하는 문서 파일 감염): W(1)
	  – Excel(엑셀 프로그램에서 사용하는 문서 파일 감염): X(2)

Result Value	• H-Score(위험도 점수) 및 Code에 따른 Result Value는 다음과 같이 산출한다. 1) 1개의 Code 종류에서 바이러스 발견 시: 위험도 점수 + (Win 또는 Lin) 2) 2개 이상 Code 종류에서 바이러스 발견 시: 위험도 점수 × (Win 또는 Lin)

[시스템 상태 판단 기준]

Result Value	시스템 상태	Input Code
3 이하의 값	안전	Safe
3 초과 8 이하의 값	주의	Attention
8 초과 13 이하의 값	경고	Warning
13 초과 18 이하의 값	위험	Danger
18 초과의 값	고위험	High

[Code 종류에 따른 절차]

Virus has occurred in the script on this page

Operating System Type: Lin
File Code: E
Boot Code: H

H-Score: 4

You have to input (　　) on this page

절차 1. Result Value 산출
Operating System Type이 Lin이고, File Code와 Boot Code가 발생했으므로 위험도 점수에 Lin 값을 곱한다.
H-Score가 4, Lin이 max(3, 3) = 3이므로
Result Value = 4 × 3 = 12이다.

절차 2. 상태별 조치에 따른 Input Value 입력
Result Value(12)는 '8 초과 13 이하의 값'에 해당하여 System 상태는 '경고'이므로 입력할 Input Code는 'Warning'이다.

36. 다음 시스템 상태에서 확인할 수 있는 내용으로 적절하지 않은 것은?

> Virus has occurred in the script on this page
>
> Operating System Type: Win
> Boot Code: F
> File Code: E
> File Code: S
>
> H−Score: 4
>
> You have to input (   ) on this page

① 시스템의 운영체제는 Windows이다.
② 워드 또는 엑셀 프로그램에서 사용하는 문서 파일은 감염되지 않았다.
③ 위험도 점수는 4이다.
④ 산출되는 Win의 값은 4이다.
⑤ Result Value는 '위험도 점수 × Win'으로 산출한다.

37. 다음 시스템 상태에서 입력할 Input Code로 가장 적절한 것은?

> Virus has occurred in the script on this page
>
> Operating System Type: Lin
> File Code: C
> File Code: E
> File Code: S
>
> H−Score: 5
>
> You have to input (   ) on this page

① Safe   ② Attention   ③ Warning   ④ Danger   ⑤ High

[38 – 39] 다음은 ○○전자에서 규정한 냉장고 제품 번호 부여 방식이다. 각 물음에 답하시오.

[냉장고 제품 번호 부여 방식]

[크기] – [시리즈] – [에너지 효율] – [색상]

㈜ 2021년 출시된 850L 용량의 2도어 냉장고 중 쇼케이스 기능을 탑재한 에너지 효율 1등급의 화이트 색상 냉장고

S05 – B01 – G1 – WH

크기				시리즈				에너지 효율		색상	
도어		용량		출시 연도		기능					
F	4도어	09	905L	9	2019년	01	쇼케이스	G1	1등급	WH	화이트
T	3도어	07	870L	A	2020년	02	아이스 메이커	G2	2등급	GR	그레이
S	2도어	05	850L	B	2021년	03	살균/탈취	B1	3등급	SL	실버
R	1도어	03	830L	C	2022년	04	멀티 팬트리	B2	4등급	SN	샌드

38. 위 자료를 근거로 판단할 때, ○○전자에서 2022년에 출시한 830L 용량의 1도어 냉장고 중 멀티 팬트리 기능을 탑재한 에너지 효율 3등급의 샌드 색상 냉장고의 제품 번호로 가장 적절한 것은?

① R03 – C04 – G1 – SN ② R03 – C04 – B1 – SN ③ C04 – R03 – G1 – WH

④ R03 – C04 – B1 – SL ⑤ C04 – R03 – B1 – SN

39. 위 자료를 근거로 판단할 때, 제품 번호 T07 – A02 – B2 – GR에 대한 설명으로 적절하지 않은 것은?

① 2020년에 출시된 제품이다.

② 3도어 냉장고이다.

③ 아이스 메이커 기능이 탑재된 제품이다.

④ 그레이 색상의 제품이다.

⑤ 에너지 효율이 2등급인 제품이다.

40. 다음 지문의 주요 통신사 이용약관 개선에 대한 설명으로 가장 적절하지 않은 것은?

방송통신위원회(이하 방통위)는 최근 크고 작은 통신서비스 중단 사고가 연이어 발생하면서 이용자의 피해 구제에 대한 관심이 높아지고 있는 가운데 이용자 피해 구제의 실효성 확보를 위해 주요 통신사 이용약관을 개선한다고 밝혔다.

현재 주요 통신사의 이용약관에 따르면 연속 3시간 이상 서비스 중단 시 초고속 인터넷 분야의 경우 해당 서비스 장애 시간 요금의 6배, 이동전화 분야의 경우 해당 서비스 장애 시간 요금의 8배 상당의 금액을 배상하도록 규정되어 있다. 그러나 최근의 변화된 통신이용 환경을 반영할 필요성 등이 제기되어 방통위는 작년 11월부터 이용약관상 손해배상 기준 등 제도 개선을 위해 주요 통신사와 협의를 진행하며 전문가 의견 수렴을 병행하였다. 이번에 개선되는 주요 통신사 피해구제 절차 및 내용은 다음과 같다.

첫째, 손해배상의 기준 시간은 단축되고 금액은 확대된다. 초고속 인터넷 및 이동전화 서비스 제공이 연속 2시간 이상 중단된 경우 손해배상을 청구하면 해당 서비스 장애 시간 요금의 10배를 배상받을 수 있다. 이는 통신망의 고도화, 스마트폰의 도입 및 통신 서비스 이용 방식 변화 등과 함께 통신 서비스 제공 중단 시 소요되는 복구 시간, 전기통신사업법 규정과의 정합성, 국내외 사례 등을 종합적으로 고려한 것이다. 아울러, 통신 서비스 제공 중단에 따른 이용자 피해에 대해 폭넓은 배상이 이루어지도록 기준 금액을 대폭 확대하였다.

둘째, 통신 서비스가 중단되는 경우 이용자의 신청이 없어도 다음 달에 자동으로 요금 반환이 이루어진다. 이용자가 직접 신청하여야 하는 손해배상과 달리 요금 반환은 이용자의 신청 없이 통신 서비스 중단 일수에 따라 월정액 요금의 일할 기준 금액을 반환 또는 감면하여 부과해야 하나 명확하지 않은 측면이 있어 다음 달에 자동으로 반환된다는 점을 이용약관에 명시하도록 하였다.

셋째, 통신사 홈페이지와 고객센터 앱을 통한 통신 서비스 제공 중단 및 손해배상 안내가 강화된다. 현재 통신 서비스 중단 사고 발생 시 통신사 홈페이지나 고객센터 앱에서 서비스 중단에 대한 정보를 찾기가 쉽지 않고, 심지어 손해배상 청구 절차나 양식에 대한 안내도 전혀 이루어지지 않고 있다. 이에 홈페이지 및 고객센터 앱에 별도의 메뉴를 신설해 이용자가 통신 서비스 중단 사고를 쉽게 확인하고 신속하게 대처할 수 있도록 할 예정이다. 방통위는 이용약관 개정의 경우 주요 통신사에서 과학기술정보통신부 신고 절차를 거쳐 사업자별로 전산 시스템을 개선해 7월 중 시행할 예정이며, 홈페이지 개편은 8월 중에 이루어질 것이라고 밝혔다.

한편, 방통위는 통신 서비스 중단 시 다양한 고지 수단 중 하나를 통신사업자가 선택하는 현행 고지 방식을 개선해 이용자가 쉽게 알 수 있는 방법으로 우선 고지하도록 전기통신사업법 시행령을 개정하는 등 이용자 피해구제의 실효성 확보를 위한 제도 개선도 지속적으로 추진할 계획이다.

※ 출처: 방송통신위원회(2022-06-24 보도자료)

① 개선되는 주요 통신사 이용약관이 적용될 경우 통신 서비스가 중단될 시 요금 반환을 신청한 이용자에 한해 요금 반환이 진행된다.

② 주요 통신사 이용약관이 개선될 경우 제공되던 통신 서비스 중단에 따른 피해 배상 기준 금액은 증가한다.

③ 방송통신위원회는 통신 서비스가 중단되는 상황에 통보 수단을 이용자가 쉽게 인식할 수 있는 방법으로 고지할 수 있는 제도를 추진할 예정이다.

④ 주요 통신사의 현재 이용약관에 따르면 연속으로 3시간 넘게 이동전화 서비스가 중단될 경우 서비스 장애 시간 요금의 8배에 달하는 금액을 배상해야 한다.

⑤ 주요 통신사 이용약관 개정은 과학기술정보통신부에 신고 절차를 거친 주요 통신사에 한해 7월 중으로 시행될 예정이다.

[기록물 관리 규정]

1. 목적

   이 규정은 투명한 경영 구현 및 기록물의 안전한 보존을 위해 기록물 관리에 관하여 필요한 사항을 정함을 목적으로 한다.

2. 정의

   ① 기록물은 업무와 관련하여 생산 또는 접수한 문서, 도서, 시청각물, 전자도서 등 모든 형태의 기록정보자료를 말한다.

   ② 기록관이란 기록물을 보존·관리하고, 활용하기 위하여 필요한 보존 서고 공간, 열람 공간, 사무 공간, 보존시설 및 장비 등을 갖춘 조직을 말한다.

3. 보존시설 및 장비의 확보

   기록관은 기록물의 안전한 보존·관리를 위하여 보존시설·장비 및 환경 기준을 갖추어야 하며, 그 기준은 [별표 1]과 같다.

4. 기록물의 보존기간 및 보존기간의 기산일

   보존기간에 따른 기록물의 분류기준은 [별표 2]와 같으며, 기록물의 보존기간은 기록물의 정리가 완료된 날이 속하는 연도의 다음 연도 1월 1일부터 기산한다.

5. 기록물의 정리

   처리부서는 매년 5월 31일에 전년도에 작성된 기록물을 정리하며, 기록물을 생산 연도별·보존기간별로 구분하여 보존 상자에 담는다. 이 경우 생산 연도는 그 기록물의 종료 연도를 기준으로 한다.

[별표 1] 기록물 보존시설·장비 및 환경 기준

구분		종이 기록물	전자 기록물
보존 서고 면적	고정식	1만 권당 99m²	10만 장당 80m²
	이동식	고정식 면적의 40~60%	
작업실 면적	업무 작업실	근무 인원 1명당 7m²	
	열람실	근무 인원 1명 및 열람 좌석 1개당 7m²	
장비	공기조화설비	항온·항습 설비 ※ 보존기간이 30년 이상인 기록물을 보존하는 서고에 한하여 설치함	
	온습도계	공기조화설비가 설치된 서고당 1대	
보존환경	온도	18~22℃	
	습도	40~55%	35~45%
	조명	보존 서고 100~300룩스, 전시관 50~200룩스 ※ 원본을 전시하는 경우에 한함	

[별표 2] 보존기간에 따른 기록물의 분류기준

구분	대상 기록물
영구	• 사내 규정 제정 및 개정 등 중요 기록물 • 이사회 회의록 • 연도별 업무 계획과 결과 및 심사분석 관련 기록물
준영구	• 일정 기간이 경과하면 관리 대상이 사망 또는 폐지 등의 사유로 소멸되어 영구 보존의 필요성이 없는 기록물 • 역사 자료로서 가치는 낮으나 30년 이상 장기 보존이 필요하다고 인정되는 기록물
30년	• 10년 이상, 30년 미만의 기간 동안 민·형사상의 시효가 지속되는 사항에 관한 기록물
10년	• 관계 법령에 의하여 5년 이상 10년 미만의 기간 동안 민·형사상의 시효가 지속되는 사항에 관한 기록물
5년	• 예산·회계 관련 기록물 • 관계 법령에 의하여 3년 이상 5년 미만의 기간 동안 민·형사상의 시효가 지속되는 사항에 관한 기록물
1년	• 부서 수준의 주간·월간·분기별 업무 계획서 • 처리부서 간 자료요구, 자료조회, 업무 연락 등과 관련된 기록물

41. 다음 중 기록물 관리 규정을 확인한 U 사원의 반응으로 가장 적절하지 않은 것은?

① 종이 기록물의 원본을 보존하는 서고의 조명은 100~300룩스를 유지하는 것이 원칙이야.

② 30만 장의 전자 기록물을 보존하고 있는 이동식 서고의 면적은 96m²에서 144m² 사이겠구나.

③ 2020년 9월에 작성된 회계 관련 기록물은 2025년까지 보존할 수 있겠어.

④ 이사회 회의록을 보존하는 서고에는 공기조화설비를 설치해야 되겠군.

⑤ 기록관은 기록물을 보존하기 위한 서고 공간뿐 아니라 열람 공간 역시 갖춰야 해.

42. 다음 ○○공사의 서고에 보존 중인 기록물 관련 정보를 근거로 판단할 때, 온습도계가 설치된 서고의 개수는?

서고	기록물
A 서고	○○공사 임직원 퇴직금 지급 규정 개정안
B 서고	기획부 분기별 업무 계획서
C 서고	10년간 민사상 시효가 지속되는 사항에 관한 문서
D 서고	20XX년 ○○공사 회계 결산
E 서고	부서 간 업무 연락 및 자료조회 관련 문서

① 1개   ② 2개   ③ 3개   ④ 4개   ⑤ 5개

[43 – 45] 다음은 업체별 친환경 상품 판매 가격 및 할인 정보이다. 각 물음에 답하시오.

[업체별 친환경 상품 판매 가격 및 할인 정보]

구분	빨대	수세미	에코백	텀블러	추가 할인
A 업체	1,500원	3,000원	3,600원	8,100원	빨대 5% 할인
B 업체	1,800원	2,800원	3,800원	9,000원	수세미 5% 할인
C 업체	1,300원	2,900원	3,600원	7,800원	텀블러 5% 할인
D 업체	1,500원	2,700원	3,300원	8,000원	에코백 5% 할인
E 업체	1,400원	2,600원	3,700원	8,500원	–

※ 1) 친환경 상품의 정가는 빨대가 1,600원, 수세미가 3,200원, 에코백이 4,000원, 텀블러가 10,000원임
　 2) 추가 할인은 해당 제품 20개 이상 구매 시 해당 제품의 업체별 총구매액에 적용됨

43. 빨대 10개와 에코백 5개를 구매하려고 할 때, 지불해야 하는 총액이 가장 저렴한 업체는?

　① A 업체　　　　② B 업체　　　　③ C 업체　　　　④ D 업체　　　　⑤ E 업체

44. 수세미 15개와 텀블러 10개를 구매하려고 할 때, 친환경 상품의 정가와 비교하여 전체 할인율이 가장 큰 업체는?

　① A 업체　　　　② B 업체　　　　③ C 업체　　　　④ D 업체　　　　⑤ E 업체

45. D 업체에서 빨대, 수세미, 에코백, 텀블러를 각각 20개씩 구매하려고 할 때, 지불해야 하는 총액은?

　① 300,000원　　　② 306,700원　　　③ 310,000원　　　④ 316,700원　　　⑤ 320,000원

46. K 회사는 일본, 중국, 아일랜드, 미국, 영국 5개 국가에 각각 생산 공장을 두고 있어 갑~계 10명의 직원을 해당 국가로 일주일간 파견 보내려고 한다. 다음 국가 배정 조건을 고려하여 직원을 배정한다고 할 때, 지원한 국가에 배정되지 못한 직원으로 바르게 묶인 것은?

[직원별 지원 국가 및 직위(재직 기간)]

구분	지원 국가	직위(재직 기간)	구분	지원 국가	직위(재직 기간)
갑	미국	과장(5년)	기	미국	주임(3년)
을	중국	주임(4년)	경	중국	주임(5년)
병	중국	과장(2년)	신	영국	대리(1년)
정	미국	사원(3년)	임	아일랜드	과장(3년)
무	일본	대리(2년)	계	영국	대리(2년)

[국가별 점수]

구분	일본	중국	아일랜드	미국	영국
점수	10점	8점	5점	3점	1점

[국가 배정 조건]
- 각 직원은 지원 국가에 우선으로 배정되며, 각 국가에는 직원이 최대 2명씩 배정된다.
- 동일 국가에 3명 이상 지원할 경우 직위가 높은 순서대로 우선 배정된다.
- 직위는 과장, 대리, 주임, 사원 순으로 과장이 가장 높고 사원이 가장 낮으며, 직위가 동일할 경우 현재 직위로 재직한 기간이 긴 직원부터 우선 배정된다.
- 지원 국가에 배정되지 못한 직원은 경력이 높은 사람부터 국가별 점수가 높은 지역에 우선으로 배정된다.

① 갑, 경   ② 을, 경   ③ 을, 정   ④ 정, 경   ⑤ 정, 기

[47 – 48] 다음은 S 시의 신호등 설치사업에 대한 자료이다. 각 물음에 답하시오.

S 시는 한광로에 위치한 한빛사거리 횡단보도 인근 차도에 신호등 면의 하단이 차도의 노면으로부터 수직으로 450cm 이상의 높이에 위치하도록 신호등을 설치하려 한다. 도로 특성상 설치할 신호등에는 좌회전 표시등이 포함되어야 하며 관급자재대가 최대한 저렴한 신호등으로 설치해야 한다.

[신호등 설치사업 안내]

(1) 공사명: 신호등 설치사업
(2) 위치: 한빛사거리 횡단보도 인근 차도
(3) 사업내용: 신호등 설치 1식 등
(4) 추정금액: 기초금액 + 관급자재대
(5) 기초금액: 추정가격 + 부가세
(6) 공사기간: 착공일로부터 30일
(7) 신호등 관련 참고 사항

  1. 신호등 종류별 정보

구분	규격	형태	관급자재대
횡형 삼색등	1,065mm × 355mm	◯◯◯	17,062,000원
횡형 사색등 A	1,420mm × 355mm	◯◯⇐◯	18,353,000원
횡형 사색등 B	710mm × 1,065mm × 355mm	◯◯◯ ⇐	19,514,000원
종형 삼색등	355mm × 1,065mm	◯ ◯ ◯	16,182,000원
종형 사색등	355mm × 1,420mm	◯ ◯ ⇐ ◯	17,986,000원

  2. 신호등의 설치 위치 및 높이
- 횡형 신호등은 신호등 면의 하단이 차도의 노면으로부터 수직으로 450cm 이상의 높이에 위치하는 것을 원칙으로 함
- 종형 신호등은 보도, 중앙선 및 중앙분리대의 노면 혹은 상면에서 신호등 하단까지의 수직 높이가 250~350cm에 위치하는 것을 원칙으로 함

47. S 시 신호등 설치사업을 담당하게 된 직원이 신호등 설치업체에 요청할 신호등 종류로 가장 적절한 것은?

① 횡형 삼색등 ② 횡형 사색등 A ③ 횡형 사색등 B ④ 종형 삼색등 ⑤ 종형 사색등

48. S 시 신호등 설치사업의 추정가격은 19,090,909원이며 부가세는 추정가격의 10%에 해당하는 금액일 때, S 시 신호등 설치사업의 추정금액은? (단, 부가세는 소수점 첫째 자리에서 반올림한다.)

① 37,443,910원 ② 38,062,000원 ③ 38,986,000원 ④ 39,353,000원 ⑤ 40,514,000원

[49 – 50] 다음은 로봇 청소기 사용 매뉴얼의 일부이다. 각 물음에 답하시오.

[LED 상태 표시등 색상별 의미]

구분		색상		의미
로봇 청소기	작동 중	빨간색	이동 없이 깜박임	작동 중에 에러가 발생함
			이동하며 깜박임	배터리가 부족하여 청정스테이션으로 자동 복귀함
			켜짐	배터리가 부족하여 작동이 정지됨
	충전 중	빨간색(20%) → 주황색(50%) → 노란색(80%)		충전이 진행 중임 ※ 충전율에 따라 색상이 다르게 나타남
		초록색		충전이 모두 완료됨
		보라색		소프트웨어 업데이트가 진행됨
청정스테이션 (충전기)	흰색		켜짐(5초)	청정스테이션의 전원이 켜짐
			켜짐	로봇 청소기가 자동 분리되거나 결합함
	빨간색		깜빡임	청정스테이션의 커버가 열림
			켜짐	청정스테이션 내 먼지 봉투가 가득 참

[고장 신고 전 확인 사항]

증상	확인 사항
전혀 작동하지 않을 때	• 전원 스위치가 켜져 있는지 확인한다. • 로봇 청소기의 LED 상태 표시등에 불이 들어오는지 확인한다. 　※ 만약 빨간색 불이 켜져 있다면 로봇 청소기를 직접 청정스테이션으로 옮겨 충전하는 것으로 해결이 가능함
청소 중에 멈췄을 때	• 청소 제외 구역이 설정되어 있는지 확인한다. • 로봇 청소기가 전선, 장애물, 문턱 혹은 바닥이 높은 곳에 있다면 적절한 위치로 옮긴다. • 로봇 청소기의 구동 바퀴에 수건이나 끈이 걸려 있다면 로봇 청소기의 전원 스위치를 끈 후 이물질을 제거한다.
갑자기 대각선으로 청소할 때	• 청정스테이션이 바닥이 나뭇결 방향이나 타일 방향으로 설치되어 있지는 않은지 확인한다. 　※ 청소 후 다음 청소 구역까지 최단 거리로 이동할 경우, 청정스테이션의 정확한 위치에 충전되지 않았을 경우, 바닥재가 마루일 경우에도 대각선 방향으로 청소할 수 있음
특정 구역을 청소하지 않을 때	• 청정스테이션을 좁은 통로나 방문 근처에 설치하면 로봇 청소기가 해당 통로나 방문을 지나갈 수 없으므로 확인 후 다른 곳에 설치한다.
흡입력이 약해 청소가 잘 안될 때	• 로봇 청소기의 전원 스위치를 끈 후 먼지 통을 확인한다. 　※ 흡입력이 약해진 로봇 청소기의 소음이 갑자기 증가한다면 로봇 청소기 전원 스위치를 끈 후 먼지 통을 모두 비워야 함
방을 잘 찾지 못할 때	• 로봇 청소기가 청정스테이션이 아닌 임의의 위치에서 시작했다면 청정스테이션으로 옮긴다. 　※ 청정스테이션 좌우 0.5m, 전방 1m에는 장애물을 치워야 함

49. 위의 설명서를 근거로 판단한 내용으로 가장 적절하지 않은 것은?

① 로봇 청소기 사용 시 소음이 발생하고 흡입이 잘되지 않는다면 전원 스위치를 끈 상태에서 먼지 통을 전부 비워내야 한다.

② 로봇 청소기의 LED 상태 표시등에 초록색 불이 들어왔다면 로봇 청소기의 충전이 100% 완료되었다는 의미이다.

③ 작동을 멈춘 로봇 청소기의 상태 표시등에 빨간색 불이 켜져 있다면 로봇 청소기를 직접 청정스테이션으로 옮겨 충전한 후 작동시킬 수 있다.

④ 정상적으로 작동하던 로봇 청소기가 특정 구역에서 작동을 멈췄다면 해당 구역이 청소 제외 구역으로 설정되어 있는지 확인해야 한다.

⑤ 청소를 마친 로봇 청소기가 청정스테이션에 자동으로 결합되면 LED 상태 표시등에 하얀색 불이 깜빡일 것이다.

50. ○○기업의 고객센터에서 근무하는 귀하가 로봇 청소기 사용 매뉴얼과 관련하여 다음과 같은 문의를 받았다고 할 때, 귀하의 답변 내용으로 가장 적절한 것은?

> 고객: 로봇 청소기를 사용하던 중 로봇 청소기의 LED 상태 표시등에 보라색 불이 켜졌어요. 로봇 청소기가 어떤 상태일 때 보라색 불이 켜지나요?
>
> 귀하: 네, 고객님. 로봇 청소기의 (   ) LED 상태 표시등에 보라색 불이 켜지게 됩니다.

① 충전 완료율이 20%일 경우

② 소프트웨어가 업데이트되는 경우

③ 배터리가 부족하여 청정스테이션으로 자동 복귀하는 경우

④ 충전 완료율이 80%일 경우

⑤ 배터리가 부족하여 작동이 정지되는 경우

51. 다음 글에서 설명하고 있는 기술혁신 과정에서의 핵심 역할로 가장 적절한 것은?

> 아이디어 단계에서부터 시작하여 상업화 단계에 이르는 기술혁신 전 과정의 성공적인 수행을 위해서는 기술혁신 과정에 참여하는 핵심 인력들이 다섯 가지 핵심 역할을 수행해야 한다. 그중 이 역할은 아이디어를 전파하고 해당 아이디어의 실현을 위해 헌신하며, 혁신을 위한 자원 확보 활동을 수행한다. 이를 위해서는 아이디어의 응용에 관심이 있어야 하며, 정력적이어야 할 뿐만 아니라 위험을 감수하는 자질과 능력 또한 필요하다.

① 후원   ② 챔피언   ③ 정보 수문장   ④ 아이디어 창안   ⑤ 프로젝트 관리

52. 다음 중 기술혁신의 특성에 대해 가장 적절하게 설명하고 있는 사람은?

> 갑: 연구개발에 참여한 소속 연구원이 떠난 기업은 기술과 지식의 손실이 일어나 기술개발을 지속하기 어려운 경우가 발생할 수 있으므로 기술혁신은 노동 집약적인 활동이라고 할 수 있어.
> 을: 새로운 기술의 성공적인 개발을 위한 목표, 일정, 비용 지출 등에 대한 사전 계획을 비교적 쉽게 세울 수 있다는 점이 기술혁신의 장점이야.
> 병: 기술혁신은 고객으로부터 수집되는 아이디어나 외부 전문가들의 자문으로 이루어질 수 있지만 연구개발 부서 단독으로도 수행이 가능해.
> 정: 기술혁신은 기술개발에 대한 기업의 투자 결과를 비교적 단기간 내에 가시적인 성과로 나타낼 수 있다는 특징을 가지고 있지.
> 무: 기업 내에서 이루어지는 기술혁신 과정의 모호함과 불확실성이 많은 논쟁과 갈등을 일으킬 수 있다는 단점도 존재해.

① 갑   ② 을   ③ 병   ④ 정   ⑤ 무

53. 다음 중 기술 경영자에게 필요한 능력으로 가장 적절하지 않은 것은?

① 제품개발 시간을 단축할 수 있는 능력

② 서로 다른 분야에 걸쳐 있는 프로젝트를 수행할 수 있는 능력

③ 기술적, 사업적, 인간적인 능력을 통합할 수 있는 능력

④ 빠르고 효과적으로 새로운 기술을 습득하여 기존의 기술에서 탈피하는 능력

⑤ 기술 이전을 효과적으로 할 수 있는 능력

54. 다음 글의 빈칸에 공통적으로 들어갈 단어에 대한 설명으로 가장 적절하지 않은 것은?

> 정보통신 네트워크가 전 지구적이기 때문에 (   )도 본질적으로 전 지구적이다. 사람과 사람 사이에 연결
> 되는 방식이 혁신적으로 바뀌는 (   )의 사회는 연계와 상호의존이 특징적인 사회이다. 이러한 성숙한 사회에
> 서는 '이타적 개인주의'라는 새로운 공동체 철학의 의미가 부각된다. 원자화된 개인주의나 협동을 배제한 경쟁만
> 으로는 성공을 꿈꾸기 힘들기 때문이다. 네트워크를 풍성하게 만들고 그 열매를 같이 나누는 것이 함께 사는 방식
> 이다. 기업과 기업 사이에, 개인과 공동체 사이에, 노동자와 기업가 사이에 새로운 창조적인 긴장 관계가 만들어
> 지는 것이다.

① 3대 법칙에는 네트워크 가치가 사용자 수의 제곱에 비례한다는 무어의 법칙이 포함된다.

② 모든 사람이 접근 가능한 개방 시스템의 특성으로 인해 정보기술을 통한 감시가 가능하다는 역기능이 발생한다.

③ 인터넷이 상용화된 1990년대 이후에 발생하여 효과가 다양한 형태로 나타나고 있다.

④ 단점을 보완하기 위해 암호화 제품과 시스템 보완관리 제품이 개발되고 있다.

⑤ 컴퓨터, 인터넷 등의 디지털 기술로 상징되는 정보통신 기술 혁명이 우리 사회를 바꾸게 된 시작점이다.

55. 다음 겨울철 난방용품 안전 매뉴얼을 근거로 판단한 내용으로 가장 적절하지 않은 것은?

[겨울철 난방용품 안전 매뉴얼]

구분		내용
전기장판	화재 위험 요인	– 장기간 보관 과정에서 접혔던 부분의 열선 또는 피복 손상으로 발열된 경우 – 전기장판 위에 천연고무 침구류를 장시간 놓아둘 경우 – 전기장판 자체의 노후화로 열선이 단선된 경우
전기장판	올바른 사용 및 관리방법	– 사용 전에는 전선의 파열 여부를 반드시 확인하도록 함 – 장판이나 콘센트에 낀 먼지를 제거하고, 전기장판이 파손되거나 마모된 곳이 있는지 확인하도록 함 – 전기장판 위에는 반드시 라텍스와 같이 불이 잘 붙을 수 있는 재질이 아닌 얇은 이불을 사용하도록 함 – 취침 등 오랜 시간 동안 사용할 경우 저온화상을 입을 수 있으니 전기장판의 온도는 35~37℃로 유지해야 함 – 사용하지 않거나 외출할 때는 반드시 전원을 끄고 플러그까지 뽑는 것을 습관화하도록 함 – 전기장판을 사용하지 않는 봄~가을에는 돌돌 말아서 보관하도록 함
전기열선	화재 위험 요인	– 전기열선을 여러 번 감아서 사용할 경우 – 전기열선에 스티로폼, 옷가지 등 방치된 가연물이 있을 경우 – 전기열선 종단 마감이 불량일 경우 – 전기열선에 보온재를 감아 놓고 사용할 경우
전기열선	올바른 사용 및 관리방법	– 전기열선에 충격을 주거나 겹쳐서 사용하지 않도록 함 – 전기열선은 보온재를 감지 않고 사용하도록 함 – 내용연수가 지난 열선은 정기적으로 교체하도록 함 – 사용하지 않거나 외출 시 반드시 전원을 차단하도록 함
화목보일러	화재 위험 요인	– 온도조절 안전장치가 없는 보일러에 한꺼번에 많은 연료 투입 시 과열에 의한 복사열로 주변 가연물에 착화되는 경우 – 타고 남은 재가 방치된 상태에서 바람이 불어 불티가 날려 주변 가연물에 착화되는 경우 – 보일러의 각종 장치 전기배선 합선 또는 기계적 고장 등에 의한 요인으로 착화되는 경우
화목보일러	올바른 사용 및 관리방법	– 가연물과 보일러는 2m 이상 떨어진 장소에 보관하도록 함 – 보일러실 인근에는 소화기를 비치하도록 함 – 나무 연료 투입 후 투입구를 꼭 폐쇄하도록 함 – 지정된 연료만 사용하도록 함 　※ 젖은 나무, 합판, 화학 처리된 목재 사용 금지

※ 전기장판과 전기열선은 반드시 KC 마크가 있는 것으로 사용하도록 함

① 전기열선 구입에 앞서 전기열선에 KC 마크가 부착되었는지 먼저 확인해야 한다.

② 전기장판을 켠 상태에서 취침한다면 취침 중 전기장판의 온도가 37℃를 넘지 않도록 해야 한다.

③ 화목보일러 사용 시 나무 연료 투입 후 투입구를 반드시 닫아야 하며 젖은 나무를 사용해서는 안 된다.

④ 전기열선에 보온재를 여러 번 감아 놓으면 화재 위험이 있으므로 한 번만 감아야 한다.

⑤ 천연고무 침구류를 오랜 시간 전기장판 위에 올려두는 행위는 화재의 위험이 있으므로 지양해야 한다.

56. 산업재산권에는 특허권, 실용신안권, 디자인권, 상표권이 있다고 할 때, 다음 ㉠~㉣에 해당하는 산업재산권의 종류를 바르게 연결한 것은?

> ㉠ 심미성을 가진 고안으로서 물품의 외관에 미적인 감각을 느낄 수 있게 하는 권리이다. 물품 자체에 표현되기 때문에 물품을 떠나서는 존재할 수 없는 것이 특징이고, 2014년 관련 법이 개정됨에 따라 설정등록일 후 출원일로부터 20년의 보호기간을 가진다.
>
> ㉡ 발명한 사람이 자기가 발명한 기술을 독점적으로 사용할 수 있는 권리이다. 설정등록일 후 출원일로부터 20년간 권리를 인정받을 수 있으며, 그 목적은 발명을 보호 및 장려하고 그 이용을 도모함으로써 기술의 발전을 촉진하여 산업발전에 이바지함에 있다.
>
> ㉢ 제조회사가 자사 제품의 신용 유지를 목적으로 제품이나 포장 등에 표시하는 권리로, 기업의 꽃이라고도 불린다. 광고보다 큰 효과를 기대할 수 있으며, 배타적 권리보장 기간은 등록일로부터 10년이다.
>
> ㉣ 기술적 창작 수준이 소발명 정도인 고안을 보호하기 위한 권리로, 발명처럼 고도하지 않은 물품의 형상, 구조 및 조합이 그 대상으로 하며 설정등록일 후 출원일로부터 10년 동안 권리를 인정받을 수 있다.

	㉠	㉡	㉢	㉣
①	디자인권	실용신안권	상표권	특허권
②	디자인권	특허권	상표권	실용신안권
③	특허권	디자인권	실용신안권	상표권
④	실용신안권	디자인권	상표권	특허권
⑤	실용신안권	상표권	디자인권	특허권

57. 경력개발 단계는 직업 선택, 조직 입사, 경력 초기, 경력 중기, 경력 말기 순으로 이루어진다. 다음 ㉠~㉣을 경력개발 단계별 특징에 따라 바르게 분류한 것은?

> ㉠ 일반적으로 학교를 졸업한 후 자신이 선택한 경력 분야에서 원하는 조직의 일자리를 얻으며 직무를 선택하는 과정이다.
>
> ㉡ 자신이 그동안 성취한 것을 재평가하고 생산성을 그대로 유지한다.
>
> ㉢ 일반적으로 25세까지로 구분되며, 사람에 따라서 일생 동안 여러 번 일어날 수도 있다.
>
> ㉣ 직업 및 조직에서 어느 정도 입지를 굳히게 되며, 더 이상 수직적인 승진 가능성이 적어 경력 정체시기에 이른다.
>
> ㉤ 조직의 생산적인 기여자로 남으며 자신의 가치를 유지하기 위해 노력한다.
>
> ㉥ 자신의 장단점, 흥미, 적성 등 자신에 대한 탐색과 자신이 원하는 직업에서 요구하는 능력, 환경 등 직업에 대한 탐색이 동시에 이루어져야 한다.
>
> ㉦ 조직에서 자신의 입지를 확고히 다져나가며 승진에 많은 관심을 가진다.

	직업 선택	조직 입사	경력 초기	경력 중기	경력 말기
①	㉥	㉠	㉢, ㉦	㉡	㉣, ㉤
②	㉥	㉠, ㉢	㉦	㉡, ㉤	㉣
③	㉢, ㉥	㉠	㉦, ㉤	㉡	㉣
④	㉢, ㉥	㉠	㉦	㉡, ㉣	㉤
⑤	㉢, ㉥	㉠	㉦	㉡, ㉤	㉣

58. 다음은 Holland의 6각형 모형을 기초로 개발한 6가지 성격유형이다. ⑤~ⓒ에 들어갈 성격유형을 바르게 연결한 것은?

구분	특징
예술형	• 모호하고 자유스러움 • 독립적인 활동을 선호하지만 체계적이고 순서적인 활동은 선호하지 않음
㉠	• 조직적, 경제적인 차원에서 뛰어난 언어구사력으로 사람들을 이끌어 나가는 활동을 선호함 • 과학적인 능력을 발휘하는 활동은 선호하지 않음
실제형	• 세밀한 것과 과제 완성하기를 좋아함 • 판단이나 의사결정을 하기 위해 지식과 추리능력을 사용하기도 함
관습형	• 비체계적, 탐구적, 추상적인 관념 등과 관련된 활동에는 호기심을 잘 발휘하지 않음 • 애매모호하고 불규칙하며 직관력이 부족한 경향이 있음
㉡	• 다른 사람들을 가르치고 개발시키고 보호하는 활동을 선호함 • 체계적이고 분명한 활동에는 적극적으로 참여하지 않는 경향을 보임
㉢	• 자료와 사물을 계획하고 처리, 통제, 지시, 평가하기를 좋아함 • 말이 별로 없는 편이고 소극적이며 복잡한 경향을 보임

	㉠	㉡	㉢
①	사회형	기업형	탐구형
②	사회형	탐구형	기업형
③	기업형	사회형	탐구형
④	기업형	탐구형	사회형
⑤	탐구형	사회형	기업형

59. 다음 중 자기개발에 대해 잘못 설명하고 있는 사람은?

> **가은:** 자기개발은 자신이 설정한 목표를 달성하고 보다 보람되고 나은 삶을 영위하고자 노력하는 모든 사람이 해야 하는 일이야.
> **도현:** 직업생활에 있어서 자기개발은 업무의 성과를 향상하기 위해서 이루어진다고 할 수 있어.
> **마리:** 자기개발은 매일 조금씩 달라지는 환경에 대응하기 위해서 어떤 특정한 사건이나 요구가 있을 때마다 일시적으로 이루어져야 해.
> **시은:** 자기개발은 자신의 주변 사람들과 긍정적인 관계를 형성하고 유지하기 위해 수행해야 하는 매우 중요한 요소라고 할 수 있어.
> **현우:** 자기개발의 주체뿐만 아니라 객체도 자기 자신이므로 자신의 능력, 적성, 특성 등을 이해하는 것이 중요해.

① 가은   ② 도현   ③ 마리   ④ 시은   ⑤ 현우

60. 자기개발 방법에는 자아인식, 자기관리, 경력개발이 있다. 자기개발 방법별 특징에 대해 다음과 같이 구분했다고 할 때, ㉠~㉤ 중 가장 적절하지 않은 것은?

구분	특징
자아인식	• 직업생활과 관련하여 자신의 가치, 신념, 흥미, 적성 등 자신이 누구인지 파악함 • ㉠ 내가 아는 나를 확인하는 방법, 다른 사람과의 대화를 통해 알아가는 방법, 표준화된 검사 척도를 이용하는 방법 등을 활용함
자기관리	• ㉡ 자신에 대한 이해를 바탕으로 비전과 목표를 수립하며, 비전 및 목표 달성을 위한 과제를 발견함 • ㉢ 자신을 이해하고 목표를 성취하기 위해 행동 및 업무수행을 관리하고 조정함
경력개발	• ㉣ 자신의 비전과 목표에 대해 수립 및 조정된 일정을 수행하고, 수행 결과 등을 반성하는 피드백 과정을 거치게 됨 • ㉤ 자기 자신과 상황을 인식하여 경력 관련 목표를 설정하고, 경력 목표 달성을 위한 경력계획을 준비 및 실행하며 피드백하는 경력관리로 이루어짐

① ㉠   ② ㉡   ③ ㉢   ④ ㉣   ⑤ ㉤

61. 다음 중 흥미와 적성에 대한 설명으로 가장 적절하지 않은 것을 모두 고르면?

> ㉠ 흥미는 개인이 잠재적으로 가지고 있는 재능을, 적성은 개인이 보다 쉽게 잘할 수 있도록 타고난 학습 능력을 의미한다.
>
> ㉡ 자신이 흥미를 느끼는 일을 파악하거나 적성검사를 통해 자신에게 적합한 일을 찾더라도 조직 내의 풍토나 문화를 잘 이해할 수 있어야만 자신의 일에 잘 적응할 수 있다.
>
> ㉢ 단기적인 목표보다 장기적인 목표를 세우는 것이 흥미를 유발하는 데 더 효과적이다.
>
> ㉣ 선천적으로 부여되는 흥미나 적성은 모두 후천적으로 개발되어야 한다는 공통점이 있다.

① ㉠, ㉡   ② ㉠, ㉢   ③ ㉡, ㉣   ④ ㉠, ㉢, ㉣   ⑤ ㉡, ㉢, ㉣

62. 다음 중 자기개발 계획 수립이 어려운 이유에 해당하지 않는 것의 개수는?

주변 상황의 제약	의사결정 시 자신감 부족	다양한 인간관계 고려
외부 작업정보 부족	자기 브랜드화의 어려움	구체적인 장기 목표 설정
미래 직무의 고려사항	자기 정보의 부족	일상생활의 요구사항

① 2개   ② 3개   ③ 4개   ④ 5개   ⑤ 6개

63. 다음 중 경력개발에 대한 설명으로 가장 적절하지 않은 것은?

① 독립근로자들이 증가하게 된 배경에는 정보기술의 발달로 인한 근무 환경의 유연화가 있다.

② 경력에는 직위, 직무와 관련된 역할이나 활동에 영향을 주고받는 환경적 요소도 포함된다.

③ 경력 목표 달성을 위한 전략을 수립 및 실행하고 평가 및 관리하는 각 단계는 명확하게 구분되기 때문에 한 단계씩 순차적으로 이루어진다.

④ 평생학습 사회에서는 학습할 수 있는 능력과 학습 능력을 개발하기 위한 노력이 현재 가지고 있는 능력보다 중요하다.

⑤ 실행 및 평가 단계에서는 전략 실행 결과를 평가하여 사전에 수립한 전략 및 경력개발 목표를 수정할 수 있다.

64. 다음은 자기관리 단계를 나타낸 것이다. ㉠~㉢ 단계에 대한 설명으로 가장 적절하지 않은 것은?

① ㉠: '내가 생각하는 의미 있는 삶은 무엇인가?', '자신이 현재 수행하고 있는 역할과 능력은 무엇인가?' 등을 질문하는 과정을 거친다.

② ㉠: 수행해야 할 역할을 도출하고 역할에 대한 활동 목표를 설정한 후 우선순위에 따라 각 역할 및 활동 목표별로 해야 할 일을 구분한다.

③ ㉡: 일의 우선순위에 따라 구체적인 일정을 수립하되, '월간 계획 → 주간 계획 → 하루 계획' 순으로 계획을 세운다.

④ ㉡: 빨리 해결해야 할 긴급한 문제라고 하여 우선순위를 높게 잡고 이를 중심으로 계획을 세운다면 오히려 중요한 일을 놓칠 수 있다는 점에 주의해야 한다.

⑤ ㉢: '우선순위, 일정에 따라 계획적으로 수행하였는가?' 등의 질문을 통해 수행한 일을 분석하고 결과를 피드백한다.

65. 대인관계를 잘 형성하고 유지하기 위해서는 다양한 대인관계 양식에 대한 이해를 바탕으로 본인의 대인관계 양식에 대해 파악해야 한다. 다음 ㉠~㉢ 중 대인관계 양식에 따른 특징과 보완점에 대한 설명으로 적절하지 않은 것은?

구분	특징	보완점
실리형	• ㉠ 자기중심적이고 경쟁적이며 자신의 이익을 우선적으로 생각하기 때문에 타인에 대한 관심과 배려가 부족함 • 대인관계에서 이해관계에 예민하고 치밀하며 성취 지향적임	• 타인과의 신뢰를 형성하는 일에 깊은 관심을 갖는 것이 바람직함
순박형	• 단순하고 솔직하며 대인관계에서 너그럽고 겸손한 모습을 보이는 경향이 있음 • 원치 않는 타인의 의견에 반대하지 못하고 화가 나도 타인에게 알리기 어려워함	• ㉡ 타인의 의도를 좀 더 깊게 들여다보고 행동하는 신중함이 필요함
복종형	• 자신감이 없고 타인의 주목을 받는 일을 피함 • 대인관계에서 수동적이고 의존적이며 타인의 의견을 잘 따르고 주어진 일을 순종적으로 잘함	• 자기표현, 자기주장이 필요함 • ㉢ 대인관계에서 독립성을 키우는 것이 바람직함
사교형	• 흥분을 잘하고 충동적인 성향이 있으며 타인의 시선을 끄는 행동을 많이 하거나 자신의 개인적인 일을 타인에게 너무 많이 이야기하는 경향이 있음 • ㉣ 혼자서 시간 보내는 것을 어려워하며 타인의 활동에 관심이 많아 간섭하며 나서는 경향이 있음	• 타인에 대한 관심보다 혼자만의 내면적 생활에 좀 더 깊은 관심을 지니려고 노력해야 함 • 타인으로부터 인정받으려는 자신의 욕구에 대해 깊이 생각해 볼 필요가 있음
친화형	• 타인을 즐겁게 해주려고 지나치게 노력하며 타인의 고통과 불행을 보면 도와주려고 과도하게 나서는 경향을 보임 • 타인의 요구를 잘 거절하지 못하고 타인의 필요를 자신의 것보다 앞세우는 경향을 보임	• ㉤ 타인에 대한 불편함과 두려움에 대해 깊이 생각해보는 것이 바람직함 • 타인과의 정서적 거리를 유지하는 노력이 필요함

① ㉠   ② ㉡   ③ ㉢   ④ ㉣   ⑤ ㉤

66. 팀워크 촉진을 위해서는 협력을 장려하는 환경 조성이 필요하다. 다음 중 성공적인 팀워크를 위한 협력 조성 비결로 가장 적절하지 않은 것은?

① 다양한 관점을 가진 아이디어들을 수용하기 위해 본래의 관점을 바꿔보려는 노력이 필요하다.

② 많은 양의 아이디어를 요구하기보다 적은 양의 아이디어라도 질 높은 아이디어를 요구해야 한다.

③ 아이디어를 개발하도록 팀원을 고무시키며 팀원이 제안한 아이디어는 모두 기록해야 한다.

④ 팀원의 말에 흥미를 가지고 대하며 상식에서 벗어난 아이디어라도 비판해서는 안 된다.

⑤ 아이디어를 적극적으로 제안할 수 있는 분위기를 조성하되 침묵하는 팀원도 존중해 주어야 한다.

67. 고객 불만 처리 프로세스가 8단계로 나누어진다고 할 때, ㉠~㉢에 들어갈 내용을 순서대로 바르게 나열한 것은?

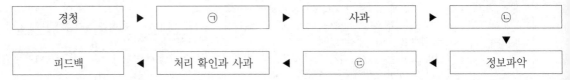

① 신속 처리 – 감사와 공감 표시 – 해결 약속

② 신속 처리 – 해결 약속 – 감사와 공감 표시

③ 감사와 공감 표시 – 해결 약속 – 신속 처리

④ 감사와 공감 표시 – 신속 처리 – 해결 약속

⑤ 해결 약속 – 감사와 공감 표시 – 신속 처리

68. 다음 중 효과적인 팀의 핵심적인 특징에 대한 설명으로 적절하지 않은 것은?

① 창조적인 업무 수행 방식을 시도하는 데 주저함이 없어 의도적인 모험을 강행한다.

② 변화하는 요구와 목표, 첨단 기술에 뒤처지지 않도록 역할과 책임을 변화에 맞춰 새롭게 수정한다.

③ 팀의 사명과 목표를 수립하는 데 팀원 모두가 참여함으로써 팀 전체적인 목적 달성을 위해 헌신한다.

④ 갈등의 존재를 인정하고 상호 신뢰를 바탕으로 솔직하게 토의함으로써 갈등 상황을 개방적으로 다룬다.

⑤ 팀원 개개인의 강점을 효율적으로 활용함으로써 결과를 성취해 나아가는 과정에 초점을 맞춘다.

69. 다음은 팔로워십 유형 중 하나의 특징에 대해 정리한 내용이다. 다음 특징에 해당하는 팔로워십 유형으로 가장 적절한 것은?

구분	내용
자아상	• 기쁜 마음으로 과업을 수행함 • 팀플레이를 함 • 리더나 조직을 믿고 헌신함
동료/리더의 시각	• 아이디어가 없음 • 인기 없는 일은 하지 않음 • 조직을 위해 자신과 가족의 요구를 양보함
조직에 대한 자신의 느낌	• 기존 질서를 따르는 것이 중요함 • 리더의 의견을 거스르는 것이 어려움 • 획일적인 태도와 행동에 익숙함

① 소외형   ② 순응형   ③ 실무형   ④ 수동형   ⑤ 주도형

70. 기획 부서 이 팀장인 귀하는 인사 평가를 위해 갈등 상황에서 팀원들의 갈등 해결 방법을 다음과 같이 정리하였다. 팀원들의 갈등 해결 유형에 따라 구분하였을 때, 통합형에 해당하는 팀원은?

팀원	갈등 해결 방법
갑	• 갈등 상황이 나아질 때까지 문제를 덮어두고, 위협적인 상황은 피함 • 자신뿐 아니라 상대방에게도 관심이 없어 본인의 욕구와 상대방의 욕구 모두 만족시키지 못하는 모습을 보임
을	• 자신에 대한 관심은 낮으나 상대방에 대한 관심은 높아 보임 • 상대방의 관심을 충족시키기 위해 자신의 관점이나 요구는 희생하는 모습을 보임
병	• 자신에 대한 관심은 높으나 상대방에 대한 관심은 낮아 보임 • 상대방의 목표 달성을 희생시키고, 자신의 목표를 이루기 위해 전력을 다하는 모습을 보임
정	• 자신에 대한 관심과 상대방에 대한 관심이 중간 정도로 보임 • 자신뿐 아니라 상대방도 수용할 수 있을 만한 결정을 내리기 위한 해결점을 찾는 모습을 보이나 상대방에 대한 불신이 큰 경우 갈등 해결에 실패함
무	• 자신은 물론 상대방에 대한 관심이 모두 높아 보임 • 갈등 상황 해결을 위해 상대방과 정보를 교환하며, 모두의 목표를 달성할 수 있는 해결책을 찾으려는 모습을 보임

① 갑   ② 을   ③ 병   ④ 정   ⑤ 무

71. T 사의 전략기획팀 팀장인 귀하는 다음 주 협력 업체와의 협상을 앞두고 협상 과정에 대한 이해를 높이기 위해 협상 과정을 단계별로 정리해보았다. 협상 과정을 5단계로 구분한 후 단계별 세부 내용을 정리했다고 할 때, 적절하지 않은 것은?

협상 시작	• 협상 당사자들 사이에 상호 친근감을 쌓음 • 간접적인 방법으로 협상 의사를 전달함 • 상대방의 협상 의지를 확인함 • ① 협상 진행을 위한 체제를 짬 • ② 협상을 위한 협상 대상 안건을 결정함

▼

상호 이해	• 갈등 문제의 진행 상황과 현재의 상황을 점검함 • ③ 적극적으로 경청하고 자기주장을 제시함

▼

실질 이해	• ④ 겉으로 주장하는 것과 실제로 원하는 것을 구분하여 실제로 원하는 것을 찾아냄 • 분할과 통합 기법을 활용하여 이해관계를 분석함

▼

해결 대안	• 협상 안건마다 대안들을 평가함 • 개발한 대안들을 평가함 • 최선의 대안에 대해서 합의하고 선택함 • ⑤ 대안 이행을 위한 실행 계획을 수립함

▼

합의문서	• 합의문을 작성함 • 합의문의 합의 내용, 용어 등을 재점검함 • 합의문에 서명함

72. 리더십 유형은 크게 독재자 유형, 민주주의에 근접한 유형, 파트너십 유형, 변혁적 리더십 유형으로 크게 4가지로 구분된다고 할 때, ㉠, ㉡에 들어갈 리더십 유형을 순서대로 바르게 나열한 것은?

리더십 유형	특징
㉠	• 조직에 대한 비전을 제시하고, 집단 구성원들에게 그 비전을 쉽게 전달할 수 있다. • 뛰어난 사업수완 그리고 어떠한 의사결정이 조직에 긍정적으로 영향을 미치는지 예견할 수 있는 능력을 지니고 있다. • 개개인에게 시간을 할애하여 그들 스스로가 중요한 존재임을 깨닫게 하고, 존경심과 충성심을 불어넣는다. • 구성원이나 팀이 직무를 완벽히 수행했을 때 칭찬을 아끼지 않으며, 사람들로 하여금 한 가지 일에 대한 성공이 미래의 여러 도전을 극복할 수 있는 자극제가 될 수 있다는 것을 깨닫게 한다. • 사범이 되어 구성원들이 도저히 해낼 수 없다고 생각하는 일들을 구성원들로 하여금 할 수 있도록 자극을 주고 도움을 주는 일을 수행한다.
㉡	• 리더는 팀원들이 한 사람도 소외됨이 없이 동등하다는 것을 확신시킴으로써 비즈니스의 모든 방면에 종사하도록 한다. • 리더는 경쟁과 토론의 가치를 인식하여야 하며, 팀이 나아갈 새로운 방향의 설정에 팀원들을 참여시켜야 한다.

① 독재자 유형 – 민주주의에 근접한 유형

② 민주주의에 근접한 유형 – 변혁적 유형

③ 변혁적 유형 – 파트너십 유형

④ 변혁적 유형 – 민주주의에 근접한 유형

⑤ 파트너십 유형 – 민주주의에 근접한 유형

73. 다음 중 우리 사회의 정직성에 대해 잘못 이야기하고 있는 사람을 모두 고르면?

> 도윤: 관계 지향적인 유교의 전통적 가치는 근본적으로 공적 윤리에 해당해.
> 아민: 우리 사회에서 개인의 행위가 도덕적인 행위인지 판단할 때 집단의 조화를 위한 판단을 우선시하는 경향에 영향을 끼친 것은 유교라고 할 수 있어.
> 지온: 유교의 전통적 가치는 정직이라는 규범적 의미를 이해하는 행위와 정직 행동을 선택하는 행위 사이의 괴리가 발생하는 요소가 될 수 있어.
> 태현: 유교의 전통적 가치는 우리 사회에 덕행을 실천할 수 있는 규범적 틀을 마련했다는 점에서 긍정적인 영향을 가지고 있어.

① 도윤 ② 지온 ③ 아민, 태현

④ 도윤, 아민, 태현 ⑤ 아민, 지온, 태현

74. 다음 빈칸에 들어갈 단어로 가장 적절한 것은?

> 사회 과학적 연구에서는 (   )의 개념적 특성을 크게 세 가지로 나타낸다. 첫째, 고난 극복의 의미를 가진다. (   )은 과거의 고난을 극복한 경험을 통해 형성되고, 현재의 고난을 극복할 수 있는 자원이 된다. 둘째, 비선호의 수용 차원에서 개인의 절제나 금욕을 반영한다. 과거에는 사치와 향락, 소비를 거부하고 이윤 축적의 직업윤리를 수행해 왔다. 즉, 고난을 극복하기 위해서 금전과 시간, 에너지를 사용할 수 있도록 준비하는 것이다. 셋째, 장기적이고 지속적인 행위 과정으로 인내를 요구한다. (   )이란 끊임없이 달성이 유예되는 가치지향적인 목표 속에서 재생산된다고 볼 수 있다.

① 정직   ② 책임   ③ 성실   ④ 근면   ⑤ 준법

75. 다음 중 윤리에 대한 설명으로 가장 적절하지 않은 것은?

① 'moris'에서 비롯한 도덕과 'ythos'와 'ehos'에서 비롯한 윤리는 그 어원이 같다.

② 윤리의 '윤'은 도리, 질서, 차례, 법 등의 의미를, '리'는 원리, 이치, 다스린다 등의 의미를 가지고 있다.

③ 인간의 욕구는 개인의 행동에 따라 충족되는 것이 아닌 타인의 행동과 협력을 바탕으로 충족된다.

④ 모든 윤리적 가치는 시대와 사회 상황과 관계없이 오랜 세월 동안 변하지 않는 진리이다.

⑤ 도덕적 가치 신념과 공동을 위한 이익 추구를 기반으로 윤리적인 인간이 형성된다.

76. 다음 사례에서 甲과 관련된 직업윤리의 기본원칙으로 가장 적절한 것은?

'공정'은 정부의 네 가지 국정 운영 원칙인 국익, 실용, 공정, 상식 중 하나로, 특히 청년이 사회에 진출하는 첫 단계인 채용 과정에서의 공정성은 반드시 지켜져야 할 핵심적인 가치이다. 이에 고용노동부는 공정한 채용 기회가 보장될 수 있도록 채용 과정의 공정성에 주로 초점을 두고 있는 현행 「채용 절차의 공정화에 관한 법률」을 「공정 채용법」으로 개정할 예정이다. 고용노동부는 국민의 의견을 경청하는 국민 설문조사를 실시하여 채용 과정에서 겪었던 공정 및 불공정 채용 경험, 공정 채용법에 담기길 바라는 내용, 공정 채용 확산을 위한 정부의 역할 등에 관한 의견을 물어볼 예정이며, 채용의 두 당사자인 청년 구직자와 기업 채용 담당자의 의견을 충실히 수렴하고, 공정 채용 우수기업의 비결이 확산될 수 있도록 지원할 계획이다. 이에 A 기업 인사팀에 재직 중인 甲은 자신이 진행하는 업무의 공공성을 바탕으로 공사 구분을 분명하게 하고, 자신이 담당하고 있는 신입사원 채용 절차를 모두 숨김없이 투명하게 처리하여 실질적인 공정성을 더욱 강화해 나가야겠다고 생각하였다.

① 정직과 신용의 원칙　　　② 고객 중심의 원칙　　　③ 객관성의 원칙
④ 공정경쟁의 원칙　　　　⑤ 전문성의 원칙

77. 다음 두 사례에서 A 씨와 B 씨에게 공통적으로 나타나는 직업윤리의 덕목으로 가장 적절한 것은?

- 코로나19가 경제에 큰 타격을 주었음에도 자신보다 어려운 사람들을 위해 발 벗고 나선 자영업자들이 있다. 칼국수 가게를 운영하고 있는 A 씨는 코로나19로 경로당이 폐쇄되어 끼니를 해결하기 어려운 인근 독거노인이 늘었다는 소식을 들은 후, 그들에게 하루에 칼국수를 30그릇씩 한 달 동안 무상으로 제공하고 있다. A 씨는 "30년 동안 음식 장사를 했지만, 지금이 제일 힘들긴 하다."라면서도 "이제 은퇴가 머지않았는데 이때 아니면 언제 좋은 일을 할까 싶어서 결심했다. 음식 재료가 빨리 회전되니 장사에도 도움이 된다."라는 말을 전했다.
- 대구 지역에 코로나19 확진자가 발생하여 모두가 두려움에 떨던 때, 이에 정면으로 맞서 싸운 의료진들이 있다. 당시 지역거점병원 중환자실에서 근무하고 있는 간호사 B 씨는 방호복을 입고 있으니 온몸에 땀범벅이 되어 닦을 수 없고, 산소 공급이 안 되어 어지럽기도 하였으며, 음압기 소리 때문에 의사소통이 힘들어 사비로 무전기를 구매했다. 이렇게 어려운 상황임에도 불구하고 현장을 지킬 수 있었던 이유를 "제가 그만두면 동료들이 더 힘들어지잖아요. 간호사의 작은 실수로도 환자가 위급해질 수 있기 때문에 환자가 힘들지 않게 사명을 가지고 일할 수밖에 없는 것 같아요."라고 말했다.

① 정직성　　　② 준법성　　　③ 성실성　　　④ 근면성　　　⑤ 봉사성

78. 다음 중 직업윤리의 일반적인 덕목으로 천직의식을 가지고 있는 사람은?

구분	태도
갑	자신이 하고 있는 일에 대해서 누구나 할 수 있는 일이 아니라고 생각하며, 해당 분야의 지식과 교육을 토대로 성실히 수행해야만 가능한 것이라고 믿고 수행하는 태도를 보임
을	자신이 하고 있는 일에 대한 책임을 다하고 사회적 역할과 책무를 충실히 수행하는 태도를 보임
병	자신이 하고 있는 일이 자신의 능력과 적성에 적합하다고 여기며, 그 일에 열성을 가지고 성실히 수행하는 태도를 보임
정	자신이 하고 있는 일을 통해 다른 사람과 공동체에 대하여 봉사하는 정신을 갖추고 수행하는 태도를 보임
무	자신이 하고 있는 일이 하늘에 의해 맡겨진 일이라고 생각하며 수행하는 태도를 보임

① 갑   ② 을   ③ 병   ④ 정   ⑤ 무

79. 다음 글에서 나타나는 직업윤리의 덕목에 대한 특징으로 가장 적절한 것은?

> 최근 프랜차이즈 업계에서 사회적 불평등의 문제를 해결하고 공생 발전을 위해 보다 적극적인 사회공헌 활동을 하는 기업이 등장하고 있다. 커피 전문점인 C 사는 ESG 경영 강화를 노력하며, 창업 초기부터 지금까지 지켜온 윤리경영을 기반으로 하여 코로나19 이후 한층 높아진 환경보호의 중요성과 더불어 사회적 불평등 해소를 위해 힘쓰고 있다. C 사의 대표 백○○ 씨는 "우리 기업은 지금까지 사회공헌 활동과 윤리경영을 지속적으로 실천해오고 있으며, 특히 최근에는 '고, 그린(Go, Green)' 캠페인을 통해 '노(No), 플라스틱'을 선언하면서 ESG 경영을 적극 실천하고 있다."라며, "사무실 내에서 직원들이 일회용 컵을 일절 사용하지 않고 있고, 1인 1 텀블러 사용을 실천하는 등 일회용품 줄이기에 적극적으로 동참하고 있다."고 말했다.

① 부지런히 일하여 힘씀이라는 사전적 의미를 가지고 있다.

② 신뢰를 형성하고 유지하는 데 필요한 가장 기본적이고 필수적인 규범이다.

③ 직업에 대한 사회적 역할과 책무를 충실히 수행하고 책임지려는 태도이다.

④ 민주 시민으로서 지켜야 하는 기본 의무이며 생활 자세이다.

⑤ 정성스럽고 순수하고 참됨과 알차고 진실된 것이라는 의미가 내포되어 있다.

80. 비윤리적 행위의 원인에는 무지, 무관심, 무절제가 있다고 할 때, 다음 ㉠~㉢에 해당하는 비윤리적 행위의 원인을 바르게 연결한 것은?

구분	특징
㉠	자신의 행위가 비윤리적이라는 것을 알고 있지만 윤리적인 기준에 따라 행동하는 것을 중요하게 여기지 않는 경우를 말한다.
㉡	자신의 행위가 잘못이라는 것을 알고 그러한 행위를 하지 않으려고 하지만 자신의 통제를 벗어나는 어떤 요인으로 인하여 비윤리적 행위를 저지르는 경우를 말한다.
㉢	어떤 사람이 선이라고 생각하고 노력하는 대상이 실제로는 악이라는 사실을 모르거나 그것을 달성하기 위한 수단적 덕목들을 제대로 알지 못하여 비윤리적 행위를 저지르는 경우를 말한다.

	㉠	㉡	㉢
①	무지	무절제	무관심
②	무절제	무관심	무지
③	무절제	무지	무관심
④	무관심	무절제	무지
⑤	무관심	무지	무절제

약점 보완 해설집 p.52

무료 바로 채점 및 성적 분석 서비스 바로 가기
QR코드를 이용해 모바일로 간편하게 채점하고 나의 실력이 어느 정도인지, 취약 부분이 어디인지 바로 파악해 보세요!

해커스잡

실전모의고사 5회 [80문항형]

성명

수험번호

⓪	⓪	⓪	⓪	⓪	⓪
①	①	①	①	①	①
②	②	②	②	②	②
③	③	③	③	③	③
④	④	④	④	④	④
⑤	⑤	⑤	⑤	⑤	⑤
⑥	⑥	⑥	⑥	⑥	⑥
⑦	⑦	⑦	⑦	⑦	⑦
⑧	⑧	⑧	⑧	⑧	⑧
⑨	⑨	⑨	⑨	⑨	⑨

응시분야

감독관 확인

1	① ② ③ ④ ⑤	21	① ② ③ ④ ⑤	41	① ② ③ ④ ⑤	61	① ② ③ ④ ⑤
2	① ② ③ ④ ⑤	22	① ② ③ ④ ⑤	42	① ② ③ ④ ⑤	62	① ② ③ ④ ⑤
3	① ② ③ ④ ⑤	23	① ② ③ ④ ⑤	43	① ② ③ ④ ⑤	63	① ② ③ ④ ⑤
4	① ② ③ ④ ⑤	24	① ② ③ ④ ⑤	44	① ② ③ ④ ⑤	64	① ② ③ ④ ⑤
5	① ② ③ ④ ⑤	25	① ② ③ ④ ⑤	45	① ② ③ ④ ⑤	65	① ② ③ ④ ⑤
6	① ② ③ ④ ⑤	26	① ② ③ ④ ⑤	46	① ② ③ ④ ⑤	66	① ② ③ ④ ⑤
7	① ② ③ ④ ⑤	27	① ② ③ ④ ⑤	47	① ② ③ ④ ⑤	67	① ② ③ ④ ⑤
8	① ② ③ ④ ⑤	28	① ② ③ ④ ⑤	48	① ② ③ ④ ⑤	68	① ② ③ ④ ⑤
9	① ② ③ ④ ⑤	29	① ② ③ ④ ⑤	49	① ② ③ ④ ⑤	69	① ② ③ ④ ⑤
10	① ② ③ ④ ⑤	30	① ② ③ ④ ⑤	50	① ② ③ ④ ⑤	70	① ② ③ ④ ⑤
11	① ② ③ ④ ⑤	31	① ② ③ ④ ⑤	51	① ② ③ ④ ⑤	71	① ② ③ ④ ⑤
12	① ② ③ ④ ⑤	32	① ② ③ ④ ⑤	52	① ② ③ ④ ⑤	72	① ② ③ ④ ⑤
13	① ② ③ ④ ⑤	33	① ② ③ ④ ⑤	53	① ② ③ ④ ⑤	73	① ② ③ ④ ⑤
14	① ② ③ ④ ⑤	34	① ② ③ ④ ⑤	54	① ② ③ ④ ⑤	74	① ② ③ ④ ⑤
15	① ② ③ ④ ⑤	35	① ② ③ ④ ⑤	55	① ② ③ ④ ⑤	75	① ② ③ ④ ⑤
16	① ② ③ ④ ⑤	36	① ② ③ ④ ⑤	56	① ② ③ ④ ⑤	76	① ② ③ ④ ⑤
17	① ② ③ ④ ⑤	37	① ② ③ ④ ⑤	57	① ② ③ ④ ⑤	77	① ② ③ ④ ⑤
18	① ② ③ ④ ⑤	38	① ② ③ ④ ⑤	58	① ② ③ ④ ⑤	78	① ② ③ ④ ⑤
19	① ② ③ ④ ⑤	39	① ② ③ ④ ⑤	59	① ② ③ ④ ⑤	79	① ② ③ ④ ⑤
20	① ② ③ ④ ⑤	40	① ② ③ ④ ⑤	60	① ② ③ ④ ⑤	80	① ② ③ ④ ⑤

해커스공기업
NCS 피듈형
통합 봉투모의고사

핵심 영역
마무리 모의고사

30문항형

해커스잡

핵심 영역
마무리 모의고사
(30문항형)

시작과 종료 시각을 정한 후, 실전처럼 모의고사를 풀어보세요.

시　　분 ~　　시　　분 (총 30문항/30분)

□ **시험 유의사항**

[1] 핵심 영역 마무리 모의고사는 직업기초능력평가에서 자주 출제되는 의사소통능력, 수리능력, 문제해결능력 3개 영역으로 구성되어 있으며, 문제 번호는 이어져 있으나 문제가 영역 순서대로 출제되는 순차 통합형 모의고사이므로 영역별 제한 시간 없이 전체 문항을 30분 내에 푸는 연습을 하시기 바랍니다.

[2] 마지막 페이지에 있는 OMR 답안지와 해커스잡 애플리케이션의 모바일 타이머를 이용하여 실전처럼 모의고사를 풀어보시기 바랍니다.

01. 다음 중 공식적 말하기에 해당하는 것을 모두 고르면?

| ㉠ 연설 | ㉡ 주례 | ㉢ 회의 | ㉣ 토의 | ㉤ 토론 | ㉥ 식사 |

① ㉠, ㉡   ② ㉠, ㉢   ③ ㉠, ㉣, ㉤   ④ ㉡, ㉢, ㉤   ⑤ ㉡, ㉤, ㉥

02. 다음 빈칸에 공통적으로 들어갈 단어로 적절한 것은?

- (   )를 지켜 줄을 서고 있으면 자신의 순번이 될 것이다.
- 그는 학생들이게 똑 같은 말을 여러 (   ) 반복하여 설명했다.

① 차례   ② 의례   ③ 사례   ④ 실례   ⑤ 관례

03. 다음 의미에 해당하는 한자성어를 고르면?

중국 요임금 때 한 노인이 배를 두드리고 땅을 치면서 요임금의 덕을 찬양하고 태평성대를 즐겼다는 데서 유래하는 말로, 태평한 세월을 즐김을 이르는 말

① 연목구어(緣木求魚)   ② 운우지정(雲雨之情)   ③ 전전반측(輾轉反側)
④ 낙화유수(落花流水)   ⑤ 고복격양(鼓腹擊壤)

04. 다음 중 밑줄 친 부분의 표기가 올바른 것을 모두 고르면?

> 오늘따라 웬지 느낌이 좋지 않더니 구매 후 며칠을 기다린 끝에 배송된 책이 훼손된 상태로 도착했다. 고객센터에 전화를 걸어서 어떻게 된 일인지 묻자 상담원이 배송 과정에서 발생한 문제로 파악된다며 정중히 사과하였다. 그리고 해당 책의 경우 현재 재고가 부족하여 재발송에 일주일 정도 소요되므로 기다렸다가 책을 수령하든지 주문을 취소하고 환불하는 방향으로 처리하든지 선택해 달라고 양해를 구하였다. 꼭 읽고 싶던 책이라 취소하지 않고 기다리기로 결정하였는데, 다시 오는 책은 안전하게 도착했으면 하는 바램이다.

① 웬지, 며칠
② 웬지, 바램
③ 훼손, 어떻게
④ 훼손, 바램
⑤ 며칠, 훼손

05. 홍보팀에서 근무하는 귀하는 여름휴가로 이탈리아 여행을 다녀온 뒤 가장 인상 깊었던 관광 명소에 대한 글을 회사 사보에 싣기로 했다. 다음 글을 읽고 이해한 내용으로 가장 적절하지 않은 것은?

> 이탈리아의 유명 관광 명소로 손꼽히는 콜로세움은 로마 시대에 건축된 원형 경기장으로, 고대 로마의 플라비아누스 왕조인 베스파시아누스 황제가 착공하여 80년경 그의 아들인 티투스 황제가 완공한 것으로 알려진다. 이후 도미티아누스 황제가 한 층을 더하여 총 4층의 원형 경기장을 완성했으나, 현재는 원형의 3분의 1만 남아 있다. 당시 콜로세움에서는 플라비아누스 원형 경기장이라는 이름으로 다양한 볼거리가 제공되었으며, 수만 명의 관중을 수용할 수 있었다. 이때 관중석은 신분과 성별에 따라 구분되었는데, 1층 특별석에는 황제와 베스타 여신이 마주하여 그 옆에 원로원이 앉을 수 있었고, 2층에는 귀족과 무사, 3층에는 로마의 시민권자, 4층에는 여자, 노예, 빈민층이 자리할 수 있었다. 경기장에서는 검투사들의 치열한 격투 시합, 맹수 등의 사냥 시합 등이 펼쳐졌고, 때로는 해상 전투의 재현이나 고전극의 상연 등 다양한 무대가 펼쳐져 당대 로마 시민들에게 원형 경기장은 공공 오락시설물과 같았다. 반면 당대 로마 정치인들에게 원형 경기장은 시민들에게 다양한 구경거리를 제공함으로써 자신의 정치적 입지를 굳히고 화합을 도모하거나 로마 귀족의 권위에 불복했을 경우 일어날 수 있는 보복을 암시하는 등 정치적 목적으로 사용되기도 했다. 이후 원형 경기장은 중세에 이르러 교회나 요새로 사용되는 등 초기의 건축 목적과 다르게 사용되었지만 콜로세움이라는 이름으로 오랫동안 로마에 남게 되어, 현재는 많은 관광객이 찾아오는 명소가 되었다.

① 고대 로마의 콜로세움에서는 검투사들의 대결이나 사냥 시합뿐만 아니라 고전극을 관람할 수 있었다.
② 로마 정치인들이 콜로세움을 유흥 목적 외의 용도로 활용하기 시작한 것은 중세에 이르러서이다.
③ 고대 로마인들은 자신의 신분과 성별에 따라 원형 경기장의 각각 다른 층에 착석할 수 있었다.
④ 오늘날의 콜로세움은 이탈리아 유명 관광지의 역할을 하고 있다.
⑤ 도미티아누스 황제는 티투스 황제가 완공한 형태에 한 층을 더 세워 총 4층의 경기장을 완성했다.

06. 다음 글의 내용과 일치하지 않는 것은?

지진파는 지진으로 인해 탄성체인 지구 내부나 표면을 따라 전파되는 탄성파를 의미하는 것으로, 전파 특성에 따라 크게 실체파와 표면파로 나뉜다. 먼저, 표면파는 지구 내부를 통하지 못하고 지표면을 따라 전파하며 실체파보다 진폭이 커 표면파로 인한 지진이 발생할 경우 인명과 재산상에 엄청난 피해를 가져온다.

반면에 실체파는 진원으로부터 출발하여 지구 내부 깊숙이 전파되어 지표면에 이르는 것으로, 여기에는 P파와 S파가 있다. P파는 속도가 빨라 가장 먼저 도착한다는 의미의 Primary Wave에서 유래하였으며 지각에서의 전파 속도는 5~7km/sec이고, 진폭은 S파보다 작다. P파는 파동의 진행 방향과 매질의 입자가 진동하는 방향이 일치하는 종파로 고체, 액체, 기체 등의 모든 매질을 다 통과한다는 특성을 지니고 있다.

S파는 P파에 이어 두 번째로 도착한다는 의미의 Secondary Wave에서 유래하였으며 P파의 전파 속도보다 약 1.7배 느리고, 진폭은 P파보다는 크지만 표면파보다는 작은 것으로 알려져 있다. S파는 파동의 진행 방향과 매질의 입자가 수직으로 진동하는 횡파로 P파와 달리 매질이 고체일 때에만 통과한다.

한편 지진파가 진원에서부터 관측점에 도달하는 데 걸리는 시간을 이용하여 지진의 진원지도 확인할 수도 있다. 이때 P파와 S파 각각 진원으로부터 관측점에 도달하는 데 소요되는 시간은 지구 내부 구조에 따라 다르며, 주로 암석이 단단할수록 적게 걸린다. 이는 P파와 S파의 전달 속도가 물질의 탄성적 성질에 따라 결정되기 때문이다. 또한, P파가 관측점에 도달한 후 S파가 도달할 때까지의 시간을 측정한 PS시로 진원 거리를 측정할 수 있으며 진원에서 멀어질수록 PS시가 길어진다.

① 실체파의 진행 속도는 지구 내부 구조의 영향을 받으며 일반적으로 암석이 단단할수록 느리다.

② 진원 거리는 P파가 관측점에 도달한 이후 S파가 관측점에 도달할 때까지의 시간을 측정하여 알 수 있다.

③ 표면파는 지구 내부를 통과하지 못하고 지표면을 따라 전파되는 지진파를 말한다.

④ 진원 거리는 P파가 관측점에 도달한 이후 S파가 관측점에 도달할 때까지의 시간을 측정하여 알 수 있다.

⑤ 실체파의 P파와 S파 중에서 전파 속도가 더 느린 것은 S파, 진폭이 더 작은 것은 P파이다.

07. 다음 글의 제목으로 가장 적절한 것은?

매너리즘은 르네상스에서 바로크로 이행하는 시기에 걸쳐진 과도기적 미술 양식으로, 17세기 초 유럽에서 회화를 중심으로 큰 반향을 일으켰다. 스타일, 양식을 뜻하는 이탈리아의 마니에라(Maniera)에서 유래한 매너리즘은 기존 예술을 답습하거나 모방하는 부정적인 의미를 내포하기도 한다. 매너리즘 미술의 특징으로는 왜곡되고 불분명한 구도와 형상, 기괴한 효과 등이 나타나는데, 내용보다는 양식 자체를 강조하여 기묘한 방식으로 묘사된다. 이는 고전적 미와 조화를 추구하는 기존 르네상스 미술의 형식을 완전히 파괴하는 반고전주의적 성향과 실험적인 성향이 반영된 것으로, 당시 루터의 종교 개혁, 지동설의 등장 등 다양한 분야에서 변화가 일어났던 유럽의 혼란스러운 시대상과 맞닿아 있는 것으로 볼 수 있다. 매너리즘은 20세기 초 무렵까지는 고전주의 미술을 기교적으로 모방한 예술 양식이라는 부정적인 시각이 강하게 나타났으나, 이후 매너리즘에 대한 의의와 가치가 재평가되기 시작했다. 이처럼 한 시대를 풍미하였던 매너리즘은 르네상스와 바로크 양식을 연결해주는 다리 역할을 하면서도 독립된 미술 양식으로 평가받으며, 미술뿐 아니라 다양한 예술 영역의 한 경향으로 총칭되고 있다.

① 르네상스 미술과 매너리즘 미술의 공통점과 차이점
② 매너리즘의 미술 양식적 의미와 특징 및 의의
③ 다양한 예술 영역으로 표현되는 매너리즘의 의미
④ 매너리즘 미술 양식을 바라보는 전문가들의 견해
⑤ 당대 혼란스러운 시대상에서 알 수 있는 유럽의 미술 양식

08. 다음 (가)~(마)를 논리적 순서대로 알맞게 배열한 것은?

(가) 방법론에 관계없이 우리가 역사를 학습하는 이유는 과거에 있었던 사실을 기반으로 현재를 올바르게 이해하기 위함에 있다. 즉, 역사 학습은 개인 및 민족의 정체성을 확립함과 동시에 선조들의 지혜를 빌려 오늘날 당면한 문제를 해결하고, 미래에 대해 전망할 수 있게 한다. 그뿐만 아니라 역사적 사건에서 드러나지 않던 원인 및 의도, 목적을 파악하게 하는 역사적 사고력을 기르고, 정당하게 평가하도록 하여 우리가 살아가는 사회에 대해 올바른 관점을 가질 수 있도록 돕는다.

(나) 역사가가 적용하는 이론에 따라 다소 차이는 있지만, 역사 연구의 방법론은 크게 사실로서의 역사와 기록으로서의 역사로 구분된다. 먼저 사실로서의 역사는 객관적인 역사를 강조하는 역사 연구 방법이다. 과거에 있었던 모든 사건을 역사로 여긴다는 특징이 있으며, 이로 인해 역사가 모래알과 같이 수많은 과거 사건들의 집합체라는 의미를 담고 있다. 대표적인 학자로는 랑케(L. V. Ranke)가 있는데, 그는 역사 연구란 본래 있었던 사실을 보여주는 것뿐이라고 생각해 과거 사실의 복원 및 역사적 사실의 서술을 중요하게 여겼다.

(다) 역사란 과거 인간이 거쳐온 모습 또는 인간이 행했던 행위로 인하여 발생한 사실, 혹은 그 사실에 대한 기록을 의미한다. 역사는 관념상으로는 존재할 수 있지만, 사실상 현재에 사는 우리가 직접적으로 체험할 수 없기 때문에 역사와 구체적으로 관계를 맺기 위해서는 역사에 대한 연구 결과를 확인해야만 한다. 따라서 역사란 결과적으로 역사가들이 연구 및 서술한 내용이라 볼 수 있다.

(라) 기록으로서의 역사는 과거 사실에 대해 역사가가 연구한 뒤 주관적인 입장에서 다시 구성한 것을 말한다. 이와 같은 입장의 역사가는 역사를 연구하는 과정에 반드시 역사가 개인의 의견이나 가치관이 개입될 수밖에 없다는 관점에 입각하여 역사를 서술하게 된다. 그에 따라 과거의 모든 사실을 연구 대상으로 설정하지 않는데, 역사가가 특별한 의미가 있다고 여기는 사실을 선정한 뒤 과학적 인식을 바탕으로 학문적 검증 단계를 거치게 된다. 대표적인 역사학자로는 카(E. H. Carr)가 있으며, 그는 역사란 과거와 현재와의 끊임없는 대화이며, 역사가는 자기 생각으로 자신의 사실을 만든다고 주장하였다.

(마) 역사로서 서술 대상은 과거부터 오늘날까지의 기록 문서로, 이를 일컬어 사료(史料)라고 한다. 사료에는 단순히 글자로 표현된 문헌적 사료 외에도 가요 및 구비 전설과 같은 비문헌적 사료도 포함된다. 다시 말하자면 인간에 의하여 만들어지고 남겨진 모든 것이 사료에 해당한다. 이와 같은 사료를 토대로 정리·분류하고, 사료의 진위나 신뢰성을 비판적으로 검토하는 자가 바로 역사가이며, 역사가별로 사료를 해석하는 방법이 달라 역사 연구의 방법론이 나뉘게 되었다.

① (다) - (가) - (나) - (라) - (마)

② (다) - (마) - (나) - (가) - (라)

③ (다) - (마) - (나) - (라) - (가)

④ (마) - (가) - (라) - (나) - (다)

⑤ (마) - (다) - (나) - (라) - (가)

09. 다음은 실버산업 관련 논문 초록의 일부이다. 핵심 내용을 드러낼 수 있는 키워드를 설정하고자 할 때, 가장 적절하지 않은 것은?

> 고령화 사회로 진입하면서 고령층의 다양한 욕구를 충족시키기 위한 실버산업의 육성과 활용에 대한 필요성이 증대되고 있다. 실버산업이란 어느 정도의 경제력이 있는 만 65세 이상의 고령층 혹은 예비 고령층의 욕구에 적합한 제품과 서비스를 제공하는 산업을 통칭한다. 실버산업은 고령층의 신체적, 정신적, 심리적 특징을 모두 고려하여 제품과 서비스를 공급하기 때문에 노인용 주거 시설, 의료와 건강 서비스, 금융, 취미와 문화, 재가 복지 등 의식주 전반에 이르는 모든 산업을 포괄한다.
>
> 실버산업은 정보의 중요성이 요구되는 산업이자, 다품종 소량생산 체제가 적용되는 산업이라는 특징을 갖는다. 일반적으로 고령층은 보통 수준의 의식주가 충족되면 생활을 영위하는 데 큰 불편함을 느끼지 않기 때문에 생활에 대한 수요가 다양하여 개성을 더욱 추구하는 경향이 나타난다. 따라서 고령층은 보급형보다는 고급형, 모조품보다는 진품을 선호하므로 대자본이 요구되는 주거 시설, 의료 서비스를 제외한 분야에서는 다품종 소량생산이 주를 이루게 될 것이다.
>
> 산업화와 도시화, 노인 부양에 대한 의식의 변화, 경제 성장에 따른 중산층 노인의 증가, 노인 단독 세대의 증가 등으로 두각을 나타내며 하나의 사회 계층으로 자리 잡고 있는 오늘날의 고령층은 과거의 고령층과 소비 패턴에서 큰 차이를 보인다. 자녀의 노인 부양 기능은 약화되고 충분한 경제력을 보유한 노인의 수가 늘어나면서 현재 고령층은 가족에게 의지하기보다는 독립적인 생활을 누리려는 성향이 강해지고 있다. 이로 인해 본인을 위한 능동적인 소비를 하는 고령층의 비중이 지속적으로 늘어나고, 고령층의 소비 패턴 변화가 점차 가속됨에 따라 실버산업의 규모도 계속해서 확대될 것으로 전망된다.
>
> 정부가 제공하는 노인 복지 서비스도 고령층의 복지 욕구를 일정 부분 충족시킬 수 있지만, 질적·양적으로 모두 한계가 존재하여 고령층의 다양한 욕구를 충족하기에는 역부족이다. 특히 경제력 있는 중산층 이상의 고령층은 욕구를 충족하기 위해 비용을 지불하고서라도 질 높은 제품과 서비스를 추구할 것으로 예측된다. 구매력을 갖춘 소비 주체로 고령층이 증가하는 현상은 고령층이 삶의 질 향상에 관심을 갖고 있다는 사실을 방증한다.
>
> 아직 우리나라의 실버산업은 시장 규모도 크지 않고 민간 기업들의 사업 참여도 활발하지 않지만, 고령층의 증가와 비례하여 전개 속도가 빨라질 것으로 전망된다. 이에 실버산업에 참여하고자 하는 민간 기업은 투자 시기를 놓치기 전에 장기적인 관점에서 선행 투자를 능동적으로 검토하고, 차별적인 실버상품과 서비스를 개발해야 한다. 또한, 정부는 실버산업 활성화를 위한 노인 복지 예산을 확대하고, 실버산업 관련 기업을 위한 정책적 지원을 강화하는 방안을 검토해야 한다.

① 실버산업 활성화 방안

② 고령화 사회

③ 노인 복지 서비스

④ 다품종 소량생산

⑤ 고령층의 소비 패턴

10. 다음은 미래 여객 교통 SOC 추진 전략에 관한 보고서를 쓰기 위해 작성한 개요이다. 〈보기〉는 이 개요에 따라 작성한 보고서 내용의 일부라고 할 때, 〈보기〉가 속하는 항목으로 가장 적절한 것은?

주제: 국내 여객 교통 트렌드 분석에 따른 미래 여객 교통 SOC 추진 전략
　제1장 서론
　　- 제1절 연구 시행 배경과 목적
　　- 제2절 연구 범위
　제2장 국내 여객 교통 트렌드 분석
　　- 제1절 개인 삶의 질과 가치관 변화
　　- 제2절 인구 고령화에 따른 인구구조 변화
　　- 제3절 도시의 양극화
　　- 제4절 기후 변화 및 자원 부족
　　- 제5절 교통기술 발전
　제3장 미래 여객 교통 수요 변화 전망 및 SOC 이슈 선정
　　- 제1절 미래 여객 교통 수요 변화 전망
　　- 제2절 미래 여객 교통 SOC 이슈 선정
　제4장 미래 여객 교통 SOC 추진 전략 수립
　　- 제1절 미래 여객 교통 SOC 추진 전략 수립
　　- 제2절 미래 여객 교통 SOC 추진 정책 로드맵 수립
　제5장 결론
　　- 제1절 결론 및 정책 제안

〈보기〉

　오늘날 교통 부문에서는 온실가스를 감축하기 위한 방안이 가장 큰 이슈로 떠올랐다. 온실가스 감축을 위해서는 교통수단으로 수소차, 전기차 등 친환경 차량을 이용하는 것이 효과적이며, 최근 친환경 차량에 대한 소비자 수요 역시 증가하면서 친환경·고효율의 교통수단이 지구 온난화를 극복하기 위한 방안으로 부상하고 있다. 특히 전 세계적으로 지속 가능한 발전에 대한 관심이 높아짐에 따라 우리나라에서도 친환경 자동차 구매 시 보조금을 지급하는 등의 정책을 펼쳤고, 이로 인하여 전기·수소차 등록 대수도 2015년 5,741대에서 2019년 7월 79,106대로 급격히 상승하였다. 여러 종류의 친환경 자동차 중에서도 전기차의 경우 기술적 진입장벽이 낮은 편에 속하기 때문에 자동차를 전문적으로 생산하던 기업이 아니더라도 전기차 관련 사업에 뛰어들고 있어 이 분야의 기술은 빠르게 성장 중이다. 또한, 근거리 통행이나 주 교통수단 접근용으로 자주 이용되던 자전거의 경우 비동력 수단임에도 불구하고 정부 및 지방자치단체에서 자체적으로 공유 자전거 사업을 시행하면서 활성화되고 있다. 이와는 별개로 고효율 에너지 교통체계에 대한 요구 역시 증대되는 실정이다. 이때 고효율 에너지 교통체계는 단순히 물리적인 교통 SOC에 그치는 것이 아니라 교통 SOC 운영을 효율적으로 하는 것 역시 포함한다. 모빌리티 분야의 공유경제가 활성화되고 있고, 이와 관련한 여러 사업 역시 다양하게 시도되고 있는 만큼 무섭게 변화하고 있는 환경 변화에 적응할 필요가 있다.

① 제1장 제1절 연구 시행 배경과 목적
② 제2장 제1절 개인 삶의 질과 가치관 변화
③ 제2장 제4절 기후 변화 및 자원 부족
④ 제3장 제1절 미래 여객 교통 수요 변화 전망
⑤ 제4장 제2절 미래 여객 교통 SOC 추진 정책 로드맵 수립

11. 다음 숫자가 규칙에 따라 나열되어 있을 때, 빈칸에 들어갈 알맞은 것을 고르면?

| 23 32 40 41 53 ( ) 62 59 67 68 |

① 48   ② 50   ③ 52   ④ 54   ⑤ 56

12. 한 잔에 원가가 4,000원인 커피를 $x\%$의 이익이 남도록 정가를 책정하여 판매하는 중에 할인 이벤트로 정가의 $x\%$를 할인한 가격으로 판매하였다. 할인가로 판매한 후 매출액을 산정한 결과, 커피 한 잔의 원가보다 640원의 손해를 보았다고 할 때, 할인율 x의 값은?

① 20   ② 30   ③ 40   ④ 50   ⑤ 60

13. 가로와 세로 길이가 각각 245m, 210m인 직사각형 모양의 땅 테두리에 일정한 간격으로 최대한 적은 수의 나무를 심으려고 한다. 땅의 네 꼭짓점에는 나무를 반드시 심는다고 할 때, 필요한 나무의 그루는?

① 26그루   ② 27그루   ③ 28그루   ④ 29그루   ⑤ 30그루

14. 다음은 연도별 초·중·고등학생 수를 나타낸 자료이다. 다음 중 2014년 이후 증감 추이에 대한 설명으로 적절한 것은?

[연도별 초·중·고등학생 수]

(단위: 천 명)

구분	2013	2014	2015	2016	2017	2018	2019
초등학생	2,784	2,729	2,715	2,673	2,674	2,711	2,747
중학생	1,804	1,718	1,586	1,457	1,381	1,334	1,295
고등학생	1,893	1,839	1,788	1,752	1,670	1,539	1,411

※ 출처: KOSIS(한국교육개발원, 교육통계연보)

① 초등학생 수는 2017년까지 꾸준히 감소하였다.
② 2018년 초등학생 수와 고등학생 수는 2년 전 대비 증가하였다.
③ 2019년에는 초·중·고등학생 수 모두 전년 대비 증가하였다.
④ 중학생 수는 2016년까지 초등학생 수와 같은 증감 추이를 보인다.
⑤ 고등학생 수의 증감 추이는 매년 다른 양상을 보인다.

15. 다음은 한국석유공사에서 제공하는 석유 수급 통계 자료로, 정부의 장·단기 석유 수급 계획 및 비상시 석유 수급 대책 수립 등의 기초 자료로 활용된다. 이를 바탕으로 만든 그래프로 적절하지 않은 것은?

[연도별 석유 수급 동향]

(단위: 천 배럴)

구분		2012	2013	2014	2015	2016
합계		4,620,885	4,533,361	4,610,451	4,944,644	5,174,211
원료	원유 수입량	947,292	915,075	927,524	1,026,107	1,078,119
	정제 투입량	945,162	906,674	918,345	1,016,157	1,071,731
제품 공급	제품 생산량	1,034,708	1,001,980	1,030,092	1,116,986	1,157,612
	제품 수입량	309,954	329,205	326,623	307,875	334,608
재고	제품 재고량	53,440	55,341	58,504	57,140	50,203
	원료 재고량	12,569	19,094	25,486	29,466	7,528
제품 수요	제품 내수량	827,679	825,202	821,457	856,247	924,200
	국제벙커링	49,184	51,499	53,598	57,241	62,494
	제품 수출량	440,897	429,291	448,822	477,425	487,716

① 연도별 석유 수급량

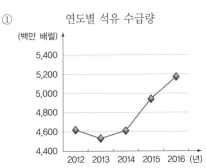

② 연도별 정제 투입량

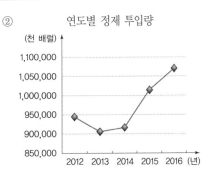

③ 연도별 제품 수입량

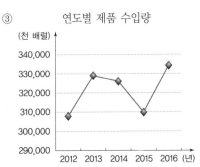

④ 연도별 원료 재고량

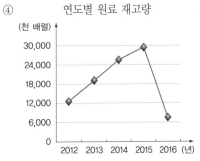

⑤ 연도별 제품 수출량

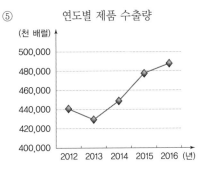

16. 다음은 주요국의 공적개발원조 순지출액과 GDP 대비 공적개발원조 비율을 나타낸 자료이다. 다음 중 자료에 대한 설명으로 적절한 것을 모두 고르면?

[공적개발원조 순지출액]

(단위: 백만 달러)

구분	2010년	2011년	2012년	2013년	2014년	2015년	2016년
한국	1,174	1,325	1,597	1,755	1,857	1,915	1,965
미국	29,656	30,966	30,652	31,267	33,096	30,986	33,589
일본	11,058	11,086	10,605	11,469	9,483	9,203	10,368
프랑스	12,915	12,997	12,028	11,339	10,620	9,039	9,501
독일	12,985	14,093	12,939	14,228	16,566	17,940	24,670

※ 공적개발원조는 한 국가가 개발도상국의 경제개발과 복지향상을 위해 개발도상국이나 국제기구에 제공하는 자금의 흐름을 의미함

[GDP 대비 공적개발원조 비율]

(단위: %)

구분	2010년	2011년	2012년	2013년	2014년	2015년	2016년
한국	0.11	0.11	0.13	0.14	0.14	0.14	0.14
미국	0.20	0.20	0.19	0.19	0.19	0.17	0.18
일본	0.19	0.20	0.19	0.20	0.16	0.15	0.17
프랑스	0.49	0.48	0.43	0.45	0.37	0.31	0.32
독일	0.38	0.39	0.35	0.38	0.43	0.45	0.59

※ GDP 대비 공적개발원조 비율(%) = (공적개발원조 순지출액 / GDP) × 100

A: 독일의 GDP 대비 공적개발원조 비율이 처음으로 프랑스보다 높아진 해에 독일의 공적개발원조 순지출액은 전년 대비 2,338백만 달러 증가했어.
B: 매년 일본의 공적개발원조 순지출액은 한국의 공적개발원조 순지출액의 5배 이상이야.
C: 2011년 미국의 GDP는 15,483십억 달러임을 알 수 있어.

① A   ② B   ③ C   ④ A, B   ⑤ A, C

17. 다음은 연도별 화학물질의 취급량 및 배출량 현황을 나타낸 자료이다. 자료에 대한 설명으로 적절한 것을 모두 고르면?

[연도별 화학물질 취급량 및 배출량 현황]

구분		2012	2013	2014	2015	2016	2017
조사사업장(개소)		3,268	3,435	3,524	3,634	3,732	3,798
조사화학물질(종)		233	228	226	226	228	226
취급량(천 톤)		158,145	161,157	163,618	172,120	192,185	196,288
배출량(톤)	합계	51,121	50,767	54,261	53,732	57,248	56,232
	대기	50,937	50,544	53,994	53,486	56,825	55,961
	수계	184	223	267	246	422	272
	토양	0	0	0	0	0	0

※ 출처: KOISIS(환경부, 화학물질배출량조사)

㉠ 2017년 조사사업장 1개소당 취급량은 약 51.7천 톤이다.
㉡ 2015년 취급량 대비 배출량은 약 31%이다.
㉢ 대기 배출량은 매년 수계 배출량의 200배 이상이다.
㉣ 2013년 이후 조사화학물질은 매년 230종을 넘지 않는다.

① ㉠, ㉡   ② ㉠, ㉣   ③ ㉡, ㉢   ④ ㉡, ㉣   ⑤ ㉢, ㉣

18. 연도별 컨테이너 화물 처리 실적이 다음과 같을 때, 2017년 전체 컨테이너 화물 처리 실적과 2013년 컨테이너 수입화물 처리 실적의 합은?

[연도별 컨테이너 화물 처리 실적]

(단위: 천 TEU)

구분		2011	2012	2013	2014	2015	2016	2017
합계		21,609	22,550	23,469	24,798	25,680	26,005	( )
수출입 화물	소계	13,412	13,662	13,948	14,601	14,701	15,414	16,311
	수입화물	6,755	6,825	( )	7,268	7,380	7,694	8,083
	수출화물	6,657	6,837	7,011	7,333	7,321	7,720	8,228
환적화물		7,719	8,498	9,321	9,990	10,719	10,329	10,710
연안화물		478	390	200	207	260	262	447

※ 컨테이너 화물 처리 실적 = 수출입화물 + 환적화물 + 연안화물

① 34,405천 TEU ② 34,491천 TEU ③ 35,002천 TEU
④ 35,097천 TEU ⑤ 35,195천 TEU

19. 다음은 연도별 광역 상수도 및 공업용 수도에 대한 자료이다. 2018년 가동률의 4년 전 대비 증가량은 약 얼마인가? (단, 소수점 둘째 자리에서 반올림하여 계산한다.)

[연도별 광역 상수도 및 공업용 수도]

(단위: 천 톤/일)

구분	2013	2014	2015	2016	2017	2018	2019
시설용량	17,462	17,553	17,559	17,559	17,609	17,709	17,709
일 최대 생산량	12,603	12,799	12,880	13,509	13,882	14,084	13,659
가동률(%)	72.2	( )	73.4	76.9	78.8	( )	77.7

※ 가동률(%) = (일 최대 생산량 / 시설용량) × 100

① 5.5%p ② 6.2%p ③ 6.6%p ④ 7.0%p ⑤ 7.8%p

20. 다음은 외국에 거주하는 재외 동포에 대한 자료이다. B 국 재외 동포 수와 F 국 재외 동포 수의 차이가 세 번째로 큰 해에 D 국 재외 동포 수의 2년 전 대비 증가율과 G 국 재외 동포 수의 2년 전 대비 증가율의 차이는 약 얼마인가? (단, 소수점 둘째 자리에서 반올림하여 계산한다.)

[연도별 재외 동포 수]

(단위: 천 명)

구분	2011	2013	2015	2017	2019	2021
A 국	893	913	913	893	856	819
B 국	2,762	2,337	2,705	2,574	2,586	2,548
C 국	2,017	2,102	2,076	2,091	2,239	2,492
D 국	216	223	231	206	224	241
E 국	108	107	113	111	105	107
F 국	645	656	657	616	627	631
G 국	384	461	453	486	511	558
H 국	8	9	11	11	12	11
I 국	9	14	16	25	26	24
합계	7,042	6,822	7,175	7,013	7,186	7,431

① 1.5%p   ② 2.2%p   ③ 3.6%p   ④ 4.4%p   ⑤ 5.8%p

21. 다음 명제가 모두 참일 때, 항상 참인 것은?

> • 도보로 가는 사람은 자가용을 타지 않는다.
> • 자가용을 타는 사람은 버스를 탄다.
> • 지하철을 타는 사람은 버스를 타지 않는다.
> • 도보로 가는 사람은 지하철을 탄다.

① 버스를 타지 않는 사람은 지하철을 타지 않는다.
② 자가용을 타지 않는 사람은 버스를 타지 않는다.
③ 버스를 타는 사람은 도보로 가지 않는다.
④ 지하철을 타지 않는 사람은 자가용을 탄다.
⑤ 도보로 가지 않는 사람은 지하철을 탄다.

22. 다음 전제를 통해 '미세먼지가 많은 어떤 곳에는 공장이 많다.'라는 반드시 참인 결론이 나올 때, 빈칸에 들어갈 전제로 가장 적절한 것은?

> • 전제 1: (   )
> • 전제 2: 차량이 많은 어떤 곳에는 미세먼지가 많다.

① 차량이 많은 어떤 곳에도 공장이 많지 않다.
② 공장이 많은 곳에는 차량이 많지 않다.
③ 차량이 많은 어떤 곳에는 공장이 많다.
④ 차량이 많은 곳에는 공장이 많다.
⑤ 공장이 많은 곳에는 차량이 많다.

23. 백 차장, 김 과장, 박 과장, 이 대리, 홍 대리, 윤 사원, 문 사원 총 7명은 H 기업의 인사팀, 홍보팀, 재무팀 중 한 곳에 소속되어 있다. 다음 조건을 모두 고려하였을 때, 홍보팀에 소속될 수 있는 최대 인원수는?

> • 재무팀에는 2명이 소속되어 있다.
> • 홍보팀에 소속된 직원 중 재무팀에 소속된 직원과 같은 직급의 직원은 없다.
> • 윤 사원과 문 사원은 서로 같은 팀에 소속되어 있다.
> • 김 과장과 박 과장은 서로 다른 팀에 소속되어 있다.
> • 이 대리와 홍 대리는 서로 다른 팀에 소속되어 있다.
> • 문 사원은 인사팀에 소속되어 있다.

① 0명   ② 1명   ③ 2명   ④ 3명   ⑤ 4명

24. A, B, C, D 4명은 카페라테, 녹차라테, 홍차라테, 탄산수 중 1잔의 음료를 마셨다. 4명은 서로 다른 종류의 음료를 마셨으며, 서로가 마신 음료에 대해 아래와 같이 말했다. 4명 중 1명만 거짓을 말했을 때, 녹차라테를 마신 사람은?

> • A: 탄산수를 마신 사람은 B 또는 C입니다.
> • B: D는 녹차라테를 마셨습니다.
> • C: A는 홍차라테를 마시지 않았습니다.
> • D: 카페라테를 마신 사람은 C입니다.

① A   ② B   ③ C   ④ D   ⑤ 알 수 없음

25. 다음은 ○○오디션 프로그램의 점수 집계에 대한 안내문과 오디션에 지원한 다섯 명의 점수 집계 결과에 대한 정보이다. 제시된 안내문에 따라 지원자의 순위를 결정할 때, 가능한 결과를 추론한 것으로 가장 적절한 것은?

[○○오디션 점수 집계 안내]

1. 집계기간: 20XX년 7월 6일 월요일 9시부터 20XX년 7월 10일 금요일 24시까지
2. 순위 선정 기준
   - 음원(60%), 동영상(10%), 라디오(10%), 문자 투표(20%) 4개 부문의 점수를 집계하여 순위를 결정
     ※ 부문별 점수는 모두 100점을 만점으로 함
   - 음원 점수, 동영상 점수, 라디오 점수를 합산한 1차 점수로 사전 순위를 결정
     ※ 1차 점수는 부문별 점수에 가중치를 곱한 후 모두 더하여 산출함
   - 사전 순위 1, 2, 3위에 해당하는 지원자를 1위 후보로 선정
     ※ 사전 순위가 4, 5위인 지원자는 해당 순위가 최종 순위로 결정됨
   - 1위 후보 중 1차 점수와 문자 투표 점수를 합산한 최종 점수가 높은 순서로 최종 1, 2, 3위를 결정
     ※ 최종 점수는 문자 투표 점수에 가중치를 곱한 값과 1차 점수를 더하여 산출함

[○○오디션에 지원한 A~E의 점수 집계 결과]

구분	A	B	C	D	E
음원 점수	90점	75점	81점	99점	84점
동영상 점수	78점	84점	78점	60점	90점
라디오 점수	48점	90점	63점	54점	66점
문자 투표 점수	84점	88점	80점	76점	92점

① 사전 순위와 최종 순위가 다른 지원자는 2명이다.
② 1차 점수가 가장 높은 지원자는 A이다.
③ 1위 후보들의 최종 점수에서 가장 큰 비중을 차지하는 점수는 문자 투표 점수이다.
④ E의 사전 순위는 D보다 높다.
⑤ 최종 순위 1위부터 5위를 왼쪽부터 차례로 나열하면 D, E, A, B, C이다.

26. 다음은 건전지 종류와 갑, 을, 병의 건전지 구매조건에 대한 자료이다. 다음 조건을 근거로 갑, 을, 병이 건전지를 구매하려고 할 때, 적절하지 않은 것은?

용량 \ 충전 가능 여부	유		무	
	품명	가격	품명	가격
500mAh	A-1	12,000원	A-2	7,000원
1,000mAh	B-1	20,000원	B-2	13,000원
2,000mAh	C-1	27,000원	C-2	18,000원
4,000mAh	D-1	33,000원	D-2	23,000원
8,000mAh	E-1	37,000원	E-2	27,000원
12,000mAh	F-1	40,000원	F-2	30,000원

[구매조건]

- 갑: 내가 구매하려는 건전지는 용량이 500mAh야.
- 을: 내가 구매하려는 건전지는 충전이 가능해야 해.
- 병: 내가 구매하려는 건전지는 용량이 적어도 12,000mAh는 되어야 해.

① 갑이 구매하려는 건전지 중 가장 저가의 건전지 가격은 7,000원이다.
② 을이 구매하려는 건전지 중 가장 저가의 건전지 가격은 12,000원이다.
③ 병이 구매하려는 건전지 중 가장 저가의 건전지 가격은 30,000원이다.
④ 갑과 을이 동일한 건전지를 구매하려는 경우 건전지 가격은 12,000원이다.
⑤ 을과 병이 동일한 건전지를 구매하려는 경우 건전지 가격은 30,000원이다.

[27 – 28] 다음은 전자제품 보증기간에 대한 안내문의 일부이다. 각 물음에 답하시오.

[전자제품 보증기간 안내문]

1. 보증기간 산정 기준
- 보증기간이란 제조사 또는 제품 판매자가 소비자에게 정상적인 상태에서 제품에 자연적으로 발생한 품질, 성능, 기능 하자에 대해 무상수리해주는 기간을 의미함
- 제품 보증기간은 구매 일자를 기준으로 산정하며 구매 일자의 확인은 제품보증서를 기준으로 함
  ※ 제품보증서가 없는 경우 제조 일자로부터 4개월이 경과한 날부터 보증기간을 산정함

2. 제품별 보증기간

구분	제품	보증기간
일반 제품	세탁기, 냉장고, 정수기, 청소기, TV, 모니터, 컴퓨터, 가습기 등	1년
계절성 제품	에어컨, 선풍기, 냉·난방기, 히터 등	2년

※ 다음의 경우는 보증기간이 절반으로 단축됨
  1) 영업장에서 영업용으로 사용 시
  2) 차량, 선박 등에 탑재하여 사용 시
  3) 공용 장소에 설치하여 사용 시

3. 수리 기준
  1) 무상수리

구분	처리
구매 후 10일 이내에 정상적인 사용 상태에서 하자 발생 시	제품 교환 또는 구매 금액 환급
구매 후 10일 초과한 날부터 1개월 이내에 정상적인 사용 상태에서 하자 발생 시	제품 교환 또는 무상수리
구매 후 1개월 초과한 날부터 제품별 보증기간 이내에 정상적인 사용 상태에서 하자 발생 시	무상수리 (단, 수리 불가능 시 제품 교환 또는 구매 금액 환급)

  2) 유상수리

구분	처리
보증기간 경과 시	
타사 부품으로 교체한 자사 제품 하자 발생 시	유상수리
천재지변으로 인한 하자 발생 시	
고객 부주의로 인한 하자 발생 시	

27. 위 안내문을 근거로 판단한 내용으로 적절하지 않은 것은?

① 제품보증서가 없는 학교 기숙사의 공용 세탁기가 제조 일자로부터 11개월이 경과한 후 정상적인 사용 상태에서 하자가 발생하였다면 무상수리를 받을 수 있다.

② 제품보증서가 있는 일반 가정의 선풍기가 구매 일자로부터 7일이 경과한 후 정상적인 사용 상태에서 하자가 발생하였다면 구매 금액을 환급받을 수 있다.

③ 제품보증서가 있는 일반 가정의 냉장고가 구매 일자로부터 9개월이 경과한 후 정상적인 사용 상태에서 하자가 발생하였지만 수리가 불가능하면 제품 교환을 받을 수 있다.

④ 제품보증서가 있는 난방기를 캠핑카에 탑재하여 사용하다가 구매 일자로부터 15개월이 경과한 후 정상적인 사용 상태에서 하자가 발생하였다면 무상수리를 받을 수 없다.

⑤ 제품보증서가 있는 개인 자취방의 모니터를 타사 액정으로 교체 수리한 적이 있으면 구매 일자로부터 3개월이 경과한 후 정상적인 사용 상태에서 하자가 발생하여도 유상수리를 받아야 한다.

28. 업체에서 교체용 부품을 보유하고 있지 않아 수리가 불가능한 경우 제품이 구매일로부터 보증기간에 해당하면 제품을 교환해주고, 구매일로부터 보증기간을 경과하면 감가상각비를 적용하여 구매 금액의 일부를 환급해줄 때, 강영민 고객에게 환급해줄 금액은? (단, 강영민 고객이 수리를 의뢰한 시점은 2021년 2월이며, 제품보증서가 있다.)

[환급자 명단]

고객명	구매 제품	구매 금액	구매 시점	내용연수
강영민	에어컨	546,000원	2018년 8월	7년

- 감가상각비 = (사용연수 / 내용연수) × 구매 금액 (단, 감가상각은 정액법을 적용하며, 사용연수는 월할 산정함)
- 감가상각한 잔여 금액 = 구매 금액 − 감가상각비
- 2018년 1월 1일 이후 구매한 제품은 감가상각한 잔여 금액에 구매 금액의 10%를 가산하여 환급함
- 2016년 1월 1일 이후 구매한 제품은 감가상각한 잔여 금액에 구매 금액의 5%를 가산하여 환급함
- 2015년 12월 31일 이전 구매한 제품은 감가상각한 금액의 1.1배를 환급함

① 214,500원 ② 351,000원 ③ 386,100원 ④ 405,600원 ⑤ 432,900원

29. ○○공사는 도시별 철도 이용자 수와 철도 이용률을 고려하여 정차역을 신설할 도시를 결정하려고 한다. 다음 정차역 신설 계획안의 일부를 근거로 판단한 내용으로 가장 적절한 것은?

[정차역 신설 계획안]

1. 개요
   – 도시별 인구수와 철도 이용률을 고려하여 정차역을 신설할 도시를 결정하기 위함

2. 도시 선정 기준 우선순위
   1) 2022년 현재 철도 이용자 수가 24,000명 이상인 도시
   2) 최근 3년간 철도 이용률의 전년 대비 평균 증감률이 2.5%p 이상인 도시
   ※ 2가지 선정 기준을 모두 충족한 정차역을 신설할 도시의 후보로 선별하며, 선별된 후보 도시 중 우선순위에 따라 정차역을 신설할 도시를 결정함

3. 도시별 정보

[도시별 인구수]

(단위: 명)

구분	2019년	2020년	2021년	2022년
A 도시	29,900	30,400	30,800	30,200
B 도시	35,700	35,700	35,500	35,100
C 도시	41,100	40,800	40,300	39,700
D 도시	45,000	44,400	43,500	44,200
E 도시	32,700	32,400	31,900	31,300

[도시별 철도 이용률]

(단위: %)

구분	2019년	2020년	2021년	2022년
A 도시	66	69	67	74
B 도시	60	66	68	69
C 도시	59	62	58	64
D 도시	53	52	59	61
E 도시	65	67	65	72

※ 철도 이용률(%) = (철도 이용자 수 / 인구수) × 100

① B 도시는 2가지 선정 기준을 모두 충족하여 정차역을 신설할 도시의 후보로 선별된다.

② A 도시는 최근 3년간 철도 이용률의 전년 대비 평균 증감률이 2.5%p 미만으로 도시 선정 기준을 충족하지 못한다.

③ C 도시는 2022년 현재 철도 이용자 수가 24,000명 미만으로 도시 선정 기준을 충족하지 못한다.

④ E 도시는 2022년 현재 철도 이용자 수가 5개 도시 중 가장 적다.

⑤ D 도시는 최근 3년간 철도 이용률의 전년 대비 평균 증감률이 5개 도시 중 가장 낮다.

30. K 회사에서는 서류 전형을 통과한 지원자 12명의 면접을 진행하였다. 면접은 가~마 면접관 5명이 참석하였으며, 면접 전형은 서류 전형을 통과한 지원자의 50%가 합격한다. 평가 방법과 지원자별 면접관 점수를 모두 고려하였을 때, 면접 전형에 합격한 지원자 코드를 순위순으로 바르게 나열한 것은?

[평가 방법]

- 면접관 5명의 점수 중 최고 점수와 최저 점수를 제외한 평균 점수를 면접 점수로 한다.
- 동일한 최고 점수 및 최저 점수가 있는 경우에는 동일한 점수 중 하나의 점수만 제외한다.
- 면접 점수와 보훈 점수를 합한 점수를 최종 점수로 하며, 최종 점수가 높은 순으로 순위를 매겨 면접 전형 합격자를 결정한다.
- 최종 점수가 동일한 경우, 면접 점수가 높은 지원자에게 더 높은 순위를 부여한다.

[지원자별 면접관 점수]

지원자 코드	보훈 점수	가 면접관	나 면접관	다 면접관	라 면접관	마 면접관
A0823	3점	80점	95점	90점	83점	82점
B0915	8점	79점	81점	83점	91점	82점
A1017	5점	75점	83점	69점	73점	87점
C0530	10점	65점	69점	74점	80점	79점
A0715	8점	90점	81점	87점	75점	75점
B0321	3점	89점	85점	79점	90점	93점
B0930	5점	83점	78점	85점	78점	90점
C0518	0점	78점	84점	93점	81점	77점
A0810	1점	95점	89점	88점	81점	84점
C1205	0점	74점	92점	80점	83점	68점
B1121	10점	58점	75점	69점	78점	81점
C1211	3점	71점	69점	80점	81점	80점

① A0823 - A0715 - B0915 - B0321 - A0810 - B0930
② B0915 - A0715 - A0823 - B0321 - A0810 - B1121
③ B0915 - B0321 - A0810 - A0823 - B0930 - A0715
④ B0321 - B0915 - A0715 - A0823 - A0810 - B0930
⑤ B0321 - B0915 - A0715 - A0810 - A0823 - B0930

약점 보완 해설집 p.70

무료 바로 채점 및 성적 분석 서비스 바로 가기
QR코드를 이용해 모바일로 간편하게 채점하고 나의 실력이
어느 정도인지, 취약 부분이 어디인지 바로 파악해 보세요!

성명

수험번호

	0	1	2	3	4	5	6	7	8	9
	0	1	2	3	4	5	6	7	8	9
	0	1	2	3	4	5	6	7	8	9
	0	1	2	3	4	5	6	7	8	9
	0	1	2	3	4	5	6	7	8	9
	0	1	2	3	4	5	6	7	8	9

응시자아

감독관확인

문번	①	②	③	④	⑤
1	①	②	③	④	⑤
2	①	②	③	④	⑤
3	①	②	③	④	⑤
4	①	②	③	④	⑤
5	①	②	③	④	⑤
6	①	②	③	④	⑤
7	①	②	③	④	⑤
8	①	②	③	④	⑤
9	①	②	③	④	⑤
10	①	②	③	④	⑤
11	①	②	③	④	⑤
12	①	②	③	④	⑤
13	①	②	③	④	⑤
14	①	②	③	④	⑤
15	①	②	③	④	⑤
16	①	②	③	④	⑤
17	①	②	③	④	⑤
18	①	②	③	④	⑤
19	①	②	③	④	⑤
20	①	②	③	④	⑤

문번	①	②	③	④	⑤
21	①	②	③	④	⑤
22	①	②	③	④	⑤
23	①	②	③	④	⑤
24	①	②	③	④	⑤
25	①	②	③	④	⑤
26	①	②	③	④	⑤
27	①	②	③	④	⑤
28	①	②	③	④	⑤
29	①	②	③	④	⑤
30	①	②	③	④	⑤

해커스공기업
NCS 피듈형
통합 봉투모의고사

약점 보완 해설집

해커스잡

실전모의고사 1회 50문항형

정답

01 의사소통	02 의사소통	03 의사소통	04 의사소통	05 의사소통	06 의사소통	07 의사소통	08 의사소통	09 의사소통	10 의사소통
④	④	③	③	①	③	②	⑤	③	④
11 수리	12 수리	13 수리	14 수리	15 수리	16 수리	17 수리	18 수리	19 수리	20 수리
②	④	③	②	①	①	⑤	③	④	③
21 문제해결	22 문제해결	23 문제해결	24 문제해결	25 문제해결	26 문제해결	27 문제해결	28 문제해결	29 문제해결	30 문제해결
③	①	①	⑤	③	⑤	⑤	②	③	②
31 자원관리	32 자원관리	33 자원관리	34 자원관리	35 자원관리	36 자원관리	37 자원관리	38 자원관리	39 자원관리	40 자원관리
④	②	②	③	⑤	⑤	①	④	③	②
41 정보	42 정보	43 정보	44 정보	45 정보	46 정보	47 정보	48 정보	49 정보	50 정보
③	③	①	④	⑤	⑤	③	①	④	⑤

취약 영역 분석표

· 영역별로 맞힌 개수, 틀린 문제 번호와 풀지 못한 문제 번호를 적고 나서 취약한 영역이 무엇인지 파악해보세요. 틀리거나 풀지 못한 문제를 다시 풀어보면서 확실히 극복하세요.
· NCS 직업기초능력 고난도 문제에 대비하고 싶다면, 해커스잡 사이트(ejob.Hackers.com)에서 제공하는 <NCS PSAT형 온라인 모의고사>를 풀어보며 실력을 향상시켜 보세요.

학습 날짜	영역	맞힌 개수	틀린 문제 번호	풀지 못한 문제 번호
__월 __일	의사소통능력	/10		
	수리능력	/10		
	문제해결능력	/10		
	자원관리능력	/10		
	정보능력	/10		

해설

01 의사소통능력 문제 정답 ④

이 글은 여러 오류가 발견됨에도 불구하고 유지되던 갈레노스의 피의 소모 이론이 베살리우스의 해부학과 하비의 실험 결과에 의해 허점이 명백히 밝혀졌으며, 무엇보다 하비의 실질적이고 구체적인 실험에 의해 인정받은 피의 순환 이론에 모세혈관 발견이라는 사실이 더해져 피의 순환 이론은 새로운 생리학의 구축으로 이어질 수 있었다는 내용이므로 이 글의 제목으로 가장 적절한 것은 ④이다.

오답 체크
① 1문단에서 갈레노스의 피의 소모 이론에 대해서는 다루고 있지만, 글 전체를 포괄할 수 없으므로 적절하지 않은 내용이다.
② 3문단에서 영국의 생리학자 윌리엄 하비가 혈액 순환의 문제를 다루기 위해 정량적 방법을 적극 도입했다고 하였지만, 글 전체를 포괄할 수 없으므로 적절하지 않은 내용이다.
③ 5문단에서 이탈리아의 생리학자인 마르첼로 말피기가 새로 발명된 현미경을 통해 모세혈관을 발견했다고 하였지만, 글 전체를 포괄할 수 없으므로 적절하지 않은 내용이다.
⑤ 글 전체에서 피의 순환 이론에 따른 새로운 패러다임의 생성에 대해서는 다루고 있지 않으므로 적절하지 않은 내용이다.

02 의사소통능력 문제 정답 ④

3문단에서 도로명 주소를 나타내는 푯말의 모양은 건물의 용도에 따라 다른데, 주거용 건물의 푯말은 오각형의 집 모양이며, 문화재 및 관광지의 푯말은 위가 둥근 형태라고 하였으므로 도로명 주소가 적힌 푯말의 윗부분이 둥근 모양이라면 주거용 건물임을 의미한다는 것은 아님을 알 수 있다.

오답 체크
① 4문단에서 주민등록증이나 운전 면허증을 새로 발급받거나 재발급받을 때 모두 도로명 주소를 기재해야 한다고 하였으므로 적절한 내용이다.
② 2문단에서 대로와 로, 길은 서로 교집합이 존재하지 않는 부분 집합이기 때문에 구분을 뚜렷하게 할 수 있다고 하였으므로 적절한 내용이다.
③ 1문단에서 지번 주소는 1910년대에 세금을 원활히 거두기 위한 방법의 일환인 번지수에서 시작된 것으로, 번지수는 토지를 나눈 다음 각 토지에 부여한 번호였다고 하였으므로 적절한 내용이다.
⑤ 2문단에서 도로는 대로, 로, 길 3가지로 구분되는데, 이 중 로는 도로의 너비가 12m 이상 40m 미만이거나 왕복 2차로 이상 7차로 이하인 경우에 해당한다고 하였으므로 적절한 내용이다.

03 의사소통능력 문제 정답 ③

이 글은 경쟁을 바라보는 시각은 긍정적인 입장과 부정적인 입장으로 나뉘며, 이에 따라 경쟁을 바라보는 입장을 예시를 통해 설명하는 글이다.
따라서 '(가) 경쟁을 바라보는 긍정적인 입장(1): 산업구조 및 사회 발전에 영향을 미치는 경쟁 - (라) 경쟁을 바라보는 긍정적인 입장(2): 생태계에서 생존에 유리한 방식으로 진화를 일으키는 중요한 요소인 경쟁 - (다) 경쟁을 바라보는 부정적인 입장(1): 알피 콘의 저서에 따른 경쟁으로 인한 문제점 지적 - (나) 경쟁을 바라보는 부정적인 입장(2): 우분투와 다르게 결과 지향적인 경쟁이 개인과 사회에 미치는 부정적인 영향' 순으로 연결되어야 한다.

04 의사소통능력 문제 정답 ③

③은 맞춤법에 맞는 문장이다.

오답 체크
① 반짓고리(X) → 반짇고리(O)
한글 맞춤법 제29항에 따라 끝소리가 'ㄹ'인 말과 딴 말이 어울릴 적에 'ㄹ' 소리가 'ㄷ' 소리로 나는 것은 'ㄷ'으로 적는다. 따라서 '반짇고리'라고 써야 한다.
② 섯달(X) → 섣달(O)
한글 맞춤법 제29항에 따라 끝소리가 'ㄹ'인 말과 딴 말이 어울릴 적에 'ㄹ' 소리가 'ㄷ' 소리로 나는 것은 'ㄷ'으로 적는다. 따라서 '섣달'이라고 써야 한다.
④ 이틀날(X) → 이튿날(O)
한글 맞춤법 제29항에 따라 끝소리가 'ㄹ'인 말과 딴 말이 어울릴 적에 'ㄹ' 소리가 'ㄷ' 소리로 나는 것은 'ㄷ'으로 적는다. 따라서 '이튿날'이라고 써야 한다.
⑤ 놑그릇(X) → 놋그릇(O)
한글 맞춤법 제7항에 따라 'ㄷ' 소리로 나는 받침 중에서 'ㄷ'으로 적을 근거가 없는 것은 'ㅅ'으로 적는다. 따라서 '놋그릇'이라고 써야 한다.

05 의사소통능력 문제 정답 ①

인화성액체 또는 고체의 유지류에 등에 의한 화재는 B급 유류화재로 분류한다고 하였으므로 시너와 같은 유기 용매에 의한 화재를 D급 화재로 구분하여 질식소화 방법을 취해야 하는 것은 아님을 알 수 있다.

오답 체크
② 전기에너지에 의한 화재더라도 전류가 흐르지 않고 연소 후 재가 남는 화재는 A급 화재로 분류된다고 하였으며, A급 일반화재는 물이나 분말소화기를 사용하여 소화한다고 하였으므로 적절한 내용이다.
③ 가연성 금속에 의한 D급 화재는 물이나 일반소화기를 사용할 경우 폭발 위험이 있다고 하였으므로 적절한 내용이다.

④ 물질이 연소하는 데 필요한 세 가지 요소인 발화점 이상의 온도, 연료, 산소 중 어느 하나만 제거하더라도 연소를 막을 수 있다고 하였으므로 적절한 내용이다.

⑤ 전기화재의 진화는 차단기를 내려 전기 공급을 막는 것이 핵심이며, 전류가 흐르지 않는 상태에서는 물을 사용하여 화재를 진압할 수 있다고 하였으므로 적절한 내용이다.

06 의사소통능력 문제 　　　　　정답 ③

빈칸 앞에서는 포장재 줄이기 운동이 확산되며 플라스틱 포장이 과하다는 소비자들의 인식에도 불구하고 제품 구매 시 플라스틱 포장재 사용에 대한 선택권이 없다는 내용을 말하고 있고, 빈칸 뒤에서는 불편한 소비자들의 마음을 달래기 위해 여러 산업에서 에코 패키지를 시행하고 있다는 내용을 말하고 있다.

따라서 판매처가 불필요한 일회용 포장재를 계속 사용하고 있어 소비자 입장에서는 일회용품 소비를 피할 수 없다는 내용의 ③이 가장 적절하다.

07 의사소통능력 문제 　　　　　정답 ②

이 글은 기후 변화로 인한 금융위기 가능성인 그린스완에 따른 문제를 해결하기 위해 개별 정부의 능동적인 태도 및 지속적 협력을 통한 대안 모색이 필요하다는 내용이므로 이 글의 중심 내용으로 가장 적절한 것은 ②이다.

오답 체크

① 이상 기후 해결 방안으로 제시된 탄소세에 대해 서술하고 있지만, 과세 비율 인상의 필요성에 대해서는 다루고 있지 않으므로 적절하지 않은 내용이다.

③ 친환경 사업의 투자 정도를 국가 평가 항목에 추가한다는 내용에 대해 서술하고 있지만, 글 전체를 포괄할 수 없으므로 적절하지 않은 내용이다.

④ 급격한 기후 변화나 자연재해 발생 시 식료품 가격이 급상승할 수 있다는 내용에 대해서는 서술하고 있지만, 안정 기금에 대해서는 다루고 있지 않으므로 적절하지 않은 내용이다.

⑤ 기후 변화로 인한 문제들은 복합적이고 연쇄적으로 작용하여 경제 성장에 영향을 미친다는 내용에 대해서는 서술하고 있지만, 경제 성장률 상승을 위한 대책에 대해서는 다루고 있지 않으므로 적절하지 않은 내용이다.

08 의사소통능력 문제 　　　　　정답 ⑤

3문단에서 고정 비용 또는 단위당 가변 비용이 증가할수록 손익분기점 판매량 또한 증가하게 될 것이라고 하였으므로 손익분기점 판매량이 증가하는 것은 단위당 가변 비용이 감소한 데에 따른 결과라는 것은 아님을 알 수 있다.

오답 체크

① 3문단에서 생산량이나 판매량에 따라 변하는 가변 비용은 제품 생산량이 많아질수록 증가한다고 하였으므로 적절한 내용이다.

② 1문단에서 기업은 손실 발생을 막기 위해 최소 판매량을 결정해야 하는데, 이때 활용되는 것이 손익분기점이라 하였으므로 적절한 내용이다.

③ 4문단에서 기업의 손익분기점 분석의 유효성을 위해서는 비용 구조가 정확히 파악되어야 한다고 하였으므로 적절한 내용이다.

④ 2문단에서 손익분기점 판매량 산출을 위해서는 단위당 판매가격에서 단위당 가변 비용을 뺀 값으로 고정 비용을 나눠야 한다고 하였으므로 적절한 내용이다.

09 의사소통능력 문제 　　　　　정답 ③

한글 맞춤법 제2항에 따라 문장의 각 단어는 띄어 씀을 원칙으로 하지만, 조사는 독립성이 없어 다른 단어와 달리 앞말에 붙여 써야 한다.

따라서 ⓒ을 '있을 뿐더러'로 띄어 쓰는 것은 가장 적절하지 않다.

오답 체크

① ㉠이 있는 문장의 주어가 '정부에서'이므로 주술 관계의 호응을 고려해 ㉠은 '확산한다'로 고쳐 써야 한다.

② 모임이나 회의 따위를 주최하여 연다는 의미의 '개최'이므로 ⓒ은 '개최'로 수정해야 한다.

④ '준공'은 공사를 다 마친다는 의미이므로 ⓔ은 공사를 시작한다는 의미의 '착공'으로 바꿔 써야 한다.

⑤ ⓐ의 앞에서는 모듈러 주택이 쾌적한 주거 성능을 제공한다는 내용을 말하고 있고, ⓐ의 뒤에서는 모듈러 주택이 미관과 도시경관 측면에서 장점을 잘 살렸다는 평가를 받고 있다는 내용을 말하고 있다. 따라서 앞의 내용과 관련 있는 내용을 추가할 때 사용하는 접속사 '그리고'를 넣어야 한다.

10 의사소통능력 문제 　　　　　정답 ④

이 글은 사람들에게서 많이 발생하는 증상인 두통의 종류를 1차성 두통과 2차성 두통으로 구분하고, 그중 1차성 두통인 긴장성 두통, 편두통, 군발성 두통의 정의, 발생 원인, 증상, 치료법 등을 설명하는 내용이므로 이 글의 제목으로 가장 적절한 것은 ④이다.

오답 체크

① 글 전체에서 두통 증상별 치사율은 다루고 있지 않으므로 적절하지 않은 내용이다.

② 글 전체에서 2차성 두통별 증상 및 치료법에 대해서는 다루고 있지 않으므로 적절하지 않은 내용이다.

③ 1문단에서 1차성 두통과 2차성 두통의 분류 기준에 대해서는 다루고 있지만, 글 전체를 포괄할 수 없으므로 적절하지 않은 내용이다.

⑤ 글 전체에서 두통 종류와 성별과의 상관관계에 대해서는 다루고 있지 않으므로 적절하지 않은 내용이다.

1 수리능력 문제 정답 ②

월 한 달 동안 인사팀이 b 업체에서 주문한 복사 용지는 $380 \times \frac{25}{100} = 95$장, 기획팀이 b 업체에서 주문한 복사 용지는 $140 \times \frac{40}{100} =$ 56장, 경영팀이 b 업체에서 주문한 복사 용지는 $170 \times \frac{40}{100} = 68$장, 법무팀이 b 업체에서 주문한 복사 용지는 $260 \times \frac{25}{100} = 65$장이다.

따라서 b 업체에서 주문한 복사 용지는 총 $95 + 56 + 68 + 65 = 284$장이다.

2 수리능력 문제 정답 ④

청약 신청기간 동안 B 청약에 신청한 사람의 수를 x라고 하면 같은 기간 동안 A 청약에 신청한 사람의 수는 $1.8x$이다.

A 청약의 당첨률은 a%이므로 A 청약에 신청한 사람 중 당첨된 사람의 수는 $1.8x \times \frac{a}{100}$이고, B 청약의 당첨률은 42%이므로 B 청약에 신청한 사람 중 당첨된 사람의 수는 $x \times \frac{42}{100} = \frac{42}{100}x$이다.

이에 따라 A 청약 또는 B 청약에 신청한 사람 중 당첨된 사람의 수는 $1.8x \times \frac{a}{100} + \frac{42}{100}x$이고, A 청약 또는 B 청약에 신청한 사람 중 1명의 당첨자를 뽑았을 때, A 청약에 신청한 사람일 확률은

$$\frac{1.8x \times \frac{a}{100}}{1.8x \times \frac{a}{100} + \frac{42}{100}x} = \frac{15}{29} \rightarrow \frac{18a}{18a + 420} = \frac{15}{29} \rightarrow a = 25$$

따라서 A 청약 또는 B 청약에 신청한 사람 중 당첨된 사람을 1명 뽑았을 때, A 청약에 신청한 사람일 확률이 $\frac{15}{29}$라면 a의 값은 25이다.

3 수리능력 문제 정답 ③

1개의 창구만 사용하는 경우 모든 고객의 일을 처리하는 데 소요되는 시간은 40분이므로 40분 동안 처리한 고객은 N + 40K명이며, 2개의 창구를 사용하는 경우 모든 고객의 일을 처리하는 데 소요되는 시간은 16분이므로 16분 동안 처리하는 고객은 N + 16K명이다.

창구별 일 처리 능력은 동일함에 따라 N + 16K명의 고객을 1개의 창구가 처리하면 32분이 걸리므로 1개의 창구가 고객의 일을 처리하는 데 걸리는 시간은

N + 40K = 40분 … ⓐ

N + 16K = 32분 … ⓑ

ⓐ - ⓑ에서 24K = 8분이므로 1개의 창구가 1분당 처리하는 고객은 3K명이다.

이에 따라 1분 = 3K를 ⓐ에 대입하면 N + 40K = 3K × 40

∴ N = 80K이다.

3개의 창구를 사용하여 모든 고객의 일을 처리하는 데 소요된 시간을 x라고 하면 3개의 창구가 1분당 처리하는 고객은 9K명이므로

$$\frac{80K + x K}{9K} = x \rightarrow x = 10$$이다.

따라서 3개의 창구를 사용하는 경우 소요되는 시간은 10분이다.

14 수리능력 문제 정답 ②

제시된 기간 동안 미술의 평균 저작권 등록 건수는 $(11,344 + 11,325 + 13,403 + 16,149 + 21,237) / 5 = 14,691.6$건임에 따라 컴퓨터 프로그램의 평균 저작권 등록 건수인 $(14,502 + 15,180 + 16,210 + 15,198 + 18,650) / 5 = 15,948$건보다 적으므로 적절하지 않다.

오답 체크

① 2020년 도형의 저작권 등록 건수는 2016년 대비 $992 / 450 ≒ 2.2$배 증가하였으므로 적절하다.

③ 2018년 편집의 저작권 등록 건수가 전체 저작권 등록 건수에서 차지하는 비중은 $(2,985 / 43,739) \times 100 ≒ 6.8\%$로 5% 이상이므로 적절하다.

④ 제시된 기간 동안 어문의 저작권 등록 건수는 사진의 저작권 등록 건수의 2016년에 $4,616 / 508 ≒ 9.1$배, 2017년에 $4,155 / 1,114 ≒ 3.7$배, 2018년에 $4,481 / 1,123 ≒ 4.0$배, 2019년에 $4,858 / 1,238 ≒ 3.9$배, 2020년에 $5,907 / 1,492 ≒ 4.0$배이므로 적절하다.

⑤ 2017년 이후 저작권 등록 건수가 매년 전년 대비 증가한 저작물 종류는 사진 1개이므로 적절하다.

[15 - 16]
15 수리능력 문제 정답 ①

2016년 대비 2021년 연평균 일 교통량의 증가율은 B 도로가 $\{(12,897 - 11,176) / 11,176\} \times 100 ≒ 15.4\%$이고, C 도로가 $\{(47,917 - 43,689) / 43,689\} \times 100 ≒ 9.7\%$이다.

따라서 2016년 대비 2021년 B 도로의 연평균 일 교통량의 증가율과 C 도로의 연평균 일 교통량의 증가율 차이는 $15.4 - 9.7 ≒ 5.7\%$p이다.

16 수리능력 문제 정답 ①

B 도로의 연평균 일 교통사고 발생 건수당 교통량은 2020년이 826.6대로 2021년 $12,897 / 18 = 716.5$대보다 $826.6 - 716.5 = 110.1$대 더 많으므로 적절하다.

오답 체크

② 2021년 A 도로의 연평균 일 교통사고 발생 건수는 $6,021 / 223 = 27$건으로 2020년 16건 대비 $27 - 16 = 11$건 증가하였으므로 적절하지 않다.

③ C 도로의 연평균 일 교통사고 발생 건수는 2021년이 $47,917 / 9,583.4 = 5$건, 2020년이 $50,098 / 12,524.5 = 4$건으로 서로 다르므로 적절하지 않다.

④ 2021년 B 도로의 연평균 일 교통사고 발생 건수는 18건으로 2020년 12,399 / 826.6 = 15건 대비 {(18 - 15) / 15} × 100 = 20% 증가하였으므로 적절하지 않다.

⑤ 2020년 도로별 연평균 일 교통사고 발생 건수당 교통량은 A 도로가 5,944 / 16 = 371.5대, B 도로가 826.6대, C 도로가 12,524.5대로 A 도로가 가장 적으므로 적절하지 않다.

17 수리능력 문제   정답 ⑤

서로 다른 n개에서 순서를 고려하지 않고 r개를 택하는 경우의 수는 $_nC_r = \frac{n!}{r!(n-r)!}$임을 적용하여 구한다.

학번 각 자리 숫자의 곱이 20의 배수이므로 각 자리 숫자의 곱을 소인수분해 하면 $2^2 × 5$는 필수적으로 포함되어야 한다. 이에 따라 학번에 5는 필수적으로 포함되고, 2는 최소 2개가 포함되므로 학번에 포함될 4개의 숫자는 5와 4의 배수인 4와 8 중 1개만 포함되고 나머지 두 수는 홀수인 (5, 4 또는 8, 홀수, 홀수)이거나, 5와 짝수인 2, 4, 6, 8 중 2개 이상 포함되고 나머지 수는 홀수인 (5, 짝수, 짝수, 홀수), (5, 짝수, 짝수, 짝수)인 것을 알 수 있다. 이때 5를 제외하고 선택할 수 있는 홀수의 개수는 1, 3, 7, 9로 4개이다.

5를 제외하고 들어갈 3개의 숫자를 선택하는 경우의 수를 구하면 짝수 중 4 또는 8 중 1개만 포함되는 경우 나머지 두 자리에 들어갈 홀수 2개가 필요하므로 $_2C_1 × _4C_2 = \frac{2!}{1!(2-1)!} × \frac{4!}{2!(4-2)!} = 2 × 6 = 12$가지,

짝수 2개가 포함되는 경우 나머지 한자리에 들어갈 홀수 1개가 필요하므로 $_4C_2 × _4C_1 = \frac{4!}{2!(4-2)!} × \frac{4!}{1!(4-1)!} = 6 × 4 = 24$가지,

짝수 3개가 포함되는 경우 $_4C_3 = \frac{4!}{3!(4-3)!} = 4$가지이므로 학번에 포함될 수 있는 숫자의 경우의 수를 모두 구하면 12 + 24 + 4 = 40가지이고, 학번은 각 경우의 숫자에 대해 순서를 고려하여 정렬한 모든 경우의 수가 된다.

따라서 조건을 만족하는 학생의 학번으로 가능한 경우의 수는 4! × 40 = 960가지이다.

18 수리능력 문제   정답 ③

ⓒ 제시된 기간 동안 중학교의 평균 컴퓨터 사교육비 총액은 (190 + 277) / 2 = 233.5억 원으로 240억 원 미만이므로 적절하지 않다.

ⓒ 중학교 사교육비의 총액이 4,000억 원 이상인 과목의 수는 2020년에 영어, 수학 총 2과목, 2021년에 국어, 영어, 수학 총 3과목으로 서로 다르므로 적절하지 않다.

오답 체크

ㄱ 2021년 고등학교의 국어 사교육비 총액은 전년 대비 {(8,820 - 7,823) / 7,823} × 100 ≒ 12.7% 증가하였으므로 적절하다.

ⓔ 2021년 초등학교의 과목별 사교육비 총액은 모든 과목에서 전년 대비 증가하였으므로 적절하다.

19 수리능력 문제   정답 ④

2016년 경기도와 경상남도 의료 인력의 합은 77,429 + 24,002 = 101,431명으로 같은 해 서울특별시의 의료 인력인 101,142명보다 많으므로 적절하다.

오답 체크

① 경상북도 의료 인력의 전년 대비 증가율은 2018년이 {(18,267 - 17,851) / 17,851} × 100 ≒ 2.3%임에 따라 2019년 {(19,165 - 18,267) / 18,267} × 100 ≒ 4.9%보다 작으므로 적절하지 않다.

② 2020년 전라남도 의료 인력의 전년 대비 증가량은 16,872 - 16,775 = 97명이고, 같은 해 경상북도 의료 인력의 전년 대비 증가량은 19,271 - 19,165 = 106명에 따라 서로 다르므로 적절하지 않다.

③ 2017년 경기도와 제주특별자치도의 평균 의료 인력은 (81,651 + 5,079) / 2 = 43,365명임에 따라 45,000명 미만이므로 적절하지 않다.

⑤ 제시된 기간 동안 충청남도의 의료 인력이 처음으로 13,000명을 넘은 해는 2018년이고, 충청북도의 의료 인력이 처음으로 10,000명을 넘은 해는 2017년임에 따라 서로 다르므로 적절하지 않다.

20 수리능력 문제   정답 ④

사건 A가 일어날 확률을 p라고 할 때, 사건 A가 일어나지 않을 확률은 1 - p임을 적용하여 구한다.

3점 이상을 얻어야 게임에서 우승하므로 게임에서 우승하는 경우는 3점을 얻는 경우, 4점을 얻는 경우, 5점을 얻는 경우로 나누어진다. 이때 주사위를 던져 짝수가 나올 확률과 홀수가 나올 확률은 각각 $\frac{1}{2}$이므로, 승용이가 주사위를 던져 1점을 얻을 확률과 얻지 못할 확률도 각각 $\frac{1}{2}$이다.

3점을 얻는 경우의 수는 주사위를 5번 던져 3번 짝수가 나오는 경우의 수인 $_5C_3 = \frac{5!}{3! × 2!} = \frac{5 × 4}{2} = 10$이다.

4점을 얻는 경우의 수는 주사위를 5번 던져 4번 짝수가 나오는 경우의 수인 $_5C_4 = \frac{5!}{4!} = 5$다.

5점을 얻는 경우의 수는 주사위를 5번 던져 5번 모두 짝수가 나오는 경우의 수인 1이다.

이에 따라 주사위를 5번 던져 3번 이상 짝수가 나와 3점 이상을 얻어 게임에서 우승할 확률은 $\frac{10 + 5 + 1}{2^5} = \frac{16}{32} = \frac{1}{2}$이다.

따라서 승용이가 게임에서 우승하지 못할 확률은 $1 - \frac{1}{2} = \frac{1}{2}$이다.

21 문제해결능력 문제   정답 ④

비용 점수가 80점 이상이어야 하므로 비용 점수가 80점 이상인 B 업체, C 업체, D 업체만을 고려한다. 장비와 기술 점수를 각각 30%, 제안서와 비용 점수를 각각 20%의 가중치를 두고 계산하여 합산한 B 업체, C 업체, D 업체의 최종 점수는 다음과 같다.

구분	B 업체	C 업체	D 업체
최종점수	$82 \times 0.2 +$ $80 \times 0.2 +$ $67 \times 0.3 +$ $73 \times 0.3 = 74.4$	$79 \times 0.2 +$ $85 \times 0.2 +$ $72 \times 0.3 +$ $68 \times 0.3 = 74.8$	$80 \times 0.2 +$ $80 \times 0.2 +$ $72 \times 0.3 +$ $50 \times 0.3 = 68.6$

이 중 최종 점수가 70점 이상인 업체는 B 업체와 C 업체이며, 두 업체의 평가 기준별 점수를 합산하면 B 업체는 $82 + 80 + 67 + 73 = 302$점이고, C 업체는 $79 + 85 + 72 + 68 = 304$점이다.

따라서 선정될 협력업체는 합산 점수가 더 큰 'C 업체'이다.

22 문제해결능력 문제   정답 ①

제시된 조건에 따르면 1조부터 4조까지 편성하여 숫자가 낮은 조부터 먼저 입장하고, A는 1조이며, C는 D보다 먼저 입장하므로 D는 B나 C보다 늦게 입장하는 3조 또는 4조이다.

[경우 1] D가 3조인 경우

C는 1조이므로 C는 2조가 되고, 남은 B는 4조가 된다. B는 F와 한 조이고, D는 E와 한 조이므로 E는 3조, F는 4조가 되고, E가 속한 조는 G가 속한 조보다 숫자가 1 더 높으므로 G는 2조가 된다.

1조	2조	3조	4조
A	C	D	B
H	G	E	F

[경우 2] D가 4조인 경우

C는 1조이고, D와 E는 한 조이므로 E는 4조가 된다. E가 속한 조는 G가 속한 조보다 숫자가 1 더 높으므로 G는 3조이고, B는 F와 한 조이므로 B와 F는 2조가 된다.

1조	2조	3조	4조
A	B	C	D
H	F	G	E

따라서 H는 1조이므로 항상 옳은 설명이다.

오답 체크

① C는 2조 또는 3조이므로 항상 옳은 설명은 아니다.

③ B는 4조, E는 3조일 수도 있으므로 항상 옳은 설명은 아니다.

④ D는 3조 또는 4조이므로 항상 옳지 않은 설명이다.

⑤ G는 2조 또는 3조이므로 항상 옳은 설명은 아니다.

23 문제해결능력 문제   정답 ①

해진이가 이용할 이삿짐센터는 파손 보험에 가입한 이삿짐센터여야 하므로 E 센터는 제외되며, 이사 소요 시간은 7시간을 초과해서는 안 되므로 이사 소요 시간이 8시간인 C 센터도 제외된다. 또한, 해진이는 금요일에 이사하므로 매주 금요일이 휴일인 D 센터도 제외된다.

따라서 첫 번째와 두 번째 조건을 만족하는 이삿짐센터인 A 센터와 B 센터 중 가격이 가장 저렴한 이삿짐센터를 이용하므로 해진이가 이용할 이삿짐센터는 'A 센터'이다.

24 문제해결능력 문제   정답 ⑤

제시된 조건에 따르면 운전석에 앉을 수 있는 사람은 A와 D뿐이고, B와 C 중 한 명만 조수석에 앉으므로 E는 뒷좌석에 앉는다. 이때 뒷좌석에 앉는 사람 중 직급이 가장 낮은 사람이 중앙석에 앉고 E의 직급이 가장 낮으므로 E가 중앙석에 앉는다. 또한, 운전석에 앉는 사람은 운전석 바로 뒤에 앉는 사람보다 직급이 높으므로 중앙석에 앉는 E를 제외하고 직급이 가장 낮은 D는 운전석에 앉을 수 없어 운전석에는 A가 앉는다.

A		B 또는 C
B 또는 C 또는 D	E	B 또는 C 또는 D

따라서 중앙석에는 E가 앉으므로 항상 옳은 설명이다.

오답 체크

① 운전석에는 A가 앉으므로 항상 옳지 않은 설명이다.

② 조수석에는 B 또는 C가 앉으므로 항상 옳은 설명은 아니다.

③ A 뒤에는 B 또는 C 또는 D가 앉으므로 항상 옳은 설명은 아니다.

④ D는 A 또는 B 또는 C 뒤에 앉으므로 항상 옳은 설명은 아니다.

25 문제해결능력 문제   정답 ③

제시된 조건에 따르면 사무실에는 5명 중 최소 3명의 직원이 근무해야 하며, 10월에 진행하는 사내 교육에는 모든 직원이 참석해야 한다. 또한, 5명은 출장을 가지 않는 날에 3일씩 휴가를 사용하며, 휴가는 같은 주에만 사용해야 한다. 이때 달력을 기준으로 첫째 주부터 다섯째 주까지로 나누면 주차별로 직원 A, B, C, D, E의 10월 휴가 및 출장 계획에 따른 일정은 다음과 같다.

첫째 주: 3일은 공휴일이고, 4일과 5일은 휴가를 사용할 A와 출장을 갈 C로 인해 C는 휴가를 사용할 수 없다.

둘째 주: 9일은 공휴일이고, 10일과 11일은 출장을 갈 B와 휴가를 사용할 E로 인해 C는 휴가를 사용할 수 없다.

넷째 주: 22일은 사내 교육이 있고, 24일은 출장을 갈 A와 D, 26일은 출장을 갈 C와 D로 인해 C는 휴가를 사용할 수 없다.

다섯째 주: 30일은 출장을 갈 A와 휴가를 사용할 B로 인해 C는 휴가를 사용할 수 없다.

따라서 C가 휴가를 사용할 수 있는 날은 15일, 18일, 19일이다.

26 문제해결능력 문제　　　　　　정답 ⑤

청탁금지법 제5조 제2항 제3호에 따르면 선출직 공직자, 정당, 시민
단체 등이 공익적인 목적으로 제3자의 고충 민원을 전달하거나 법령
기준의 제정·개정·폐지 또는 정책·사업·제도 및 그 운영 등의 개선
에 관하여 제안·건의하는 행위는 청탁금지법을 적용하지 아니한다
고 하였다.

따라서 무가 법안을 발의한 국회의원 F에게 찾아가 해당 법안에 대
한 반대 의지를 표명한 것은 선출직 공직자에게 정책·사업·제도에
대해 제안·건의하는 것이므로 청탁금지법 위반 사례로 적절하지 않다.

오답 체크

① 체육 교사인 갑은 A 교사의 부탁을 받아 B 학생의 수행평가 점수를
　　상향 조정하였으므로 청탁금지법 제5조 제1항 제10호의 위반 사례로
　　적절하다.

② 공무원인 을은 평가 담당자에게 자신의 사견을 말해 C 회사를 최종 우수
　　기관 선정 단계에서 탈락하도록 하였으므로 청탁금지법 제5조 제1항
　　제5호의 위반 사례로 적절하다.

③ 사회복지사인 병은 지인 D의 소득 중 일부를 조작하여 D가 근로장려금
　　을 받을 수 있도록 하였으므로 청탁금지법 제5조 제1항 제8호의 위반
　　사례로 적절하다.

④ 시장인 정은 소속 공무원 E의 근무성적 점수를 올리도록 부시장에게
　　지시하여 인사고과 평가에 영향을 미쳤으므로 청탁금지법 제5조
　　제1항 제3호의 위반 사례로 적절하다.

27 문제해결능력 문제　　　　　　정답 ⑤

제시된 조건에 따르면 F는 2행 3열 자리에 위치하고, A, B, E는 1행
에 위치하며, A는 1열에 위치하고, E는 5열에 위치한다. B와 C는
한 행 내에서 이웃하여 위치하므로, C도 1행에 위치하고, D와 E는
다른 행에 위치하므로 D는 2행에 위치한다. 이에 따라 2행에는 D,
F가 위치하고, A와 B 뒤에는 사람이 있으므로 A 뒤에는 D가 위치
하고, B 뒤에는 F가 위치해야 한다.

구분	1열	2열	3열	4열	5열
2행	D		F		
1행	A	C 또는 없음	B	C 또는 없음	E

따라서 1행에는 A, B, C, E 4명이 위치하므로 항상 옳은 설명이다.

오답 체크

① F 바로 옆자리에는 사람이 없으므로 항상 옳지 않은 설명이다.

② A 바로 옆자리에는 사람이 없을 수도 있으므로 항상 옳은 설명은 아니다.

③ E 바로 옆자리에는 사람이 없을 수도 있으므로 항상 옳은 설명은 아니다.

④ 2행에는 2명이 위치하므로 항상 옳지 않은 설명이다.

⏱ 빠른 문제 풀이 Tip

위치를 확실하게 고정할 수 있는 A, E, F의 위치를 토대로 문제를
풀이한다.

28 문제해결능력 문제　　　　　　정답 ⓒ

'3. 전형별 가산점 부여 기준'에 따르면 소속학교에서의 평균 석차
비율이 상위 10% 미만인 지원자에게는 서류전형에서 10점이, 상위
10% 이상 20% 미만인 지원자에게는 서류전형에서 5점이, 상위
20% 이상 30% 미만인 지원자에게는 서류전형에서 3점이 가산점
으로 부여된다. 이때, 전학생의 경우 (전학 전 소속학교에서의 평균
석차 비율 × 전학 전과 전학 후 소속학교의 동급생 수의 합에서 전
학 전 소속학교의 동급생 수가 차지하는 비중) + (전학 후 소속학
교에서의 평균 석차 비율 × 전학 전과 전학 후 소속학교의 동급생
수의 합에서 전학 후 소속학교의 동급생 수가 차지하는 비중)으로
평균 석차 비율을 구함에 따라 갑의 평균 석차 비율은 {12 × (150 /
450)} + {6 × (300 / 450)} = 8%이다. 또한, 취업지원대상자인 을
과 정에게는 모든 전형에서 전형별 만점의 5%인 5점을 가산점으
로 부여하므로 가산점을 적용한 갑~무의 전형별 최종 점수의 총합
은 다음과 같다.

구분	전형별 최종 점수의 총합
갑	{(63 + 25) + 10} + 88 + (9 + 40 + 39) = 274점
을	{(66 + 29) + 5 + 5} + (76 + 5) + {(8 + 41 + 36) + 5} = 276점
병	{(60 + 30) + 3} + 91 + (7 + 40 + 35) = 266점
정	{(64 + 27) + 5} + (85 + 5) + {(9 + 38 + 34) + 5} = 272점
무	(59 + 28) + 86 + (10 + 45 + 37) = 265점

따라서 갑~무 중 최종 합격자로 선정될 사람은 '을'이다.

29 문제해결능력 문제　　　　　　정답 ⓒ

'5. 지원 내용 - 1)'에 따르면 지역별로 장학생을 선발하는 사업은
꿈 장학금이고, '4. 지원 조건 - 1)'에 따르면 꿈 장학금의 지원을
받기 위해서는 교과 및 비교과 기준을 모두 충족해야 하므로 적절
하지 않다.

오답 체크

① '4. 지원 조건 - 3)'에 따르면 SOS 장학금의 지원 조건은 긴급복지지
　　원법에 따른 위기상황에 해당하여 소득 상실 등의 사유가 있는 자이
　　고, '5. 지원 내용 - 2)'에 따르면 지원 기간은 10개월이므로 적절하다.

② '2. 선발 대상'에 따르면 대학생은 별도의 선발 없이 고등학교 3학년
　　장학생이 대학 진학 시 계속 지원하고, '5. 지원 내용 - 3)'에 따르면
　　재능 장학금은 매월 고등학생에게는 35만 원, 대학생에게는 45만 원
　　의 학업 장려비를 지원하므로 적절하다.

④ '5. 지원 내용 - 3)'에 따르면 매월 30만 원의 학업 장려비를 지원하는 장학금은 SOS 장학금이며, 중학생과 고등학생은 SOS 장학금을 받을 수 있지만 대학생은 받을 수 없으므로 적절하다.

⑤ '5. 지원 내용 - 3)'에 따르면 SOS 장학금은 심리안정 프로그램만을 지원하고, [참고]에 따르면 교사·지역사회 전문가 등으로 구성된 멘토가 중·고등 장학생에게 멘토링을 지원하는 프로그램은 1:1 멘토링이므로 적절하다.

30 문제해결능력 문제   정답 ②

'1. 가구 소득인정액 산정 방식'에 따르면 가구 소득인정액 = 월 소득 평가액 + 재산의 월 소득 환산액 - 형제·자매 수에 따른 공제액이다. 이때, '2. 월 소득 평가액'에서 월 소득 평가액은 공제금액을 제외한 가구의 근로소득, 사업소득, 재산소득, 연금소득 등을 월 기준으로 합산한 금액이라고 하였으므로 A 씨의 월 소득 평가액은 상시근로소득 120만 원에 130만 원의 소득공제를 적용한 120 - 130 = -10만 원으로 음수임에 따라 0원이고, A 씨 아버지의 월 소득 평가액은 사업소득 450만 원이며, A 씨 어머니의 월 소득 평가액은 일용근로소득 280만 원에 50%를 정률공제한 280 × 0.5 = 140만 원으로 A 씨 가구의 월 소득 평가액은 총 0 + 450 + 140 = 590만 원이다. 또한, '3. 재산의 월 소득 환산액'에 따른 A 씨 가구 재산의 월 소득 환산액은 일반재산이 {(0 + 38,000 + 20,000) - 6,900 - (310 + 13,000 + 5,000)} × 0.014 = 459.06만 원, 금융재산이 (0 + 1,000 + 3,000) × 0.021 = 84만 원, 자동차가 (0 + 3,000 + 0) × 0.014 = 42만 원으로 총 459.06 + 84 + 42 = 585.06만 원이고, A 씨 가구는 A 씨 본인과 A 씨의 아버지, 어머니로만 구성되어 있어 형제·자매 수에 따른 공제액은 적용받지 못한다.

따라서 A 씨 가구의 가구 소득인정액은 590 + 585.06 = 1175.06만 원 = 11,750,600원이다.

31 자원관리능력 문제   정답 ④

[주택용 전력 전력량요금]에 따르면 당월 청구 주택용 전력 전기요금 = 전기요금계 + 부가가치세 + 전력산업기반기금 - 전월 납부한 주택용 전력 전기요금의 1%이고, 전기요금계 = 기본요금 + 전력량요금이다. 또한, 부가가치세는 전기요금계의 10%를 소수점 첫째 자리에서 반올림한 금액, 전력산업기반기금은 전기요금계의 3.7%를 10원 미만으로 절사한 금액이다. 이에 따라 Y 씨에게 부과될 3월, 4월 주택용 전력 전기요금은 다음과 같다.

구분	3월	4월
주택용 전력 사용량	320kWh	410kWh
기본요금	1,600원	7,300원

전력량요금	(200 × 93.2) + (120 × 187.8) = 41,176원	(200 × 93.2) + (200 × 187.8) + (10 × 280.5) = 59,005원
전기요금계	1,600 + 41,176 = 42,776원	7,300 + 59,005 = 66,305원
부가가치세	42,776 × 0.1 ≒ 4,278원	66,305 × 0.1 ≒ 6,631원
전력산업기반기금	42,776 × 0.037 ≒ 1,580원	66,305 × 0.037 ≒ 2,450원
전월 주택용 전력 전기요금의 1%	87,400 × 0.01 = 874원	47,760 × 0.01 = 477.6원
당월 주택용 전력 전기요금	42,776 + 4,278 + 1,580 - 874 = 47,760원	66,305 + 6,631 + 2,450 - 477.6 ≒ 74,908원

따라서 Y 씨에게 부과될 주택용 전력 전기요금은 74,908원이다.

32 자원관리능력 문제   정답 ②

[인테리어 공사 수칙]에 따르면 여러 업체가 동시에 참가하는 경우, 각 업체가 작업하는 시간은 동일하고, 작업하는 면은 겹치지 않으며, 업체별 $1m^2$당 작업시간은 항상 일정하다. 또한, 모든 업체는 작업한 시간에 대해 시간당 비용에 비례하여 분당 비용을 지급받으므로 가 인테리어 업체만 참가하는 경우 작업시간이 15 × 45 = 675분 = 11시간 15분 소요됨에 따라 작업비용으로 (11 × 50,000) + {(15/60) × 50,000} = 562,500원을 지급하므로 옳지 않은 내용이다.

오답 체크

① 가, 나, 다 인테리어 업체가 동시에 참가하는 경우 1시간 동안 총 (60/15) + (60/20) + (60/30) = 4 + 3 + 2 = $9m^2$를 작업함에 따라 도배 공사가 완료되기까지 45/9 = 5시간이 소요되므로 옳은 내용이다.

③ 나, 다 인테리어 업체가 동시에 참가하는 경우 1시간 동안 (60/20) + (60/30) = $5m^2$를 작업함에 따라 작업시간이 45/5 = 9시간 소요되어 작업비용으로 9 × (40,000 + 30,000) = 630,000원을 지급하므로 옳은 내용이다.

④ 하나의 업체만 참가하는 경우 $1m^2$당 작업시간이 가장 긴 다 인테리어 업체만 참가할 때 도배 공사가 완료되기까지 시간이 가장 오래 걸리므로 옳은 내용이다.

⑤ 나 인테리어 업체만 참가하는 경우 작업시간이 20 × 45 = 900분 = 15시간 소요됨에 따라 작업비용은 15 × 40,000 = 600,000원이고, 다 인테리어 업체만 참가하는 경우 작업시간이 30 × 45 = 1,350분 = 22시간 30분 소요됨에 따라 작업비용은 (22 × 30,000) + {(30/60) × 30,000} = 675,000원으로 나 인테리어 업체만 참가할 때 675,000 - 600,000 = 75,000원 더 저렴하게 공사할 수 있으므로 옳은 내용이다.

[33-34]

33 자원관리능력 문제   정답 ②

제시된 자료에 따르면 순수익 = (초기 시설 건설 이후 얻은 전체 수익의 합) - (초기 시설 투자 비용을 포함한 전체 비용의 합)이고, 초기 시설 건설 기간에는 제품 생산 비용 및 수익이 발생하지 않으므로 초기 시설 건설 시작 1년 후 A 제품의 순수익은 (420 × 10) - {1,200 + (140 × 10)} = 1,600만 원, B 제품의 순수익은 (560 × 9) - {1,100 + (160 × 9)} = 2,500만 원, C 제품의 순수익은 (410 × 8) - {1,000 + (150 × 8)} = 1,080만 원, D 제품의 순수익은 (540 × 11) - {1,400 + (200 × 11)} = 2,340만 원, E 제품의 순수익은 (310 × 7) - {800 + (80 × 7)} = 810만 원이다.

따라서 초기 시설 건설 시작 1년 후 순수익이 가장 많은 제품은 'B 제품'이다.

34 자원관리능력 문제   정답 ③

제시된 자료에 따르면 순수익 = (초기 시설 건설 이후 얻은 전체 수익의 합) - (초기 시설 투자 비용을 포함한 전체 비용의 합)이고, 초기 시설 건설 기간에는 제품 생산 비용 및 수익이 발생하지 않으므로 초기 시설 건설 시작 2년 후 C 제품의 순수익은 (410 × 20) - {1,000 + (150 × 20)} = 4,200만 원이다.

따라서 초기 시설 건설 시작 2년 후 C 제품의 순수익은 4,200만 원이다.

35 자원관리능력 문제   정답 ⑤

'2. 등급 기준'에 따르면 사내 수영 선수의 등급은 이력 등급과 [별표 2]에 따른 등급 중 가장 높은 등급으로 최종 산정해 무가 전국규모대회에서 3위로 입상한 경우 무는 이력 등급 기준에 따라 C 등급, 평가 점수가 10 + 5 + 24 + 10 + 20 + 6 = 75점으로 [별표 2]에 따라 B 등급으로 산정되어 더 높은 B 등급으로 최종 산정되므로 옳지 않은 설명이다.

[오답 체크]

① '2. 등급 기준'에 따르면 사내 수영 선수의 등급은 이력 등급과 [별표 2]에 따른 등급 중 가장 높은 등급을 최종 등급으로 산정하며, '[별표 2] 사내 수영 선수 평가 기준'에서 평가 점수가 90점 이상일 경우 A, 75점 이상 90점 미만일 경우 B, 75점 미만일 경우 C 등급으로 산정된다고 해 갑의 평가 점수가 13 + 9 + 27 + 8 + 25 + 9 = 91점임에 따라 가장 높은 A 등급으로 최종 산정되므로 옳은 설명이다.

② '2. 등급 기준'에 따르면 전국규모대회에 출전하여 1회 이상 1위에 입상한 자 및 현 국가대표로 활동 중인 자는 A 등급으로 산정함에 따라 을의 이력에 따른 등급은 A 등급으로 산정되고, '[별표 2] 사내 수영 선수 평가 기준'에서 경력이 7년 이상인 선수는 경력평가 점수로 25점이 부여되며, 평가 점수가 90점 이상일 경우 A, 75점 이상 90점 미만일 경우 B, 75점 미만일 경우 C 등급으로 산정된다고 함에

따라 평가 점수에 따른 등급이 이력 등급보다 낮아지려면 을의 평가 점수에 따른 등급이 B 등급 이하이어야 해 경력평가 점수가 90 - (12 + 8 + 25 + 10 + 10) = 25점 미만이어야 하므로 옳은 설명이다.

③ '2. 등급 기준'에 따르면 사내 수영 선수의 등급은 이력 등급과 [별표 2]에 따른 등급 중 가장 높은 등급으로 최종 산정하며, '[별표 2] 사내 수영 선수 평가 기준'에서 평가 점수가 90점 이상일 경우 A, 75점 이상 90점 미만일 경우 B, 75점 미만일 경우 C 등급으로 산정된다고 함에 따라 병의 평가 점수는 14 + 10 + 26 + 8 + 15 + 8 = 81점으로 B 등급으로 산정되기 때문에 이력에 따른 등급이 A 등급으로 산정되지 않아야 하지만, '2. 등급 기준'에서 전 국가대표로서 활동한 지 3년을 초과하지 않은 자는 A 등급으로 산정된다고 하였으므로 옳은 설명이다.

④ '1. 보수'에 따르면 월 임금은 연봉을 12개월로 나눈 평균 금액으로 하여 월급 350만 원을 받는 정의 연봉은 350 × 12 = 4,200만 원이며, '[별표 1] 사내 수영 선수의 등급별 연봉 산정 기준'에서 연봉이 4,200만 원인 선수의 등급은 A 등급이라고 함에 따라 정의 최종 등급이 A 등급임을 알 수 있으나, 정의 이력 등급은 B 등급으로 산정되어 [별표 2]에 따른 등급이 A 등급으로 산정되어야 하고, 평가 점수가 90점 이상이 되어 A 등급을 받기 위해서는 경기 성적이 90 - (14 + 8 + 6 + 25 + 7) = 30점이 되어야 하기 때문에 실력평가 점수가 30 + 6 = 36점으로 사내 수영 선수 중 가장 높으므로 옳은 설명이다.

36 자원관리능력 문제   정답 ⑤

임금은 요청한 번역 업무가 완료되고 3일이 지난 후에 정산하므로 C 번역가가 6월 30일 오후 10시에 완료한 번역 업무에 대한 정산은 7월에 이루어져 6월 정산에는 포함되지 않는다. 또한, 번역 문서의 페이지 산정은 원본의 언어에 따라 결정되고, 최우선 납기는 임금의 100%를, 우선 납기는 임금의 50%를 추가로 지급하므로 A, B, C 번역가가 6월에 정산받는 임금은 다음과 같다.

구분	요청 일시	페이지 산정	임금
A 번역가	6월 2일 오후 9시	6페이지	(6 × 22,000) × 2 = 264,000원
	6월 9일 오전 8시	7페이지	7 × 28,000 = 196,000원
	6월 13일 오후 2시	4페이지	(4 × 16,500) × 1.5 = 99,000원
B 번역가	6월 6일 오후 3시	8페이지	8 × 30,000 = 240,000원
	6월 8일 오전 9시	7페이지	7 × 24,000 = 168,000원
	6월 21일 오후 8시	4페이지	(4 × 24,000) × 1.5 = 144,000원
C 번역가	6월 10일 오후 1시	10페이지	10 × 18,000 = 180,000원
	6월 11일 오전 6시	5페이지	(5 × 32,000) × 2 = 320,000원

이에 따라 6월에 정산받은 총임금은 A 번역가가 264,000 + 196,000 + 99,000 = 559,000원, B 번역가가 240,000 + 168,000 + 144,000 = 552,000원, C 번역가가 180,000 + 320,000 = 500,000원이다.

따라서 6월에 정산받은 총임금이 가장 높은 번역가와 가장 낮은 번역가의 6월 임금 차는 559,000 - 500,000 = 59,000원이다.

37 자원관리능력 문제　　　　　정답 ①

[성과 등급 기준]에 따르면 성과 등급은 성과 달성률이 120% 이상일 경우 S 등급, 100% 이상 120% 미만일 경우 A 등급, 80% 이상 100% 미만일 경우 B 등급, 80% 미만일 경우 C 등급이다. 이때, 성과 달성률 = (성과 실적/목표 실적) × 100임에 따라 영업 1팀의 2019~2020년 성과 등급은 다음과 같다.

구분	성과 달성률	성과 등급
2019년	(120 / 100) × 100 = 120%	S 등급
2020년	(150 / 140) × 100 ≒ 107.1%	A 등급

따라서 2019~2020년 영업 1팀의 성과 등급을 순서대로 바르게 나열한 것은 'S 등급, A 등급'이다.

38 자원관리능력 문제　　　　　정답 ④

[성과 등급 기준]에 따르면 성과 등급은 성과 달성률이 120% 이상일 경우 S 등급, 100% 이상 120% 미만일 경우 A 등급, 80% 이상 100% 미만일 경우 B 등급, 80% 미만일 경우 C 등급이다. 이때, 성과 달성률 = (성과 실적 / 목표 실적) × 100임에 따라 2021년 팀별 성과 등급은 다음과 같다.

구분	성과 달성률	성과 등급
영업 1팀	(210 / 180) × 100 ≒ 116.7%	A 등급
영업 2팀	(120 / 130) × 100 ≒ 92.3%	B 등급
영업 3팀	(150 / 140) × 100 ≒ 107.1%	A 등급
영업 4팀	(140 / 120) × 100 ≒ 116.7%	A 등급
영업 5팀	(100 / 100) × 100 = 100%	A 등급

따라서 2021년 팀별 성과 등급을 바르게 연결한 것은 '영업 4팀 - A 등급'이다.

39 자원관리능력 문제　　　　　정답 ③

[성과 등급 기준]에 따르면 성과 등급은 성과 달성률이 120% 이상일 경우 S 등급, 100% 이상 120% 미만일 경우 A 등급, 80% 이상 100% 미만일 경우 B 등급, 80% 미만일 경우 C 등급이다. 이때, 성과 달성률 = (성과 실적/목표 실적) × 100임에 따라 2022년 팀별 성과 등급은 다음과 같다.

구분	성과 달성률	성과 등급
영업 1팀	(205 / 180) × 100 ≒ 113.9%	A 등급
영업 2팀	(165 / 140) × 100 ≒ 117.9%	A 등급
영업 3팀	(160 / 130) × 100 ≒ 123.1%	S 등급
영업 4팀	(130 / 120) × 100 ≒ 108.3%	A 등급
영업 5팀	(105 / 110) × 100 ≒ 95.5%	B 등급

따라서 2022년 성과 등급이 가장 높은 팀은 '영업 3팀'이다.

40 자원관리능력 문제　　　　　정답 ②

'2. 하청업체 실적평가 기준표'에 따라 하청업체 A의 항목별 등급 및 배점은 다음과 같다.

납기 준수율	평균 지체 일수	수입검사 종합 수율	공정 불량률	중요클레임 건수	가격 인하율
B 등급 70점	C 등급 50점	B 등급 70점	A 등급 100점	C 등급 40점	B 등급 60점

이에 따라 납기점수는 (70 + 50) / 2 = 60점, 품질점수는 (70 + 100 + 40) / 3 = 70점, 가격점수는 60점이므로
변경 전 하청업체 실적점수는 (60 × 0.3) + (70 × 0.4) + (60 × 0.3) = 64점이고,
변경 후 하청업체 실적점수는 (60 × 0.2) + (70 × 0.3) + (60 × 0.5) = 63점이다.
따라서 변경 전과 변경 후의 하청업체 A가 받을 하청업체 실적점수의 차이는 64 - 63 = 1점이다.

41 정보능력 문제　　　　　정답 ③

제시된 설명에 해당하는 계층은 '네트워크계층'이다.

🔍 더 알아보기

OSI 7계층의 명칭 및 기능

구분	명칭	기능
7계층	응용계층 (Application layer)	응용 프로세스가 OSI 환경에 접근할 수 있도록 각 응용 프로세서에 알맞은 환경을 제공
6계층	표현계층 (Presentation layer)	단말에서의 표현(색깔, 코드, 크기 등)과 관련된 특성을 규정하고, 데이터의 압축 및 암호화 등의 기능을 수행
5계층	세션계층 (Session layer)	세션의 설정, 유지, 관리, 복구 등의 기능을 수행하고, 대화 단위 및 대화 방식을 결정
4계층	전송계층 (Transport layer)	종단 간에 정해진 서비스 등급과 정해진 서비스 품질로 서비스를 수행
3계층	네트워크계층 (Network layer)	경로 설정 및 혼잡 제어를 수행하고, 주소 및 종단점의 식별 기능을 수행
2계층	데이터링크계층 (Data link layer)	신뢰성 있는 데이터를 수행하기 위한 전송제어를 수행하고, 입출력장치 제어, 동기제어, 회선제어, 착오제어 등의 기능을 수행
1계층	물리계층 (Physical layer)	통신장비 간의 물리적인 인터페이스 규격을 제공하고, 전압 레벨 및 타이밍 등 물리적 매체에 종속적인 규칙을 제공

42 정보능력 문제
정답 ③

일의 자리에서 반올림한 6개월 할부 시 1회 할부금을 구하기 위해서는 물품의 가격을 6으로 나누어 일의 자리에서 반올림한 값을 구해야 한다. 이에 따라 대상값을 지정한 소수 이하 자릿수로 반올림하는 함수인 ROUND를 사용하는 것이 가장 적절하며, ROUND 함수식인 '=ROUND(대상값, 반올림하여 표시될 소수 이하 자릿수)'를 적용한다.

따라서 6개월 할부 시 1회 할부금을 구하기 위해 [E3] 셀에 입력할 함수식은 '=ROUND(D3/6, -1)'이 된다.

구분	설명	적용
대상값	커피머신 구매 시 6개월 할부하였을 때의 1회 할부금을 구하는 조건식	D3/6
반올림하여 표시될 소수 이하 자릿수	반올림한 값이 표시되는 자릿수	-1

🔍 더 알아보기

LEFT 함수	텍스트 문자열의 첫 번째 문자부터 시작해 지정한 문자 수만큼 문자를 반환하는 함수 [식] =LEFT(추출하려는 문자가 들어 있는 텍스트 문자열, 추출할 문자 수)
INT 함수	대상값을 가장 가까운 정수로 내림하는 함수 [식] =INT(정수로 내림할 대상값)
TRUNC 함수	대상값을 지정한 소수 이하의 수까지 남기고 나머지 수는 버리는 함수 [식] =TRUNC(대상값, 남길 소수점 이하의 자릿수)
RIGHT 함수	텍스트 문자열의 마지막 문자부터 시작해 지정한 문자 수만큼 문자를 반환하는 함수 [식] =RIGHT(추출하려는 문자가 들어 있는 텍스트 문자열, 추출할 문자 수)

[43-44]
43 정보능력 문제
정답 ①

[마일리지 적립 세부사항]에 따르면 예약 등급 값을 산출하기 위해 탑승 클래스 코드와 예약 등급 코드를 확인해야 한다. '1) 탑승 클래스 코드의 확인'에서 탑승 클래스 코드의 첫 번째 숫자와 두 번째 숫자를 더한 값에 세 번째 숫자를 뺀 값이 0 이상인 경우 탑승 클래스 코드의 첫 번째 알파벳과 세 번째 알파벳의 일치 여부를, 0 미만인 경우 탑승 클래스 코드의 첫 번째 알파벳과 두 번째 알파벳의 일치 여부를 확인해야 한다고 하였으며, '2) 예약 등급 코드의 확인'에서 예약 등급 값은 확인한 탑승 클래스 코드의 알파벳이 일치할 경우 예약 등급 코드의 모든 숫자의 합에 +3, 일치하지 않을 경우 예약 등급 코드의 모든 숫자 합에 -3을 해 구한다고 하였다.

이에 따라 A 티켓의 탑승 클래스 코드를 확인하면, A 티켓 탑승 클래스 코드의 첫 번째 숫자와 두 번째 숫자를 더한 값에서 세 번째 숫자를 뺀 값은 2 + 8 - 7 = 3으로 0 이상임에 따라 탑승 클래스 코드의 첫 번째 알파벳과 세 번째 알파벳의 일치 여부를 확인한다. 이때, A 티켓 탑승 클래스 코드의 첫 번째 알파벳과 세 번째 알파벳은 각각 E, H로 서로 다르므로 예약 등급 값은 예약 등급 코드의 모든 숫자의 합에서 3을 뺀 (4 + 3 + 8) - 3 = 12이다.

따라서 A 티켓의 예약 등급 값으로 가장 적절한 것은 12이다.

44 정보능력 문제
정답 ④

[마일리지 적립 세부사항]에 따르면 Evaluation result는 산출된 마일리지 적립 값에 해당하는 마일리지 적립률이며, 마일리지 적립 값은 탑승 클래스 코드와 예약 등급 코드 확인을 통해 산출한다. 먼저 '1) 탑승 클래스 코드의 확인'에 따라 계산한 탑승 클래스 코드의 첫 번째 숫자와 두 번째 숫자를 더한 값에 세 번째 숫자를 뺀 값은 (2 + 4) - 8 = -2로 0 미만이므로 탑승 클래스 코드의 첫 번째 알파벳과 두 번째 알파벳의 일치 여부를 확인해야 한다. 이때, B 티켓 탑승 클래스 코드의 첫 번째 알파벳과 두 번째 알파벳이 모두 P로 일치하므로 '2) 예약 등급 코드의 확인'에 따라 계산한 예약 등급 값은 (9 + 5 + 3) + 3 = 20이고, B 티켓 예약 등급 코드의 첫 번째 숫자는 9로 5 이상인 경우에 해당해 마일리지 적립 값은 20 × 2 = 40이 된다. 마일리지 적립 값이 30 초과 40 이하에 해당하므로 [마일리지 적립률 산정 기준]에 따라 마일리지 적립률은 125%임을 알 수 있다.

따라서 B 티켓의 Evaluation result로 가장 적절한 것은 125%이다.

45 정보능력 문제
정답 ⑤

[화장품 제품번호 부여 방식]에 따르면 제품번호는 [제조일자] - [권장 사용기간] - [제조장소] - [기능] 순으로 배열되고, 제조일자는 일, 월, 연도순으로 배열된다. 이에 따라 2022년 1월 8일 제조된 제품의 제조일자 코드는 080122, 권장 사용기간이 2년인 제품의 권장 사용기간 코드는 24M, 아메리카에 속한 멕시코의 제조장소 코드는 AM750, 몸에 속한 각질 제거의 기능 코드는 B02이다.

따라서 제품 번호는 080122 - 24M - AM750 - B02이다.

46 정보능력 문제
정답 ⑤

3문단에서 스트리밍을 통한 파일 실행 시 하나의 조각 파일이 실행되는 동안 다음 조각 파일이 도달하지 않아 실행이 매끄럽게 진행되지 않을 경우에 필요한 것이 버퍼와 버퍼링이라고 하였으므로 가장 적절하다.

오답 체크

① 2문단에서 스트리밍 기술은 파일을 동일한 크기로 나누어 준비해 두면 이용자가 필요한 파일 조각을 순서대로 가져감으로써 파일이 물 흐르듯이 실행될 것이라는 생각에서 출발했다고 하였으므로 적절하지 않다

② 3문단에서 버퍼링이 끝나고 나면 파일이 다시 끊김이 없이 진행되어야 하지만, 초고속 통신망이 발전한 오늘날에도 전송량의 한계로 인해 짧은 시간 동안 멈추거나 끊기는 경우가 반복적으로 발생할 수 있다고 하였으므로 적절하지 않다.

③ 1문단에서 스트리밍은 용량이 매우 큰 파일을 전송 및 재생할 때 이를 끊어짐 없이 진행할 수 있도록 하는 기술이라고 하였으므로 적절하지 않다.

④ 4문단에서 IT 기업에 종사하지 않는 일반인들의 경우 대용량 멀티미디어 파일을 즉시 다운로드할 수 있을 만큼의 빠른 접속 회선을 보유하지 못한 경우가 많아 스트리밍 서비스에 대한 관심이 더욱 증가하고 있다고 하였으므로 적절하지 않다.

47 정보능력 문제   정답 ③

퇴사한 직원들의 근속연수를 구하기 위해서는 입사일과 퇴사일을 이용하여 퇴사한 직원들의 근속연수를 반환한 뒤 숫자 뒤에 하나 이상의 텍스트 문자열을 연결하는 &를 이용하여 "년"을 추가해주어야 한다. 이에 따라 두 날짜 사이의 일, 월 또는 연도 수를 계산하는 함수인 DATEDIF를 사용하는 것이 적절하며, DATEDIF 함수식인 '=DATEDIF(시작 날짜, 종료 날짜, 반환하려는 정보)'를 적용한다. 이때 반환하려는 정보는 연도 수일 때 "Y", 개월 수일 때 "M", 날짜 수일 때 "D"를 기재한다.

따라서 퇴사한 직원들의 근속연수 셀을 채우기 위해 [E7] 셀에 입력한 함수식은 '=DATEDIF(C7, D7, "Y") & "년"'이다.

48 정보능력 문제   정답 ①

제시된 글에서 설명하고 있는 소프트웨어로 가장 적절한 것은 '워드프로세서'이다.

오답 체크

② 스프레드시트: 문서를 작성하고 편집하는 기능 이외에 수치나 공식을 입력하여 값을 계산하고, 계산 결과를 차트로 표시할 수 있는 특별한 기능을 가진 전자 계산표 또는 표 계산 소프트웨어

③ 프레젠테이션: 컴퓨터나 기타 멀티미디어를 이용하여 그 속에 담겨 있는 각종 정보를 사용자 또는 대상자에게 전달하고, 회의, 보고, 상담, 교육 등에서 정보를 전달하는 데 널리 활용되는 소프트웨어

④ 데이터베이스: 대량의 자료를 관리하고 내용을 구조화하여 검색이나 자료 관리 작업을 효율적으로 실행하며, 테이블, 질의, 폼, 보고서 등을 작성할 수 있는 기능을 가진 소프트웨어

⑤ 그래픽 소프트웨어: 새로운 그림을 그리거나 그림 또는 사진 파일을 불러와 편집하고, 그림의 확대, 축소, 필터 기능을 가진 소프트웨어

49 정보능력 문제   정답 ④

PowerPoint 프로그램 기능 중 정보와 아이디어를 시각적으로 표현한 것으로, 그래픽을 테마와 같은 다른 기능과 결합하여 마우스 클릭 몇 번으로 조직도, 벤 다이어그램 등 디자이너 수준의 일러스트레이션을 만들 수 있는 기능은 'Smart Art'이다.

오답 체크

① 도형: 원, 사각형, 화살표 등 다양한 디자인의 도형을 삽입할 수 있는 기능

② 아이콘: 기호를 사용하여 시각적으로 의사소통하기 위해 아이콘을 삽입할 수 있는 기능

③ 3D 모델: 회전하여 모든 각도에서 볼 수 있도록 3D 모델을 삽입할 수 있는 기능

⑤ 차트: 가로막대형 등 다양한 차트를 간편하게 삽입하여 데이터의 패턴과 추세를 강조하는 기능

50 정보능력 문제   정답 ⑤

남자 직원의 수를 구하기 위해서는 전체 셀에서 성별이 "남"인 값의 개수를 찾아 값을 반환해야 한다. 이에 따라 조건에 맞는 셀의 개수를 반환할 때 사용하는 함수인 COUNTIF를 사용하는 것이 적절하며, COUNTIF 함수식인 '=COUNTIF(지정한 범위, 조건)'을 적용한다. 따라서 남자 직원의 수를 구하기 위해 [F8] 셀에 입력할 함수식은 '=COUNTIF(A2:F7, "남")'이 된다.

오답 체크

① [우리나라 주민등록번호 생성 방식]에 따르면 성별은 뒷번호 중 가장 왼쪽에 부여되는 번호로, 1900년대에 태어난 남자는 '1'이 부여됨에 따라 1900년대에 태어난 남자 직원은 고하늘 1명이므로 적절하지 않다.

② [우리나라 주민등록번호 생성 방식]에 따르면 성별은 뒷번호 중 가장 왼쪽에 부여되는 번호로, 2000년대 태어난 여자는 '4'가 부여됨에 따라 2000년대 태어난 여자 직원은 김정화, 손주은, 장시우, 한정수 4명이므로 적절하지 않다.

③ 라정민의 성별을 구하기 위해 입력할 함수식은 '=IF(MID(B6, 8, 1) = "1", "남", IF(MID(B6, 8, 1) = "3", "남", "여"))'이므로 적절하지 않다.

④ 민하람의 성별을 구하기 위해 입력할 함수식은 '=IF(MID(B7, 8, 1) = "1", "남", IF(MID(B7, 8, 1) = "3", "남", "여"))'이므로 적절하지 않다.

🔍 더 알아보기

함수	설명
RIGHT	문자열의 마지막 문자부터 지정된 개수의 문자를 반환할 때 사용하는 함수 [식] =RIGHT(문자열, 반환하는 문자 개수)
LEFT	문자열의 첫 번째 문자부터 지정된 개수의 문자를 반환할 때 사용하는 함수 [식] =LEFT(문자열, 반환하는 문자 개수)
MID	텍스트 문자열에서 지정된 위치부터 지정된 수만큼 문자를 반환할 때 사용하는 함수 [식] =MID(문자열, 지정할 위치, 반환하는 문자 개수)
IF	조건에 참과 거짓의 값을 구할 때 사용하는 함수 [식] =IF(조건, 값이 참일 때 반환할 값, 값이 거짓일 때 반환할 값)
COUNTIF	조건에 맞는 셀의 개수를 반환할 때 사용하는 함수 [식] =COUNTIF(지정한 범위, 조건)

실전모의고사 2회 [50문항형]

정답

01 문제해결	02 의사소통	03 자원관리	04 문제해결	05 수리	06 수리	07 수리	08 의사소통	09 의사소통	10 의사소통
③	②	④	②	②	⑤	②	②	⑤	④
11 문제해결	12 정보	13 자원관리	14 자원관리	15 자원관리	16 수리	17 수리	18 의사소통	19 문제해결	20 정보
⑤	③	③	③	③	②	⑤	④	②	③
21 정보	22 정보	23 문제해결	24 자원관리	25 의사소통	26 자원관리	27 문제해결	28 정보	29 문제해결	30 자원관리
③	②	③	③	①	③	①	①	③	④
31 의사소통	32 수리	33 정보	34 정보	35 수리	36 정보	37 문제해결	38 수리	39 수리	40 의사소통
②	③	⑤	④	②	②	①	③	②	⑤
41 자원관리	42 정보	43 문제해결	44 의사소통	45 문제해결	46 의사소통	47 자원관리	48 자원관리	49 수리	50 정보
④	④	④	③	⑤	②	②	④	①	⑤

취약 영역 분석표

· 영역별로 맞힌 개수, 틀린 문제 번호와 풀지 못한 문제 번호를 적고 나서 취약한 영역이 무엇인지 파악해보세요. 틀리거나 풀지 못한 문제를 다시 풀어보면서 확실히 극복하세요.

· NCS 직업기초능력 고난도 문제에 대비하고 싶다면, 해커스잡 사이트(ejob.Hackers.com)에서 제공하는 <NCS PSAT형 온라인 모의고사>를 풀어보며 실력을 향상시켜 보세요.

학습 날짜	영역	맞힌 개수	틀린 문제 번호	풀지 못한 문제 번호
__월 __일	의사소통능력	/10		
	수리능력	/10		
	문제해결능력	/10		
	자원관리능력	/10		
	정보능력	/10		

해설

01 문제해결능력 문제   정답 ③

'3. 공제 상품 예시 – 2)'에 따르면 점포휴업 일당 특약은 복구기간 내 휴업 일수에 5만 원을 곱한 금액까지 보장하지만, 휴업 기간 3일 초과 시부터 적용되므로 가장 적절하지 않다.

오답 체크

① '3. 공제 상품 예시 – 1)'에 따르면 주계약은 건물의 외벽 건축 자재, 건물의 바닥, 기둥, 보, 지붕 등에 따라 건물구조 급수를 A급과 B급으로 나누며 각각의 공제 금액은 모두 다르므로 적절하다.

② '2. 사업 개요 – 1)'에 따르면 가입 대상은 사업자 등록이 되어있는 전통시장 특별법상 전통시장 상인이므로 적절하다.

④ '3. 공제 상품 예시 – 2)'에 따르면 음식물 배상책임 특약의 보장 내용은 대인이 1인당 최대 1천만 원, 1사고당 최대 1억 원 한도, 대물이 1사고당 최대 1천만 원 한도이며, 시설 소유·관리자 배상책임 특약의 보장 내용은 대인이 1인당 최대 1천만 원, 1사고당 최대 1억 원 한도, 대물이 1사고당 최대 1억 원 한도이므로 적절하다.

⑤ '3. 공제 상품 예시 – 2)'에 따르면 화재 벌금 특약 중 형법 제170조에 따른 벌금형 확정 판결을 받을 경우 최대 1천 5백만 원 한도로 보장하고, 형법 제171조에 따른 벌금형 확정 판결을 받을 경우 최대 2천만 원 한도로 보장하므로 적절하다.

02 의사소통능력 문제   정답 ②

이 글은 전시 또는 평시에 상관없이 국가 비상사태이거나 전략적 우발사태에 대응하기 위해 수행되는 특수작전의 임무에 대해 소개하고, 특수부대의 실효성에 대한 의문은 존재하나 특수부대는 특수작전 수행뿐 아니라 국방을 위해 꼭 필요한 부대라는 내용이므로 이 글의 제목으로 가장 적절한 것은 ②이다.

오답 체크

① 우리나라에 존재하는 특수부대의 전체 규모는 2만 명으로, 20만 명에 달하는 북한의 특수부대원들과 비교해 규모가 작은 편이라고 하였지만, 글 전체를 포괄할 수 없으므로 적절하지 않은 내용이다.

③ 한국군 특수부대원들의 활약상과 의의에 대해서는 다루고 있지 않으므로 적절하지 않은 내용이다.

④ 특수작전의 종류별 임무 수행 방법 비교에 대해서는 다루고 있지 않으므로 적절하지 않은 내용이다.

⑤ 첨단 장비를 활용한 특수작전 수행 방법에 대해서는 다루고 있지 않으므로 적절하지 않은 내용이다.

03 자원관리능력 문제   정답 ④

정민이네 가족은 오전 6시에 입장해서 오후 8시에 퇴실하므로 주간 입장료를 지불한다. 이때 총 14시간을 이용하므로 입장 후 12시간이 경과하면 10분당 100원의 추가 비용이 발생해 1인당 (120 / 10) × 100 = 1,200원의 추가 비용이 발생한다. 또한, 각각 찜질복 대여료 1,000원이 발생하며 아버지가 보유한 6,000점의 포인트로 3명이 2,000원씩 포인트 할인을 받는다. 이때 포인트가 2,000점 차감될 때마다 700점이 자동 적립되며 적립된 포인트로 즉시 할인 가능하므로 2,100점이 자동 적립되어 1명이 추가로 포인트 할인을 받을 수 있다. 포인트 할인을 받을 수 있는 사람은 총 4명이며, 한 사람당 다른 종류의 할인을 중복 사용하는 것은 불가능하므로 정민이네 가족이 최소 비용으로 찜질방을 이용하기 위해서는 경로우대 할인이 가능한 할머니, 할아버지를 제외한 아버지, 어머니, 정민이, 동생이 포인트 할인을 받아야 한다. 이에 따라 정민이네 가족의 찜질방 이용 요금은 다음과 같다.

구분	입장료	추가 비용	찜질복	할인	총비용
할아버지	8,000원	1,200원	1,000원	경로우대 할인 1,000원	9,200원
할머니	8,000원	1,200원	1,000원	경로우대 할인 1,000원	9,200원
아버지	8,000원	1,200원	1,000원	포인트 할인 2,000원	8,200원
어머니	8,000원	1,200원	1,000원	포인트 할인 2,000원	8,200원
정민이	8,000원	1,200원	1,000원	포인트 할인 2,000원	8,200원
동생	5,000원	1,200원	1,000원	포인트 할인 2,000원	5,200원

따라서 남탕에 들어가는 할아버지, 아버지, 정민이, 동생의 총 이용 요금은 9,200 + 8,200 + 8,200 + 5,200 = 30,800원이다.

04 문제해결능력 문제   정답 ②

제시된 조건에 따르면 눌린 자국이 있는 어떤 숫자 패드의 위 패드와 아래 패드는 모두 눌린 자국이 있다는 것은 세로로 한 줄이 모두 눌린 자국이 있다는 것이고, 숫자 패드 5는 눌린 자국이 없으므로 세로로 한 줄이 모두 눌린 자국이 있는 줄은 1, 4, 7 또는 3, 6, 9이다.

[경우 1] 1, 4, 7에 눌린 자국이 있는 경우

5에는 눌린 자국이 없고, 1, 2, 3 중 눌린 자국이 있는 숫자 패드는 하나뿐임에 따라 2, 3에도 눌린 자국이 없다. 이에 따라 위 패드와 오른쪽 패드에 눌린 자국이 있을 수 있는 숫자 패드는 7뿐이므로 7의 오른쪽인 8에도 눌린 자국이 있고, 양옆 패드에 눌린 자국이 있을 수 있는 숫자 패드는 5와 8이므로 비밀번호에 포함되는 숫자는 1, 4, 6, 7, 8 또는 1, 4, 7, 8, 9이다.

[경우 2] 3, 6, 9에 자국이 있는 경우

5에는 눌린 자국이 없고, 1, 2, 3 중 눌린 자국이 있는 숫자 패드는 하나뿐임에 따라 1, 2에도 눌린 자국이 없다. 이에 따라 위 패드와 오른쪽 패드에 눌린 자국이 있을 수 있는 숫자 패드는 7뿐이므로 7의 위쪽인 4와 오른쪽인 8에도 눌린 자국이 있고, 양옆 패드에 눌린 자국이 있을 수 있는 숫자 패드는 5이므로 비밀번호에 포함되는 숫자는 3, 4, 6, 8, 9이다.

따라서 2는 비밀번호에 포함되지 않으므로 항상 옳지 않은 설명이다.

오답 체크

① 비밀번호에 포함되는 숫자는 1, 4, 6, 7, 8 또는 1, 4, 7, 8, 9일 수도 있으므로 항상 옳지 않은 설명은 아니다.

③ 비밀번호에 포함되는 숫자는 1, 4, 6, 7, 8 또는 3, 4, 6, 8, 9일 수도 있으므로 항상 옳지 않은 설명은 아니다.

④ 비밀번호에 포함되는 숫자는 1, 4, 6, 7, 8 또는 1, 4, 7, 8, 9 또는 3, 4, 6, 8, 9이므로 항상 옳은 설명이다.

⑤ 비밀번호에 포함되는 숫자는 1, 4, 7, 8, 9 또는 3, 4, 6, 8, 9일 수도 있으므로 항상 옳지 않은 설명은 아니다.

⏱ 빠른 문제 풀이 Tip

강한 조건을 먼저 고려하여 문제를 풀이한다.
눌린 자국이 있는 숫자 패드의 위 패드와 아래 패드는 모두 눌린 자국이 있다는 조건은 한 줄이 전부 비밀번호에 포함된다는 강력한 조건이다. 해당 조건을 먼저 고려한 뒤 나머지를 고려한다.

05 수리능력 문제   정답 ②

사건 A가 일어날 확률 = $\frac{\text{사건 A가 일어날 경우의 수}}{\text{모든 경우의 수}}$ 임을 적용하여 구한다.

철수가 0~9까지 10개의 숫자를 중복하여 사용하지 않고 선정한 4자리의 숫자 뒤에 '#' 또는 '*'을 1개 추가하여 총 5자리의 비밀번호를 설정하는 전체 경우의 수는 $_{10}P_4 \times 2 = 10 \times 9 \times 8 \times 7 \times 2 = 10,080$가지이다. 조건에 따라 비밀번호 앞 4자리는 4,000을 넘어서는 안 되므로 첫 번째 자리에 올 수 있는 숫자는 0, 1, 2, 3중 하나이고 첫 번째 자리와 네 번째 자리 숫자의 합은 짝수이므로 둘 다 홀수이거나 둘 다 짝수여야 한다. 이를 표로 정리하면 다음과 같다.

첫 번째 자리	네 번째 자리	두 번째 자리	세 번째 자리
0	2, 4, 6, 8	0과 네 번째 숫자를 제외한 8개	7개
1	3, 5, 7, 9	0과 첫 번째, 네 번째 숫자를 제외한 7개	7개
2	0, 4, 6, 8	네 번째 숫자가 0일 경우 8개	7개
		네 번째 숫자가 0이 아닐 경우 7개	
3	1, 5, 7, 9	0과 첫 번째, 네 번째 숫자를 제외한 7개	7개

조건을 만족하는 4자리의 숫자의 경우의 수는 $(4 \times 8 \times 7) + (4 \times 7 \times 7) + (8 \times 7) + (3 \times 7 \times 7) + (4 \times 7 \times 7) = 819$가지이고, 4자리의 숫자 뒤에 오는 문자는 '*' 1가지임에 따라 조건을 만족하는 5자리 숫자의 경우의 수는 $819 \times 1 = 819$가지이다.

따라서 철수가 설정한 비밀번호가 조건을 만족할 확률은 $\frac{819}{10,080} = \frac{13}{160}$이다.

[06-07]
06 수리능력 문제   정답 ⑤

25일까지 누적격리해제자 수가 10,974명이라면 26일 누적격리해제자 수의 전일 대비 증가율은 $198 / 10,974 \times 100 ≒ 1.8\%$이므로 적절하다.

오답 체크

① 28일부터 30일까지 일일 추가확진자 수의 합은 $62 + 42 + 42 = 146$명, 일일 추가격리해제자 수의 합은 $47 + 65 + 108 = 220$명이므로 적절하지 않다.

② 23일에 격리 중인 사람이 1,576명이라면, 25일에 격리 중인 사람은 $1,576 + (51 + 28) - (22 + 44) = 1,589$명이므로 적절하지 않다.

③ 일일 추가확진자 수가 가장 많은 날인 28일에 일일 추가격리해제자 수는 전일 대비 $145 - 47 = 98$명 감소하였으므로 적절하지 않다.

④ 일일 추가확진자 수가 처음으로 감소하는 날인 25일에 일일 추가격리해제자 수는 일일 추가확진자 수의 $44 / 28 ≒ 1.6$배이므로 적절하지 않다.

07 수리능력 문제   정답 ②

7월 24일 일일 추가격리해제자 수의 전월 동일 대비 증감률 $(67 / 22) \times 100 ≒ 304.5\%$는 7월 25일 일일 추가격리해제자 수의 전월 동일 대비 증감률의 $304.5 / 102.3 ≒ 2.98$배이므로 적절하지 않다.

오답 체크

① 7월 28일의 일일 추가격리해제자 수는 전월 동일 대비 $(13 / 47) \times 100 ≒ 27.7\%$ 감소하였으므로 적절하다.

③ 7월 29일의 일일 추가격리해제자 수는 전월 동일 대비 40% 증가한 $65 \times 1.4 = 91$명으로 같은 달 25일의 일일 추가격리해제자 수보다 $91 - (44 + 45) = 2$명 더 많으므로 적절하다.

④ 제시된 기간 동안 일일 추가격리해제자 수가 처음으로 전월 동일 대비 감소한 7월 26일에 일일 추가격리해제자 수는 전월 동일 대비 $(44 / 198) \times 100 ≒ 22.2\%$ 감소하였으므로 적절하다.

⑤ 7월 27일 일일 추가격리해제자 수는 전월 동일 대비 20% 증가한 $145 \times 1.2 = 174$명으로 전월 동일 대비 $174 - 145 = 29$명 증가하였고, 전월 동일 대비 증감량은 전월 24일 일일 추가격리해제자 수인 22명보다 많으므로 적절하다.

08 의사소통능력 문제　　　　　정답 ②

②는 맞춤법에 맞는 문장이다.

오답 체크

① 깍뚜기(X) → 깍두기(O)

한글 맞춤법 제5항에 따라 한 단어 안에서 뚜렷한 까닭 없이 나는 된소리는 다음 음절의 첫소리를 된소리로 적어야 하지만, 'ㄱ, ㅂ' 받침 뒤에서 나는 된소리는, 같은 음절이나 비슷한 음절이 겹쳐 나는 경우가 아니면 된소리로 적지 아니한다. 따라서 '깍두기'로 적어야 한다

③ 법썩(X) → 법석(O)

한글 맞춤법 제5항에 따라 한 단어 안에서 뚜렷한 까닭 없이 나는 된소리는 다음 음절의 첫소리를 된소리로 적어야 하지만, 'ㄱ, ㅂ' 받침 뒤에서 나는 된소리는, 같은 음절이나 비슷한 음절이 겹쳐 나는 경우가 아니면 된소리로 적지 아니한다. 따라서 '법석'으로 적어야 한다.

④ 싹뚝(X) → 싹둑(O)

한글 맞춤법 제5항에 따라 한 단어 안에서 뚜렷한 까닭 없이 나는 된소리는 다음 음절의 첫소리를 된소리로 적어야 하지만, 'ㄱ, ㅂ' 받침 뒤에서 나는 된소리는, 같은 음절이나 비슷한 음절이 겹쳐 나는 경우가 아니면 된소리로 적지 아니한다. 따라서 '싹둑'으로 적어야 한다.

⑤ 딱찌(X) → 딱지(O)

한글 맞춤법 제5항에 따라 한 단어 안에서 뚜렷한 까닭 없이 나는 된소리는 다음 음절의 첫소리를 된소리로 적어야 하지만, 'ㄱ, ㅂ' 받침 뒤에서 나는 된소리는, 같은 음절이나 비슷한 음절이 겹쳐 나는 경우가 아니면 된소리로 적지 아니한다. 따라서 '딱지'로 적어야 한다.

[09-10]
09 의사소통능력 문제　　　　　정답 ⑤

(가) 문단에서 카르노는 수력 기관에서 물이 높은 쪽에서 낮은 쪽으로 이동하면서 일을 할 때 물의 양 대비 물이 한 일의 양은 물의 높이 차이에만 좌우되는 것처럼 열기관의 열효율 또한 고온과 저온에만 영향을 받는다고 하였으므로 카르노는 열기관의 열효율이 고온과 저온의 온도 차에 좌우된다고 여겼음을 알 수 있다.

오답 체크

① (라) 문단에서 칼로릭 이론을 기반으로 한 카르노의 열기관에 대한 주장이 줄이 증명한 에너지 보존 법칙에 반한다고 지적한 인물은 톰슨이므로 적절하지 않은 내용이다.

② (나) 문단에서 클라우지우스는 열의 방향성과 일이 열로 바뀔 때와 달리 열기관에서의 열효율은 100%가 될 수 없다는 상호 전환 방향에 관한 비대칭성에 주목하여 이를 설명할 수 있는 새로운 물리량인 엔트로피의 개념을 창안했다고 하였으므로 적절하지 않은 내용이다.

③ (마) 문단에서 줄은 열의 일당량 실험을 통해 일과 열은 등가성을 갖는다는 사실을 증명하였으며, 열과 일이 상호 전환될 때 열과 일의 에너지를 합한 양은 변화가 없다는 사실을 알아냈다고 하였으므로 적절하지 않은 내용이다.

④ (다) 문단에서 칼로릭 이론에 의하면 칼로릭은 온도가 높은 곳에서 낮은 곳으로 흐르는 성질을 지닌, 질량이 없는 입자라고 하였으므로 적절하지 않은 내용이다.

10 의사소통능력 문제　　　　　정답 ④

이 글은 18세기 칼로릭 이론에 대해 소개하고, 열기관의 열효율 문제 즉, 열역학에 대한 과학자들의 탐구 과정에 대해 설명하는 글이다. 따라서 '(다) 18세기 칼로릭 이론과 과학자들의 관심사 → (가) 19세기 초 카르노에 따른 열기관의 열효율 문제 → (마) 1840년대 줄에 의한 열의 일당량 실험 → (라) 줄의 실험 결과에 따른 카르노 이론 비판 및 클라우지우스의 반론 → (나) 클라우지우스의 카르노 이론 확장' 순으로 연결되어야 한다.

11 문제해결능력 문제　　　　　정답 ⑤

제시된 조건에 따르면 은행은 시청의 동서남북 중 한 방향에 인접해 있고, 은행에서 북쪽으로 한 블록 떨어진 곳에 터미널이 위치해 있으므로 은행은 시청의 동쪽 또는 서쪽에 위치하는 것을 알 수 있다. 이때 터미널에서 서쪽으로 두 블록 떨어진 곳에 아파트가 위치해 있으므로 터미널은 시청을 기준으로 북동쪽에 위치함에 따라 은행은 시청의 동쪽에 인접하여 위치해 있다. 이에 따라 아파트에서 서쪽으로 한 블록, 남쪽으로 한 블록 떨어진 곳에 식당가가 위치해 있고, 식당가에서 동쪽으로 한 블록 떨어진 곳에 우체국이 위치해 있으므로 시설별 위치는 다음과 같다.

	아파트		터미널	
식당가	우체국	시청	은행	

따라서 시청에서 남쪽으로 이동하지 않고 모든 시설에 도착할 수 있으므로 항상 옳은 설명이다.

오답 체크

① 은행은 아파트와 인접해 있지 않으므로 항상 옳지 않은 설명이다.

② 은행에서 서쪽으로 두 블록 떨어진 곳에 우체국이 위치해 있으므로 항상 옳지 않은 설명이다.

③ 아파트에서 남쪽으로 한 블록 떨어진 곳에 우체국이 위치해 있으므로 항상 옳지 않은 설명이다.

④ 식당가에서 터미널로 가려면 북쪽으로 한 번 이동해야 하므로 항상 옳지 않은 설명이다.

12 정보능력 문제
정답 ③

[물품별 관리번호 부여 방식]에 따르면 관리번호는 [사용 부서] – [물품 종류] – [구매 순서] 순으로 배열되고, 구매 순서 코드의 앞 2자리는 주문 연도 중 뒤 2자리의 번호가 매겨지고, 뒤 3자리는 001부터 시작하여 물품 종류별 동일 사용 부서 내 구매 순서대로 3자리의 번호가 매겨지며, 구매 연도에 따라 번호가 갱신된다. 이에 따라 법무팀 2구역의 사용 부서 코드는 08B, 노트북의 물품 종류 코드는 T502, 법무팀에서 2022년에 구매한 전자제품 중 28번째로 구매한 노트북의 구매 순서 코드는 22028이다.

따라서 관리번호는 08B – T502 – 22028이 가장 적절하다.

13 자원관리능력 문제
정답 ③

제시된 자료에 따르면 본점으로 출발 후 B 지점으로 복귀하기까지 총 8시간이 걸리며, 눈이 올 경우 30분이 추가로 소요되고, 출장 당일인 2월 14일은 하루 종일 눈이 오므로 2월 14일 출장 업무를 마치고 B 지점으로 복귀하는 시간은 16시 30분이다. 출장 시간에 사내 업무가 겹치는 경우에는 출장을 갈 수 없으며, 출장 인원에 감기 환자가 포함된 경우 출장 중 병원 진료를 위해 30분이 추가로 소요되므로 만약 을이 출장을 갈 직원으로 선정된다면 B 지점 복귀 시간은 17시이기 때문에 당일 당직 근무로 인해 16시 50분에 근무 투입 준비를 해야 하는 갑과 16시 50분에 부서 결재 업무가 있는 무는 을과 함께 선정될 수 없다. 또한 출장 인원 중 한 명은 기차 티켓을 예매해야 하며, 기차 예매 애플리케이션의 최신 버전을 설치한 인원만 예매 가능하므로 윤 과장이 선정한 직원에는 을 또는 무가 반드시 포함되어야 함을 알 수 있다. 이때 차장은 책임자로서 출장 인원에 적어도 한 명 포함되어야 하므로 윤 과장이 선정한 직원에는 을 또는 정이 반드시 포함되어야 하며, 출장 시간에 과장 1명은 반드시 B 지점에 남아있어야 하므로 윤 과장이 선정한 직원에 병과 무가 함께 포함되어 있으면 안 된다.

따라서 윤 과장이 선정한 직원끼리 바르게 짝지은 것은 ③이다.

14 자원관리능력 문제
정답 ③

조 과장은 신입사원들에게 일의 우선순위 수립 시 긴급한 일보다 중요한 일을 먼저 고려하라고 조언했으므로 신입사원들에게 주어진 업무는 긴급하면서 중요한 일 → 긴급하지 않지만 중요한 일 → 긴급하면서 중요하지 않은 일 → 긴급하지 않으면서 중요하지 않은 일 순으로 진행해야 한다.

따라서 조 과장의 조언에 따라 일의 진행 우선순위를 바르게 나열하면 '매출 실적 마감 및 결과 보고 → 내년 하반기 프로젝트 일정 정리 → 시장 분석 보고 자료 정리 → 송년회 일정 정리 및 보고'가 된다.

15 자원관리능력 문제
정답 ③

근로자의 인권을 존중하고 공헌도에 따라 노동의 대가를 공정하게 처리해야 한다는 원칙은 공정 보상의 원칙에 관한 내용이며, 공정 인사의 원칙은 직무 배당, 승진, 상벌, 근무 성적의 평가, 임금 등을 공정하게 처리해야 한다는 원칙에 해당하므로 가장 적절하지 않다.

16 수리능력 문제
정답 ②

서로 다른 n개에서 중복을 허락하지 않고 r개를 택하여 한 줄로 배열하는 경우의 수는 $_nP_r = n \times (n-1) \times \cdots \times (n-r+1)$임을 적용하여 구한다.

화분의 개수를 x라고 하면 매일 아침 x개의 화분 중 두 개를 골라 정문과 후문에 각각 1개씩 놓아야 하므로

$_xP_2 = 30 \rightarrow x(x-1) = 30 \rightarrow x^2 - x - 30 = 0 \rightarrow (x+5)(x-6) = 0$
$\rightarrow x = -5$ 또는 $x = 6$

따라서 U 고등학교 교장 선생님이 보유하고 있는 화분의 개수는 6개이다.

17 수리능력 문제
정답 ⑤

전체 테이블은 $x+27$개이며, $x+27$개의 테이블에 8명씩 앉으면 20명은 앉지 못하므로 전체 인원은 $\{(x+27) \times 8\} + 20$명이다. 이때, x개의 테이블에 7명씩 앉은 뒤 나머지 27개의 테이블에 9명씩 앉으면 딱 맞게 앉을 수 있으므로

$\{(x+27) \times 8\} + 20 = (x \times 7) + (27 \times 9)$
$\rightarrow 8x + 216 + 20 = 7x + 243 \rightarrow x = 7$

따라서 전체 인원수는 $\{(7+27) \times 8\} + 20 = 292$명이다.

18 의사소통능력 문제
정답 ④

제시된 단어 사이와 간격은 모두 한곳에서 다른 곳까지, 또는 한 물체에서 다른 물체까지의 거리나 공간을 의미하므로 유의관계이다.

따라서 흐트러지거나 혼란스러운 상태에 있는 것을 한데 모으거나 치워서 질서 있는 상태가 되게 한다는 의미의 '정리'와 유의관계인 단어인 '정돈'이 적절하다.

오답 체크
① 난장: 여러 사람이 어지러이 뒤섞여 떠들어 대거나 뒤엉켜 뒤죽박죽이 된 곳. 또는 그런 상태
② 장난: 주로 어린아이들이 재미로 하는 짓
③ 정격: 바른 격식이나 규격 또는 격식이나 규격에 맞음
⑤ 상황: 일이 되어 가는 과정이나 형편

19 문제해결능력 문제　　　　정답 ②

'5. 유형②: 해결방안'에 따르면 일반 국민 부문의 경찰청장상은 최우수상 등급만이 받을 수 있고, 경찰관 부문의 경찰청장상은 최우수상과 우수상 등급 모두 받을 수 있으므로 가장 적절하지 않다.

오답 체크

① '5. 유형②: 해결방안'에 따르면 일반 국민 부문과 경찰관 부문 모두 수상하는 팀은 최우수상이 2팀, 우수상이 3팀, 장려상이 3팀이므로 적절하다.

③ '6. 참고 사항'에 따르면 경찰관으로 구성된 팀의 경우 과거 수상 경력자는 대표자로 지원할 수 없으므로 적절하다.

④ '2. 응모 대상'에 따르면 행정관 및 의경을 포함한 경찰관은 팀으로 최대 3명까지 응모할 수 있고, '3. 응모 내용'에 따르면 문제 제안 유형과 해결방안 유형을 중복하여 응모할 수 있으므로 적절하다.

⑤ '4. 유형①: 문제 제안'에 따르면 문제 제안 유형에서는 학교폭력, 치안 사각지대, 가정폭력 등의 치안 관련 문제를 100자 이상 제출한 사람에게 모바일 음료 쿠폰 1개를 응모 인원 전원에게 전달하므로 적절하다.

20 정보능력 문제　　　　정답 ③

박철승의 자격증 시험 합격 여부를 구하기 위해서는 과목 1, 2, 3의 평균 점수를 구하고, 그 평균 점수가 60점 이상인지를 구해야 한다. 이에 따라 지정한 범위의 산술 평균을 구할 때 사용하는 함수 AVERAGE와 조건에 참과 거짓의 값을 구할 때 사용하는 함수인 IF를 사용하는 것이 적절하며, AVERAGE 함수식인 '=AVERAGE(지정한 범위)'와 IF 함수식인 '=IF(조건, 값이 참일 때 반환할 값, 값이 거짓일 때 반환할 값)'을 적용한다.

따라서 박철승의 자격증 시험 합격 여부를 구하기 위해 입력할 함수식은 '=IF(AVERAGE(B7:D7)>=60, "합격", "불합격")'이 된다.

🔎 더 알아보기

함수	설명
SUM	지정한 범위에서 빈 셀을 제외한 모든 셀(수치가 아닌 문자·기호 등은 제외)의 합계를 구할 때 사용하는 함수 식 =SUM(지정한 범위)
AVERAGE	지정한 범위에서 빈 셀을 제외한 모든 셀(수치가 아닌 문자·기호 등은 제외)의 산술 평균을 구할 때 사용하는 함수 식 =AVERAGE(지정한 범위)
IF	조건에 참과 거짓의 값을 구할 때 사용하는 함수 식 =IF(조건, 값이 참일 때 반환할 값, 값이 거짓일 때 반환할 값)
RANK	목록 내에서 지정한 수의 크기 순위를 반환하는 함수 식 =RANK(지정한 수, 범위)

[21~22]
21 정보능력 문제　　　　정답 ③

[개인 식별코드 생성 시스템]에 따르면 확인된 성명 코드와 주소 코드 중 각 코드 내 숫자의 합이 더 큰 코드에 개인 식별코드 생성 시스템을 적용해 Conversion value를 구한 뒤, 여기에 추가 공식 시스템을 적용하여 최종 Personal Identification Code를 산출한다. 이에 따라 확인된 주소 코드 내 숫자의 합은 3+9=12로 성명 코드 내 숫자의 합인 4+7=11보다 더 크므로 주소 코드에 개인 식별코드 생성 시스템을 적용한다. 주소 코드 tu3Pr9에 개인 식별코드 생성 시스템을 적용하면 VY4sU0의 Conversion value가 산출되고, [추가 공식 시스템]에서 추가 공식 ○는 개인 식별코드 생성 시스템을 적용한 Conversion value 내의 알파벳을 소문자는 대문자로, 대문자는 소문자로 바꾼다고 하였으므로 이를 VY4sU0에 적용하면 vy4Su0으로 변환된다.

따라서 입력될 Personal Identification Code는 vy4Su0이 가장 적절하다.

22 정보능력 문제　　　　정답 ②

[개인 식별코드 생성 시스템]에 따르면 확인된 성명 코드와 주소 코드 중 각 코드 내 숫자의 합이 더 큰 코드에 개인 식별코드 생성 시스템을 적용해 Conversion value를 구한 뒤, 여기에 추가 공식 시스템을 적용하여 최종 Personal Identification Code를 산출한다. 이에 따라 최종 Personal Identification Code 8uW3q에 추가 공식 시스템을 역으로 적용하여 최초 성명 코드 혹은 주소 코드를 구할 수 있다. 최종 Personal Identification Code 8uW3q에 두 번째로 추가 적용된 추가 공식 #은 개인 식별코드 생성 시스템을 적용한 Conversion value 내의 숫자를 개인 식별코드 생성 시스템을 적용하기 전 숫자로 바꾸므로 8uW3q에 추가 공식 #을 역으로 적용하면 9uW4q이다. 또한 첫 번째로 적용된 추가 공식 ○는 개인 식별코드 생성 시스템을 적용한 Conversion value 내의 알파벳을 소문자는 대문자로, 대문자는 소문자로 바꾸므로 9uW4q에 추가 공식 ○를 역으로 적용하면 9Uw4Q임을 알 수 있다. 9Uw4Q에 적용된 개인 식별코드 생성 시스템을 통해 최초 성명 코드 혹은 주소 코드를 구하면 8rS3k이다.

따라서 Input value는 8rS3k가 가장 적절하다.

23 문제해결능력 문제 　　　　　　　　정답 ③

'1. 평가 절차'에 따르면 2차 심사는 전문가 평가와 대국민 평가로 이루어지며, 전문가 평가는 데이터 적정성, 과제 적합성, 활용 가능성을, 대국민 평가는 주제 부합성, 기술 실현 가능성, 활용 용이성을 평가한다. 또한, 전문가는 각 평가항목에 대해 매우 높음, 높음, 보통, 낮음, 매우 낮음으로 평가하며, 평가항목별 점수는 매우 높음이 배점 × 100%, 높음이 배점 × 80%, 보통이 배점 × 60%, 낮음이 배점 × 40%, 매우 낮음이 배점 × 20%이다. 이에 따라 갑~무의 전문가 평가 및 대국민 평가 점수 각각의 총점과 2차 심사의 최종 점수를 나타내면 다음과 같다.

구분	전문가 평가 점수	대국민 평가 점수	최종 점수
갑	$(10 \times 1.0) + (25 \times 0.6)$ $+ (25 \times 0.6) + (10 \times 0.4)$ $+ (15 \times 0.2) + (15 \times 0.4) = 53$점	$19 + 40 + 20$ $= 79$점	(53×0.6) $+ (79 \times 0.4)$ $= 63.4$점
을	$(10 \times 0.8) + (25 \times 0.8)$ $+ (25 \times 0.4) + (10 \times 0.6)$ $+ (15 \times 1.0) + (15 \times 0.6) = 68$점	$18 + 44 + 21$ $= 83$점	(68×0.6) $+ (83 \times 0.4)$ $= 74$점
병	$(10 \times 0.4) + (25 \times 0.6)$ $+ (25 \times 1.0) + (10 \times 0.8)$ $+ (15 \times 0.4) + (15 \times 0.8) = 70$점	$14 + 38 + 27$ $= 79$점	(70×0.6) $+ (79 \times 0.4)$ $= 73.6$점
정	$(10 \times 0.6) + (25 \times 1.0)$ $+ (25 \times 0.8) + (10 \times 0.6)$ $+ (15 \times 0.6) + (15 \times 0.8) = 78$점	$16 + 32 + 24$ $= 72$점	(78×0.6) $+ (72 \times 0.4)$ $= 75.6$점
무	$(10 \times 0.2) + (25 \times 0.8)$ $+ (25 \times 0.2) + (10 \times 1.0)$ $+ (15 \times 0.4) + (15 \times 0.6) = 52$점	$20 + 47 + 25$ $= 92$점	(52×0.6) $+ (92 \times 0.4)$ $= 68$점

따라서 우수상을 받은 사람은 2차 심사의 최종 점수가 두 번째로 높은 을과 세 번째로 높은 병이며, 우수상을 받은 을과 병 중 2차 심사 점수가 두 번째로 높은 사람은 병이다.

24 자원관리능력 문제 　　　　　　　　정답 ③

물적자원의 사용 기간은 한정되어 있기 때문에 물적자원이 고장 나거나 훼손되어 경제적 손실이 발생하지 않도록 적절히 관리해야 하므로 가장 적절하지 않다.

25 의사소통능력 문제 　　　　　　　　정답 ①

3문단에서 라면의 분말수프를 넣은 물은 용액의 일종인데, 용액은 비휘발성 용질이 차지하는 부분만큼 증발하지 않아 용액의 증기압은 순수한 용매의 증기압보다 낮아진다고 하였으므로 분말수프를 넣은 물의 증기압이 순수한 물의 증기압보다 높아지는 것은 아님을 알 수 있다.

② 1문단에서 외부 압력이 1기압 이하로 떨어질 때는 물의 끓는점도 1백 도보다 낮아진다고 하였으므로 적절한 내용이다.

③ 2문단에서 기체 상태의 분자들이 액체 상태로 돌아오는 과정을 응축이라 하며, 물이 증발하는 속도와 응축 속도가 같은 때를 평형 상태라 한다고 하였으므로 적절한 내용이다.

④ 4문단에서 비휘발성 용질을 녹인 용액은 순수한 용매보다 증기압이 낮아 더 높은 온도가 되어야 용액의 증기압과 대기압이 동일해진다고 하였으므로 적절한 내용이다.

⑤ 3문단에서 온도가 올라가면 분자의 운동이 활발해져 증발하는 용매의 분자 수가 많아진다고 하였으므로 적절한 내용이다.

26 자원관리능력 문제 　　　　　　　　정답 ③

을 택배회사의 배송 서비스를 이용하면 2,000원의 기본비용과 도시 간 배송 추가 비용이 발생하며 을 택배회사를 통해 A 도시에 위치한 갑 업체로부터 C 도시에 사는 지민이네 집까지 물품이 배송될 때, D 도시에 위치한 물류센터를 반드시 거치므로 물품은 A 도시 → D 도시 → C 도시 순으로 이동한다. 이에 따라 발생하는 도시 간 배송 추가 비용은 700 + 1,500 = 2,200원이며, 발생하는 총 배송비는 2,000 + 2,200 = 4,200원이다. 이때 갑 업체는 발생하는 총 배송비에서 2,500원을 부담하므로 지민이가 부담할 배송비는 4,200 - 2,500 = 1,700원이다.

27 문제해결능력 문제 　　　　　　　　정답 ①

제시된 조건에 따르면 A는 B보다 먼저 진행하여야 하지만 첫 번째로 진행할 수는 없고, C는 D보다 늦게 진행하여야 하므로 A, B, C는 첫 번째로 진행할 수 없어 첫 번째로 진행할 수 있는 프로젝트는 D, E이다.

[경우 1] D를 첫 번째로 진행하는 경우
D를 첫 번째로 진행하면 A는 세 번째로 진행하고, C는 D 바로 다음에 진행하지 못하므로 C를 두 번째로 진행할 수 없다. 또한, B는 A보다 늦게 진행하여야 하므로 B와 C는 각각 네 번째 또는 다섯 번째로 진행하여 E를 두 번째로 진행한다.

첫 번째	두 번째	세 번째	네 번째	다섯 번째
D	E	A	B 또는 C	B 또는 C

[경우 2] E를 첫 번째로 진행하는 경우
E를 첫 번째로 진행하면 D를 세 번째로 진행하고, C는 D 바로 다음에 진행하지 못하므로 C는 다섯 번째로 진행한다. 또한, A를 B보다 먼저 진행하여야 하므로 A를 두 번째, B를 네 번째로 진행한다.

첫 번째	두 번째	세 번째	네 번째	다섯 번째
E	A	D	B	C

따라서 A는 네 번째로 진행하지 않으므로 항상 옳지 않은 설명이다.

② B를 네 번째, C를 다섯 번째로 진행할 수 있으므로 항상 옳지 않은 설명은 아니다.

③ A를 세 번째, C를 네 번째로 진행할 수 있으므로 항상 옳지 않은 설명은 아니다.

④ D는 첫 번째 또는 세 번째로 진행하므로 항상 옳은 설명이다.

⑤ E는 첫 번째 또는 두 번째로 진행하므로 항상 옳지 않은 설명은 아니다.

> **⏱ 빠른 문제 풀이 Tip**
>
> 조건부 보기가 두 개나 존재하므로, 첫 번째로 진행하는 프로젝트가 무엇인지를 경우로 나누고 각각의 경우에 따른 전체 경우의 수를 확인한다.

28 정보능력 문제
정답 ①

2문단에서 SSTF 스케줄링 방식을 사용하면 FCFS 스케줄링 방식을 사용할 때에 비해 헤드의 이동 거리가 짧거나 같기 때문에 탐색 시간이 감소할 수 있다고 하였으므로 가장 적절하지 않다.

② 1문단에서 트랙 위에서 해당 섹터가 헤드의 위치까지 회전해 오는 데 소요되는 시간을 대기 시간이라 하였으므로 적절하다.

③ 3문단에서 LOOK 스케줄링은 현재 위치로부터 움직이는 방향에 따라 대기 큐에 위치한 트랙의 최솟값과 최댓값 사이에서만 헤드가 이동하는 방식으로, SCAN 스케줄링에서 헤드가 양 끝까지 이동하는 데 소요되는 시간을 없앰으로써 탐색 시간을 현저히 줄인다고 하였으므로 적절하다.

④ 1문단에서 하드 디스크에서 데이터 입력 및 출력 요청을 완료하는 데 걸리는 시간인 접근 시간은 하드 디스크의 성능을 결정하는 기준 중 하나라고 하였으므로 적절하다.

⑤ 2문단에서 FCFS 스케줄링은 먼저 들어온 요청부터 차례로 데이터를 처리하는 방식으로, 현재 헤드의 위치를 시작으로 요청 순서대로 데이터를 처리함에 따라 62 → 164 → 57 → 105 → 155 → 65 순으로 데이터가 처리되기 때문에 헤드의 총이동 거리는 102 + 107 + 48 + 50 + 90 = 397이므로 적절하다.

29 문제해결능력 문제
정답 ③

[갑의 과태료 부과 사전 통지서]에 따르면 갑은 어린이 보호구역 내에서 속도를 위반하였으며, 제한속도 30km/h인 구간에서 48km/h로 주행함에 따라 초과속도는 18km/h이다. 교통약자 보호구역에서 제한속도를 20km/h 이하로 초과하였을 경우 과태료는 70,000원이고, 갑은 모든 교통법규 위반행위에 대한 과태료를 사전 납부하므로 갑이 납부해야 하는 속도위반에 대한 과태료는 70,000원에서 20% 감경된 70,000 × 0.8 = 56,000원이다. 또한, 갑은 일반도로 내 신호 지시 위반으로 과태료 60,000원, 장애인 보호구역 내 횡단보도에서 보행자 보호의무 불이행으로 과태료 120,000원을 납부해야 한다.

따라서 갑이 납부해야 하는 과태료는 56,000 + 60,000 + 120,000 = 236,000원이다.

30 자원관리능력 문제
정답 ④

[별표 2] 국내 여비 지급표에 따르면 숙박비는 1박당 실비로 정산하며, 이 대리의 직급은 [별표 2] 국내 여비 지급표의 제2호에 해당하므로 서울특별시는 70,000원, 광역시는 60,000원, 그 밖의 지역은 50,000원을 상한액으로 계산한다. 숙박은 일자별 도착지에서 하므로 21일, 22일, 23일은 경상북도 김천시에서, 24일, 25일은 대구광역시 수성구에서 숙박한다. 이때 제16조 제1항에 따르면 숙박비의 상한액을 초과하여 여비를 지출했을 때에는 1박당 숙박비 상한액의 10분의 3을 넘지 아니하는 범위에서 여비를 추가로 지급할 수 있으므로 숙박비를 초과하여 사용한 11월 23일 실제 사용 금액 66,000원에 따른 정산 금액은 50,000 × 1.3 = 65,000원이며, 11월 25일 실제 사용 금액 72,000원은 60,000 × 1.3 = 78,000을 초과하지 않으므로 72,000원 전액을 지급받을 수 있어 이 대리가 정산 신청한 출장 여비 중 숙박비로 지급받게 될 출장 여비는 총 50,000 + 48,000 + 65,000 + 60,000 + 72,000 = 295,000원이다. 또한 [별표 2] 국내 여비 지급표에 따르면 운임은 이용 교통편에 따른 실비로 정산하므로 이 대리가 정산 신청한 출장 여비 중 운임으로 지급받게 될 출장 여비는 총 24,000 + 12,000 + 8,500 + 4,500 + 7,000 + 40,000 = 96,000원이며, 일비와 식비는 각각 1일당 20,000원씩 정산하므로 5박 6일간의 일비와 식비는 각각 120,000원씩으로 총 240,000원이다.

따라서 이 대리가 지급받게 될 출장 여비의 총합은 295,000 + 96,000 + 240,000 = 631,000원이다.

31 의사소통능력 문제   정답 ②

3문단에서 오토마티즘은 이성 등을 제외하고 무의식의 세계에서 나타나는 이미지를 그대로 기록하며, 아무 생각이 없는 상태에서 손이 움직이는 대로 그리는 방식이라고 하였으므로 초현실주의 예술가들이 사용한 오토마티즘은 손이 움직이는 대로 이성과 무의식을 조합해 낸 생각들을 그리는 방식이라는 것은 아님을 알 수 있다.

오답 체크

① 5문단에서 프로타주는 나무판 등과 같은 질감 있는 사물 위에 종이를 올려두고 연필로 문질러 그림이 떠오르게 하는 기법이라고 하였으므로 적절한 내용이다.

③ 1문단에서 초현실주의에 직접적인 영향을 준 다다이즘은 정형적이고 사회적인 전통과 질서를 모두 거부한 반예술적 운동이라고 하였으므로 적절한 내용이다.

④ 4문단에서 데페이즈망은 서로 관련이 없는 물체를 같은 공간에 그려 넣음으로써 낯설고 논리적이지 않은 상황을 표현하는 기법이라고 하였으므로 적절한 내용이다.

⑤ 2문단에서 초현실주의 미술가들은 현실을 초월한 미술로써 의식과 무의식을 혼합하여 현실에 존재하지 않거나 있을 법하지 않은 일들을 그림으로 표현하고자 했다고 하였으므로 적절한 내용이다.

32 수리능력 문제   정답 ③

제시된 기간 동안 바이오 시설투자비의 평균은 (637,618 + 718,949 + 702,427 + 753,277 + 669,382) / 5 = 696,330.6백만 원 ≒ 6.96천억 원임에 따라 7천억 원보다 적으므로 적절하지 않다.

오답 체크

① 2018년 바이오 전체 투자비에서 바이오 연구개발비가 차지하는 비중은 (1,697,419 / 2,399,846) × 100 ≒ 70.7%임에 따라 70% 이상이므로 적절하다.

② 2017년 이후 기업 연구개발비와 기업 전체 투자비는 모두 매년 전년 대비 증가하다가 2020년에 전년 대비 감소하였으므로 적절하다.

④ 제시된 기간 중 기업 시설투자비가 869,219백만 원으로 가장 적은 해는 2020년이고, 기업 전체 투자비가 5,994,815백만 원으로 가장 적은 해는 2016년임에 따라 서로 다르므로 적절하다.

⑤ 기업 전체 투자비와 바이오 전체 투자비의 차이는 2019년이 7,994,462 - 2,592,954 = 5,401,508백만 원으로 2020년 6,219,875 - 2,687,882 = 3,531,993백만 원보다 크므로 적절하다.

33 정보능력 문제   정답 ⑤

인터넷서비스의 종류 및 특징이 바르게 연결된 것은 'ㄱ, ㄴ, ㄷ'이다.

오답 체크

ㄹ SNS: 온라인 인맥 구축을 목적으로 개설된 커뮤니티형 웹사이트로, 1인 미디어와 정보 공유 등을 포괄함

🔎 더 알아보기

전자상거래

인터넷이라는 전자 매체를 통해 상품을 사고팔거나, 재화나 용역을 거래하는 사이버 비즈니스를 의미하며, 거래에 연관되는 모든 기관과의 관련 행위를 포함하며, 거래되는 상품으로는 전자부품, 컴퓨터, 의류 등의 물리적 상품과 주식 정보, 전자책 등과 같은 디지털 상품이 있음

34 정보능력 문제   정답 ④

3문단에서 비콘들은 같은 세기의 신호를 여러 곳으로 보내지만, 비콘으로부터 거리가 멀어질수록, 벽과 같은 장애물이 많이 있을수록 신호의 세기가 약해진다고 하였으므로 가장 적절하지 않다.

오답 체크

① 4문단에서 근접성 기법은 단말기가 비콘 신호를 수신할 경우 해당 비콘의 위치를 단말기의 위치로 결정하는데, 이때 여러 개의 비콘 신호를 수신한다면 신호가 가장 강한 비콘의 위치를 단말기의 위치로 한다고 하였으므로 적절하다.

② 2문단에서 GPS는 위성에서 전해지는 신호를 통해 절대 위치를 측정하는데, GPS는 위치 오차가 시간에 따라 누적되는 것은 아니라고 하였으므로 적절하다.

③ 5문단에서 위치 지도 기법은 측정 공간의 구역을 작게 나누어 각 구역마다 기준점을 설정하고 기준점 주위에 비콘을 설치하는데, 이때 송신한 비콘들이 각 기준점에 도달하는 신호의 세기를 측정하여 비콘의 식별 번호와 기준점의 위치 좌표를 데이터베이스에 위치 지도로 기록한다고 하였으므로 적절하다.

⑤ 2문단에서 IMU는 가속도와 속도 측정을 통해 위치 변화를 계산하고 초기 위치를 통해 상대 위치를 구하는데, 시간이 지날수록 위치 오차가 커진다고 하였으므로 적절하다.

35 수리능력 문제   정답 ②

○○초등학교에서 구매한 아이스크림의 개수를 x라고 하면, 구매한 아이스크림의 7% 중 15%를 교원에게 나눠준 뒤 사무직원에게 나눠지는 아이스크림은 595개이므로

$$(x \times \frac{7}{100}) - \{(x \times \frac{7}{100}) \times \frac{15}{100}\} = 595 \rightarrow \frac{7}{100}x - \frac{105}{10000}x = 595$$

$$\rightarrow \frac{595}{10000}x = 595 \rightarrow x = 10,000$$

따라서 1학년 학생들에게 나눠줄 아이스크림의 총개수는 10,000 × $\frac{8}{100}$ = 800개이다.

36 정보능력 문제　　　　정답 ②

㉠ 특정 목적에 대하여 평가되지 않은 상태의 숫자나 문자들의 단순한 나열이자 가공하기 전 순수한 상태의 수치로 정보를 작성하기 위하여 필요한 데이터는 '자료'이다.

㉡ 자료를 일정한 프로그램에 따라 컴퓨터가 처리·가공함으로써 특정한 의미를 가진 것으로 다시 생산되거나 특정한 목적을 달성하는 데 필요한 것은 '정보'이다.

따라서 빈칸에 들어갈 용어를 바르게 연결한 것은 ②이다.

37 문제해결능력 문제　　　　정답 ①

㉠ '2. 지원 대상'에 따르면 투자 및 마케팅 역량이 낮은 공공데이터 사업모델이 있는 기업 유형은 혁신 기업이며, 혁신 기업의 지원 패키지는 사업화 및 투자유치 프로그램이고, '3. 패키지 프로그램'에 따르면 사업화 및 투자유치 프로그램은 사업계획서 작성 방법, 발표 등의 투자유치 실습 및 투자기업 매칭을 지원하므로 옳은 내용이다.

따라서 기업 조건과 지원 프로그램 내용이 올바르게 짝지어진 것은 '㉠'이다.

오답 체크

㉡ '2. 지원 대상'에 따르면 사업 실현 구체성이 낮은 공공데이터 활용 아이디어가 있는 기업 유형은 미활용 기업이며, 미활용 기업의 지원 패키지는 활용 역량 강화 프로그램이고, '3. 패키지 프로그램'에 따르면 활용 역량 강화 프로그램은 공공데이터 분석 및 시각화 체험 등을 지원하므로 옳지 않은 내용이다.

㉢ '2. 지원 대상'에 따르면 공공데이터 사업모델이 없고 활용 가치 인식이 낮은 기업 유형은 활용 미흡 기업이며, 활용 미흡 기업의 지원 패키지는 데이터 큐레이션 프로그램이고, '3. 패키지 프로그램'에 따르면 데이터 큐레이션 프로그램은 기업이 보유한 데이터와 공공데이터의 결합 컨설팅 등을 지원하므로 옳지 않은 내용이다.

㉣ '2. 지원 대상'에 따르면 공공데이터 사업모델을 활용 중이지만 혁신 단계로 도약을 희망하는 기업 유형은 활용 우수 기업이며, 활용 우수 기업의 지원 패키지는 데이터 제공 프로그램이고, '3. 패키지 프로그램'에 따르면 데이터 제공 프로그램은 공공데이터 포털 개방데이터 내 필요 데이터 제공 등 지원하므로 옳지 않은 내용이다.

38 수리능력 문제　　　　정답 ③

2018년 이후 최종재의 국내 공급 물가지수가 전년 대비 매년 증가함에 따라 국내 공급 물가 수준도 전년 대비 매년 증가하였음을 알 수 있으므로 적절하다.

오답 체크

① 제시된 계정 코드 중 2020년 국내 공급 물가 수준이 2015년 대비 증가한 계정 코드는 국내 공급 물가지수가 100 초과인 중간재, 최종재, 생산재 총 3개이므로 적절하지 않다.

② 2020년 원재료의 국내 공급 물가지수는 99.28로 최종재의 103.74보다 낮으므로 적절하지 않다.

④ 제시된 계정 코드 중 2019년 국내 공급 물가지수가 가장 높은 계정은 원재료이므로 적절하지 않다.

⑤ 2015년 중간재의 국내 공급 물가 수준을 x라고 하면 2021년 중간재의 국내 공급 물가 수준은 전년 대비 $\{(111.07x - 101.47x) / 101.47x\} \times 100 ≒ 9.5\%$ 증가하였으므로 적절하지 않다.

39 수리능력 문제　　　　정답 ②

A 제품의 적용 면적은 $19 \times 3.3 = 62.7m^2$이며, B 제품의 적용 면적은 $62m^2$이다.

적용 면적이 큰 제품을 우선으로 고려한다고 했으므로 A 제품이 1순위가 된다. 이때 2순위 제품의 사용 기간 동안 발생하는 총비용이 1순위 제품의 사용 기간 동안 발생하는 총비용보다 15% 이상 저렴할 경우 저렴한 제품을 구매한다고 했으므로 각 제품의 사용 기간 동안 발생하는 총비용을 구하면

A 제품은 $(50,900 \times 36) + 65,000 \times (6 - 3) = 1,832,400 + 195,000 = 2,027,400$원이며

B 제품은 $(44,500 \times 36) + (42,000 \times 7) = 1,602,000 + 294,000 = 1,896,000$원이다.

이에 따라 B 제품의 사용 기간 동안 발생하는 총비용은 A 제품의 사용 기간 동안 발생하는 총비용의 85%인 $2,027,400 \times 0.85 = 1,723,290$원보다 비싸므로 1순위 제품인 A 제품을 선택한다.

따라서 지혜가 선택할 제품은 A 제품, 사용 기간 동안 발생하는 총비용은 2,027,400원이다.

40 의사소통능력 문제　　　　정답 ⑤

제시된 의미에 해당하는 한자성어는 '부화뇌동(附和雷同)'이다.

오답 체크

① 괄목상대(刮目相對): 눈을 비비고 상대편을 본다는 뜻으로, 남의 학식이나 재주가 놀랄 만큼 부쩍 늚을 이르는 말

② 수불석권(手不釋卷): 손에서 책을 놓지 아니하고 늘 글을 읽음

③ 탁상공론(卓上空論): 현실성이 없는 허황한 이론이나 논의

④ 청출어람(靑出於藍): 쪽에서 뽑아낸 푸른 물감이 쪽보다 더 푸르다는 뜻으로, 제자나 후배가 스승이나 선배보다 나음을 비유적으로 이르는 말

41 자원관리능력 문제
정답 ④

제시된 자료에 따르면 A는 상파울루 지사에, B는 방콕 지사에, C는 서울 지사에 근무하므로 [A~C 회의 가능 시간]에 따라 A~C의 회의 가능 시간을 서울 기준 시간으로 나타내면 다음과 같다.

구분	5일	6일	7일	8일	9일
A	15:00 ~24:00	00:00 ~04:00 21:00 ~23:00	03:00 ~11:00 17:00 ~24:00	00:00 ~04:00 21:00 ~24:00	00:00 ~06:00
B	08:00 ~15:00	04:00 ~16:00 22:00 ~24:00	00:00 ~01:00 08:00 ~18:00	07:00 ~19:00	없음
C	09:00 ~18:00	11:00 ~22:00	14:00 ~18:00	03:00 ~15:00	없음

이에 따라 A~C가 모두 참석할 수 있는 회의 시간은 서울 기준 시간으로 7일 17:00~18:00뿐이다.

따라서 진행 가능한 회의의 서울 현지 시간은 7일 17:00~18:00이다.

42 정보능력 문제
정답 ④

악성코드의 증상에 해당하는 것은 ⊙, ⓒ, ⓔ, ⑩, ⚆, ◎, ⊗으로 '7개'이다.

🔍 더 알아보기

악성코드 증상

구분	증상
시스템 관련	시스템 설정 정보 변경, FAT 파괴, CMOS 변경, CMOS 정보 파괴, 기본 메모리 감소, 시스템 속도 저하, 프로그램 자동 실행, 프로세스 종료, 시스템 재부팅
네트워크 관련	메일 발송, 정보 유출, 네트워크 속도 저하, 메시지 전송, 특정 포트 오픈
하드 디스크 관련	하드 디스크 포맷, 부트 섹터 파괴
파일 관련	파일 생성, 파일 삭제, 파일 감염, 파일 손상
특이 증상	이상 화면 출력, 특정 음, 메시지 상자 출력, 증상 없음

43 문제해결능력 문제
정답 ④

'3. 지원 내용'에 따르면 입문 교육에서는 ICT 등의 첨단기술 및 AI, 빅데이터 등의 데이터 분야 외부 전문 교육기관과 연계된 특강을 진행하며, 해당 과정은 총 180시간의 교육을 이수해야 하므로 가장 적절하지 않다.

오답 체크

① '4. 선정 방법'에 따르면 서류 심사에서는 최종 합격 인원의 2배수에 해당하는 면접 대상자를 선발하므로 적절하다.

② '3. 지원 내용'에 따르면 선발된 지원자는 자신이 거주하고 있는 지역의 주요 품목만을 재배할 수 있고, '5. 교육 혜택'에 따르면 수료생 중 수행실적 우수자를 대상으로 임대형 스마트팜 입주 우선권을 부여하지만, [참고]에 따르면 전라남도의 지역별 주요 품목은 만감류, 딸기 등이며, 만감류는 재배 특성상 5년생부터 수확이 가능하여 임대형 스마트팜 입주가 불가하므로 적절하다.

③ '1. 신청 대상'에 따르면 전공에 관계없이 스마트팜 영농기술 습득을 희망하는 신청일 기준 만 18세~39세 미취업자 청년이지만 취업자 혹은 재학생이라도 20개월의 교육과정 중 의무 교육시간 이수 가능자는 신청할 수 있고, '2. 신청 기간 및 신청 방법'에 따르면 신청 기간은 9월 1일부터 10월 31일까지이므로 적절하다.

⑤ '3. 지원 내용'에 따르면 자기 책임하에 영농 경영을 경험해 볼 수 있도록 경영실습 온실을 팀별로 제공하고, 영농 전 주기별 실습 교육을 진행하는 교육 과정은 경영형 실습이고, 경영형 실습의 이수 기간은 단계별 교육과정 중 가장 긴 12개월(960시간)이므로 적절하다.

44 의사소통능력 문제
정답 ③

4문단에서 정당방위로 인정받기 위해서는 방위 행위를 한 자가 선택한 방위 수단이 침해자에게 최소한의 손실을 입힌 수단임을 인정받아야 한다고 하였으므로 정당방위로 인정받기 위해서는 방어자의 행위가 침해자에게 어떠한 피해도 입히지 않았음을 인정받아야 하는 것은 아님을 알 수 있다.

오답 체크

① 1문단에서 구성요건은 형법상 금지되는 행위를 구체적으로 규정해 놓은 것이며, 특정 행위가 구성요건에 해당한다면 구성요건 해당성을 가진다고 본다 하였으므로 적절한 내용이다.

② 2문단에서 구성요건에 해당하는 행위이기는 하나 예외적으로 그 행위의 위법성을 부정할 수 있게 해 주는 사유를 위법성 조각 사유라고 한다고 하였으므로 적절한 내용이다.

④ 5문단에서 행위자가 심신장애자로서 사물식별능력이나 의사결정능력이 없을 경우에는 해당 행위자가 실행한 행위는 범죄로 성립되지 않으며, 처벌 역시 하지 않는다고 하였으므로 적절한 내용이다.

⑤ 3문단에서 정당방위가 성립되기 위해서는 자신이나 타인을 지키기 위해 방위 행위가 불가피함을 방위 행위자가 명확히 인식하고 있었어야 된다고 하였으므로 적절한 내용이다.

45 문제해결능력 문제

세 번째 명제와 네 번째 명제의 '대우'를 차례로 결합하면 다음과 같다.

· 세 번째 명제: 실내 활동을 주로 하는 사람은 비타민 D 영양제를 먹는다.
· 네 번째 명제(대우): 비타민 D 영양제를 먹는 사람은 우울증 기질이 없다.
· 결론: 실내 활동을 주로 하는 사람은 우울증 기질이 없다.

따라서 실내 활동을 주로 하는 사람은 우울증 기질이 없으므로 항상 옳은 설명이다.

오답체크
① 아토피가 없는 사람이 긍정적인 사고를 하는지는 알 수 없으므로 항상 옳은 설명은 아니다.
② 우울증 기질이 있는 사람은 비타민 D 영양제를 먹지 않고, 비타민 D 영양제를 먹지 않는 사람은 실내 활동을 주로 하지 않으므로 항상 옳지 않은 설명이다.
③ 긍정적인 사고를 하지 않는 사람은 우울증 기질이 있고, 우울증 기질이 있는 사람은 비타민 D 영양제를 먹지 않으므로 항상 옳지 않은 설명이다.
④ 비타민 D 영양제를 먹는 사람이 실내 활동을 주로 하지 않는지는 알 수 없으므로 항상 옳은 설명은 아니다.

46 의사소통능력 문제

설레이는(X) → 설레는(O)
마음이 가라앉지 아니하고 들떠서 두근거리다는 의미의 '설레다'는 '설레어', '설레니', '설렘' 등으로 활용되며, '설레이다'로는 활용되지 않는다. 따라서 '설레는'이라고 써야 한다.

[47 - 48]

47 자원관리능력 문제

제시된 대화에 따르면 영식이는 경형을 제외한 차종을 원하므로 차종이 경형 해치백인 D 차량은 제외되고, 옵션으로 스마트키를 원하므로 옵션 사항에 스마트키가 없는 E 차량은 제외된다. 남은 A 차량과 C 차량은 연료로 가솔린을 사용하고, B 차량은 연료로 LPG를 사용하므로 한 달에 1,000km를 탔을 때 차량별 월 대여료와 연료비의 합은 다음과 같다.

구분	한 달에 1,000km를 탔을 때 월 대여료와 연료비 합
A	284,000 + (1,000 / 11.2) × 1,750 ≒ 440,250원
B	303,000 + (1,000 / 12.5) × 1,100 = 391,000원
C	263,000 + (1,000 / 12.8) × 1,750 ≒ 399,719원

따라서 영식이가 렌트할 차량은 한 달에 1,000km를 탔을 때 월 대여료와 연료비 합이 가장 저렴한 B 차량이다.

48 자원관리능력 문제

D 차량의 매매계약 금액은 8,250,000원이고, D 차량을 렌트할 경우 월 대여료는 매월 215,000원이다.
이에 따라 D 차량을 매매로 구매할 때 매매계약 금액이 렌터카를 렌트하기 시작했을 때부터 들어가는 월 대여료의 합과 같아지는 시기는 8,250,000 / 215,000 = 38.372…개월 후이다.
따라서 D 차량을 매매로 구매할 때 매매계약 금액이 렌터카를 렌트하기 시작했을 때부터 들어가는 월 대여료의 합보다 적어지는 시기는 39개월 후이다.

49 수리능력 문제

제시된 각 숫자는 홀수 항은 바로 이전 항 × 2, 짝수 항은 바로 이전 항 × 3이 반복되는 규칙이 적용된다. 이때 9번째로 올 숫자는 6번째 숫자인 216에 × 2 × 3 × 2를 한 2,592가 되므로 각 자릿수의 합은 2 + 5 + 9 + 2 = 18이다. 다음으로 13번째로 올 숫자는 9번째 숫자인 2,592에 × 3 × 2 × 3 × 2를 한 93,312가 되므로 소인수분해를 하면 $2^7 × 3^6$이 된다.
따라서 9번째로 올 숫자의 각 자릿수의 합에서 13번째로 올 숫자를 소인수분해 했을 때 지수들의 합을 뺀 값은 18 − (7 + 6) = 5이다.

50 정보능력 문제

부팅 중 오류 메시지 'Operating System Not Found'는 BIOS가 하드 디스크 드라이브를 찾지 못할 경우, 하드 디스크 드라이브가 물리적으로 손상된 경우, 하드 디스크 드라이브에 위치한 Windows 마스터 부트 레코드가 손상된 경우, Windows 마스터 부트 레코드를 포함하는 하드 디스크 드라이브 파티션 또는 구역이 활성화되어 있지 않은 경우 중 하나 이상의 이유로 인해 발생할 수 있다.
따라서 대처 방안으로 하드 디스크 드라이브를 점검하는 것이 가장 적절하다.

실전모의고사 3회 50문항형

정답

01 의사소통	02 의사소통	03 의사소통	04 의사소통	05 의사소통	06 의사소통	07 의사소통	08 의사소통	09 의사소통	10 의사소통
④	②	④	④	①	④	③	③	③	①
11 수리	12 수리	13 수리	14 수리	15 수리	16 수리	17 수리	18 수리	19 수리	20 수리
③	③	③	②	④	③	②	①	①	④
21 문제해결	22 문제해결	23 문제해결	24 문제해결	25 문제해결	26 문제해결	27 문제해결	28 문제해결	29 문제해결	30 문제해결
④	①	①	②	②	④	②	④	④	③
31 자원관리	32 자원관리	33 자원관리	34 자원관리	35 자원관리	36 자원관리	37 자원관리	38 자원관리	39 자원관리	40 자원관리
①	①	④	④	③	④	④	②	①	③
41 조직이해	42 조직이해	43 조직이해	44 조직이해	45 조직이해	46 조직이해	47 조직이해	48 조직이해	49 조직이해	50 조직이해
①	③	④	①	④	③	②	③	④	①

취약 영역 분석표

· 영역별로 맞힌 개수, 틀린 문제 번호와 풀지 못한 문제 번호를 적고 나서 취약한 영역이 무엇인지 파악해보세요. 틀리거나 풀지 못한 문제를 다시 풀어보면서 확실히 극복하세요.
· NCS 직업기초능력 고난도 문제에 대비하고 싶다면, 해커스잡 사이트(ejob.Hackers.com)에서 제공하는 <NCS PSAT형 온라인 모의고사>를 풀어보며 실력을 향상시켜 보세요.

학습 날짜	영역	맞힌 개수	틀린 문제 번호	풀지 못한 문제 번호
__월 __일	의사소통능력	/10		
	수리능력	/10		
	문제해결능력	/10		
	자원관리능력	/10		
	조직이해능력	/10		

해설

01 의사소통능력 문제   정답 ④

2문단에서 사이코패스는 윤리나 법규에 대한 인식이 없어 어떤 문제에 대한 당부를 구별할 수 없다고 하였고, 3문단에서 소시오패스는 사이코패스와 달리 무엇이 반사회적인 행동인지 인지한 상태에서 의도적으로 계산된 반사회적인 행동을 한다는 특징이 있다고 하였으므로 심문 중인 범죄자가 자신을 악마라고 칭했을 경우 소시오패스보다는 사이코패스일 가능성이 높다는 것은 아님을 알 수 있다.

오답 체크

① 2문단에서 사이코패스는 생물학적으로 공감 능력을 담당하는 뇌의 전두엽과 충동을 통제하는 세르토닌의 분비에 문제가 있다고 하였으므로 적절한 내용이다.

② 3문단에서 소시오패스는 사이코패스 대비 일정 수준의 공감과 사회적 애착 형성이 가능하다고 하였고, 2문단에서 사이코패스는 극단적으로 이기적이고 공감 능력이 떨어진다고 하였으므로 적절한 내용이다.

③ 2문단에서 사이코패스는 어린 시절에 범죄를 저지른 경험이 있거나 학대 환경에 노출되었을 가능성이 높다고 하였고, 3문단에서 소시오패스는 유년기 시절의 학대나 방임 등의 경험 및 성공지향적 사회분위기에 노출되었을 가능성이 높다고 하였으므로 적절한 내용이다.

02 의사소통능력 문제   정답 ②

이 글은 기원전 9세기 말 탄생한 카르타고가 로마와 전투를 벌이게 된 배경을 소개하며, 시칠리아의 두 파벌에 각각 지원을 요청받은 로마와 카르타고가 시칠리아에서 벌인 전투 및 결과와 시칠리아를 획득한 로마가 해상권을 점령하게 된 배경을, 로마 군대와 카르타고 군대가 카르타고의 본진에서 벌인 전투 및 결과를 설명하는 글이다.

따라서 '(가) 카르타고의 탄생 – (다) 로마와 카르타고의 시칠리아 내전 – (나) 로마의 시칠리아 영토 획득 – (마) 지중해 제패를 위한 로마의 해상 병력 증진 – (라) 카르타고 군대와 로마 군대의 전투 및 카르타고의 항복' 순으로 연결되어야 한다.

03 의사소통능력 문제   정답 ④

3문단에서 지구의 자전과 경도에 따라 발생하는 시차를 이용하여 경도를 측정할 수 있는데, 출발지의 시간과 현재 위치의 시간 차이를 알면 되는 방법이라는 내용을 말하고 있고, 4문단에서 당시 해리슨의 시계는 그리니치 천문대에서 출발하여 81일간의 항해에서 5초 오차를 기록하였으며 이후 영국은 해리슨의 시계를 이용하여 경도를 측정했다는 내용을 말하고 있다.

따라서 경도는 출발지 시간 기준 현재 위치의 시간 차로 알 수 있고, 가장 정확한 경도를 측정한 시계의 출발점이 그리니치 천문대이므로 그리니치 천문대가 경도의 기준이 되었다는 내용의 ④가 가장 적절하다.

04 의사소통능력 문제   정답 ④

1문단에서 시장충격비용은 대량의 주문집행으로 인한 주가의 변동으로 추가적으로 지불해야 하는 비용이라고 하였고, 3문단에서 한 번에 주문되는 주문량이 적을수록 주가 변동폭이 작아 시장충격비용이 줄어들지만 주문량을 더 작게 나눌수록 시간위험비용과 기회비용은 더 커진다고 하였으므로 주문량 조정에 따른 시장충격비용의 감소는 기회비용의 증가를 가져옴을 알 수 있다.

오답 체크

① 1~2문단에서 시장이 충분히 수용하기 어려운 대량의 주문을 한 번에 집행하는 경우 주가가 상승하거나 하락하는 주가의 변동으로 추가적으로 지불해야 하는 비용이 발생하는데, 이를 시장충격비용이라고 한다고 하였고, 3문단에서 시장충격비용이 줄어들면 시간위험비용과 기회비용이 증가한다고 하였으므로 적절하지 않은 내용이다.

② 3문단에서 소량으로 나누어 주문을 집행할 경우 시장충격비용은 줄어드는 반면 소요 시간 증가로 인해 시간위험비용은 증가한다고 하였으므로 적절하지 않은 내용이다.

③ 2문단에서 시장의 유동성이 충분하지 않은 경우 매수량 급증에 따라 주식 매수 가격이 상승하여 시장충격비용이 발생한다고 하였으므로 적절하지 않은 내용이다.

05 의사소통능력 문제   정답 ①

3문단에서 거래 기록에 기반해 WFP는 직접 업자에게 실제 대금을 이체하여 지원금을 송금할 때 발생하는 수수료를 줄였다고 하였고, 2문단에서 이전에는 수혜국에게 지원금을 전달할 때 금융 기관에 송금 수수료를 지급해야 하는 문제가 있었다고 하였으므로 WFP가 빌딩 블록을 운영하면서 금융 기관을 통해 지원금을 송금하여 원조의 효율성을 달성한 것은 아님을 알 수 있다.

오답 체크

② 1문단에서 UN은 국제사회가 공동으로 추진해 나갈 지속가능 개발 목표를 수립하였고, 이 중 WFP는 기아 종식을 달성하기 위해 블록체인 기술을 도입했다고 하였으므로 적절한 내용이다.

③ 4문단에서 빌딩 블록을 통한 난민 원조는 난민 대부분이 인터넷이나 스마트폰을 사용하기 힘든 환경으로 디지털 기기를 활용하는 능력이 부족하다는 문제가 있어 이를 해결할 방안들이 요구되고 있다고 하였으므로 적절한 내용이다.

④ 3문단에서 WFP는 난민에게 현금이 아닌 블록체인 기반의 암호화폐를 계좌로 제공하였고, 난민은 홍채 인증 결제 시스템을 통해 암호화폐로 업자들에게서 식량을 구매하였다고 하였으므로 적절한 내용이다.

06 의사소통능력 문제 정답 ④

2문단에서 관제국이 GPS 위성과 GPS 수신기 사이의 시차를 조정하는 역할을 수행한다고 하였고, 4문단에서 위성과 수신기 사이의 시차 조정이 있어야 사용자의 정확한 위치가 파악된다고 하였으므로 GPS는 GPS 위성과 지상 관제국, GPS 수신기의 전파 송수신을 통해 사용자의 정확한 위치 파악이 가능함을 알 수 있다.

오답 체크

① 4문단에서 현재 GPS는 궤도별로 공전하는 4개의 위성을 활용하여 사용자의 정확한 위치를 파악한다고 하였으므로 적절하지 않은 내용이다.

② 2문단에서 위성 부문은 GPS 수신기에 위치와 시간 정보를 발송하는 24개의 GPS 위성을 의미한다고 하였으므로 적절하지 않은 내용이다.

③ 3문단에서 인공위성은 자신의 위치와 발신 시간을 GPS 수신기에 송신하고, 위성과 수신기 사이의 거리를 계산하여 사용자의 위치를 파악한다고 하였으므로 적절하지 않은 내용이다.

07 의사소통능력 문제 정답 ③

이 글은 탄소 중립 프로젝트를 위한 RE100을 설명하고, 가입 대비 목표 달성이 어려운 RE100의 대책으로 등장한 CF100과의 공통점과 차이점을 통해 RE100과 CF100 모두 잘 이해하고 준비해야 한다는 내용이므로 이 글의 중심 내용으로 가장 적절한 것은 ③이다.

오답 체크

① CF100과 RE100의 차이점을 분명히 알고 자사에 맞는 협약에 참여해야 한다는 내용에 대해서는 다루고 있지 않으므로 적절하지 않다.

② 기업들은 RE100의 기본 원칙을 정확히 알고 자발적으로 지킬 수 있어야 한다는 내용에 대해서는 다루고 있지 않으므로 적절하지 않다.

④ 국내 기업의 경쟁력 강화를 위해 해외 기업의 CF100 사례를 살펴볼 필요가 있다는 내용에 대해서는 다루고 있지 않으므로 적절하지 않다.

08 의사소통능력 문제 정답 ③

㉠ 1문단에서 레드와인은 침용 과정이 추가되는데 껍질과 씨에서 안토시아닌과 탄닌을 우려내는 과정을 침용이라고 한다고 하였고, 2문단에서 탄닌, 레스베라트롤, 안토시아닌 등은 폴리페놀의 일종이라고 하였으므로 적절한 내용이다.

㉡ 1문단에서 레드와인은 떫고 묵직한 맛이 나지만 화이트와인은 가볍고 과일의 신맛이 난다고 하였으므로 적절한 내용이다.

㉣ 1문단에서 탄닌은 떫고 묵직한 느낌을 준다고 하였고, 2문단에서 폴리페놀은 항산화물질인데 탄닌이 그 일종이라고 하였으므로 적절한 내용이다.

오답 체크

㉢ 3문단에서 영국의 경우에는 일일 권장량으로 와인 3잔까지를 권하고 있다고 하였고, 우리나라의 경우 서양인에 비해 부족한 알코올 분해효소를 감안하면 서양인들의 2/3 정도가 일일 권장량으로 적당하다고 하였으므로 적절하지 않은 내용이다.

09 의사소통능력 문제 정답 ③

사임고자(X) → 사임코자(O)
한글 맞춤법 제40항에 따라 어간의 끝음절 '하'의 'ㅏ'가 줄고 'ㅎ'이 다음 음절의 첫소리와 어울려 거센소리로 될 적에는 거센소리로 적어야 하므로 '사임코자'라고 적는 것이 적절하다.

10 의사소통능력 문제 정답 ①

적극적 경청을 위해서는 비판적이고 충고적인 태도를 버려야 하므로 가장 적절하지 않다.

11 수리능력 문제 정답 ③

$S = n(A) + n(B) + n(C) - n(A \cap B) - n(B \cap C) - n(A \cap C) + n(A \cap B \cap C) + n(A \cup B \cup C)^c$임을 적용하여 구한다.
피자와 치킨, 곱창을 모두 좋아한다고 응답한 사람을 x, 피자와 치킨, 곱창 중 아무것도 선택하지 않은 사람을 y라고 할 때, $50 = 25 + 20 + 20 - 10 - 15 - 12 + x + y$ → $x + y = 50 - 25 - 20 - 20 + 10 + 15 + 12 = 22$이다. 또한, 피자와 치킨, 곱창을 모두 좋아한다고 응답한 사람 x명은 피자, 치킨, 곱창 중 두 가지를 좋아한다고 응답한 사람 수보다 적거나 같아야 하므로 x는 10 이하여야 한다.
따라서 x와 y의 조합으로 가능한 것은 $x + y = 22$와 $x \leq 10$을 모두 만족하는 $x = 10$, $y = 12$이다.

12 수리능력 문제 정답 ③

세 번째로 큰 정사각형의 한 변의 길이를 x라고 하면 정사각형 5개의 한 변의 길이는 다음과 같다.

구분	첫 번째	두 번째	세 번째	네 번째	다섯 번째
한 변의 길이	$x-2$	$x-1$	x	$x+1$	$x+2$

정사각형 5개의 넓이의 합은 $(x-2)^2 + (x-1)^2 + x^2 + (x+1)^2 + (x+2)^2 = 255$ → $5x^2 + 10 = 255$ → $x^2 = 49$ → $x^2 - 49 = 0$ → $(x+7)(x-7) = 0$ → $x = -7$ 또는 $x = 7$이다. 이때, 정사각형의 한 변의 길이는 양수이므로 $x = 7$이다.
따라서 정사각형 5개의 둘레의 합은 $4 \times (5 + 6 + 7 + 8 + 9) = 140$cm이다.

13 수리능력 문제 정답 ③

ⓒ 제시된 지역 중 국가·지방자치단체가 시행하는 도시개발사업 지구가 15개 이상인 지역은 경기도, 충청남도, 경상남도 총 3개 지역이므로 적절하다.

ⓔ 지방공사가 시행하는 도시개발사업 지구 1개당 면적은 경기도가 $1,490 / 7 ≒ 213천$ m^2, 충청남도가 $829 / 4 ≒ 207천$ m^2로 경기도가 충청남도보다 넓으므로 적절하다.

ⓕ 정부 투자기관이 전라북도와 전라남도에 시행하는 도시개발사업의 총면적은 $2,280 + 2,076 = 4,356천$ m^2이므로 적절하다.

따라서 자료에 대한 설명 중 적절한 것의 개수는 3개이다.

오답 체크

ⓐ 전라북도의 도시개발사업 면적은 국가·지방자치단체가 다른 시행 주체들에 비해 가장 넓으므로 적절하지 않다.

14 수리능력 문제 정답 ②

정가 = 원가 × (1 + 이익률)임을 적용하여 구한다.

A 씨는 1포기에 700원 하는 배추를 B 씨에게 20%의 이익을 남겨 판매하였으므로 B 씨가 구매한 배추 가격은 1포기에 $700 × 1.2 = 840$원이다. 또한, B 씨는 배추를 온라인 쇼핑몰을 통해 50%의 이익을 남겨 판매하므로 B 씨가 판매하는 배추의 가격은 1포기에 $840 × 1.5 = 1,260$원이다. B 씨가 판매하는 배추를 100포기 이상 구매할 경우 전체 배춧값의 10%를 할인 받을 수 있으므로 배추를 500포기 구매할 때 지불해야 하는 배춧값은 $(1,260 × 500) × 0.9 = 567,000$원이다. 이때, 배추 100포기당 3,000원의 배송비가 별도로 발생함에 따라 지불해야 하는 배송비는 $3,000 × 5 = 15,000$원이다.

따라서 지불해야 하는 총금액은 $567,000 + 15,000 = 582,000$원이다.

15 수리능력 문제 정답 ④

사건 A가 일어날 확률 = $\frac{\text{사건 A가 일어날 경우의 수}}{\text{모든 경우의 수}}$임을 적용하여 구한다.

P 회사 임직원 1,000명 중 출퇴근 교통수단 이용비는 대중교통과 자가용이 7:3이므로 P 회사 임직원 중 대중교통을 이용하는 인원은 $1,000 × \frac{7}{7+3} = 700$명, 자가용을 이용하는 인원은 $1,000 × \frac{3}{7+3} = 300$명이다. 이때, 대중교통을 이용하는 P 회사 임직원 중 5%가 자전거 구매를 희망하고, 자가용을 이용하는 P 회사 임직원 중 4%가 자전거 구매를 희망함에 따라 대중교통과 자가용을 이용하여 출퇴근하는 P 회사의 임직원 중 자전거 구매를 희망하는 인원은 각각 $700 × 0.05 = 35$명, $300 × 0.04 = 12$명이다. 이에 따라 P 회사 임직원 중 자전거 구매를 희망하는 전체 인원은 $35 + 12 = 47$명이고, 그중 대중교통을 이용하여 출퇴근하는 인원은 35명이다.

따라서 자전거 구매를 희망하는 임직원 1명을 임의로 골랐을 때, 그 임직원이 대중교통을 이용하여 출퇴근할 확률은 $\frac{35}{47}$이다.

16 수리능력 문제 정답 ③

제시된 기간 동안 C 지역의 평균 아파트 동수는 $(5,540 + 6,105 + 6,298 + 6,477 + 6,581) / 5 = 6,200.2$동이므로 적절하다.

오답 체크

① 2017년 F 지역과 H 지역 아파트 동수의 합은 $3,355 + 3,851 = 7,206$동으로 같은 해 B 지역의 7,328동보다 적으므로 적절하지 않다.

② 2021년 E 지역 아파트 동수의 2017년 대비 증가율은 $\{(4,334 - 3,582) / 3,582\} × 100 ≒ 21.0\%$임에 따라 20% 이상이므로 적절하지 않다.

④ 제시된 지역 중 2019년 아파트 동수가 세 번째로 많은 지역은 D 지역이므로 적절하지 않다.

17 수리능력 문제 정답 ②

ⓐ 제시된 기간 중 대구광역시의 터널 수가 두 번째로 많은 해와 충청북도 터널 수가 두 번째로 많은 해는 2020년임에 따라 동일하므로 적절하다.

ⓔ 2019년 터널 수가 전년 대비 감소한 지역은 충청남도, 전라북도 총 2곳이므로 적절하다.

오답 체크

ⓒ 2021년 경기도 터널 수가 전국 터널 수에서 차지하는 비중은 $(773 / 3,645) × 100 ≒ 21.2\%$로 20% 이상이므로 적절하지 않다.

ⓕ 2018년 부산광역시의 터널 수는 61개소로 같은 해 광주광역시와 대전광역시 터널 수의 합인 $30 + 33 = 63$개소보다 적으므로 적절하지 않다.

18 수리능력 문제 정답 ①

재정부의 한 조당 멘토 인원을 a, 멘티 인원을 b, 기획부의 한 조당 멘토 인원을 c, 멘티 인원을 d라고 하면 신입사원 OJT 교육에 참석한 인원은 멘토가 30명, 멘티가 83명이므로 $7a + 8c = 30$, $7b + 8d = 83$이다. 이때, 양변을 7로 나누면 $a + \frac{8}{7}c = \frac{30}{7} → (a + c) + \frac{c}{7} = 4 + \frac{2}{7}$, $b + \frac{8}{7}d = \frac{83}{7} → (b + d) + \frac{d}{7} = 11 + \frac{6}{7}$이고, a, b, c, d는 모두 자연수이므로 $a = 2$, $c = 2$, $b = 5$, $d = 6$임을 알 수 있다. 이에 따라 재정부 한 조에 편성된 인원은 $2 + 5 = 7$명, 기획부 한 조에 편성된 인원은 $2 + 6 = 8$명이다.

따라서 재정부 한 조와 기획부 한 조에 편성된 인원의 차이는 $8 - 7 = 1$명이다.

19 수리능력 문제

정답 ①

정사각형 모양의 종이를 가로 혹은 세로로 절반씩 접었을 때, 한 번 접을 때마다 칸수가 2배가 되고 정사각형 내에 총 $2^6 = 64$칸의 직사각형이 생겼으므로 접은 횟수는 총 6회이다. 이때 직사각형 한 칸의 가로 길이가 세로 길이의 4배이고 한 번 접을 때 칸은 접는 방향의 길이가 반대 방향 길이의 2배가 됨에 따라 가로로 접은 횟수는 세로로 접은 횟수보다 2회 많아야 하므로 가로로 접은 횟수는 4회, 세로로 접은 횟수는 2회가 된다.

따라서 세로로 종이를 접은 횟수는 2회이다.

20 수리능력 문제

정답 ④

5월, 6월의 아파트 매매 호수는 서울특별시가 강원도보다 더 많으므로 적절하지 않다.

[오답 체크]

① 6월 아파트 매매 호수는 모든 지역에서 전월 대비 감소하였으므로 적절하다.

② 3월 아파트 매매 호수가 1,500호 이상인 지역은 부산광역시, 광주광역시, 경기도, 강원도, 충청북도, 충청남도, 전라북도, 전라남도, 경상북도, 경상남도 총 10개 지역이므로 적절하다.

③ 5월 제주특별자치도의 아파트 매매 호수는 전월 대비 $\{(297 - 275) / 275\} \times 100 = 8\%$ 증가하였으므로 적절하다.

21 문제해결능력 문제

정답 ④

[○○공사 승진 포인트제 운용 규정] 제3조에 따르면 직급별 최소 재직기간 및 최소 승진 포인트 기준을 모두 충족하는 직원에 한하여 승진 대상자로 선정될 수 있으므로 3급 재직기간이 4년 미만인 갑은 승진 대상에서 제외된다. 이에 따라 직급별 최소 재직기간 기준을 충족하는 을, 병, 정의 승진 포인트를 계산한다. 을의 경우 4급 재직기간이 승진 대상 기준인 3년보다 1년 2개월 더 길어 경력 포인트로 2점, 견책 3회를 받아 상벌 포인트로 감점 $1 \times 3 = 3$점, 직급별 최소 재직기간인 최근 3년 동안 성과평가 등급으로 각각 A, B, S 등급을 받아 성과평가 포인트로 $8 + 6 + 10 = 24$점, 총 $2 - 3 + 24 = 23$점의 승진 포인트가 부여되므로 승진 대상자 선정 기준에 부합되지 않는다. 병의 경우 5급 재직기간이 승진 대상 기준인 5년보다 2년 3개월 더 길어 경력 포인트로 3점, 감봉 2회와 정직 1회를 받아 상벌 포인트로 감점 $(2 \times 2) + (3 \times 1) = 7$점, 직급별 최소 재직기간인 최근 5년 동안 성과평가 등급으로 각각 B, C, B, A, S 등급을 받아 성과평가 포인트로 $6 + 4 + 6 + 8 + 10 = 34$점, 총 $3 - 7 + 34 = 30$점의 승진 포인트가 부여되므로 승진 대상자 선정 기준에 부합되지 않는다.

정의 경우 6급 재직기간이 승진 대상 기준인 4년보다 7개월 더 길어 경력 포인트로 1점, 장관상을 2회 수상하여 상벌 포인트로 가점 $3 \times 2 = 6$점, 직급별 최소 재직기간인 최근 4년 동안 2020년을 제외하고 성과평가 등급으로 B, A, S 등급을 받아 부여된 성과평가 포인트 $6 + 8 + 10 = 24$점과 2020년 성과평가 포인트로 직급별 재직기간 중 받은 성과평가 포인트의 평균인 $24 / 3 = 8$점을 더해 성과평가 포인트로 $24 + 8 = 32$점, 총 $1 + 6 + 32 = 39$점의 승진 포인트가 부여되어 승진 대상자 선정 기준에 부합된다.

따라서 2022년 승진 대상자로 선정되는 직원은 '정'이다.

22 문제해결능력 문제

정답 ①

국내 시장에 고시된 1달러당 환율은 1,350원이고, 홍진이는 1주당 300달러인 미국 주식 20주를 매수하려고 하므로 홍진이가 매수하려는 미국 주식의 가치는 총 $300 \times 20 = 6,000$달러이다. 홍진이는 매수한 미국 주식의 달러 가치의 매수 수수료에 해당하는 금액을 증권사에 지불해야 하므로 홍진이가 증권사에 지불해야 하는 금액은 A 증권사의 경우 $6,000 \times 1.0007 = 6,004.2$달러, B 증권사의 경우 $6,000 \times 1.0005 = 6,003$달러, C 증권사의 경우 $6,000 \times 1.0004 = 6,200.4$달러, D 증권사의 경우 $6,000 \times 1.001 = 6,006$달러이다. 이에 따라 홍진이가 증권사에 지불해야 하는 금액에 증권사별 환율을 적용한 금액은 다음과 같다.

구분	증권사별 환율	지불 금액
A 증권사	$1,350 + \{20 - (20 \times 1)\}$ $= 1,350$원	$1,350 \times 6,004.2$ $= 8,105,670$원
B 증권사	$1,350 + \{10 - (10 \times 0.9)\}$ $= 1,351$원	$1,351 \times 6,003$ $= 8,110,053$원
C 증권사	$1,350 + \{13.5 - (13.5 \times 0.6)\}$ $= 1,355.4$원	$1,355.4 \times 6,002.4$ $= 8,135,652.96$원
D 증권사	$1,350 + \{10 - (10 \times 0.7)\}$ $= 1,353$원	$1,353 \times 6,006$ $= 8,126,118$원

따라서 홍진이가 선택할 증권사는 'A 증권사'이다.

23 문제해결능력 문제

정답 ①

허리디스크가 없는 모든 사람이 거북목 증후군이 없다는 것은 거북목 증후군이 있는 모든 사람이 허리디스크가 있다는 것이므로 거북목 증후군이 있는 모든 사람이 허리디스크가 있고, 거북목 증후군이 있는 어떤 사람이 도수치료를 받으면 도수치료를 받는 사람 중에 허리디스크가 있는 사람이 반드시 존재하게 된다.

따라서 '허리디스크가 없는 모든 사람은 거북목 증후군이 없다.'가 타당한 전제이다.

거북목 증후군이 있는 사람을 A, 도수치료를 받는 사람을 B, 허리디스크가 있는 사람을 C라고 하면

② 거북목 증후군이 있는 어떤 사람이 도수치료를 받고, 허리디스크가 없는 어떤 사람이 도수치료를 받으면 도수치료를 받는 모든 사람이 허리디스크가 없을 수도 있으므로 결론이 반드시 참이 되게 하는 전제가 아니다.

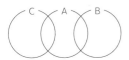

③, ④ 거북목 증후군이 있는 어떤 사람은 도수치료를 받고, 거북목 증후군이 없는 어떤 사람은 허리디스크가 있거나 거북목 증후군이 있는 모든 사람은 허리디스크가 없으면 도수치료를 받는 모든 사람이 허리디스크가 없을 수도 있으므로 결론이 반드시 참이 되게 하는 전제가 아니다.

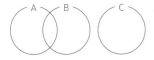

24 문제해결능력 문제   정답 ②

제시된 조건에 따르면 서쪽과 남쪽의 석상은 모두 악마 석상이라는 동쪽 석상의 글과 남쪽 석상은 천사 석상이라는 서쪽 석상의 글이 모순되므로 둘 중 하나의 석상의 글은 진실, 나머지 하나의 석상의 글은 거짓이 된다. 먼저 동쪽 석상의 글이 진실인 경우 서쪽과 남쪽의 석상은 모두 악마 석상이고, 북쪽 석상은 천사 석상이라는 남쪽의 글이 거짓이므로 북쪽 석상도 악마 석상이어야 하나 이는 세 개는 천사 석상이고 두 개는 악마 석상이라는 조건에 모순된다. 이에 따라 동쪽 석상의 글은 거짓, 서쪽 석상의 글은 진실이 되어 남쪽 석상은 천사 석상이라는 서쪽 석상의 글에 따라 남쪽 석상의 글도 진실이, 북쪽 석상은 천사 석상이라는 남쪽 석상의 글에 따라 북쪽 석상도 천사 석상이 되어 동쪽과 중앙 석상은 모두 악마 석상이 되고, 동쪽과 중앙 석상의 글 모두 거짓을 말한다는 조건을 만족한다.
따라서 악마 석상이 위치한 방향은 동쪽과 중앙이다.

25 문제해결능력 문제   정답 ②

제시된 조건에 따르면 B가 올라온 바로 다음에는 항상 C가 올라왔고, 3번에는 B가 올라왔으므로 C는 4번에 올라왔고, 1번과 4번에 올라오는 사람은 같으므로 1번에도 C가 올라왔다. 이때 5번에는 E가 올라왔고, A가 올라온 바로 다음에는 항상 D가 올라왔으며, D가 올라온 어느 순번 바로 다음에는 E가 올라왔으므로 6번에 A가, 7번에 D가, 8번에 E가 올라왔음을 알 수 있다. 같은 모델이 연속한 두 순번에 올라가지 않았으므로 2번에는 B와 C가 올라갈 수 없고, 3번에 올라온 사람이 D가 아니므로 A도 2번에 올라갈 수 없음에 따라 D 또는 E가 2번에 올라왔다.

1번	2번	3번	4번	5번	6번	7번	8번
C	D 또는 E	B	C	E	A	D	E

따라서 7번에 D가 올라왔으므로 항상 옳은 설명이다.

① 2번에 D 또는 E가 올라왔으므로 항상 옳은 설명은 아니다.

③ E는 2회 또는 3회, A는 1회 올라왔으므로 항상 옳지 않은 설명이다.

④ B는 1회, D는 1회 또는 2회 올라왔으므로 항상 옳은 설명은 아니다.

⏱ 빠른 문제 풀이 Tip
D가 올라온 어느 순번 바로 다음에는 E가 올라온다는 조건이 D가 올라온 바로 다음 순번에 항상 E가 올라온다는 의미가 아님에 주의한다.

26 문제해결능력 문제   정답 ④

[폭염특보]에 따르면 일 최고 체감 온도 33℃ 이상인 상태가 2일 이상 지속될 것으로 예상될 때 폭염주의보가 발령되고, [근로자 열사병 대응요령]의 '2. 안전 수칙'에 따르면 폭염주의보 발령 시에는 1시간 주기로 10분의 휴식을 취할 수 있어야 하므로 적절하지 않다.

① [근로자 열사병 대응요령]의 '2. 안전 수칙'에 따르면 휴식 공간은 반드시 소음·낙하물·차량 통행 등 위험이 없는 안전한 장소에 설치해야 하며, 쉬고자 하는 근로자를 충분히 수용할 수 있어야 하므로 적절하다.

② [근로자 열사병 대응요령]의 '2. 안전 수칙'에 따르면 실내 온도 적정 수준 유지를 위해 작업장 내 냉방장치를 설치해야 하며, 주요 냉방장치로 공기순환장치(환기장치), 이동식 에어컨 등이 있으므로 적절하다.

③ [근로자 열사병 대응요령]의 '1. 사전 확인'에 따르면 온열질환 민감군에는 고혈압 또는 저혈압 등 질환자, 비만, 당뇨 등이 포함되고, '2. 안전 수칙'에 따르면 근로자가 온열질환 발생 우려 등 급박한 위험으로 작업 중지 요청을 할 때는 즉시 조치해야 하므로 적절하다.

27 문제해결능력 문제   정답 ②

'4. 지원 내용 - 2)'에 따르면 금융 항목에서 기술보증 및 신용보증 신청 시 우대보증과 심사완화가 이뤄지고, 보증료 0.3% 감면과 신용도 유의기업 판별기준 완화 혜택을 받을 수 있으므로 적절하다.

① '2. 지원 대상'에 따르면 산업융합 선도기업은 산업융합성 평가위원회를 통해 제품 및 서비스의 융합성, 혁신성 등이 인정되는 산업융합 혁신 품목을 생산하는 기업이면서 해당 품목 매출액이 연간 5억 원 이상인 중소·중견기업이므로 적절하지 않다.

③ '3. 선정 절차'에 따르면 선정 절차에서 신청접수 이후 서류검토, 현지 실사, 심사평가를 거쳐 심의가 이루어지지만, 선도기업이 동일 품목을 갱신 신청하는 경우에 한하여 현지실사 단계를 면제하므로 적절하지 않다.

④ '4. 지원 내용 - 1)'에 따르면 조달청이 담당하는 공공시장 판로 개척 항목에서 우수 조달물품 지정 신청 시에 최대 3점의 가점이 부여되므로 적절하지 않다.

28 문제해결능력 문제 정답 ④

최 단장의 지시에 따르면 뮤지컬 공연 당일인 금요일, 토요일에는 각각 소공연장과 대공연장을 대관해야 하며, 공연 전 연습을 위해 7일 동안 오케스트라 연습실을 대관해야 한다. 또한, 공연할 때와 리허설할 때, 공연 전 일주일 동안 연습할 때에 그랜드 피아노 2대와 무선 마이크 30개가 필요하다. 이에 따라 P 아트홀에 지불해야 하는 대관료는 다음과 같다.

구분			기간 및 수량	대여료
공연일	금요일	공연 대관	1일 2회	30 × 1.3 = 39만 원
		리허설 대관	오전 (06:00~12:00)	10만 원
		그랜드 피아노	2대 × 2회	6 × 2 × 2 = 24만 원
		무선 마이크	30개 × 2회	1.5 × 30 × 2 = 90만 원
		냉/난방	2시간 30분 × 2회	1 × 5 × 2 = 10만 원
	토요일	공연 대관	1일 2회	(50 × 1.2) × 1.3 = 78만 원
		리허설 대관	오전 (06:00~12:00)	20만 원
		그랜드 피아노	2대 × 2회	7 × 2 × 2 = 28만 원
		무선 마이크	30개 × 2회	1.5 × 30 × 2 = 90만 원
		냉/난방	2시간 30분 × 2회	1.5 × 5 × 2 = 15만 원
연습일	연습실 대관		오후 (12:00~20:00) × 7일	4 × 7 = 28만 원
	그랜드 피아노		2대 × 7일	4 × 2 × 7 = 56만 원
	무선 마이크		30개 × 7일	1.5 × 30 × 7 = 315만 원
총합				803만 원

따라서 P 아트홀에 지불해야 할 대관료의 총합은 803만 원이다.

29 문제해결능력 문제 정답 ④

'3. 선정 및 지원 규모 - 1)'에 따르면 선정 규모는 총 8곳이며, 지원이 일부 지역에 편중되지 않도록 수도권, 강원권 등 5개의 권역으로 분류하여 권역당 30%까지만 선정하므로 적절하다.

오답 체크

① '3. 선정 및 지원 규모 - 2)'에 따르면 도심형 소형상권은 최대 60억 원을 지원하지만 점포 수 지원 규모는 100개 이상 399개 이하이므로 적절하지 않다.

② '4. 분야별 세부 요건 - 1)'에 따르면 일반상권의 상생 협약 요건은 해당 상권의 상인, 임대인이 각각 1/2 이상 사업 동의 및 상생 협약을 체결해야 하므로 적절하지 않다.

③ '2. 신청 기간 및 신청 방법 - 2)'에 따르면 사업 신청서 및 사업 계획서를 작성하여 도지사 또는 시장의 날인을 받은 후 소상공인시장진흥공단 상권육성실에 전자문서로 송부해야 하므로 적절하지 않다.

30 문제해결능력 문제 정답 ③

'2. 휠체어 등의 보행이 자유로운 텃밭 정원 - 2)'에 따르면 휠체어 등의 이동기구를 이용하는 사람들이 활동할 수 있는 텃밭 정원의 텃밭 식재는 재배관리가 쉬운 잎채소와 마리골드, 금잔화 등의 허브·화훼류를 함께 심어 재배해야 하므로 적절하지 않다.

오답 체크

① '2. 휠체어 등의 보행이 자유로운 텃밭 정원 - 2)'에 따르면 휠체어 등의 이동기구를 이용하는 사람들이 활동할 수 있는 텃밭 정원은 텃밭의 규모에 따라 필요 시에 한하여 휴게공간을 조성하도록 하므로 적절하다.

② '4. 반려동물 동반 텃밭 정원 - 2)'에 따르면 반려동물과 함께 이용할 수 있는 텃밭 정원에는 튤립, 백합, 수선화 등 독성이 있어 반려동물에 해가 가는 식물 및 식재 재배는 지양해야 하므로 적절하다.

④ '1. 유아·아동 농업체험 텃밭 정원 - 2)'에 따르면 아이들이 활동할 수 있는 텃밭 정원에는 어린이 텃밭과 놀이 공간은 필수로 포함시켜야 하고, 열매채소나 덩굴성 식물의 생육을 위한 지지대를 설치가 필요할 때는 1m의 높이로 설치해야 하므로 적절하다.

31 자원관리능력 문제   정답 ①

'[별표 1] 예산 성과금 지급 기준 및 지급액'에 따르면 영업이익 및 당기순이익의 증가로 예산 성과금을 지급하는 경우 전년 대비 당기순이익 증가분의 10% 범위 내에서 예산 성과금을 지급하며, 전년도 당기순이익은 92 / 1.15 = 80억 원임에 따라 최대 (92 − 80) × 0.1 = 1.2억 원 = 1억 2천만 원 범위 내에서 예산 성과금을 지급하므로 가장 적절하다.

오답 체크

② '[별표 1] 예산 성과금 지급 기준 및 지급액'에 따르면 신경영 기법으로 예산을 절약한 경우 1인당 최대 500만 원의 예산 성과금을 지원받을 수 있으므로 적절하지 않다.

③ '3. 지급요건'에 따르면 전년도 대비 영업이익이 12% 이상, 당기순이익이 10% 이상 모두 증가해야 예산 성과금을 지급받을 수 있으므로 적절하지 않다.

④ '4. 지급 대상'에 따르면 다수의 노력으로 수익이 증대한 경우 개인별 기여도에 따라 예산 성과금을 차등 지급하므로 적절하지 않다.

32 자원관리능력 문제   정답 ①

배너 거치대는 실내의 경우 박람회장 출입문마다 하나씩 4개, 부스 양쪽에 2개 총 6개를, 야외의 경우 10개를 설치해야 하므로 총 16개의 부스 거치대가 필요하다. 이때, 실내에 설치하는 부스 거치대에는 거치대 한 개당 배너 한 장을, 야외에 설치하는 부스 거치대에는 거치대 한 개당 배너 두 장을 설치하려고 하므로 주문해야 하는 배너는 총 6 + (10 × 2) = 26장임을 알 수 있다. 모든 업체는 총비용이 가장 적어지도록 배너 및 배너 거치대에 개별 가격 또는 세트 가격을 적용하며, 세트 가격이 배너와 배너 거치대를 각각 따로 주문하는 것보다 모든 업체에서 저렴함에 따라 부스 거치대와 배너 16개는 세트 가격으로, 나머지 배너 10장은 개별 가격으로 적용된다. A 업체에서 주문할 경우 10세트 1개, 1세트 6개, 낱개로 배너 10장의 가격이 적용되므로 총비용은 115,000 + (14,000 × 6) + (8,000 × 10) = 279,000원, B 업체에서 주문할 경우 5세트 3개, 1세트 1개, 낱개로 배너 10장의 가격이 적용되므로 총비용은 (60,000 × 3) + 15,000 + (10,000 × 10) = 295,000원, C 업체에서 주문할 경우 10세트 1개, 1세트 6개, 낱개로 배너 10장의 가격이 적용되므로 총비용은 120,000 + (15,500 × 6) + (8,500 × 10) = 298,000원, D 업체에서 주문할 경우 15세트 1개, 1세트 1개, 낱개로 배너 10장의 가격이 적용되므로 총비용은 195,000 + 16,000 + (13,000 × 10) = 341,000원이다. 이에 따라 배너 주문에 사용할 수 있는 예산인 300,000원을 초과하는 D 업체를 제외한 A, B, C 업체 중 예산을 최소로 사용하는 A 업체이다.

따라서 손 사원이 배너를 주문하게 될 업체는 'A 업체'이다.

33 자원관리능력 문제   정답 ④

[별표 1] 자연감모 인정 물량에 따르면 자연감모 인정 물량 = 조사 이전의 물량 × (보관 일수 / 365일) × 감모율이며, 감모율 = (조사 이전의 물량 − 실사 물량) / 조사 이전의 물량이다. 또한, '3. 자연감모 처리 절차'에 따르면 자연감모 인정 물량과 실제 감소한 물량을 비교하여 실제 감소한 물량이 자연감모 인정 물량보다 적은 경우 실제 감소한 물량만큼만 다시 주문하고, 실제 감소한 물량이 자연감모 인정 물량보다 많을 경우 자연감모 인정 물량만큼만 다시 주문하므로 이 대리가 주문하게 될 자연감모 발생 물품의 주문 금액은 다음과 같다.

구분	감모율	자연감모 인정 물량(개)	실제 감소한 물량 (개)	주문 가능 물량 (개)	주문 금액 (원)
A 물품	(40 − 30) / 40 = 0.25	40 × (146 / 365) × 0.25 = 4	40 − 30 = 10	4	4 × 50,000 = 200,000
B 물품	(35 − 28) / 35 = 0.2	35 × (730 / 365) × 0.2 = 14	35 − 28 = 7	7	7 × 6,500 = 45,500
C 물품	(30 − 15) / 30 = 0.5	30 × (438 / 365) × 0.5 = 18	30 − 15 = 15	15	15 × 11,200 = 168,000
D 물품	(80 − 68) / 80 = 0.15	80 × (511 / 365) × 0.15 ≒ 17	80 − 68 = 12	12	12 × 7,200 = 86,400
E 물품	(100 − 72) / 100 = 0.28	100 × (584 / 365) × 0.28 ≒ 45	100 − 72 = 28	28	28 × 33,000 = 924,000

따라서 이 대리가 주문하게 될 물품의 총주문 금액은 200,000 + 45,500 + 168,000 + 86,400 + 924,000 = 1,423,900원이다.

34 자원관리능력 문제   정답 ④

명함의 가치에 대한 설명으로 적절한 것은 ㉠, ㉡, ㉢, ㉣로 4개이다.

🔍 더 알아보기

명함의 가치
· 자신의 신분을 증명한다.
· 자신을 PR하는 도구로 사용할 수 있다.
· 개인의 정보를 전달한다.
· 개인의 정보를 얻을 수 있다.
· 대화의 실마리를 제공할 수 있다.
· 후속 교류를 위한 도구로 사용할 수 있다.

35 자원관리능력 문제　　　　　정답 ④

규칙적인 삶을 살아야겠다는 생각에 그치지 않고 6시에 기상하기라는 행동 중심의 목표를 세웠으므로 가장 적절하다.

오답 체크

① 구체적으로 어떤 자격증을 취득할지 설정하지 않았으므로 적절하지 않다.
② 다음 주까지 몸무게를 얼마나 감량할지 수치화하지 않았으므로 적절하지 않다.
③ 언제까지 800점 이상의 토익 점수를 받을지 제한 시간을 두지 않았으므로 적절하지 않다.

36 자원관리능력 문제　　　　　정답 ④

[건설 기술인의 기술등급 산정 방식]에 따르면 역량지수는 자격지수, 학력지수, 경력지수, 교육지수를 더한 값에 감점을 적용한 점수이며, 교육지수는 최대 5점까지 합산할 수 있고, 감점은 중복으로 적용할 수 있다. 이에 따라 건설 기술인별 역량지수는 다음과 같다.

구분	자격지수	학력지수	경력지수	교육지수	감점	역량지수
갑	30점	19점	20점	2점	1점	(30+19+20+2) − 1 = 70점
을	20점	20점	30점	0점	2점	(20+20+30+0) − 2 = 68점
병	15점	18점	35점	0점	2+2 = 4점	(15+18+35+0) − 4 = 64점
정	40점	15점	25점	2 × 2 = 4점	3점	(40+15+25+4) − 3 = 81점

이때, 갑은 건설사업관리 업무를 수행하므로 기술등급이 고급, 을은 품질관리 업무를 수행하므로 기술등급이 고급, 병은 품질관리 업무를 수행하므로 기술등급이 중급, 정은 건설사업관리 업무를 수행하므로 기술등급이 특급이다.
따라서 기술등급이 특급인 건설 기술인은 '정'이다.

37 자원관리능력 문제　　　　　정답 ④

직접비용은 제품의 생산 또는 서비스 창출에 직접 소비된 비용으로 재료비, 시설비, 인건비, 원료와 장비, 출장비가 이에 해당한다.
따라서 직접비용에 해당하는 것을 모두 고르면 'ㄷ, ㄹ'이 된다.

🔍 더 알아보기

직접비용과 간접비용
- 직접비용: 제품의 생산 또는 서비스 창출에 직접 소비된 비용으로 재료비, 시설비, 인건비, 원료와 장비, 출장비 등이 이에 해당함
- 간접비용: 제품 생산에 직접 관련되지 않은 비용으로 보험료, 건물관리비, 광고비, 통신비, 사무비품비, 공과금 등이 이에 해당함

38 자원관리능력 문제　　　　　정답 ②

팀원의 적성 및 흥미에 따라 인력을 배치하는 것은 적성 배치이며, 질적 배치는 팀원의 능력이나 성격에 따라 인력을 배치하는 것이므로 가장 적절하지 않다.

🔍 더 알아보기

효과적인 인력배치를 위한 3가지 원칙

구분	내용
적재적소주의	팀원의 능력이나 성격에 적합한 위치에 팀원을 배치하여 팀의 효율성을 높이고, 팀원 개개인의 능력이 최대한 발휘되도록 하는 것
능력주의	팀원이 능력을 발휘할 기회와 장소를 부여하여 성과를 바르게 평가하고 성과에 따른 적절한 보상을 제공하는 것
균형주의	모든 팀원에 대한 평등한 적재적소를 고려하는 것으로 팀 전체의 적재적소를 고려할 필요가 있다는 것

인력배치의 유형

구분	내용
양적 배치	특정 업무의 작업량 및 조업도, 여유 또는 부족 인원을 고려하여 인원을 배치하는 것
질적 배치	적재적소의 배치를 따르는 것
적성 배치	팀원의 적성 및 흥미에 따라 인원을 배치하는 것

39 자원관리능력 문제　　　정답 ①

㉠에는 사용 물품과 보관 물품의 구분, ㉡에는 동일 및 유사 물품으로의 분류, ㉢에는 물품 특성에 맞는 보관 장소 선정이 들어간다.

40 자원관리능력 문제　　　정답 ③

거절하지 못하여 우유부단한 성격의 경우 내적인 낭비 요인이다.

> 🔍 **더 알아보기**
> · 외적인 낭비 요인: 동료, 가족, 고객, 문서, 교통 혼잡 등 본인이 조절할 수 없는 외부인이나 외부에서 발생하는 시간에 의한 것
> · 내적인 낭비 요인: 계획 부족, 우유부단함, 사회활동 등 개인 내부에 있는 습관에 의한 것

41 조직이해능력 문제　　　정답 ①

브레인스토밍은 여러 명이 한 가지의 문제를 놓고 아이디어를 비판 없이 제시하여 그중 최선책을 찾아내는 방법으로 아이디어는 많이 나올수록 좋으므로 가장 적절하지 않다.

42 조직이해능력 문제　　　정답 ③

㉠ 주어진 과업을 효과적으로 수행하기 위해 실적을 중요시하며, 조직 구성원 간의 경쟁을 유도하여 조직에 대한 조직 구성원들의 방어적인 태도가 드러나기도 하는 조직문화는 '합리문화'이다.

㉡ 조직 구성원의 도전 의식과 모험성, 창의성 등을 중시하며, 조직의 성장과 발전에 관심이 높은 조직문화는 '개발문화'이다.

따라서 ㉠, ㉡에 들어갈 조직문화 유형을 바르게 연결한 것은 ③이다.

> 🔍 **더 알아보기**
> **조직문화의 유형**
>
> | 조직문화 유형 | 특징 |
> |---|---|
> | 집단문화 | · 관계 지향적이며, 조직 구성원 간 인간애 또는 인간미를 중요시함
· 조직 내부의 통합과 유연한 인간관계를 강조함
· 조직 구성원 간 단결, 협동, 팀워크, 공유가치, 사기, 의사결정 과정의 참여 등을 중요시함
· 개인의 능력개발에 대한 관심이 높음 |
> | 개발문화 | · 높은 유연성과 개성을 강조함
· 외부 환경에 대한 변화 지향성과 신축적 대응성을 기반으로 함
· 조직 구성원의 도전 의식, 모험성, 창의성, 혁신성, 자원 획득 등을 중요시함
· 조직의 성장과 발전에 관심이 높음
· 조직 구성원의 업무 수행에 대한 자율성과 자유 재량권을 부여함 |
> | 합리문화 | · 과업 지향적이며, 결과 지향적인 조직으로서의 업무 완수를 강조함
· 조직의 목표를 명확하게 설정하여 합리적으로 달성함
· 주어진 과업을 효과적으로 수행하기 위하여 실적을 중요시함
· 직무에 몰입하며, 미래를 위한 계획을 수립하는 것을 강조함
· 조직 구성원 간의 경쟁을 유도하여 조직에 대한 조직 구성원들의 방어적인 태도와 개인주의적인 성향을 드러내는 경향이 있음 |
> | 계층문화 | · 조직 내부의 통합과 안정성을 확보함
· 현상 유지 차원에서 계층화되고 서열화됨
· 위계질서에 의한 명령과 통제, 업무처리 시 규칙과 법을 준수함
· 관행과 안정, 문서와 형식, 보고와 정보관리, 명확한 책임 소재 등을 강조함 |

43 조직이해능력 문제　　　　정답 ④

[정원 운영 평가 기준]에 따르면 정원 운영 평가 점수는 전담 조직의 전문성 점수와 정원 관리 인력의 전문성 점수를 합산하여 산출하며, 전담 조직의 전문성 점수는 전담 조직 내 정원 관련 전문인력 비율에 따른 점수에 교육 이수 가산점을 합산하여 산출하고, 정원 관리 인력의 전문성 점수는 정원 전문 관리인의 비율에 따른 점수에 교육 횟수 가산점을 합산하여 산출한다. 이때, 전담 조직 내 정원 관련 전문인력 비율 = (전담 조직 내 녹지 연구원 수 / 전담 조직 내 전체 인원수) × 100이고, 정원 전문 관리인 비율 = (정원 전문 관리인 수 / 정원 관리 인력) × 100이다.

이에 따라 A~D 정원의 정원 운영 평가 점수는 다음과 같다.

구분		A 정원	B 정원	C 정원	D 정원
전담 조직의 전문성 점수	전담 조직 내 정원 관련 전문인력 비율	(75 / 150) × 100 = 50%	(42 / 120) × 100 = 35%	(65 / 130) × 100 = 50%	(54 / 150) × 100 = 36%
	전문인력 비율 점수	40점	20점	40점	20점
	교육 이수 가산점	0점	0점	0점	1점
정원 관리 인력의 전문성 점수	정원 전문 관리인 비율	{4 / (4 + 16)} × 100 = 20%	{4 / (4 + 12)} × 100 = 25%	{5 / (5 + 20)} × 100 = 20%	{16 / (16 + 34)} × 100 = 32%
	정원 전문 관리인 비율 점수	40점	40점	40점	60점
	교육 횟수 가산점	1점	2점	2점	2점
정원 운영 평가 점수		(40 + 0) + (40 + 1) = 81점	(20 + 0) + (40 + 2) = 62점	(40 + 0) + (40 + 2) = 82점	(20 + 1) + (60 + 2) = 83점

따라서 20XX년 정원 운영 평가 점수가 가장 높은 정원은 'D 정원'이다.

44 조직이해능력 문제　　　　정답 ①

제6조 제1항에 따르면 전결 사항이라 할지라도 전결권자보다 상급 직위자가 특히 지정한 것은 지정한 자의 결재를 받아 시행해야 함에 따라 사장이 특히 지정한 국외 출장에 대한 심사 전 보고는 사장의 결재를 받아야 하므로 가장 적절하지 않다.

오답 체크

② 제4조 제1호에 따르면 주요 사업의 합법성 검토의 결재권자는 사장이며, 제7조 제1항 제1호에 따라 사장 유고 시 사장의 대결권자는 본부장이므로 적절하다.

③ 제7조 제2항에 따르면 전결 사항 중 본부장, 실장, 부장의 관련 사항으로서 합의를 보지 못하였을 때는 바로 위 직급 직위자의 결재를 받아야 하며, 간행물 발간에 대한 사항은 부장의 전결 사항이고, 부장의 바로 위 직급 직위자는 실장이므로 적절하다.

④ 제7조 제3항에 따르면 전결권자 유고 시 대결권자가 처리한 사항에 대한 책임은 당해 대결권자가 지며, 사규 정비계획 수립에 대한 결재권자는 본부장이고, 본부장의 대결권자는 실장이므로 적절하다.

45 조직이해능력 문제　　　　정답 ④

차별화 전략이 성공하려면 연구개발이나 광고를 통해 기술, 품질, 서비스, 브랜드 이미지를 개선할 필요가 있으므로 가장 적절하다.

오답 체크

① 온라인 소매 업체가 오프라인 업체에 비해 저렴한 가격과 구매의 편의성을 내세워 시장 점유율을 넓히는 것은 원가 우위 전략에 해당하므로 적절하지 않다.

② 집중화 전략은 특정 시장이나 고객에게 한정된 전략으로, 경쟁조직들이 소홀히 하고 있는 한정된 시장을 원가 우위 전략이나 차별화 전략을 사용하여 집중적으로 공략하는 방법이므로 적절하지 않다.

③ 고급 기술을 적용한 고품질의 프리미엄 제품으로 차별화를 두어 고가 시장의 점유율을 넓히는 것은 차별화 전략에 해당하므로 적절하지 않다.

46 조직이해능력 문제 　　　　　　정답 ③

제시된 글에서 설명하고 있는 업무수행 시트의 종류로 가장 적절한 것은 '워크 플로 시트'이다.

🔍 더 알아보기

업무수행 시트의 종류

업무수행 시트	특징
간트 차트 (Gantt Chart)	· 작업 진도 도표로, 단계별로 업무를 시작해서 끝나는 데 걸리는 시간을 바 형식으로 표시한 것 · 전체 일정을 한눈에 볼 수 있고, 단계별로 소요되는 시간과 각 업무 활동 사이의 관계를 알 수 있음
워크 플로 시트 (Work flow sheet)	· 일의 흐름을 동적으로 보여주는 데 효과적임 · 사용하는 도형을 다르게 함으로써 주된 작업과 부차적인 작업, 혼자 처리하는 일과 다른 사람의 협조가 필요한 일, 주의를 필요로 하는 일, 컴퓨터와 같은 도구를 사용하는 일 등을 구분하여 표현할 수 있음 · 활동별로 소요 시간을 표기하면 더욱더 효과적임
체크리스트 (Checklist)	· 업무의 각 단계를 효과적으로 수행했는지를 스스로 점검해 볼 수 있는 도구 · 시간의 흐름을 표현하는 데 한계가 있음 · 업무를 세부적인 활동들로 나누고, 활동별로 기대되는 수행 수준을 달성했는지 확인할 때 효과적임
WBS (Work Breakdown Structure)	· 목표를 이루는 데 필요한 업무를 세분화할 때 이용하는 도구 · '세부 업무 추진 구조도'라고도 함

47 조직이해능력 문제 　　　　　　정답 ②

경영전략의 추진 과정에 따라 ㉠~㉢에 들어갈 내용을 순서대로 바르게 나열하면 '환경분석 – 경영전략 도출 – 경영전략 실행'이 된다.

48 조직이해능력 문제 　　　　　　정답 ③

보험 가입 및 보상 업무는 회계부의 업무 내용이므로 가장 적절하지 않다.

49 조직이해능력 문제 　　　　　　정답 ④

영미권 나라에서는 아랫사람이나 손님이 먼저 명함을 꺼내 오른손으로 상대방에게 주고, 받는 사람은 두 손으로 받는 것이 예의이므로 가장 적절하다.

오답 체크

① 영미권 나라에서는 악수를 한 이후 업무용 명함을 교환하므로 적절하지 않다.

② 미국에서 악수할 때는 손끝만 잡지 않고 오른손으로 상대방의 오른손을 잠시 힘주어서 잡았다가 놓아야 하므로 적절하지 않다.

③ 아프리카에서는 상대방의 눈을 직접 보지 않고 코끝 정도를 보면서 대화해야 하므로 적절하지 않다.

50 조직이해능력 문제 　　　　　　정답 ①

[근로자 휴양 콘도 지원 규정]에 따르면 비수기 주말 또는 성수기의 경우 1회 이용 시 이용 희망자별로 1실을 3박 4일 이내로 이용할 수 있으며, 비수기 이용 희망일에 주말이 하루라도 포함된 경우 주말 이용 기준을 적용함에 따라 주말을 포함하여 4박 5일을 신청한 을은 콘도를 이용할 수 없다. 또한, 병은 월평균 소득이 260만 원으로 기준임금의 $(260 / 200) \times 100 = 130\%$이므로 이용 가능 점수가 20점이지만, 20XX년 비수기 주말에 콘도를 총 2박 이용하여 $10 \times 2 = 20$점이 이용 가능 점수에서 차감됨에 따라 최종 이용 가능 점수는 $20 - 20 = 0$점이다. 이용 가능 점수가 0점일 경우 비수기 평일에만 콘도를 이용할 수 있으므로 20XX년 10월 8일 토요일부터 10월 10일 월요일에 이용 신청을 한 병은 콘도를 이용할 수 없다. 남은 갑과 정은 신청한 콘도 이용 희망일이 성수기인 8월 13일(토)~8월 14일(일)로 동일하며, 해당일에 예약 가능한 객실은 1개뿐이므로 갑과 정 중 이용 가능 점수가 더 높은 사람이 콘도를 예약할 수 있다. 갑의 월평균 소득은 240만 원으로 기준소득의 $(240 / 200) \times 100 = 120\%$이고, 북한이탈주민이면서 다자녀 가정이므로 이용 가능 점수는 총 $30 + 4 + 3 = 37$점이다. 이때 갑은 20XX년 2월 23일 수요일부터 2월 24일 목요일까지 콘도를 이용하였으나, 비수기 평일에 이용하였으므로 이용 가능 점수는 차감되지 않는다. 정의 월평균 소득은 210만 원으로 기준소득의 $(210 / 200) \times 100 = 105\%$이고, 다자녀 가정이므로 이용 가능 점수는 총 $40 + 3 = 43$점이다. 이때 정은 20XX년 3월 26일 토요일부터 3월 27일 일요일까지 콘도를 이용하였으므로 비수기 주말 1박을 기준으로 10점이 이용 가능 점수에서 차감되어 최종 이용 가능 점수는 $43 - 10 = 33$점이 된다.

따라서 6월 30일에 휴양 콘도 이용 신청을 한 근로자 중 휴양 콘도를 이용할 수 있는 사람은 '갑'이다.

실전모의고사 4회 60문항형

정답

01 의사소통	02 의사소통	03 의사소통	04 의사소통	05 의사소통	06 의사소통	07 의사소통	08 의사소통	09 의사소통	10 의사소통
④	⑤	④	③	①	②	③	④	③	③
11 수리	12 수리	13 수리	14 수리	15 수리	16 수리	17 수리	18 수리	19 수리	20 수리
④	④	①	②	④	①	②	①	③	②
21 문제해결	22 문제해결	23 문제해결	24 문제해결	25 문제해결	26 문제해결	27 문제해결	28 문제해결	29 문제해결	30 문제해결
①	③	②	④	⑤	⑤	④	⑤	②	①
31 정보	32 정보	33 정보	34 정보	35 정보	36 정보	37 정보	38 정보	39 정보	40 정보
⑤	⑤	④	②	②	①	④	②	②	③
41 조직이해	42 조직이해	43 조직이해	44 조직이해	45 조직이해	46 조직이해	47 조직이해	48 조직이해	49 조직이해	50 조직이해
⑤	②	④	③	②	④	④	①	②	③
51 직업윤리	52 직업윤리	53 직업윤리	54 직업윤리	55 직업윤리	56 직업윤리	57 직업윤리	58 직업윤리	59 직업윤리	60 직업윤리
③	②	②	②	①	③	②	④	④	②

취약 영역 분석표

· 영역별로 맞힌 개수, 틀린 문제 번호와 풀지 못한 문제 번호를 적고 나서 취약한 영역이 무엇인지 파악해보세요. 틀리거나 풀지 못한 문제를 다시 풀어보면서 확실히 극복하세요.
· NCS 직업기초능력 고난도 문제에 대비하고 싶다면, 해커스잡 사이트(ejob.Hackers.com)에서 제공하는 <NCS PSAT형 온라인 모의고사>를 풀어보며 실력을 향상시켜 보세요.

학습 날짜	영역	맞힌 개수	틀린 문제 번호	풀지 못한 문제 번호
__월 __일	의사소통능력	/10		
	수리능력	/10		
	문제해결능력	/10		
	정보능력	/10		
	조직이해능력	/10		
	직업윤리	/10		

해설

01 의사소통능력 문제   정답 ④

이 글은 무더운 여름철 발생 빈도가 높은 헤르페스 질환의 정의, 헤르페스를 유발하는 다양한 원인과 원인별 헤르페스 치료법에 대해 설명하는 내용이므로 이 글의 제목으로 가장 적절한 것은 ④이다.

오답 체크

① 아동에게서 많이 발생하는 헤르페스 질환에 대해서는 다루고 있지 않으므로 적절하지 않다.

② 헤르페스 질환 예방법에 대해서는 다루고 있지 않으므로 적절하지 않다.

③ 2문단에서 헤르페스 바이러스 1형과 2형의 차이에 대해 설명하고 있지만, 글 전체를 포괄할 수는 없으므로 적절하지 않다.

⑤ 1문단에서 헤르페스 바이러스의 주된 증상에 대해 설명하고 있지만, 글 전체를 포괄할 수는 없으므로 적절하지 않다.

02 의사소통능력 문제   정답 ⑤

⑤는 맞춤법에 맞는 문장이다.

오답 체크

① 왠만한(X) → 웬만한(O)
정도나 형편이 표준에 가깝거나 그보다 약간 낫다는 의미는 '웬만하다'로 써야 한다.

② 덥드라(X) → 덥더라(O)
한글 맞춤법 제56항에 따라 지난 일을 나타내는 어미는 '-더라, -던'으로 적는다. 따라서 '덥더라'로 써야 한다.

③ 사과던지 감이던지(X) → 사과든지 감이든지(O)
한글 맞춤법 제56항에 따라 물건이나 일의 내용을 가리지 아니하는 뜻을 나타내는 조사와 어미는 '(-)든지'로 적는다. 따라서 '사과든지 감이든지'로 써야 한다.

④ 있든걸(X) → 있던걸(O)
한글 맞춤법 제56항에 따라 지난 일을 나타내는 어미는 '-더라, -던'으로 적는다. 따라서 '있던걸'로 써야 한다.

03 의사소통능력 문제   정답 ④

한글 맞춤법 제42항에 따라 의존 명사는 띄어 써야 하므로 '떠난 지도'로 띄어 써야 한다.

04 의사소통능력 문제   정답 ③

이 글은 병자호란 당시 남한산성에서의 항전 과정을 소개하고, 조선과 청군의 협상 진척 상황에 대해 설명하는 글이다.

따라서 '(가) 남한산성에서 농성을 시작한 인조 – (마) 조선과 청군의 협상 종결 이유 – (라) 협상 종결 후 청군의 강화 요구조건 격상 – (다) 청군 후속부대의 남한산성 도착 및 인조의 출성이라는 강화조건 제시 – (나) 인조의 출성을 막으려는 조선 사신들의 노력' 순으로 연결되어야 한다.

05 의사소통능력 문제   정답 ①

2문단에서 머신러닝은 주어진 훈련데이터의 라벨링 여부에 따라 지도학습과 비지도학습으로 나뉘며, 라벨링 되어 있는 머신러닝은 지도학습, 라벨링 되어 있지 않아 유사한 데이터들의 군집을 활용해 데이터를 자동 분류하는 머신러닝은 비지도학습이라 하였으므로 인공지능이 고객의 정보와 구매 데이터를 활용해 비슷한 구매고객을 그룹화한다면 지도학습 방법이라는 것은 아님을 알 수 있다.

오답 체크

② 3문단에서 딥러닝이란 다층구조의 인공신경망을 이용한 머신러닝의 한 분야라고 하였으므로 적절한 내용이다.

③ 1문단에서 약한 AI는 특정 분야에 한정한 인공지능으로, 체스를 둔다거나 어떤 이미지나 음성을 인식하고 분류하는 등의 특정 업무에 제한적으로 활용된다고 하였으므로 적절한 내용이다.

④ 2문단에서 지도학습은 훈련데이터에 대한 라벨링이 되어 있는 것을 학습한다고 하였으므로 적절한 내용이다.

⑤ 3문단에서 딥러닝은 다량의 데이터를 학습해 스스로 특징값을 추출해 내며 과거에는 거대한 인공신경망 네트워크를 학습시키기 위한 컴퓨팅 능력이 부족했다고 하였으므로 적절한 내용이다.

06 의사소통능력 문제 　　　정답 ②

이 보도자료는 국민신문고 국민생각함에서 '만 나이 통일' 관련 국민의견조사를 시행한 결과 6,394명 중 81.6%가 만 나이 통일을 담은 법안에 대한 처리가 빠르게 이루어져야 한다는 것에 찬성한다는 내용의 글이다.

따라서 보도자료의 제목으로 가장 적절한 것은 ②이다.

[오답 체크]

① 3문단에서 법제처가 내년에 '연 나이'가 규정된 개별 법령의 정비를 추진할 계획이라고 서술하고 있지만, 글 전체를 포괄할 수 없으므로 적절하지 않은 내용이다.

③ 2문단에서 '만 나이 통일'을 찬성하는 주요 이유에 체감 나이 하향이 포함된다는 내용은 서술하고 있지만, 글 전체를 포괄할 수 없으므로 적절하지 않은 내용이다.

④, ⑤ 3문단에서 만 나이 통일 관련 법안이 이번 정기국회에서 통과될 수 있도록 정부 차원에서 적극 노력할 것이며, 국회에서도 법안 처리에 대한 많은 관심과 협조가 필요하다고 하였으므로 적절하지 않은 내용이다.

07 의사소통능력 문제 　　　정답 ③

4문단에서 신용도가 낮은 저소득층은 높은 이자 부담으로 원리금을 갚지 못해 집을 내놓기 시작하였고 매도 물량이 늘어나면서 주택 가격이 하락하고 매매가 줄어드는 악순환이 발생하였다고 하였으므로 신용도가 낮은 저소득층인 서브프라임 계층에서 이자 부담이 높아지면서 다시 주택 담보대출을 받는 악순환이 발생한 것은 아님을 알 수 있다.

[오답 체크]

① 1문단에서 알트-A(Alternative A)는 중간 정도의 신용을 가진 개인, 서브프라임은 신용도가 낮은 저소득층을 가리키며 서브프라임 모기지는 다른 등급에 비해 대출 금리가 2~4% 정도 높다고 하였으므로 적절한 내용이다.

② 2문단에서 대출 금리보다 부동산 가격의 상승 속도가 빨라 채무자가 파산하더라도 금융회사는 주택 가격 상승으로 보전할 수 있었다고 하였으므로 적절한 내용이다.

④ 3문단에서 서브프라임 모기지 업체가 유동화한 상품을 투자은행이 안전한 상품과 결합해 파생 상품화했으며 면밀한 검증 없이 신용평가 기관들이 최고등급을 매겨준다고 하였으므로 적절한 내용이다.

⑤ 2문단에서 미국은 경기부양을 위해 초저금리 정책을 시행한다고 하였고, 4문단에서 경기과열로 기준 금리를 인상하였다고 하였으므로 적절한 내용이다.

08 의사소통능력 문제 　　　정답 ④

2문단에서 조건부 엠바고는 뉴스로서의 가치가 충분히 있는 사건이 발생할 것이라는 예견은 확실하지만 정확한 시간을 예측하기 어려울 때 시행하는 유형이라고 하였으므로 조건부 엠바고가 발생 사건이 뉴스로 보도할만한 가치를 가지고 있는지 확실하지 않아 시행하는 엠바고인 것은 아님을 알 수 있다.

[오답 체크]

① 4문단에서 엠바고는 현재 수사 중인 사건이나 미해결 사건 등이 미리 보도되어 야기될 혼란을 방지한다고 하였으므로 적절한 내용이다.

② 3문단에서 관례적 엠바고는 사전에 취재한 정상회담, 외교 사안 등에 관한 사항을 양국이 동시에 발표하기로 되어 있는 협정이 있을 때까지 일시적으로 보도하지 않는 유형이라고 하였으므로 적절한 내용이다.

③ 5문단에서 취재 기자에게 오프 더 레코드를 지켜야 할 의무는 없으며, 취재원 보호와 상호 신뢰 유지를 위한 행위라고 하였으므로 적절한 내용이다.

⑤ 4문단에서 엠바고가 국민의 알 권리를 침해한다는 시각이 제기되기도 하고, 5문단에서 오프 더 레코드도 국민의 알 권리를 제한하는 측면을 가지고 있다고 하였으므로 적절한 내용이다.

09 의사소통능력 문제 　　　정답 ③

문서이해 절차는 '1단계: 문서의 목적 이해 → 2단계: 문서 작성 배경 및 주제 파악 → 3단계: 문서에 제시된 정보와 현안 파악 → 4단계: 문서를 통한 상대의 의도와 나에게 요구되는 행동 분석 → 5단계: 문서에서 이해한 목적을 달성하기 위한 행동을 생각 및 결정 → 6단계: 상대의 의도를 도표, 그림 등으로 메모하여 요약 및 정리' 순의 6단계로 이루어진다.

따라서 ㉠~㉫을 문서이해 절차에 따라 바르게 나열한 것은 ③이다.

10 의사소통능력 문제 　　　정답 ③

제시된 단어 구차와 풍요는 각각 살림이 몹시 가난함과 흠뻑 많아서 넉넉함을 의미하므로 반대관계이다.

따라서 남과 공동으로 쓰지 아니하고 혼자서만 쓴다는 의미의 '전용'과 반대관계인 단어는 공공의 목적으로 쓰는 물건이라는 의미의 '공용'이 적절하다.

[오답 체크]

① 독점: 혼자서 모두 차지함

② 전유: 혼자 독차지하여 가짐

④ 활용: 충분히 잘 이용함

⑤ 적용: 알맞게 이용하거나 맞추어 씀

11 수리능력 문제　　　　　　　정답 ④

성과 보상금의 총액을 x라고 하면 지급되는 성과 보상금의 액수는
S 등급이 $\frac{1}{3}x + 260$,

A 등급이 $\{(x - \frac{1}{3}x - 260) \times \frac{1}{2}\} + 30 = \frac{1}{3}x - 100$,

B 등급이 $\{(x - \frac{1}{3}x - 260 - \frac{1}{3}x + 100) \times \frac{1}{4}\} + 170 = \frac{1}{12}x + 130$,

C 등급이 $\{(x - \frac{1}{3}x - 260 - \frac{1}{3}x + 100 - \frac{1}{12}x - 130) \times \frac{1}{2}\} + 80 =$
$\frac{1}{8}x - 65$이다.

성과 보상금의 총액은 S 등급, A 등급, B 등급, C 등급에 지급되는
성과 보상금을 모두 합한 금액이므로

$x = \frac{1}{3}x + 260 + \frac{1}{3}x - 100 + \frac{1}{12}x + 130 + \frac{1}{8}x - 65 \rightarrow \frac{1}{8}x = 225$
$\rightarrow x = 1,800$

따라서 성과 보상금의 총액은 1,800만 원이다.

12 수리능력 문제　　　　　　　정답 ④

직사각형의 넓이＝가로의 길이×세로의 길이임을 적용하여 구한다.
가로와 세로가 각각 1cm인 정사각형이 1초가 지날 때마다 가로는
1cm, 세로는 2cm씩 증가하므로 8초 후 만들어지는 직사각형의
가로길이는 $1 \times 8 = 8$cm 증가한 $1 + 8 = 9$cm이고, 세로길이는
$2 \times 8 = 16$cm 증가한 $1 + 16 = 17$cm이다.

따라서 8초 후 만들어지는 직사각형의 넓이는 $9 \times 17 = 153$cm²이다.

13 수리능력 문제　　　　　　　정답 ①

제시된 내용은 선 그래프에 대한 설명이다.

오답 체크

② 막대 그래프: 수량을 의미하는 막대의 길이를 비교하여 각 수량 간의
　대소관계를 나타내는 그래프

③ 원 그래프: 하나의 원을 전체 수량에 대한 부분의 비율에 따라 비례하
　는 면적의 부채꼴로 나타내는 그래프

④ 점 그래프: 가로축과 세로축의 요소가 각기 다른 데이터들의 분포를
　점으로 나타내는 그래프

⑤ 방사형 그래프: 원 그래프의 한 종류로, 비교하는 수량을 직경 또는 반
　경으로 나누어 원의 중심에서의 거리에 따라 각 수량의 관계를 나타내
　는 그래프

[14 - 15]
14 수리능력 문제　　　　　　　정답 ②

조사 기간 동안의 태양광 발전량 합계는 다음과 같다.

구분	태양광 발전량 합계
A 발전소	81.6 + 95.8 + 93.6 + 106.0 + 80.7 + 79.4 = 537.1MWh
B 발전소	100.5 + 115.8 + 107.2 + 95.4 + 100.8 + 85.5 = 605.2MWh
C 발전소	113.1 + 102.6 + 139.4 + 89.0 + 103.6 + 103.4 = 651.1MWh
D 발전소	98.8 + 108.5 + 102.7 + 73.7 + 103.9 + 102.3 = 589.9MWh
E 발전소	91.2 + 105.5 + 96.9 + 86.6 + 89.6 + 87.3 = 557.1MWh

태양광 발전량 합계가 가장 큰 C 발전소의 태양광 발전량은 8월,
10월, 12월에 전월 대비 감소했으므로 고려하지 않으며, C 발전소
의 태양광 발전량의 전월 대비 증가율은 9월에 $\{(139.4 - 102.6) /$
$102.6\} \times 100 ≒ 35.9\%$, 11월에 $\{(103.6 - 89.0) / 89.0\} \times 100$
$≒ 16.4\%$이므로 태양광 발전량의 전월 대비 증가율이 가장 큰 달
은 '9월'이다.

15 수리능력 문제　　　　　　　정답 ④

제시된 자료에 따르면 12월 A 발전소와 E 발전소의 태양광 발전량
합은 $79.4 + 87.3 = 166.7$MWh이지만, 월별 A 발전소와 E 발전소
의 태양광 발전량 합 그래프에서는 170MWh보다 높게 나타나므로
적절하지 않은 그래프는 ④이다.

> ⏱ **빠른 문제 풀이 Tip**
> ④ 발전소별 태양광 발전량의 전월 대비 증감 추이를 확인한다.
> 　12월 A 발전소와 E 발전소의 태양광 발전량은 전월 대비 모두
> 　감소하였으므로 12월 A 발전소와 E 발전소의 태양광 발전량 합
> 　도 전월 대비 감소해야 하지만, 이 그래프에서는 증가하였으므로
> 　적절하지 않은 그래프임을 알 수 있다.

16 수리능력 문제　　　　　　　정답 ①

㉠ 메타버스에 대해 '모르는 편이다'로 응답한 남자 응답자 수는 20
　대 이하가 $3,000 \times 0.33 = 990$명, 40대가 $3,300 \times 0.30 = 990$
　명으로 동일하므로 적절하다.

㉢ 50대 여자 응답자 중 메타버스에 대해 '보통이다'로 응답한 응답
　자 수는 '전혀 모른다'로 응답한 응답자 수의 $(3,500 \times 0.35) /$
　$(3,500 \times 0.07) = 5$배이므로 적절하다.

ⓒ 메타버스에 대해 '매우 잘 안다'로 응답한 60대 이상 응답자 수는 0명
이므로 적절하지 않다.

ⓔ 메타버스 인식 정도에 대한 설문조사에서 전체 응답자 수는 남자가
3,000 + 2,900 + 3,300 + 3,400 + 4,400 = 17,000명, 여자가 2,800
+ 2,600 + 3,200 + 3,500 + 4,900 = 17,000명으로 동일하므로 적절
하지 않다.

> ⏱ **빠른 문제 풀이 Tip**
>
> ⓒ 설문조사에 응답한 50대 여자 응답자 수가 동일하므로 비율만
> 이용하여 배수를 계산한다.
> 50대 여자 응답자 중 메타버스에 대해 '보통이다'로 응답한 응답
> 자 비율은 35%이고, '전혀 모른다'로 응답한 응답자 비율은 7%
> 임에 따라 50대 여자 응답자 중 메타버스에 대해 '보통이다'로
> 응답한 응답자 수는 '전혀 모른다'로 응답한 응답자 수의 35 / 7 =
> 5배임을 알 수 있다.

17 수리능력 문제 정답 ②

현수는 300평의 토지에 사과나무를 심어 사과를 재배하였으므로
현수가 사과나무를 재배한 토지의 면적은 300 × 3.3 = 990m²이고,
현수가 1년 동안 재배한 사과의 양은 15,000kg이다.
따라서 현수가 토지 1m²에서 1년 동안 재배한 사과의 양은 15,000
/ 990 ≒ 15.2kg이다.

18 수리능력 문제 정답 ①

10가지 데이터 중 가장 무거운 18g이 2개이므로 5개의 추를 내림
차순으로 나열했을 때 첫 번째, 두 번째, 세 번째 추를 선택했을 때
와 첫 번째, 두 번째, 네 번째 추를 선택했을 때 무게가 동일함에 따
라 세 번째와 네 번째 추의 무게가 같음을 알 수 있다. 서로 다른 3개
를 골라 무게를 잰 10가지 데이터를 통해 총 30개의 추를 사용함에
따라 5개의 추를 각각 6번씩 사용하였으므로 10가지 데이터를 모두
합하면 18 + 18 + 17 + 17 + 16 + 16 + 16 + 15 + 15 + 14 = 162g
이며, 이를 6으로 나눠준 $\frac{162}{6}$ = 27g이 5개 추의 무게 합이 된다.
5개 추의 무게 합에서 가장 무거운 3개 추의 무게 합을 빼면, 네 번
째 추와 다섯 번째 추의 무게 합이 27 - 18 = 9g이고, 5개 추의 무게
합에서 가장 가벼운 3개 추의 무게 합을 빼면, 첫 번째 추와 두 번째
추의 무게 합이 27 - 14 = 13g이다.

5개 추의 무게 합에서 첫 번째, 두 번째, 네 번째, 다섯 번째 추의 무
게 합을 빼면 세 번째 추의 무게가 27 - 13 - 9 = 5g임을 알 수 있다.
이때 10개의 데이터 중 가장 무거운 18g은 첫 번째, 두 번째, 세 번
째 추의 합이고, 세 개의 추의 무게는 모두 다르므로 각각 7g, 6g,
5g이 된다.
따라서 가장 무거운 추의 무게는 7g이다.

19 수리능력 문제 정답 ③

사다리꼴의 넓이 = $\frac{1}{2}$ × (윗변의 길이 + 밑변의 길이) × 높이임을
적용하여 구한다.
오른쪽에 위치한 사각형 윗변의 길이는 4cm, 밑변의 길이는 5cm,
높이는 5cm이다.
따라서 오른쪽에 위치한 사각형의 넓이는 $\frac{1}{2}$ × (4 + 5) × 5 =
22.5cm²이다.

20 수리능력 문제 정답 ②

사하구의 미분양주택 수는 5월이 4월의 373 / 110 ≒ 3.4배이므로
적절하지 않다.

① 제시된 기간 동안 미분양주택 수가 매월 동일한 자치구는 중구, 영도
구, 연제구 총 3곳이므로 적절하다.

③ 2월 이후 동래구의 미분양주택 수는 전월 대비 매월 감소하였으므로
적절하다.

④ 6월 미분양주택 수가 100호 초과인 자치구는 동구, 금정구, 사상구,
사하구 총 4곳이므로 적절하다.

⑤ 2월부터 4월까지 미분양주택 수가 가장 많은 자치구는 매월 동구이므
로 적절하다.

> ⏱ **빠른 문제 풀이 Tip**
>
> ④ 100호 초과인 자치구에 100호는 포함되지 않음을 유의하여
> 계산한다.
> 부산진구의 6월 미분양주택 수는 100호임에 따라 100호 초과인
> 자치구에 해당하지 않으므로 6월 미분양주택 수가 100호 초과인
> 자치구는 동구, 금정구, 사상구, 사하구 총 4곳임을 알 수 있다.

21 문제해결능력 문제 정답 ①

제시된 조건에 따르면 ○○시에 거주 중인 현정이는 ○○시민 할인을 적용 받는 것이 할인 혜택이 가장 크며, 친구들은 야간에 운행하는 케이블카를 탑승하는 것이 할인 혜택이 가장 크다. 이때, 할인은 중복 적용이 불가능하므로 현정이는 야간 할인 적용을 받지 못한다. 현정이와 친구들은 모두 만 21세임에 따라 대인 요금이 적용되고, 바닥이 투명한 크리스탈 캐빈에 탑승한다. 6인승보다 4인승 크리스탈 캐빈의 대인 왕복 요금이 더 저렴하므로 현정이와 친구들은 4인승 크리스탈 캐빈에 탑승하고, 현정이의 케이블카 이용 요금은 4인승 크리스탈 캐빈의 왕복 대인 요금에 30%가 할인된 $21,000 \times 0.7 = 14,700$원, 친구들의 케이블카 이용 요금은 4인승 크리스탈 캐빈의 왕복 대인 요금에 15%가 할인된 $21,000 \times 0.85 = 17,850$원이다.

따라서 현정이와 친구들이 지불해야 하는 케이블카 요금의 총합은 $14,700 + (17,850 \times 3) = 68,250$원이다.

22 문제해결능력 문제 정답 ③

'4. 인증 기업·기관 특전 – 2)'에 따르면 중소기업에 지원되는 프로그램인 도서 구입비 지원은 신규 인증 기업을 대상으로 소정의 도서 구입비가 지원되므로 적절하지 않다.

[오답 체크]

① '5. 인증 유효기간'에 따르면 재인증 대상은 신규 인증 유효기간 종료 후 인증 연장을 희망하는 기업·기관이고, 인증 유효기간은 인증일로부터 1년이지만 재인증 시 최대 3년까지 연장이 가능하므로 적절하다.

② '3. 신청 방법'에 따르면 독서 IN 홈페이지의 신규 신청 안내에 맞추어 신청서, 정보이용 동의서, 자가 진단표, 사업자등록증을 각 1부씩 모두 이메일로 제출해야 하므로 적절하다.

④ '2. 인증 대상'에 따르면 직장 독서동아리 운영으로 직장 내 독서문화 확립을 선도하고 있는 기업·기관이 인증 대상에 해당하므로 적절하다.

⑤ '4. 인증 기업·기관 특전 – 1)'에 따르면 문체부장관상을 받는 1개의 대상 기업과 5개의 최우수상 기업에는 각각 150만 원, 100만 원 상당의 도서문화상품권이 수여되며, 진흥원원장상을 받는 10개의 우수상 기업에는 50만 원 상당의 도서문화상품권이 수여됨에 따라 총 $(150 \times 1) + (100 \times 5) + (50 \times 10) = 1,150$만 원 상당의 도서문화상품권이 수여되므로 적절하다.

23 문제해결능력 문제 정답 ②

제시된 조건에 따르면 갑, 을, 병, 정, 무, 기 6명의 직업은 서로 다르고, 각각의 직업은 의사, 변호사, 변리사, 법무사, 세무사, 관세사 중 하나이다. 변호사는 2번 자리에 앉아있고, 세무사는 6번 자리에 앉아있으며, 관세사와 변리사는 바로 옆에 이웃하여 앉아있으므로 관세사와 변리사는 각각 4번 또는 5번에 앉아있는 것을 알 수 있다. 또한 의사는 세무사 바로 맞은 편에 마주 보고 앉아있으므로 의사는 3번에 앉아있고, 남은 1번 자리에 법무사가 앉아있다. 또한, 무의 직업은 변리사이고, 병은 1번 자리에 앉아있으며, 을은 5번 자리에 앉아있으므로 병의 직업은 법무사, 을의 직업은 관세사이고, 기와 정은 바로 맞은 편에 마주 보고 앉아있으므로 각각 3번 또는 6번 자리에 앉아 기와 정의 직업은 각각 의사 또는 세무사이고, 남은 갑은 2번 자리에 앉으며, 직업은 변호사이다.

병 법무사	갑 변호사	정 또는 기 의사
	탁자	
무 변리사	을 관세사	정 또는 기 세무사

따라서 갑의 직업은 '변호사'이다.

24 문제해결능력 문제 정답 ④

제시된 조건에 따르면 만두를 가장 많이 먹은 사람은 B이고, 가장 적게 먹은 사람은 D이며, A보다 만두를 많이 먹은 사람은 1명이고, E보다 만두를 적게 먹은 사람도 1명이며, A와 E가 먹은 만두의 개수가 같으므로 A, C, E가 먹은 만두의 개수가 동일함을 알 수 있다. 이때 A~E 각각은 만두를 적어도 1개는 먹었으므로 A, C, E는 만두를 2개 이상 먹었고, 만두를 총 14개 먹었으므로 A, C, E는 만두를 3개 이하로 먹어야 한다.

[경우 1] A, C, E가 각각 만두를 2개씩 먹은 경우
D는 만두를 가장 적게 먹었으므로 1개를 먹었고, B는 만두를 가장 많이 먹었으므로 $14 - (2 \times 3) - 1 = 7$개를 먹었다.

[경우 2] A, C, E가 각각 만두를 3개씩 먹은 경우
A~E가 먹은 만두의 개수는 14개이고, A, C, E가 먹은 만두의 개수는 $3 \times 3 = 9$개임에 따라 B와 D가 먹은 만두의 개수는 $14 - 9 = 5$개이다. 이때 B는 만두를 가장 많이 먹음에 따라 4개 이상 먹어야 하므로 B가 4개, D가 1개의 만두를 먹었다.

따라서 D는 만두를 1개 먹었으므로 항상 옳은 설명이다.

① A는 2개 또는 3개의 만두를 먹었으므로 항상 옳은 설명은 아니다.
② B는 4개 또는 7개의 만두를 먹었으므로 항상 옳은 설명은 아니다.
③ C는 2개 또는 3개의 만두를 먹었으므로 항상 옳은 설명은 아니다.
⑤ E는 2개 또는 3개의 만두를 먹었으므로 항상 옳은 설명은 아니다.

⏱ **빠른 문제 풀이 Tip**

도식을 이용하여 정리한다.
만두를 가장 많이 먹은 사람은 B이고, 가장 적게 먹은 사람은 D이며,
A보다 만두를 많이 먹은 사람은 1명이고, E보다 만두를 적게 먹은
사람도 1명이며, A와 E가 먹은 만두의 개수가 같으므로 만두를 많이
먹은 순서를 도식으로 나타내면 B>A=C=E>D이다.

---

25 문제해결능력 문제 　　　　　　　정답 ⑤

첫 번째 명제의 '대우'와 세 번째 명제의 '대우'를 차례로 결합하면
다음과 같다.
· 첫 번째 명제(대우): 아이스크림을 좋아하는 사람은 빵을 좋아
  하지 않는다.
· 세 번째 명제(대우): 빵을 좋아하지 않는 사람은 떡을 좋아한다.
· 결론: 아이스크림을 좋아하는 사람은 떡을 좋아한다.
따라서 아이스크림을 좋아하는 사람은 떡을 좋아하므로 항상 옳은
설명이다.

오답 체크
① 음료수를 좋아하는 사람이 아이스크림을 좋아하는지는 알 수 없으므
  로 항상 옳은 설명은 아니다.
② 떡을 좋아하지 않는 사람이 과자를 좋아하지 않는지는 알 수 없으므로
  항상 옳은 설명은 아니다.
③ 과자를 좋아하지 않는 사람이 빵을 좋아하는지는 알 수 없으므로 항상
  옳은 설명은 아니다.
④ 밥을 좋아하는 사람이 음료수를 좋아하는지는 알 수 없으므로 항상
  옳은 설명은 아니다.

---

26 문제해결능력 문제 　　　　　　　정답 ⑤

제시된 조건에 따르면 부산이 고향인 사람은 1명이고 5명 중 2명이
거짓을 말하고 있으므로 승우의 말이 진실이라는 흥민이의 말에 따
라 승우와 흥민이의 말이 모두 거짓이거나, 의조의 고향이 부산이라
는 의조와 현우의 말이 모두 거짓이다. 이때, 승우와 흥민이의 말이
모두 거짓일 경우 승우의 고향은 부산이고, 의조와 현우의 말은 모두
진실이므로 의조의 고향도 부산이다. 하지만 이는 부산이 고향인
사람이 1명이라는 조건에 모순되므로 승우와 흥민이의 말은 모두
진실이며, 승우의 고향은 부산이 아님을 알 수 있다. 이에 따라
의조와 현우의 말이 모두 거짓이므로 의조의 고향은 부산이 아니고,
승우 또는 현우의 고향이 부산이라는 희찬이의 말은 진실이므로
현우의 고향이 부산이다.
따라서 부산이 고향인 사람은 '현우'이다.

---

27 문제해결능력 문제 　　　　　　　정답 ④

'1. 공모전 개요 – 5)'와 '2. 작품 규격'에 따르면 시 형식의 글짓기
는 표지를 포함한 A4 2매 분량으로 작성해야 하고, hwp, 신명조
13pt, 줄 간격 200%의 안내 서식으로 제출해야 하므로 줄 간격을
160%로 작성한 갑의 창작물은 접수되지 않으며, 공모 부문 중 글짓
기와 동영상 제작 부문은 온라인 접수, 그림 그리기 부문은 등기우편
접수를 해야 하고, 창작물별 지정된 접수 방법으로 접수하지 않을 경
우 해당 창작물은 접수되지 않으므로 동영상 제작 부문에 등기우편
으로 접수한 을의 창작물은 접수되지 않는다. 또한 산문 형식의 글짓
기는 표지를 포함한 A4 3매 이상의 분량으로 작성해야 하고, hwp,
신명조 13pt, 줄 간격 160%의 안내 서식으로 제출해야 하므로 A4
2매 분량으로 작성한 병의 창작물은 접수되지 않으며, 포스터 및 캘
리그래피 형식의 그림 그리기는 초등부의 경우 54 × 39cm인 4절
도화지, 중등부 이상의 경우 78 × 54cm인 2절 도화지로 제출해야
하므로 78 × 54cm인 크기의 2절 도화지로 그린 일반부 지원자
정의 창작물은 접수되고, 78 × 54cm인 크기의 2절 도화지로 그린
초등부 무의 창작물은 접수되지 않는다.
따라서 지원자 중 창작물이 접수되는 사람은 '정'이다.

---

28 문제해결능력 문제 　　　　　　　정답 ⑤

제시된 회의록의 특이사항에 따르면 다음 주 주간회의는 2차 광고
주 미팅을 진행한 다음 날인 12/6(목)에 진행된다. 이때, 진 주임이
12/7(금)에 완료할 예정인 보고서 작성 업무는 다음 주 주간회의 전
까지 완료해야 하는 업무가 아니므로 옳지 않은 설명이다.

---

29 문제해결능력 문제

정답 ②

제시된 조건에 따르면 B는 6층을 사용하고, 5층은 사용하는 사람이 없는 층이다. 또한 A가 사용하는 층의 이웃한 아래층은 사용하는 사람이 없는 층이므로 A가 사용할 수 있는 층은 2, 3, 4, 8층이다. 이때, F는 A보다 높은 층을 사용하므로 A가 사용할 수 있는 층은 2, 3, 4층이고 사용하는 사람이 없는 모든 층은 C가 사용하는 층보다 높으므로 A는 3층 또는 4층을 사용한다. A가 사용하는 층에 따라 가능한 경우는 다음과 같다.

[경우 1] A가 3층을 사용하는 경우

구분	1층	2층	3층	4층	5층	6층	7층	8층
사람	C	없음	A	F	없음	B	D 또는 E	D 또는 E

[경우 2] A가 4층을 사용하는 경우

구분	1층	2층	3층	4층	5층	6층	7층	8층
사람	D 또는 E	C	없음	A	없음	B	D 또는 E 또는 F	D 또는 E 또는 F

㉠ C는 F보다 낮은 층을 사용하므로 항상 옳은 설명이다.
㉢ A와 D가 사용하는 층 사이에는 사용하는 사람이 없는 층이 있으므로 항상 옳은 설명이다.

오답 체크
㉡ B는 6층을 사용하고, E가 1층을 사용할 수 있으므로 항상 옳은 설명은 아니다.
㉣ 5층은 사용하는 사람이 없는 층이고, F가 4층을 사용할 수 있으므로 항상 옳은 설명은 아니다.

30 문제해결능력 문제

정답 ①

[△△시의 택시 요금 체계]에 따르면 거리요금과 시간요금은 기본요금 적용거리의 초과분에 대해 발생하며, 운행 속도가 15km/h 미만일 경우 시간요금과 거리요금을 동시에 적용하고, 15km/h 이상일 경우 거리요금만 적용한다. 또한, 기본요금 적용 거리 초과분에 대해 거리요금은 130m마다 주간에 100원, 심야에 120원, 시간요금은 1분마다 주간에 200원, 심야에 240원이다. 이에 따라 최 과장이 지불한 택시요금은 다음과 같다.

구분	기본요금	거리요금	시간요금	총합
1	3,800원	(5,000 − 2,000) / 130 ≒ 23.08 → 23 × 100 = 2,300원	12 × 200 = 2,400원	3,800 + 2,300 + 2,400 = 8,500원
2	3,800원	없음	없음	3,800원
3	4,600원	(2,200 − 2,000) / 130 ≒ 1.54 → 1 × 120 = 120원	1 × 240 = 240원	4,600 + 120 + 240 = 4,960원
4	3,800원	(12,000 − 2,000) / 130 ≒ 76.92 → 76 × 100 = 7,600원	없음	3,800 + 7,600 = 11,400원
5	3,800원	(10,000 − 2,000) / 130 ≒ 61.54 → 61 × 100 = 6,100원	없음	3,800 + 6,100 = 9,900원
6	4,600원	없음	1 × 240 = 240원	4,600 + 240 = 4,840원

따라서 최 과장이 출장에서 지불한 택시 요금의 총합은 8,500 + 3,800 + 4,960 + 11,400 + 9,900 + 4,840 = 43,400원이다.

31 정보능력 문제

정답 ⑤

'#REF!' 오류 메시지는 수식이 유효하지 않은 셀을 참조하는 경우 표시되는 오류 메시지이고, 수식이나 함수에 잘못된 숫자 값이 포함된 경우 표시되는 오류 메시지는 '#NUM!'이므로 가장 적절하지 않다.

32 정보능력 문제

정답 ⑤

제시된 글에서 설명하고 있는 용어로 가장 적절한 것은 '트리거'이다.

오답 체크
① 프러시저: 어떤 프로그램이 원하는 특정 작업을 처리할 수 있는 고급 언어 프로그램의 한 부분
② 사용자 정의 함수: 프로그램 안에서 사용자가 임의로 정의하여 연산 명령문으로 사용하는 함수
③ 트랜잭션: 컴퓨터로 처리하는 작업의 단위로 대개 내용이 간단하고 처리 시간이 짧음
④ 트랜잭션 스케줄링: 데이터베이스 시스템에서 트랜잭션을 효율적으로 처리하기 위한 제어·감시 기능

33 정보능력 문제

정답 ④

2문단에서 HDD는 원형의 자기디스크를 물리적으로 회전시키며 데이터를 읽거나 저장하기 때문에 자기디스크를 아무리 빨리 회전시킨다 해도 속도에 한계가 있어 CPU나 램과 달리 속도 향상이 더딘 편이라고 하였으므로 가장 적절하다.

① 3문단에서 SSD는 반도체를 활용하여 데이터를 저장하며, 물리적인 힘으로 움직이는 부품이 없어 작동 시 소모되는 전력량이 적다고 하였으므로 적절하지 않다.

② 6문단에서 SSD가 HDD보다 부팅 속도와 프로그램 실행 속도가 빠르다고 하였으므로 적절하지 않다.

③ 5문단에서 램은 전원이 꺼지는 순간 저장된 정보가 모두 사라지기 때문에 데이터 저장을 위해 컴퓨터의 전원이 꺼진 상태에서도 램 기반의 SSD에 전원을 계속해서 공급해 주어야 한다고 하였으므로 적절하지 않다.

⑤ 4문단에서 버퍼 메모리는 외부 장치의 데이터 처리 속도와 SSD의 데이터 처리 속도 간의 차이를 줄여주는 장치이며, 인터페이스와 메모리 간의 데이터 교환 작업을 제어하는 장치는 컨트롤러라고 하였으므로 적절하지 않다.

34 정보능력 문제   정답 ②

휴지통에 보관된 파일은 보관된 후 30일이 지나기 전에는 복원할 수 있으므로 가장 적절하지 않다.

35 정보능력 문제   정답 ②

트로이 목마는 자기복제나 자동 번식 기능이 없어 다른 프로그램이나 PC를 통해 전염되지 않고, 주로 웹페이지, 이메일 등에서 유용한 프로그램으로 가장해 전파되는 악성코드이고, 감염될 경우 주소록에 등록된 사람들에게 스스로 웜이 첨부된 이메일을 보내 번식하는 악성코드는 웜이므로 가장 적절하지 않다.

36 정보능력 문제   정답 ①

유틸리티 프로그램은 일반적으로 파일의 크기가 작고 간단하므로 가장 적절하지 않다.

[37 - 38]
37 정보능력 문제   정답 ④

제시된 [System Error 세부 사항]을 통해 Result Value를 산출하면 Type이 H, Hazard가 5, Frequency가 A이므로 'Hazard + (5 × Frequency)'에 값을 대입하면 Result Value는 5 + (5 × 5) = 30이다.

따라서 Result Value(30)이 '28 초과~36 이하의 값'에 해당함에 따라 System Condition은 '위험'이므로 입력할 Input Code는 'Danger'이다.

38 정보능력 문제   정답 ②

제시된 [System Error 세부 사항]을 통해 Result Value를 산출하면 Type이 S, Hazard가 12, Frequency가 C이므로 '2 + Hazard + (2 × Frequency)'에 값을 대입하면 Result Value는 2 + 12 + (2 × 2) = 18이다.

따라서 Result Value(18)이 '12 초과~20 이하의 값'에 해당함에 따라 System Condition은 '주의'이므로 입력할 Input Code는 'Attention'이다.

39 정보능력 문제   정답 ②

제품명을 구하기 위해서는 코드표의 코드에서 각 제품 코드의 가장 오른쪽 알파벳에 해당하는 값을 찾아 제품명을 반환해야 한다. 이에 따라 열 방향의 표나 범위에서 원하는 값을 반환할 때 사용하는 함수인 VLOOKUP과 문자열의 마지막 문자부터 지정된 개수의 문자를 반환할 때 사용하는 함수인 RIGHT를 사용하는 것이 적절하며, VLOOKUP 함수식인 '=VLOOKUP(기준값, 지정한 범위, 열 번호, 옵션)'과 RIGHT 함수식인 '=RIGHT(문자열, 반환하는 문자 개수)'를 적용한다.

따라서 제품명 셀을 채우기 위해 [D4] 셀에 입력할 함수식은 '=VLOOKUP(RIGHT(A4, 1), $A$8:$B$10, 2, 0)'이 된다.

🔍 더 알아보기

함수	설명
VLOOKUP	열 방향의 표나 범위에서 원하는 값을 반환할 때 사용하는 함수 식 =VLOOKUP(기준값, 지정한 범위, 열 번호, 옵션)
HLOOKUP	행 방향의 표나 범위에서 원하는 값을 반환할 때 사용하는 함수 식 =HLOOKUP(기준값, 지정한 범위, 행 번호, 옵션)
RIGHT	문자열의 마지막 문자부터 지정된 개수의 문자를 반환할 때 사용하는 함수 식 =RIGHT(문자열, 반환하는 문자 개수)
LEFT	문자열의 첫 번째 문자부터 지정된 개수의 문자를 반환할 때 사용하는 함수 식 =LEFT(문자열, 반환하는 문자 개수)

40 정보능력 문제   정답 ③

Ctrl + S 단축키는 Excel 파일을 저장하는 단축키이고, 텍스트에 밑줄을 추가하는 단축키는 Ctrl + U 이므로 가장 적절하지 않다.

🔍 **더 알아보기**

Excel에서 이용하는 단축키

구분	단축키 설명
Alt	- Alt + F1 선택 영역의 데이터에 대한 차트 생성 - Alt + F4 Excel 종료 - Alt + F8 매크로 작성, 실행, 편집, 삭제할 수 있는 매크로 대화 상자 표시 - Alt + Shift + F1 새 워크시트 삽입
Shift	- Shift + F2 셀 메모 추가 및 기존 셀 메모 편집 - Shift + F3 함수 삽입 대화 상자 표시 - Shift + F11 새 워크시트 삽입
Ctrl	- Ctrl + B 텍스트 굵게 변환 - Ctrl + S 저장 - Ctrl + U 텍스트 밑줄 - Ctrl + X 잘라내기 - Ctrl + C 복사 - Ctrl + V 붙여넣기

41 조직이해능력 문제   정답 ⑤

㉠ 조직의 인력 구성과 구성원들 간의 능력 및 전문성은 'Staff(구성원)'에 해당한다.

㉡ 조직의 전략을 수행하는 데 필요한 틀은 'Structure(구조)'에 해당한다.

㉢ 조직의 장기적인 목적과 계획, 그리고 이를 달성하기 위한 장기적인 행동 지침은 'Strategy(전략)'에 해당한다.

㉣ 하드웨어는 물론, 이를 사용하는 소프트웨어 기술을 포함하는 요소는 'Skill(기술)'에 해당한다.

따라서 ㉠~㉣에 들어갈 조직문화의 구성요소를 바르게 연결한 것은 ⑤이다.

42 조직이해능력 문제   정답 ②

제4조 제3항에 따르면 위험성 점수는 사고 발생의 가능성 점수와 예상되는 상해의 심각성 점수를 곱하여 산출하며, 실제 유해·위험요인에 노출되는 시간이 매일 6시간 이상임에 따라 사고 발생의 가능성 점수가 3점, 사고 발생 시 사망을 초래할 것으로 예측됨에 따라 예상되는 상해의 심각성 점수가 3점으로 위험성 점수는 3 × 3 = 9점이므로 가장 적절하다.

① 제3조 제3항에 따르면 작업장을 변경할 경우 작업장 변경 계획의 실행을 착수하기 전 또는 작업 개시 전에 수시 평가를 실시해야 하므로 적절하지 않다.

③ 제4조 제3항에 따르면 위험성 점수는 사고 발생의 가능성 점수와 예상되는 상해의 심각성 점수를 곱하여 산출하며, 사고 발생 시 병원 치료가 필요할 것으로 예측되는 경우 예상되는 상해의 심각성 점수는 1점이고, 사고 발생의 가능성 점수는 최대 3점임에 따라 위험성 점수는 최대 1 × 3 = 3점으로 위험성 수준은 최대 보통으로 결정될 수 있으므로 적절하지 않다.

④ 제2조에 따르면 근로자뿐 아니라 협력업체 직원, 방문객의 안전에 영향을 주는 유해물질 역시 위험성 평가 대상이므로 적절하지 않다.

⑤ 제4조에 따르면 위험성 평가는 사전준비, 유해·위험요인 파악, 위험성 추정, 위험성 결정, 위험성 감소대책 수립 및 실행 순으로 실시하며, 사전준비 단계에서 평가대상 및 범위를 확정하고 유해·위험요인 파악 단계에서 유해·위험요인을 상세히 파악하므로 적절하지 않다.

43 조직이해능력 문제   정답 ④

갈등의 해결이 중대한 분열을 초래할 가능성이 있는 경우 충분한 시간을 가지고 서서히 접근하는 것이 좋으며, 어떤 갈등 상황은 직접적인 해결보다 갈등 상황에서 벗어나는 회피 전략이 더욱 효과적일 수 있으므로 가장 적절하지 않다.

44 조직이해능력 문제   정답 ③

공식적인 집단에는 상설위원회, 임시위원회, 임무 수행을 위한 작업팀 등이 있으며, 비공식적인 집단에는 업무 수행 능력을 향상하기 위해 구성원들이 자발적으로 형성한 스터디 모임, 봉사활동 동아리, 각종 친목회 등이 있다.

따라서 비공식적 집단에 해당하는 것을 모두 고르면 '㉡, ㉢'이다.

45 조직이해능력 문제 정답 ②

위임장 대결은 위임장을 인수 대상 기업보다 많이 확보하여 주주 총회에서 의결권을 가진 후 현 이사진 및 경영진을 교체해 인수 합병을 추진하는 적대적 M&A 방식이므로 가장 적절하다.

① 공개매수는 인수 대상 기업의 경영권을 지배할 목적으로 증권시장 밖에서 대상 기업의 주식을 매수하는 적대적 M&A 방식이므로 적절하지 않다.

③ 포이즌 필은 기존 주주들에게 시가보다 훨씬 저렴한 가격에 지분을 매입할 수 있도록 권리를 부여함으로써 적대적 M&A를 방어하는 전략이므로 적절하지 않다.

④ 백기사 동원 전략은 인수 대상 기업에 우호적인 제3자에게 자사주를 매각하는 방어 전략이므로 적절하지 않다.

⑤ 초토화법은 중요자산과 사업을 별도의 법인으로 설립하거나 제삼자에게 매각하는 방어 전략이므로 적절하지 않다.

🔎 더 알아보기

적대적 M&A의 공격전략

곰의 포옹	사전예고 없이 인수 대상 기업의 경영진에 매수를 제의하고 회신기간을 짧게 주어 빠른 의사결정을 요구하는 것
시장 매집	비공개적으로 인수 대상 기업의 주식을 지속적으로 매수하는 것

적대적 M&A의 방어전략

황금 낙하산	경영진이 임기 전에 퇴직할 경우 거액의 퇴직금을 받을 수 있도록 하거나 경영진에게 저가로 주식을 매입할 수 있는 권리를 부여하는 방법 등 인수·합병 이후에도 기존 경영진의 신분을 유지할 수 있도록 하기 위한 것
시차임기제	이사 전체가 교체되는 시점을 지연시켜 기업의 지배권을 유지하는 것
왕관의 보석 매각	인수 대상 기업이 가진 가장 가치 있는 자산을 처분함으로써 기업의 매력을 감소시키는 것

46 조직이해능력 문제 정답 ④

ⓒ C 업무와 D 업무의 선결 작업은 모두 B 업무이므로 적절하다.
ⓔ A 업무를 선결 작업으로 하는 업무가 없어 A 업무의 소요일이 계획한 일정보다 3일 더 길어지더라도 전체 일정에는 영향을 미치지 않으므로 적절하다.

따라서 간트 차트를 근거로 판단한 내용으로 적절한 것은 'ⓒ, ⓔ'이다.

㉠ 모든 업무가 계획한 일정대로 진행될 경우 프로젝트 진행에 총 13일이 소요되므로 적절하지 않다.

ⓒ D 업무는 F 업무의 선결 작업이므로 D 업무의 수행에 계획한 일정보다 하루 더 소요되었다면, F 업무를 계획한 일정보다 하루 줄여야 프로젝트를 기존 일정과 동일한 날짜에 완료할 수 있으므로 적절하지 않다.

47 조직이해능력 문제 정답 ④

제시된 글의 빈칸에 들어갈 단어는 '규모'로, 조직의 규모에 따라 대규모 조직과 소규모 조직으로 구분할 수 있으며, 대규모 조직은 소규모 조직에 비해 업무가 전문화, 분화되어 있고 많은 규칙과 규정이 존재한다.

따라서 규모는 조직의 업무 전문화와 분화 정도, 규칙과 규정의 양과 관련이 있으므로 가장 적절하다.

① 조직이 자원을 배분하고 경쟁적 우위를 달성하기 위한 주요 방침은 '전략'이므로 적절하지 않다.

② 조직이 투입 요소를 산출물로 전환하는 지식과 기계, 절차 등은 '기술'이므로 적절하지 않다.

③ 조직의 목적을 달성하기 위하여 수립한 계획은 '전략'이므로 적절하지 않다.

⑤ 조직이 달성하려는 미래의 상태이며, 현재의 조직 행동에 방향성을 부여하는 것은 '조직 목표'이므로 적절하지 않다.

🔎 더 알아보기

조직구조의 결정요인

전략	조직의 목적을 달성하기 위하여 수립한 계획으로, 전략이 바뀔 경우 조직구조 역시 바뀌게 됨
규모	대규모 조직은 소규모 조직에 비해 업무가 전문화, 분화되어 있고 많은 규칙과 규정이 존재함
기술	소량생산기술을 가진 조직은 유기적 조직구조, 대량생산기술을 가진 조직은 기계적 조직구조를 가짐
환경	안정적이고 확실한 환경에서는 기계적 조직구조, 급변하는 환경에서는 유기적 조직구조가 적합함

48 조직이해능력 문제 정답 ①

한 문화권에 속한 사람이 익숙하지 않거나 낯선 다른 문화를 접하게 되었을 때 의식적이거나 무의식적으로 상대 문화를 이질적으로 대하게 되며, 이를 대비하기 위해 자신의 정체성은 유지하되 새롭고 다른 것을 경험하는 데 즐거움을 느끼는 자세를 취해야 하는 현상은 '문화충격'이다.

따라서 지문의 빈칸에 들어갈 용어로 가장 적절한 것은 '문화충격'이다.

49 조직이해능력 문제 정답 ②

㉠ 매트릭스 조직은 기능조직과 프로젝트 조직이 결합한 이중구조 조직으로, 기능 구조와 사업 구조의 결합을 시도하는 조직 유형이므로 적절하다.

㉢ 명령 통일의 원칙을 따르지 않으며, 한 개인이 두 상급자의 지시를 받고 보고를 하므로 적절하다.

㉣ 매트릭스 조직에서는 서로 다른 기능부서에 속한 전문 인력이 함께 일함으로써 자원을 효율적으로 사용할 수 있으므로 적절하다.

따라서 매트릭스 조직에 대한 설명으로 적절한 것은 '㉠, ㉢, ㉣' 이다.

㉡ 특정 프로젝트를 수행하기 위해 조직 내 전문 인력을 임시로 결합하여 한시적으로 운영하고, 태스크포스로도 불리는 조직 구조는 프로젝트 조직이므로 적절하지 않다.

㉤ 매트릭스 조직은 명령 통일의 원칙을 따르지 않아 조직 질서의 혼란을 야기할 수 있으나, 기존의 전통적 기능조직이 지닌 의사결정 지연이나 수비적 경영의 단점을 보완한 것으로, 서로 다른 기능부서에 속한 전문 인력이 함께 일하여 신속한 의사소통 및 효율적 자원 사용이 이루어지므로 적절하지 않다.

50 조직이해능력 문제 정답 ③

[경영평가 성과급 지급 규정]에 따르면 기준월봉은 인건비에 해당하는 연간보수의 1 / 12의 60%이므로 20XX년 갑 사원의 기준월봉은 {(38,440,000 + 2,420,000 + 780,000 + 1,560,000) / 12} × 0.6 = 2,160,000원이다. 갑 사원의 부서 평가 점수는 18 + 25 + 12 + 13 + 16 = 84점으로 80~89점에 해당하여 부서 평가 등급은 A 등급이고, 개인 평가 점수는 11 + 18 + 16 + 14 + 7 = 66점으로 60~74점에 해당하여 개인 평가 등급은 중이다. 이에 따라 갑 사원은 기준월봉의 110%를 경영평가 성과급으로 지급받는다.

따라서 20XX년 갑 사원의 경영평가 성과급은 2,160,000 × 1.1 = 2,376,000원이다.

51 직업윤리 문제 정답 ③

제시된 글의 빈칸에 들어갈 말은 '성실'로, 성실은 정성스럽고 참되며, 책임감이 강하고 목표한 바를 이루기 위해 목표 지향적 행동을 촉진하며 행동의 지속성을 갖게 하는 성취 지향적인 성질을 의미한다.

따라서 성실의 의미는 근면함보다는 충 혹은 신과 더 가까우므로 가장 적절하지 않다.

① 성실은 충동을 억제하고 사회규범이나 법을 존중하게 하므로 적절하다.

② 신뢰를 포괄하는 성실은 보이지 않는 가장 확실한 사회적 자본이라고 할 수 있으므로 적절하다.

④ 현대 사회에서의 성실은 자칫 시대 정신에 뒤지는 개인의 낡은 생활방식으로, 다분히 도덕적 영역으로 그 범위가 위축되는 경향을 보이므로 적절하다.

⑤ 성실은 항상성의 특징을 가지며, 이는 성실이 다른 직업윤리 덕목들의 모태가 되게 하고 어떠한 일을 할 때 꾸준히 자신의 정성을 다하도록 만들므로 적절하다.

52 직업윤리 문제 정답 ②

중앙해양안전심판원은 운항자 과실로 인한 해양 사고 원인 중 법령 위반이 약 20%를 차지하였다고 밝혔으며, 해양 사고 예방을 위해 선박교통관제 관련 법령 위반행위를 집중단속 할 예정이라고 하였으므로 민주 시민으로서 지켜야 하는 기본 의무이자 시민으로서의 권리를 보장하고, 다른 사람의 권리를 보호하며 사회 질서를 유지하는 '준법성'이 가장 적절하다.

53 직업윤리 문제 정답 ②

㉠ 상대를 속이려는 의도로 표현되는 메시지는 비윤리적 행위 중 '거짓말'에 해당한다.

㉡ 바람직한 행동이 무엇인지 알고 있으면서도 취해야 할 행동을 취하지 않는 무기력한 모습은 비윤리적 행위 중 '도덕적 타성'에 해당한다.

㉢ 어떤 행위의 결과가 나쁜 것인지 알고 있지만 자신의 행위가 그러한 결과를 가져올 수 있다는 것을 알지 못하는 것은 비윤리적 행위 중 '도덕적 태만'에 해당한다.

따라서 ㉠~㉢에 해당하는 비윤리적 행위의 유형을 바르게 연결한 것은 ②이다.

🔎 더 알아보기

비윤리적 행위의 유형

도덕적 타성	나태함이나 게으름의 뜻을 내포하며 바람직한 행동이 무엇인지 알고 있으면서도 행동으로 취하지 않는 무기력한 모습으로, 윤리적인 문제를 제대로 인식하지 못하거나 일상생활의 우선순위에서 윤리적 배려가 밀려날 때 발생함
도덕적 태만	비윤리적인 결과를 피하고자 일반적으로 필요한 주의나 관심을 기울이지 않는 것으로, 어떤 결과가 비윤리적인 것인지 알고 있지만 자신의 행동이 비윤리적인 결과를 가져올 수 있다는 것을 모름
거짓말	상대를 속이려는 의도로 표현되는 메시지로, 주로 상대를 속이려는 의도를 내포한 말이나 글로 표현되는 것에 한정됨

54 직업윤리 문제 　　　　　　　　정답 ②

음식점에서 의식을 잃고 쓰러진 남성에게 바로 달려와 심폐소생술을 진행한 내과 전문의 A 씨는 자신이 사람의 생명을 구하는 중요한 역할을 하고 있고, 생명을 구하는 중요한 역할을 하고 있는 의사는 사회에 반드시 필요한 존재라고 항상 생각하며 하루하루 일 하고 있다고 하였으므로 자신이 하고 있는 일이 사회나 기업을 위해 중요한 역할을 하고 있다고 믿음을 가지고 자신의 활동을 수행하는 '직분의식'이 가장 적절하다.

🔍 더 알아보기
직업윤리의 덕목

소명의식	자신이 맡은 일은 하늘에 의해 맡겨진 일이라고 생각하는 태도
천직의식	자신의 일이 자신의 능력과 적성에 꼭 맞는다고 여기고 그 일에 열성을 가지고 성실히 임하는 태도
직분의식	자신이 하고 있는 일이 사회나 기업을 위해 중요한 역할을 하고 있다고 믿고 자신의 활동을 수행하는 태도
책임의식	직업에 대한 사회적 역할과 책무를 충실히 수행하고 책임을 다하는 태도
전문가의식	자신의 일이 누구나 할 수 있는 것이 아니라 해당 분야의 지식과 교육을 밑바탕으로 성실히 수행해야만 가능한 것이라 믿고 수행하는 태도
봉사의식	직업 활동을 통해 다른 사람과 공동체에 대하여 봉사하는 정신을 갖추고 실천하는 태도

55 직업윤리 문제 　　　　　　　　정답 ①

양심, 정직, 공정 등의 가치와 관련된 경험, 부정부패·부조리, 권한의 과도한 행사 등과 같은 상황을 개선한 사례, 행정의 투명성 및 공개의 가치 실현 등 공모전의 응모 주제가 청렴과 관련되어 있다. 따라서 공모전과 관련된 직업윤리의 덕목으로는 '청렴성'이 가장 적절하다.

56 직업윤리 문제 　　　　　　　　정답 ③

표리관계는 물체의 겉과 속 또는 안과 밖처럼 따로 떼어서 생각할 수 없는 관계를 뜻하며, 인생의 성공과 근면이 표리관계에 있다는 것은 근면하기 때문에 성공한 사람은 있어도 게을러서 성공했다는 사람은 찾기 힘들다는 뜻으로, 이것이 근면한 것만으로 성공할 수 있다는 이야기는 아니므로 근면에 대해 잘못 이야기하고 있는 사람은 '병'이다.

57 직업윤리 문제 　　　　　　　　정답 ②

회사 동료를 고객에게, 자신이 속해 있는 회사 관계자를 타 회사 관계자에게 먼저 소개해야 하므로 가장 적절하지 않다.

🔍 더 알아보기
비즈니스 매너

구분	특징
악수 예절	· 오른손을 사용하고, 너무 강하게 쥐어짜듯이 잡지 않을 것 · 서로의 이름을 말하고 간단한 인사 몇 마디를 주고받는 정도의 시간 안에 끝낼 것 · 상대를 바로 바라보며 미소 지을 것 · 윗사람이 아랫사람에게, 여성이 남성에게 먼저 청할 것
소개 예절	· 나이가 어린 사람을 연장자에게 먼저 소개할 것 · 자신이 속해 있는 회사의 관계자를 타 회사 관계자에게, 하급자를 상급자에게, 동료를 고객 및 손님에게 먼저 소개할 것
명함 교환 예절	· 명함은 명함 지갑에 넉넉하게 소지할 것 · 명함을 건넬 때는 일어서서 정중하게 인사한 뒤 회사명과 이름을 밝힐 것 · 명함은 왼손으로 받고 오른손으로 건네도록 하며, 자신의 이름이 상대방을 향하도록 할 것 · 받은 명함은 바로 명함 지갑에 집어넣지 않고 테이블 위나 명함 지갑 위에 올려둔 뒤 대화하는 데 참고하는 것이 좋음 · 명함은 손아랫사람이 손윗사람에게 먼저 건네고, 상사와 함께라면 상사가 먼저 상대방에게 건넨 뒤에 건넬 것
전화 예절	· 전화를 걸 때는 걸기 전 상대방의 전화번호·소속·직급·성명 등을 확인하고 용건과 통화에 필요한 서류 등은 미리 준비해 둘 것 · 전화가 연결되면 담당자를 확인한 후 자신을 소개하며, 간결하고 정확하게 용건을 전달할 것 · 전화를 끊기 전 내용을 다시 한번 정리해 확인하고 담당자가 없을 때는 번호를 남길 것 · 전화 받을 때 벨이 3~4번 울리기 전 받을 것 · 회사명과 부서명, 이름을 밝힌 뒤 상대방의 용건을 정확하게 확인할 것 · 용건에 즉답하기 어려우면 양해를 구한 뒤 회신 가능한 시간을 약속할 것 · 통화 담당자 부재 시, 부재 이유를 간단히 설명하고 통화 가능한 시간을 전달할 것 · 통화 담당자가 자리에 없을 경우에는 용건을 확인한 후 대신 처리할 수 있는 업무는 처리 후 담당자에게 정확한 처리 상황을 전달할 것
이메일 예절	· 이메일 쓸 때는 서두에 소속과 이름을 밝힐 것 · 업무 성격에 맞는 형식을 갖추고 간결하면서도 명확하게 쓸 것 · 메일 제목은 반드시 쓰고 간결하면서 핵심을 알 수 있게 작성하며, 메시지 또한 가능한 한 간결하게 작성하여 수신자가 빨리 읽고 제대로 응답할 수 있도록 할 것

58 직업윤리 문제 정답 ④

직장에서의 지위나 관계 등의 우위를 이용하여 행위를 한 것이 아니라면 직장 내 괴롭힘에 해당하지 않으므로 가장 적절하지 않다.

오답 체크

① 행위자의 의도가 없는 행위일지라도 그 행위로 인해 피해자가 신체적·정신적 고통을 받았거나 근무 환경이 악화되었다면 직장 내 괴롭힘으로 인정될 수 있으므로 적절하다.

② 사업주뿐만 아니라 근로자 역시 행위자가 될 수 있으며, 이 경우가 성립하기 위해서는 피해자와 행위자가 동일한 사용자와의 근로관계를 맺고 있어야 하는 것이 원칙이므로 적절하다.

③ 업무상 필요하다고 볼 수 있는 행위일지라도 사업장 내 동종 또는 유사 업무를 수행하는 근로자에 비하여 합리적 이유 없이 대상 근로자에게 이루어진 것이라면 사회 통념적으로 상당하지 않은 행위라고 볼 수 있으므로 적절하다.

⑤ 사내는 물론 외근 출장지, 기업 행사, 사내 메신저, SNS 등의 온라인 공간의 경우도 행위장소에 해당할 수 있으므로 적절하다.

59 직업윤리 문제 정답 ④

'직업윤리'에 해당하는 특징은 ㉠, ㉢, ㉣, ㉤, ㉥이며, '개인윤리'에 해당하는 특징은 ㉡, ㉦이다.
따라서 ㉠~㉦을 개인윤리와 직업윤리 각각의 특징에 따라 바르게 분류한 것은 ④이다.

60 직업윤리 문제 정답 ②

민주주의와 시장경제는 사회 구성원들에게 많은 자유와 권리를 부여하지만, 그와 동시에 규율을 준수하고 그에 따르는 책임을 요구하므로 개개인의 의식변화와 함께 체계적 접근과 단계별 실행을 통한 제도와 시스템 확립이 필요하다.
따라서 ㉠~㉣에 들어갈 단어를 바르게 연결한 것은 ②이다.

실전모의고사 5회 80문항형

정답

01 의사소통	02 의사소통	03 의사소통	04 의사소통	05 의사소통	06 의사소통	07 의사소통	08 의사소통	09 수리	10 수리
①	②	②	⑤	⑤	②	⑤	②	③	②
11 수리	12 수리	13 수리	14 수리	15 수리	16 수리	17 문제해결	18 문제해결	19 문제해결	20 문제해결
⑤	③	④	④	①	④	②	③	②	③
21 문제해결	22 문제해결	23 문제해결	24 문제해결	25 조직이해	26 조직이해	27 조직이해	28 조직이해	29 조직이해	30 조직이해
②	③	⑤	⑤	③	⑤	⑤	⑤	②	④
31 조직이해	32 조직이해	33 정보	34 정보	35 정보	36 정보	37 정보	38 정보	39 정보	40 정보
①	③	③	⑤	④	④	③	②	⑤	①
41 자원관리	42 자원관리	43 자원관리	44 자원관리	45 자원관리	46 자원관리	47 자원관리	48 자원관리	49 기술	50 기술
③	②	③	④	②	③	②	④	⑤	②
51 기술	52 기술	53 기술	54 기술	55 기술	56 기술	57 자기개발	58 자기개발	59 자기개발	60 자기개발
②	⑤	③	①	④	②	④	③	③	④
61 자기개발	62 자기개발	63 자기개발	64 자기개발	65 대인관계	66 대인관계	67 대인관계	68 대인관계	69 대인관계	70 대인관계
②	③	③	①	⑤	②	③	⑤	②	⑤
71 대인관계	72 대인관계	73 직업윤리	74 직업윤리	75 직업윤리	76 직업윤리	77 직업윤리	78 직업윤리	79 직업윤리	80 직업윤리
②	④	①	④	④	③	⑤	③	③	④

취약 영역 분석표

· 영역별로 맞힌 개수, 틀린 문제 번호와 풀지 못한 문제 번호를 적고 나서 취약한 영역이 무엇인지 파악해보세요. 틀리거나 풀지 못한 문제를 다시 풀어보면서 확실히 극복하세요.

· NCS 직업기초능력 고난도 문제에 대비하고 싶다면, 해커스잡 사이트(ejob.Hackers.com)에서 제공하는 <NCS PSAT형 온라인 모의고사>를 풀어보며 실력을 향상시켜 보세요.

학습 날짜	영역	맞힌 개수	틀린 문제 번호	풀지 못한 문제 번호
__월 __일	의사소통능력	/8		
	수리능력	/8		
	문제해결능력	/8		
	조직이해능력	/8		
	정보능력	/8		
	자원관리능력	/8		
	기술능력	/8		
	자기개발능력	/8		
	대인관계능력	/8		
	직업윤리	/8		

해설

01 의사소통능력 문제 　　　　정답 ①

제시된 의미에 해당하는 한자성어는 '과유불급(過猶不及)'이다.

오답 체크

② 온고지신(溫故知新): 옛것을 익히고 그것을 미루어서 새것을 앎

③ 유유자적(悠悠自適): 속세를 떠나 아무 속박 없이 조용하고 편안하게 삶

④ 전화위복(轉禍爲福): 재앙과 근심, 걱정이 바뀌어 오히려 복이 됨

⑤ 형설지공(螢雪之功): 반딧불·눈과 함께하는 노력이라는 뜻으로, 고생을 하면서 부지런하고 꾸준하게 공부하는 자세를 이르는 말

02 의사소통능력 문제 　　　　정답 ②

공문서 작성 시에 날짜는 연도와 월일을 반드시 함께 숫자로 표기하며, 연, 월, 일의 글자는 생략하고 마침표를 모두 찍어 구분해야 하지만, 날짜에 괄호를 사용할 경우 괄호 다음에는 마침표를 찍지 않으므로 가장 적절하지 않다.

03 의사소통능력 문제 　　　　정답 ②

4문단에서 남사당놀이는 사회에서 천대받던 한과 놀이를 통해 양반 사회의 부도덕성을 비판하고, 민중 의식을 일깨우는 중요한 역할을 했으며, 현시대에도 현대 문화 콘텐츠로서의 잠재성을 가지고 있는 남사당놀이는 각종 영화나 드라마, 애니메이션 등에 재창조되고 있다고 하였으므로 남사당놀이는 민중 의식에 대한 일깨움, 부도덕성에 대한 비판 등의 의미를 내포하고 있어 다양한 현대 문화 콘텐츠로 자리 잡을 가능성을 가지고 있음을 알 수 있다.

오답 체크

① 3문단에서 남사당놀이의 가장 마지막 순서인 덜미는 꼭두각시놀음으로, 31종의 인형 총 51개가 등장하여 2마당 7거리로 공연된다고 하였으므로 적절하지 않은 내용이다.

③ 1문단에서 과거 남사당패는 한곳에 머무르지 않고 대개 농어촌이나 서민층 마을을 대상으로 떠돌아다니며 공연을 진행하였으며, 정치적으로 힘이 없는 사람들을 대변하고 사회 속에 존재하는 문제들을 이야기하는 식의 공연을 선보여 서민들에게는 환영받았으나 양반층에는 모멸의 대상으로 인식되었다고 하였으므로 적절하지 않은 내용이다.

④ 2문단에서 무대 중앙을 가로지른 높다란 외줄을 줄꾼인 어름산이가 건너가며 매호씨와 재담을 주고받는 놀이는 어름이라고 하였으므로 적절하지 않은 내용이다.

⑤ 3문단에서 탈을 쓰고 하는 탈놀음인 덧뵈기의 세 번째 샌님잡이에서 내부의 모순을 없애고 마지막 먹중잡이에서 외래문화를 배척하는 내용을 담고 있다고 하였으므로 적절하지 않은 내용이다.

04 의사소통능력 문제 　　　　정답 ⑤

2문단에서 선천성 면역 체계는 후천성 면역 체계보다 기억 능력이 떨어진다고 하였으므로 선천성 면역 체계가 후천성 면역체계에 비해 병원체에 대한 기억 능력이 좋은 것은 아님을 알 수 있다.

오답 체크

① 3문단에서 후천성 면역 체계는 병원체의 분자적 차이까지 구분하여 대응 가능하다고 하였으므로 적절한 내용이다.

② 2문단에서 선천성 면역 체계에 관여하는 세포들은 병원체와 관련한 분자의 패턴을 인식함으로써 활성화된다고 하였으므로 적절한 내용이다.

③ 4문단에서 T 세포는 바이러스에 감염된 세포를 인식했을 때 인테그린이라는 끈적한 단백질을 활성화함으로써 표적을 제거한다고 하였으므로 적절한 내용이다.

④ 1문단에서 선천성 면역 체계와 후천성 면역 체계는 서로 협력 관계를 유지하여 체내에 침투하는 병원체를 방어한다고 하였으므로 적절한 내용이다.

05 의사소통능력 문제 　　　　정답 ⑤

ⓒ 4문단에서 8명의 선수가 주어진 시간 안에 바다 한 가운데의 아웃사이드 마크와 파도가 칠 때의 인사이드 마크를 8자 모양으로 여러 번 돌아 속도를 겨루어 4명의 승자가 나오게 되는 경기는 웨이브 퍼포먼스가 아닌 슬라럼이라고 하였으므로 적절하지 않은 내용이다.

ⓔ 2문단에서 보드가 옆으로 흘러가는 것을 막아주는 역할을 하는 것은 대거보드이고, 보드가 옆으로 흔들리는 것을 막아주는 역할을 하는 것은 스케그라고 하였으므로 적절하지 않은 내용이다.

따라서 윈드서핑에 대한 설명으로 적절하지 않은 것은 'ⓒ, ⓔ'이다.

오답 체크

ⓐ 3문단에서 마스트는 세일을 세우기 위한 돛대이고, 배튼은 세일의 펄럭거림을 방지하는 용구라고 하였으므로 적절한 내용이다.

ⓑ 1문단에서 윈드서핑은 돛대를 보드에 수직으로 고정시킨다는 기본 개념을 타파하고 움직이는 연결 쇠를 이용하여 돛대가 움직일 수 있도록 했다고 하였으므로 적절한 내용이다.

06 의사소통능력 문제 　　　　정답 ②

이 글은 충수의 정의를 소개하고, 충수에 염증이 발생하는 원인 및 증상, 충수염의 수술 방법 및 수술 후 사후 관리를 설명하는 글이다. 따라서 '(나) 충수의 정의 - (라) 충수에 염증이 발생하는 이유 - (가) 충수염의 증상 및 위험 - (다) 충수염을 수술하는 방법 및 수술 후 관리' 순으로 연결되어야 한다.

07 의사소통능력 문제

이기일원론에서는 이와 기 사이에 선후가 있다거나 이가 기의 원인이 되는 관계로 파악하는 이기이원론적 입장을 철저히 거부한다고 하였으므로 이기일원론을 주장하는 학자들이 이와 기가 인과 관계에 있거나 선후 관계에 있다는 입장을 보이는 것은 아님을 알 수 있다.

오답 체크

① 이이는 이기이원론을 거부하며 이기일원론의 입장을 고수하였으며, 조선 중기에는 이이 등에 의한 주기론적 입장에서 이를 기 속에 포함시키는 경향이 강했다고 하였으므로 적절한 내용이다.

② 이기일원론은 이와 기가 별개의 요소로 분리되어 따로 존재하는 것이 아닌 하나의 요소로 존재하고 있다는 입장이라고 하였으므로 적절하다.

③ 이기이론에서는 이와 기가 서로 나누어질 수도, 섞일 수도 있는 것으로 설명한다고 하였으므로 적절한 내용이다.

④ 조선 말기에는 기정진 등에 의해 유리론의 입장에서 기를 이 속에 포함시키는 경향이 대두되었다고 하였으므로 적절한 내용이다.

08 의사소통능력 문제

공통의 목표를 추구해야 하는 조직 특성상 의사소통은 집단 내의 기본적 존재 기반이자 성과를 결정하는 핵심 기능이며, 원활한 의사소통은 조직의 생산성을 증대시키므로 가장 적절하지 않다.

09 수리능력 문제

20X4년 전자부품업의 총 상용 종사자 수는 110,924 + 76,058 + 50,001 + 70,694 = 307,677명으로 20X1년 전자부품업의 총 상용 종사자 수인 110,758 + 93,414 + 55,298 + 61,399 = 320,869명 대비 320,869 − 307,677 = 13,192명 감소하였으므로 적절하지 않다.

오답 체크

① 20X5년 인쇄회로기판 및 전자부품 실장기판 사업체 수는 전년 대비 감소하였으나, 20X5년 기타 사업체 수는 전년 대비 증가하였으므로 적절하다.

② 기타를 제외하고 20X1년에 사업체 수가 273개로 가장 적은 디스플레이의 20X3년 상용 종사자 수는 79,064명이므로 적절하다.

④ 20X5년 반도체 상용 종사자 수의 전년 대비 증가율은 {(116,791 − 110,924) / 110,924} × 100 ≒ 5.3%, 20X3년 반도체 상용 종사자 수의 전년 대비 증가율은 {(119,430 − 110,997) / 110,997} × 100 ≒ 7.6%이므로 적절하다.

⑤ 20X5년 사업체 1개당 상용 종사자 수는 반도체가 116,791 / 362 ≒ 323명, 디스플레이가 74,503 / 223 ≒ 334명, 인쇄회로기판 및 전자부품 실장기판이 50,610 / 1,035 ≒ 49명이므로 적절하다.

10 수리능력 문제

이익 = 개당 생산비용 × $\frac{이익률}{100}$ 임을 적용하여 구한다.

우산의 개당 생산비용을 x라고 하면 장마철인 6월부터 8월까지는 개당 생산비용의 60% 이익을 붙여 매월 1,150개씩 판매하였으므로 3개월 동안의 이익은 $3 × 1,150 × 0.6x = 2,070x$원이며, 6월부터 8월까지를 제외한 나머지 달에는 개당 생산비용의 45% 이익을 붙여 매월 600개씩 판매하였으므로 총 9개월 동안의 이익은 $9 × 600 × 0.45x = 2,430x$이다. 이때, 1년 동안 총 5,400,000원의 이익을 얻었으므로

$2,070x + 2,430x = 5,400,000 → 4,500x = 5,400,000$
$→ x = 1,200$

따라서 우산의 개당 생산비용은 1,200원이다.

11 수리능력 문제

근채류의 생산 면적은 노지가 시설보다 23,403 − 978 = 22,425ha 더 넓으므로 적절하다.

오답 체크

① 채소류의 전체 생산량은 노지가 1,253 + 2,536 + 321 + 1,975 + 44 + 46 = 6,175천 톤, 시설이 43 + 272 + 1,802 + 55 + 39 + 103 = 2,314천 톤으로 노지가 시설보다 많으므로 적절하지 않다.

② 조미 채소류의 생산 면적 1ha당 생산량은 노지가 (1,975 × 1,000) / 87,124 ≒ 22.7톤, 시설이 (55 × 1,000) / 2,232 ≒ 24.6톤으로 노지가 시설보다 더 적으므로 적절하지 않다.

③ 노지에서 생산량이 가장 많은 채소류는 생산량이 2,536천 톤인 엽채류이고, 시설에서 생산량이 가장 많은 채소류는 생산량이 1,802천 톤인 과채류로 서로 다르므로 적절하지 않다.

④ 양채류의 전체 생산 면적에서 노지 생산 면적이 차지하는 비중은 (2,669 / 3,902) × 100 ≒ 68.4%이므로 적절하지 않다.

12 수리능력 문제

사건 A가 일어날 확률 = $\frac{사건\ A가\ 일어날\ 경우의\ 수}{모든\ 경우의\ 수}$ 임을 적용하여 구한다.

출장지마다 대리 이상의 직급 1명이 가려면 4개 지역 중 2개 지역에 과장 2명이 가고 남은 2개 지역에 대리 3명 중 2명이 가야 한다. 출장지마다 대리 이상의 직급이 1명 이상 가는 전체 경우의 수는 4개 지역을 과장 2명이 골라서 가는 경우의 수 $_4P_2 = 12$가지, 과장이 가지 않은 2개 지역에 대리 3명 중 2명이 가고 남은 대리 1명은 과장이 가는 2개 지역 중 1개 지역으로 가는 경우의 수 $_3P_2 × 2 = 12$가지, 사원이 4개 지역 중 1개 지역으로 가는 경우의 수 4가지를 모두 곱한 $12 × 12 × 4 = 576$가지이다.

이때 과장, 대리, 사원이 같은 지역으로 출장을 가는 경우의 수는 같이 갈 과장 1명, 대리 1명, 사원 1명을 고른 후 4개 지역 중 1개 지역을 고른 경우의 수에 남은 과장 1명, 대리 2명이 남은 3개 지역에 각각 1명씩 가는 경우의 수를 곱해야 하므로 $_2C_1 \times {_3}C_1 \times {_1}C_1 \times {_4}C_1 \times 3! = 144$가지이다.

따라서 과장, 대리, 사원이 같은 지역으로 출장을 가게 될 확률은 $\frac{144}{576} = \frac{1}{4}$이다.

[13 - 14]

13 수리능력 문제   정답 ④

당기순이익의 전년 대비 변화량의 절댓값은

2017년에 | (-28,737) - 3,123 | = 31,860억 원,

2018년에 | (-44,672) - (-28,737) | = 15,935억 원,

2019년에 | (-4,754) - (-44,672) | = 39,918억 원,

2020년에 | 5,776 - (-4,754) | = 10,530억 원,

2021년에 | (-2,044) - 5,776 | = 7,820억 원으로 전년 대비 변화량의 절댓값이 가장 큰 해는 2019년이다.

따라서 2019년 총수익에서 영업수익이 차지하는 비중은 (48,076 / 51,196) × 100 ≒ 93.9%이다.

14 수리능력 문제   정답 ④

제시된 자료에 따르면 2020년 총수익의 전년 대비 변화율은 {(61,470 − 51,196) / 51,196} × 100 ≒ 20.1%이지만, 그래프에서는 20보다 낮게 나타나므로 적절하지 않은 그래프는 ④이다.

15 수리능력 문제   정답 ①

반도체 칩의 불량률 감소를 위한 연구를 한 번 진행할 때마다 1억이 사용되므로 3억을 사용하면 연구를 세 번 진행할 수 있다. 이때, 연구 한 번당 불량률이 80% 감소함에 따라 연구를 세 번 진행한 뒤의 불량률은 $2.5 \times (1 - 0.8)^3 = 0.02\%$이다.

따라서 불량품의 개수는 $50,000 \times \frac{0.02}{100} = 10$개이다.

16 수리능력 문제   정답 ④

D는 모든 자연수와 서로소이므로 1이고, D가 십의 자리에 들어간 문자 중 소수는 3개이므로 13, 17, 19가 가능하며, G는 7개의 문자 중 가장 큰 수이므로 9임을 알 수 있다. 이에 따라 E의 값은 알 수 없지만, 1~9 중 한 가지 자연수를 의미하는 문자를 두 개씩 골라 오름차순으로 나열할 때 EG 다음에 올 수 있는 숫자로 가능한 것은 일의 자리 숫자가 9 다음에 나오는 1이어야 한다.

따라서 EG 다음에 올 수 있는 일의 자리 숫자가 1인 71이다.

17 문제해결능력 문제   정답 ②

'임산부 열차 요금 할인'에 따르면 할인 대상은 멤버십 회원인 임산부와 보호자 1명이고, 할인 기간은 신청일로부터 출산예정일 + 1년까지로 A와 A의 보호자인 B는 각각 30%의 할인을 받으므로 A와 A의 배우자가 지불해야 하는 요금은 (38,000 × 2) × 0.7 = 53,200원이다. 또한 '다자녀 열차 요금 할인'에 따르면 지원 대상은 만 25세 미만 자녀 2명 이상을 둔 멤버십 회원이므로 할인을 받을 수 있고, 등록된 가족 중 대인 요금이 적용되는 구성원 모두 30% 할인이 적용되며, 임산부 열차 요금 할인을 받지 못한 구성원에 한하여 할인이 적용되므로 A의 자녀 중 대인 요금이 적용되는 고등학생 자녀 C는 30%의 할인을 받음에 따라 38,000 × 0.7 = 26,600원을 지불해야 하고, 만 13세 이하에 해당하는 소인인 유치원생 자녀 D는 26,000원을 지불해야 한다.

따라서 A의 가족이 편도 열차 요금으로 지불해야 하는 총액은 53,200 + 26,600 + 26,000 = 105,800원이다.

18 문제해결능력 문제   정답 ③

제시된 조건에 따르면 거짓을 말하는 사람은 1명이고, 정과 무가 같은 곳에 다녀오지 않았다는 을의 말과 자신과 정이 같은 곳에 다녀왔다는 무의 말은 서로 모순되므로 을과 무 중 1명이 거짓을 말하고, 나머지 갑, 병, 정의 말은 진실임을 알 수 있다. 이때, 병의 말에 따라 갑과 무가 같은 곳에 다녀왔고, 정의 말에 따라 을과 정이 같은 곳에 다녀왔다. 또한, 을과 병이 같은 곳에 다녀오지 않았다는 갑의 말에 따라 갑, 병, 무가 같은 곳에 다녀왔음을 알 수 있다. 이에 따라 갑, 병, 무 3명은 산에, 을과 정 2명은 바다에 다녀왔으므로 정과 무가 같은 곳에 다녀왔다는 무의 말이 거짓이다.

따라서 바다에 다녀온 사람은 을과 정이다.

19 문제해결능력 문제   정답 ②

제시된 조건에 따르면 직급은 부장, 차장, 과장, 대리, 사원 순으로 부장이 가장 높고, 사원이 가장 낮으며, 갑의 직급은 과장이고, 정의 직급보다 높은 직급의 팀원은 없으므로 정의 직급은 부장, 차장, 과장 중 하나이다. 이때 5명 중 직급이 같은 팀원은 2명이며 병의 직급은 사원이며, 을의 직급은 무의 직급보다 높고, 갑의 직급보다 낮은 직급의 팀원은 2명이므로 을의 직급은 과장 이상이고 정의 직급은 차장 이상임을 알 수 있다. 정의 직급에 따라 가능한 경우는 다음과 같다.

[경우 1] 정의 직급이 차장인 경우

구분	부장	차장	과장	대리	사원
팀원		정, 을	갑	무	병
팀원		정	갑, 을	무	병

[경우 2] 정의 직급이 부장인 경우

구분	부장	차장	과장	대리	사원
팀원	정, 을		갑	무	병
팀원	정	을	갑		병, 무
팀원	정		갑, 을	무	병

ⓒ 갑의 직급은 정의 직급보다 낮으므로 항상 옳은 설명이다.

오답 체크

ㄱ 병의 직급보다 높은 직급의 팀원이 갑, 을, 정 3명일 수도 있으므로 항상 옳은 설명은 아니다.

ⓒ 무의 직급이 사원일 수도 있으므로 항상 옳은 설명은 아니다.

ㄹ 5명 중 직급이 같은 팀원 2명이 병과 무일 수도 있으므로 항상 옳은 설명은 아니다.

20 문제해결능력 문제   정답 ③

동시에 진행할 수 있는 회의가 많을수록 모든 회의를 진행하는 데 필요한 시간을 단축할 수 있다. 동시에 진행할 수 있는 회의는 A , B 회의, A, F 회의, B, E 회의이다. 이때, A, B 회의를 동시에 진행하면 A, F 회의 또는 B, E 회의를 동시에 진행할 수 없어 동시에 진행할 수 있는 회의가 한 번이지만 A, F 회의 또는 B, E 회의를 각각 동시에 진행하면 동시에 진행할 수 있는 회의가 두 번이다. 이에 따라 동시에 진행할 수 있는 회의의 최대 횟수는 A, F 회의와 B, E 회의인 두 번이고 이는 전체 회의를 모두 각각 진행했을 때 필요한 시간인 6시간을 1시간씩 단축할 수 있다.

따라서 모든 회의를 진행하는 데 필요한 최소한의 시간은 6 - 2 = 4시간이다.

21 문제해결능력 문제   정답 ②

'선정 기준'에 따르면 효과성은 상생협력의 실질적인 효과성 정도를 말하며, 평가 기준은 매출 증가 정도, 경영 여건 개선 정도이다.

커피 브랜드인 A 기업은 원가 절감의 필요성을 인식하고 원가 절감을 위해 리브랜딩 TF를 구성하여 원재료 공급 방법 변경 등을 통해 원가를 최대 10% 절감한 성과를 냈으므로 효과성의 평가 기준인 비용 절감 등의 경영 여건 개선 정도에 해당하며, 치킨 브랜드인 B 기업은 가맹점 사업자와 상생 협력을 통해 신메뉴를 개발했으며, 신메뉴를 통해 가맹점 매출액이 전월 대비 평균 15%가 상승하였고, 상위 30개 가맹점의 매출액은 평균 30%가 상승하였으므로 효과성의 평가 기준인 매출 증가 정도에 해당한다.

따라서 두 기업의 사례에서 나타나는 공통된 선정기준은 '효과성'이다.

22 문제해결능력 문제   정답 ③

[채용 평가 방법 및 배점 기준]에 따라 지원자별 점수를 나타내면 다음과 같다.

구분	자격점수	학점점수	가산점	면접점수
A	40점	25점	한국사능력검정 4급: 1점	19점
B	35점	20점	독립유공자 자녀: 4점	20점
C	30점	25점	사회봉사 활동(12 / 8 = 1.5): 1점	25점
D	32점	20점	국가유공자 자녀: 4점 사회봉사 활동(30 / 8 = 3.75): 3점	22점
E	30점	10점	독립유공자 자녀, 다자녀: 4점 사회봉사 활동(80 / 8 = 10): 8점 한국사능력검정 1급: 2점	35점

지원자 중 자격점수, 학점점수, 가산점, 면접점수의 총합이 가장 높은 지원자 1명을 채용하고, 동점자 발생 시 자격점수와 면접점수의 산술평균이 가장 높은 지원자를 우선 채용하며, 자격점수와 학점점수의 합이 40점 이하이거나 면접점수가 20점 미만인 지원자는 채용 대상에서 제외되므로 자격점수와 학점점수의 합이 40점인 E와 면접점수가 19점인 A는 채용 대상에서 제외된다. 이에 따라 지원자별 자격점수, 학점점수, 가산점, 면접점수의 총합은 B가 35 + 20 + 4 + 20 = 79점, C가 30 + 25 + 1 + 25 = 81점, D가 32 + 20 + 7 + 22 = 81점이며, C와 D가 81점으로 가장 높다. 이때 자격점수와 면접점수의 평균은 C가 (30 + 25) / 2 = 27.5점, D가 (32 + 22) / 2 = 27점으로 C가 더 높다.

따라서 채용되는 사람은 'C'이다.

23 문제해결능력 문제   정답 ⑤

'4. 서비스 기간 및 가격'에 따르면 서비스 가격인 월 25만 원에서 정부로부터 20만 원의 지원금을 받아 본인 부담금이 5만 원에 해당하는 등급은 2등급이고, 2등급은 기준중위소득 120% 이하 중 기초생활수급자 또는 차상위계층이 아닌 자에 해당하므로 적절하지 않다.

오답 체크

① '2. 사업 대상'에 따르면 욕구 기준과 소득 기준을 모두 충족하는 장애인이 요양시설 또는 병원에 2개월 이상 입소나 입원 시에 서비스 지원을 중단하므로 적절하다.

② '3. 서비스 내용'에 따르면 식사 지원 서비스는 영양사가 대상자 특성을 파악하여 제작한 식단을 주 3~5회 제공하므로 적절하다.

③ '2. 사업 대상'에 따르면 욕구 기준과 소득 기준을 모두 충족한 장애인이 사업 대상에 해당하며, 통합돌봄 거주지역에 거주하는 자에게는 우선 신청 자격을 부여하므로 적절하다.

④ '5. 제공 인력'에 따르면 필수 인력에는 식품학, 영양학 등 관련 전공자 중 실무경력이 3개월 이상인 자가 해당하므로 적절하다.

24 문제해결능력 문제   정답 ⑤

[에코 스타트업 지원 대상 평가 기준]에 따르면 발표 점수와 추가 점수, 가점을 합산하여 점수가 가장 높은 한 곳을 선정한다고 하였으며, 서류 점수가 80점 미만인 기업은 선정 기업에서 제외된다고 하였으므로 서류 점수가 78점인 B 기업은 선정 기업에서 제외된다. 이때 발표 점수는 시장성 및 기대효과(25점), 사업비 계획 타당성(25점), 창업 역량(25점), 기술성(25점) 각각의 점수를 합산하여 산출되고, 추가 점수는 추가 점수(17.5점): (시장성 및 기대효과 점수 × 0.4) + (창업 역량 점수 × 0.2)로 산출한다. 각 기업별 가점으로 친환경 인증서를 보유하고 있는 A 기업은 1점의 가점을 받고, 환경산업 분야 국내외 디자인권은 가점에서 제외되므로 국내 환경산업 분야 디자인권을 보유하고 있는 C 기업은 가점을 받지 못한다. 또한, 우수 재활용 인증서와 국외 환경산업 분야 특허권을 보유하고 있는 D 기업은 2점의 가점을 받는다.

네 개 창업기업의 발표 점수와 추가 점수, 가점을 합산한 총점은 다음과 같다.

구분	발표 평가 점수	추가 점수	가점	총점
A	25 + 17 + 15 + 15 = 72점	(25 × 0.4) + (15 × 0.3) = 14.5점	1점	72 + 14.5 + 1 = 87.5점
C	18 + 18 + 21 + 19 = 76점	(18 × 0.4) + (21 × 0.3) = 13.5점	–	76 + 13.5 = 89.5점
D	19 + 22 + 19 + 15 = 75점	(19 × 0.4) + (19 × 0.3) = 13.3점	2점	75 + 13.3 + 2 = 90.3점
E	23 + 20 + 19 + 16 = 78점	(23 × 0.4) + (19 × 0.3) = 14.9점	–	78 + 14.9 = 92.9점

따라서 다섯 개의 창업기업 중 선정된 기업은 총점이 92.9점인 'E 기업'이다.

25 조직이해능력 문제   정답 ③

제시된 글에서 설명하고 있는 조직변화 유형으로 가장 적절한 것은 '전략과 구조의 변화'이다.

🔎 더 알아보기

조직변화의 유형

조직변화의 유형	내용
제품과 서비스의 변화	기존 제품이나 서비스의 문제점을 인식하고 고객의 요구에 부응하기 위한 것
전략과 구조의 변화	조직구조, 경영방식, 각종 시스템 등을 개선하여 조직의 목적을 달성하고 효율성을 높이기 위한 것
기술의 변화	생산성을 높이기 위해 새로운 기술을 도입하거나 신기술을 발명하는 것
문화의 변화	구성원들의 사고방식이나 가치체계를 변화시키는 것으로, 조직의 목적과 일치시키기 위해 새로운 문화를 유도하는 것

26 조직이해능력 문제   정답 ⑤

ⓒ 집단의사결정 과정에서 의견이 불일치하는 경우 한 사람이 의사결정을 내릴 때보다 더 많은 시간이 소요될 수 있으므로 적절하지 않다.

ⓔ 집단의사결정의 경우 특정 구성원이 의사 결정권을 독점할 수도 있으므로 적절하지 않다.

따라서 집단의사결정의 특징에 대한 설명으로 적절하지 않은 것은 'ⓒ, ⓔ'이다.

27 조직이해능력 문제   정답 ⑤

공식적 목표와 실제적 목표는 다를 수 있으므로 가장 적절하지 않다.

28 조직이해능력 문제   정답 ⑤

팀제의 성과를 높이기 위해서는 구성원의 수를 10명 전후로 적게 하는 것이 좋다.

따라서 팀제의 특징에 대해 가장 적절하지 않은 설명을 한 사람은 '민재'이다.

29 조직이해능력 문제   정답 ②

업무수행 계획 수립의 절차에 따라 ㉠, ㉡에 들어갈 내용을 순서대로 바르게 나열하면 '업무지침 확인 – 활용 자원 확인'이 된다.

30 조직이해능력 문제   정답 ④

의사결정 과정은 '확인 단계 → 개발 단계 → 선택 단계' 순으로 진행되며, 개발 단계는 확인된 주요 문제나 근본 원인에 대해서 해결방안을 모색하는 단계이다.

따라서 확인된 문제가 신속하게 해결할 필요가 있는 문제라고 판단되는 경우 문제에 즉각적으로 대응할 수 있도록 진단 시간을 줄여야 하는 단계는 '확인 단계'이므로 가장 적절하지 않다.

31 조직이해능력 문제   정답 ①

중국에서는 황금색이 위상과 번영을 나타냄에 따라 명함을 금색으로 인쇄하는 것이 좋으므로 나라별 비즈니스 매너에 대해 가장 적절하게 설명하고 있는 사람은 '갑'이다.

오답 체크

② 을: 중국에서는 비즈니스 상담 시 통역사를 대동하는 것이 좋으며 속어나 어려운 낱말의 사용은 피하도록 해야 하므로 적절하지 않다.

③ 병: 일본에서는 아주 친한 사이가 아니면 성을 떼고 이름만 불러서는 안 되므로 적절하지 않다.

④ 정: 일본에서는 술을 한 손으로 따르고 한 손으로 받는 것이 실례가
되지 않으므로 적절하지 않다.
⑤ 무: 미국에서는 업무시간과 시간 약속에 있어서 정확성을 가져야 하므
로 적절하지 않다.

32 조직이해능력 문제
정답 ③

ⓛ 많은 규칙과 규제가 존재하는 조직은 기계적 조직이므로 적절하
지 않다.
ⓒ 조직 구성원들의 업무가 분명하게 규정되어 있는 조직은 기계적
조직이므로 적절하지 않다.
ⓜ 군대, 정부, 공공기관 등이 대표적인 조직은 기계적 조직이므로
적절하지 않다.
따라서 유기적 조직의 특징으로 적절하지 않은 것의 개수는 '3개'
이다.

오답 체크

ⓐ 유기적 조직에서는 비공식적인 상호 의사 소통이 원활하게 이루어지므
로 적절하다.
ⓔ 유기적 조직에서는 하부 구성원들에게 의사결정 권한이 많이 위임되어
있으므로 적절하다.

○ 더 알아보기

조직구조의 구분

기계적 조직	・구성원들의 업무가 분명하게 정의됨 ・많은 규칙과 규제가 존재함 ・상하 간의 의사소통이 공식적인 경로를 통해 이루어짐 ・엄격한 위계질서가 존재함 ・대표적으로 군대, 정부, 공공기관 등이 있음
유기적 조직	・의사결정 권한이 조직의 하부 구성원들에게 많이 위임됨 ・업무 또한 고정되지 않고 공유가 가능함 ・비공식적인 상호 의사소통이 원활히 이루어짐 ・규제나 통제의 정도가 낮아서 변화에 따라 쉽게 변할 수 있음 ・대표적으로 사내 벤처팀, 프로젝트팀 등이 있음

33 정보능력 문제
정답 ③

'WHICH'는 정보를 기획할 때 활용하는 5W2H 원칙에 해당하지
않는다.

○ 더 알아보기

5W2H

・WHAT(무엇을?): 정보의 입수 대상을 명확히 할 것
・WHERE(어디에서?): 정보의 소스(정보원)를 파악할 것
・WHEN(언제까지?): 정보의 요구(수집) 시점을 고려할 것
・WHY(왜?): 정보의 필요 목적을 염두에 둘 것
・WHO(누가?): 정보활동의 주체를 확정할 것
・HOW(어떻게?): 정보의 수집 방법을 검토할 것
・HOW MUCH(얼마나?): 정보수집의 비용성(효용성)을 중시할 것

34 정보능력 문제
정답 ⑤

데이터베이스 관리시스템은 데이터와 파일, 그들의 관계 등을 생성
하고, 유지하며, 검색할 수 있도록 하는 소프트웨어이고, 한 번에
한 개의 파일에 대해서 생성, 유지, 검색을 할 수 있는 소프트웨어는
파일 관리시스템이므로 가장 적절하지 않다.

35 정보능력 문제
정답 ④

생산부 실수령액 평균을 구하기 위해서는 부서 열에서 셀 값이 생
산부인 셀의 실수령액 열의 값을 모두 더한 뒤 생산부 직원 수로 나
누어주어야 한다. 이에 따라 지정한 범위의 셀 값 중 조건에 만족하
는 셀의 합을 구할 때 사용하는 함수인 SUMIF와 조건에 맞는 셀
의 개수를 반환할 때 사용하는 함수인 COUNTIF를 사용하는 것이
적절하며, SUMIF 함수식인 '=SUMIF(지정한 범위, 조건식, 합을
구할 범위)'와 COUNTIF 함수식인 '=COUNTIF(지정한 범위,
조건)'을 적용한다.
따라서 생산부 실수령액 평균을 구하기 위해 [E11] 셀에 입력할
함수식은 '=SUMIF(C2:C10, "생산부", E2:E10) / COUNTIF
(C2:C10, "생산부")'가 된다.

○ 더 알아보기

함수	설명
SUMIF	지정한 범위의 셀 값 중 조건에 만족하는 셀의 합을 구할 때 사용하는 함수 식 =SUMIF(지정한 범위, 조건식, 합을 구할 범위)
COUNTIF	조건에 맞는 셀의 개수를 반환할 때 사용하는 함수 식 =COUNTIF(지정한 범위, 조건)

[36 - 37]

36 정보능력 문제   정답 ④

산출되는 Win의 값은 Code에 해당하는 값의 합을 산출하고, Code는 F(1), E(3), S(4)가 출력됨에 따라 산출되는 Win의 값은 1 + 3 + 4 = 8이므로 적절하지 않다.

오답 체크

① Operating System Type으로 Win이 출력되었으므로 적절하다.

② Macro Code 중 W, X가 출력되지 않았으므로 적절하다.

③ H-Score로 4가 출력되었으므로 적절하다.

⑤ 2개 이상 Code 종류인 Boot Code, File Code에서 바이러스가 발견됨에 따라 Result Value는 '위험도 점수×Win'으로 산출하므로 적절하다.

37 정보능력 문제   정답 ③

제시된 [Code 해독 방법]을 통해 Result Value를 산출하면 Operating System Type이 Lin이고, Code는 File Code C(2), E(3), S(4)가 출력됨에 따라 Lin 값이 산출하는 값은 Max(2, 3, 4) = 4이다. 이때 H-Score는 5이므로 위험도 점수는 5이고, 1개의 코드 종류인 File Code에서만 바이러스가 발견됨에 따라 '위험도 점수+Lin'에 값을 대입하면 Result Value는 5 + 4 = 9이다.

따라서 Result Value(9)가 '8 초과 13 이하의 값'에 해당하여 System Condition은 '경고'이므로 입력할 Input Code는 'Warning'이다.

[38 - 39]

38 정보능력 문제   정답 ②

[냉장고 제품 번호 부여 방식]에 따르면 냉장고의 제품 번호는 [크기] - [시리즈] - [에너지 효율] - [색상] 순으로 배열된다. 이에 따라 1도어 냉장고의 도어 코드는 R, 830L 용량 냉장고의 용량 코드는 03, 2022년에 출시된 냉장고의 출시 연도 코드는 C, 멀티 팬트리 기능을 탑재한 냉장고의 기능 코드는 04, 에너지 효율이 3등급인 냉장고의 에너지 효율 코드는 B1, 샌드 색상 냉장고의 색상 코드는 SN이다.

따라서 냉장고의 제품 번호는 'R03 - C04 - B1 - SN'이 가장 적절하다.

39 정보능력 문제   정답 ⑤

[냉장고 제품 번호 부여 방식]에 따르면 냉장고의 제품 번호는 [크기] - [시리즈] - [에너지 효율] - [색상] 순으로 배열된다. 이에 따라 T07-A02-B2-GR은 2020년에 출시된 870L 용량의 3도어 냉장고 중 아이스 메이커 기능을 탑재한 에너지 효율 4등급의 그레이 색상 냉장고이므로 적절하지 않다.

40 정보능력 문제   정답 ①

4문단에서 이번에 개선되는 주요 통신사 피해구제 절차 및 내용에 따르면 통신 서비스가 중단되는 경우 이용자가 따로 신청하지 않아도 요금 반환이 다음 달에 자동으로 진행된다고 하였으므로 가장 적절하지 않다.

오답 체크

② 3문단에서 개선되는 주요 통신사 피해구제 절차 및 내용에 따르면 통신 서비스 제공이 중단되는 것에 따르는 피해 배상 기준 금액을 확대함으로써 폭넓은 배상이 이루어지도록 한다고 하였으므로 적절하다.

③ 6문단에서 방송통신위원회는 통신 서비스가 중단되는 상황을 고지하는 여러 수단 중 하나를 통신사업자가 선택하고 있는 현행 방식이 이용자가 쉽게 알 수 있는 방식으로 바뀔 수 있도록 관련 제도를 개선할 계획이라고 하였으므로 적절하다.

④ 2문단에서 현재 주요 통신사의 이용약관에 따르면 서비스 중단 시간이 연속 3시간 이상일 경우 초고속 인터넷 분야는 해당 서비스 장애 시간 요금의 6배, 이동전화 분야는 해당 서비스 장애 시간 요금의 8배에 해당하는 금액을 배상하도록 규정되어 있다고 하였으므로 적절하다.

⑤ 5문단에서 방송통신위원회에 따르면 이용약관 개정의 경우 주요 통신사에서 과학기술정보통신부로 신고 절차를 거치면 사업자별로 전산 시스템을 개선한 후 7월 중으로 시행할 예정이므로 적절하다.

[41 - 42]

41 자원관리능력 문제   정답 ③

'4. 기록물의 보존기간 및 보존기간의 기산일'에 따르면 기록물의 보존기간은 기록물의 정리가 완료된 날이 속하는 연도의 다음 연도 1월 1일부터 기산하고, '5. 기록물의 정리'에서 매년 5월 31일에 전년도에 작성된 기록물을 정리한다고 하였으며, [별표 2] 보존기간에 따른 기록물의 분류기준'에 따르면 예산·회계 관련 기록물의 보존기간은 5년임에 따라 2020년 9월에 작성된 회계 관련 기록물은 2021년 5월 31일에 정리하고, 정리가 완료된 날이 속하는 연도의 다음 연도인 2022년 1월 1일부터 2026년 12월 31일까지 보존할 수 있으므로 2020년 9월에 작성된 회계 관련 기록물을 2025년까지 보존할 수 있다는 것은 가장 적절하지 않다.

① '[별표 1] 기록물 보존시설·장비 및 환경 기준'에 따르면 종이 기록물의 원본을 보존하는 서고의 경우 조명을 100~300룩스로 유지하여야 하므로 적절하다.

② '[별표 1] 기록물 보존시설·장비 및 환경 기준'에 따르면 전자 기록물을 보존하는 이동식 서고의 경우 고정식 서고 면적의 40~60%를 충족해야 함에 따라 30만 장의 전자 기록물을 보존하고 있는 이동식 서고의 면적은 $(80 \times 3) \times 0.4 = 96m^2$ 이상 $(80 \times 3) \times 0.6 = 144m^2$ 이하이어야 하므로 적절하다.

④ '[별표 2] 보존기간에 따른 기록물의 분류기준'에 따르면 이사회 회의록은 영구 보존해야 하는 기록물에 해당하며, '[별표 1] 기록물 보존시설·장비 및 환경 기준'에서 보존기간이 30년 이상인 기록물을 보존하는 서고에 한하여 공기조화설비를 설치해야 한다고 하였으므로 적절하다.

⑤ '2. 정의'에 따르면 기록관은 기록물을 보존, 관리 및 활용하기 위하여 필요한 보존 서고 공간, 열람 공간, 사무 공간, 보존시설 및 장비 등을 갖춰야 하므로 적절하다.

42 자원관리능력 문제　　　　　정답 ②

'[별표 1] 기록물 보존시설·장비 및 환경 기준'에 따르면 ○○공사는 공기조화설비가 설치된 서고당 1대의 온습도계를 설치해야 하며, 공기조화설비는 보존기간이 30년 이상인 기록물을 보존하는 서고에 한하여 설치한다. 이때, '[별표 2] 보존기간에 따른 기록물의 분류기준'에 따르면 A 서고에 보존 중인 ○○공사 직원 퇴직금 지급 규정 개정안은 사규 제정 및 개정 등 중요 기록물에 해당하여 보존기간이 영구적이고, B 서고에 보존 중인 기획부 분기별 업무 계획서는 부서 수준의 주간·월간·분기별 업무 계획서에 해당하여 보존기간이 1년, C 서고에 보존 중인 10년간 민사상 시효가 지속되는 사항에 대한 문서는 10년 이상, 30년 미만의 기간 동안 민·형사상의 시효가 지속되는 사항에 관한 기록물에 해당하여 보존기간이 30년이다. 또한 D 서고에 보존 중인 20XX년 ○○공사 회계 결산은 예산·회계 관련 기록물에 해당하여 보존기간이 5년이며, E 서고에 보존 중인 부서 간 업무 연락 및 자료조회 관련 문서는 처리부서 간 자료요구, 자료조회, 업무 연락 등과 관련된 기록물에 해당하여 보존기간이 1년이므로 보존기간이 30년 이상인 기록물을 보존하고 있는 서고는 A 서고, C 서고이다.

따라서 온습도계가 설치된 서고의 개수는 2개이다.

[43 - 45]

43 자원관리능력 문제　　　　　정답 ③

제시된 자료에 따라 빨대 10개와 에코백 5개를 구매할 때, 업체별 지불해야 하는 총액은 다음과 같다.

구분	빨대	에코백	총액
A 업체	$1,500 \times 10$ $= 15,000$원	$3,600 \times 5$ $= 18,000$원	$15,000 + 18,000$ $= 33,000$원
B 업체	$1,800 \times 10$ $= 18,000$원	$3,800 \times 5$ $= 19,000$원	$18,000 + 19,000$ $= 37,000$원
C 업체	$1,300 \times 10$ $= 13,000$원	$3,600 \times 5$ $= 18,000$원	$13,000 + 18,000$ $= 31,000$원
D 업체	$1,500 \times 10$ $= 15,000$원	$3,300 \times 5$ $= 16,500$원	$15,000 + 16,500$ $= 31,500$원
E 업체	$1,400 \times 10$ $= 14,000$원	$3,700 \times 5$ $= 18,500$원	$14,000 + 18,500$ $= 32,500$원

따라서 지불해야 하는 총액이 가장 저렴한 업체는 'C 업체'이다.

44 자원관리능력 문제　　　　　정답 ④

제시된 자료에 따라 수세미 15개와 텀블러 10개를 구매할 때, 업체별 지불해야 하는 총액은 다음과 같다.

구분	수세미	텀블러	총액
A 업체	$3,000 \times 15$ $= 45,000$원	$8,100 \times 10$ $= 81,000$원	$45,000 + 81,000$ $= 126,000$원
B 업체	$2,800 \times 15$ $= 42,000$원	$9,000 \times 10$ $= 90,000$원	$42,000 + 90,000$ $= 132,000$원
C 업체	$2,900 \times 15$ $= 43,500$원	$7,800 \times 10$ $= 78,000$원	$43,500 + 78,000$ $= 121,500$원
D 업체	$2,700 \times 15$ $= 40,500$원	$8,000 \times 10$ $= 80,000$원	$40,500 + 80,000$ $= 120,500$원
E 업체	$2,600 \times 15$ $= 39,000$원	$8,500 \times 10$ $= 85,000$원	$39,000 + 85,000$ $= 124,000$원

이때 수세미 15개와 텀블러 10개의 정가는 $(3,200 \times 15) + (10,000 \times 10) = 148,000$원이므로 업체별 할인율은
A 업체가 $\{(148,000 - 126,000) / 148,000\} \times 100 ≒ 14.9\%$,
B 업체가 $\{(148,000 - 132,000) / 148,000\} \times 100 ≒ 10.8\%$,
C 업체가 $\{(148,000 - 121,500) / 148,000\} \times 100 ≒ 17.9\%$,
D 업체가 $\{(148,000 - 120,500) / 148,000\} \times 100 ≒ 18.6\%$,
E 업체가 $(148,000 - 124,000) / 148,000 ≒ 16.2\%$이다.
따라서 전체 할인율이 가장 큰 업체는 'D 업체'이다.

45 자원관리능력 문제 정답 ②

제시된 자료에 따르면 D 업체에서 에코백을 20개 이상 구매 시 에코백 총구매액의 5%를 할인 받을 수 있으므로 D 업체에서 빨대, 수세미, 에코백, 텀블러를 각각 20개씩 구매할 때, 지불해야 하는 총액은 다음과 같다.

구분	구매액
빨대	1,500 × 20 = 30,000원
수세미	2,700 × 20 = 54,000원
에코백	(3,300 × 20) × 0.95 = 62,700원
텀블러	8,000 × 20 = 160,000원
총액	30,000 + 54,000 + 62,700 + 160,000 = 306,700원

따라서 지불해야 하는 총액은 306,700원이다.

46 자원관리능력 문제 정답 ③

국가 배정 조건에 따르면 각 직원은 지원 국가에 우선으로 배정되며, 각 국가에는 직원이 최대 2명씩 배정되므로 직원 무, 신, 임, 계는 모두 지원 국가에 배정된다. 또한, 동일 국가에 3명 이상 지원할 경우 직위가 높은 순서대로 우선 배정되고, 직위는 과장, 대리, 주임, 사원 순으로 과장이 가장 높고 사원이 가장 낮으며, 직위가 동일할 경우 현재 직위로 재직한 기간이 긴 직원부터 우선 배정되므로 미국에는 지원 국가로 미국을 선택한 직원 갑, 정, 기 중 갑, 기가 배정되고, 중국에는 지원 국가로 중국을 선택한 직원 을, 병, 경 중 병, 경이 배정된다. 이때 지원 국가에 배정되지 못한 직원은 경력이 높은 사람부터 국가별 점수가 높은 지역에 우선으로 배정되므로 직원이 1명만 배정된 일본, 아일랜드 중 주임인 을이 국가별 점수가 10점인 일본에, 사원인 정이 국가별 점수가 5명인 아일랜드에 배정된다.

따라서 지원한 국가에 배정되지 못한 직원은 '을, 정'이다.

[47-48]
47 자원관리능력 문제 정답 ②

S 시는 한광로에 위치한 한빛사거리 횡단보도 인근 차도에 신호등 면의 하단이 차도의 노면으로부터 수직으로 450cm 이상의 높이에 위치하도록 설치한다고 했으므로 횡형 신호등을 설치함을 알 수 있다. 또한, 좌회전 표시등이 포함되어야 하므로 횡형 사색등 A 또는 횡형 사색등 B를 설치하며 관급자재대가 최대한 저렴한 신호등으로 설치하므로 S 시 신호등 설치사업을 담당하게 된 직원이 신호등 설치업체에 요청할 신호등 종류로 가장 적절한 것은 '횡형 사색등 A'이다.

🔎 **더 알아보기**

신호등의 설치 위치 및 높이

- 횡형 신호등은 신호등 면의 하단이 차도의 노면으로부터 수직으로 450cm 이상의 높이에 위치하는 것을 원칙으로 함
- 종형 신호등은 보도, 중앙선 및 중앙분리대의 노면 혹은 상면에서 신호등 하단까지의 수직 높이가 250cm~350cm에 위치하는 것을 원칙으로 함

48 자원관리능력 문제 정답 ④

추정금액 = 기초금액 + 관급자재대이며, 기초금액 = 추정가격 + 부가세이므로 추정금액 = 추정가격 + 부가세 + 관급자재대이다. 이때 부가세는 추정가격의 10%에 해당하는 금액이며 소수점 첫째 자리에서 반올림하므로 부가세는 19,090,909 × 0.1 ≒ 1,909,091원이다. S 시가 한빛사거리 횡단보도 인근 차도에 설치할 신호등 종류는 횡형 사색등 A이므로 S 시 신호등 설치사업의 추정금액은 19,090,909 + 1,909,091 + 18,353,000 = 39,353,000원이다.

[49-50]
49 기술능력 문제 정답 ⑤

[LED 상태 표시등 색상별 의미]에 따르면 로봇 청소기가 청정스테이션에서 자동으로 분리되거나 결합하면 로봇 청소기의 LED 상태 표시등에 흰색 불이 켜지므로 가장 적절하지 않다.

오답 체크

① [고장 신고 전 확인 사항]에 따르면 흡입력이 약해진 로봇 청소기의 소음이 갑자기 증가한다면 로봇 청소기의 전원 스위치를 끈 후 먼지 통을 모두 비워야 하므로 적절하다.

② [LED 상태 표시등 색상별 의미]에 따르면 로봇 청소기의 충전이 모두 완료되면 로봇 청소기의 LED 상태 표시등에 초록색 불이 켜지므로 적절하다.

③ [고장 신고 전 확인 사항]에 따르면 로봇 청소기가 전혀 작동하지 않을 때 로봇 청소기의 LED 상태 표시등에 빨간색 불이 켜져 있으면 로봇 청소기를 직접 청정스테이션으로 옮겨 충전하는 것으로 해결이 가능하므로 적절하다.

④ [고장 신고 전 확인 사항]에 따르면 로봇 청소기가 청소 중에 멈췄을 때는 청소 제외 구역이 설정되어 있는지 확인해야 하므로 적절하다.

50 기술능력 문제
정답 ②

[LED 상태 표시등 색상별 의미]에 따르면 로봇 청소기의 소프트웨어 업데이트가 진행되면 로봇 청소기의 LED 상태 표시등에 보라색 불이 켜지므로 소프트웨어가 업데이트되는 경우라는 것은 귀하의 답변 내용으로 가장 적절하다.

51 기술능력 문제
정답 ②

제시된 글에서 설명하고 있는 기술혁신 과정에서의 핵심 역할로 가장 적절한 것은 '챔피언'이다.

🔍 더 알아보기
기술혁신의 과정과 역할

역할	혁신 활동	필요한 자질과 능력
아이디어 창안	· 아이디어창출과가능성 검증 · 업무수행의 새로운 방법 고안 · 혁신적인 진보를 위한 탐색	· 각 분야의 전문 지식 · 추상화와 개념화 능력 · 새로운 분야의 일을 즐기는 태도
챔피언	· 아이디어의 전파 · 혁신을 위한 자원 확보 · 아이디어 실현을 위한 헌신	· 정력적이며 위험을 감수하는 태도 · 아이디어의응용에관한 관심
프로젝트 관리	· 리더십 발휘 · 프로젝트의 기획 및 조직 · 프로젝트의 효과적인 진행 감독	· 의사결정능력 · 업무수행 방법에 대한 지식
정보 수문장	· 조직 내부 구성원들에게 조직 외부 정보 전달 · 조직 내의 정보원 기능	· 높은 수준의 기술적 역량 · 원만한 대인관계능력
후원	· 혁신에 대한 격려와 안내 · 불필요한 제약으로부터 프로젝트 보호 · 혁신에 대한 자원 획득 지원	· 조직의 주요 의사결정에 대한 영향력

52 기술능력 문제
정답 ⑤

기술혁신 과정의 불확실성과 모호함은 기업 내에서 많은 논쟁과 갈등을 유발할 수 있으므로 기술혁신의 특성에 대해 가장 적절하게 설명하고 있는 사람은 '무'이다.

오답 체크

① 기술개발에 참가한 엔지니어의 지식은 문서화 되기 어려워 다른 사람들에게 쉽게 전파될 수 없기 때문에 연구개발에 참가한 연구원과 엔지니어들이 소속 기업을 떠나면 기술과 지식의 손실이 크게 일어나 기술개발을 지속할 수 없는 경우가 종종 발생하는데, 이는 기술혁신이 지식 집약적인 활동이기 때문이므로 적절하지 않다.

② 새로운 기술을 개발하기 위한 아이디어의 원천이나 신제품에 대한 소비자의 수요, 기술개발의 결과 등은 예측하기 어려우며, 이에 따라 기술개발의 목표, 일정, 비용 지출, 수익 등에 대한 사전 계획을 세우기 어려우므로 적절하지 않다.

③ 기술혁신은 연구개발 부서 단독으로 수행할 수 없으므로 적절하지 않다.

④ 기술개발에 대한 기업의 투자 결과가 가시적인 성과로 나타나기까지는 비교적 장시간을 필요로 하므로 적절하지 않다.

53 기술능력 문제
정답 ③

기술적, 사업적, 인간적인 능력을 통합할 수 있는 능력은 '기술 관리자'에게 필요한 능력이므로 가장 적절하지 않다.

🔍 더 알아보기
기술 경영자와 기술 관리자에게 필요한 능력

기술 경영자	기술 관리자
· 기술을 기업의 전반적인 전략 목표에 통합시키는 능력 · 빠르고 효과적으로 새로운 기술을 습득하고 기존의 기술에서 탈피하는 능력 · 효과적으로 평가할 수 있는 능력 · 기술 이전을 효과적으로 할 수 있는 능력 · 제품개발 시간을 단축할 수 있는 능력 · 복잡하고 서로 다른 분야에 걸쳐 있는 프로젝트를 수행할 수 있는 능력 · 조직 내의 기술 이용을 수행할 수 있는 능력 · 기술 전문 인력을 운용할 수 있는 능력	· 기술을 운용하거나 문제를 해결할 수 있는 능력 · 기술직과 의사소통을 할 수 있는 능력 · 혁신적인 환경을 조성할 수 있는 능력 · 기술적, 사업적, 인간적인 능력을 통합할 수 있는 능력 · 시스템적인 관점에서 인식하는 능력 · 공학적 도구나 지원방식을 이해할 수 있는 능력 · 기술이나 추세를 이해할 수 있는 능력 · 기술팀을 통합할 수 있는 능력

54 기술능력 문제　　　　　　　　　　정답 ①

제시된 글은 사람과 사람이 인터넷과 같이 빠르고 값싼 정보통신 기술의 네트워크를 통해 이어지고 있으며, 사람들이 가진 정보와 사람들 사이에 이루어지는 활동 간에 새로운 상호 의존이 만들어지고 있음을 설명하고 있으므로 빈칸에 공통적으로 들어갈 단어는 '네트워크 혁명'이다. 네트워크 혁명의 3대 법칙 중 네트워크 가치가 사용자 수의 제곱에 비례한다는 법칙은 메트칼프의 법칙이므로 가장 적절하지 않다.

[오답 체크]
② 정보기술을 이용한 감시, 범죄 및 반사회적인 사이트의 활성화 등과 같은 네트워크 혁명의 역기능이 발생하는 이유는 네트워크에 원격으로 침투할 수 있고, 누구나 쉽게 접근할 수 있기 때문이므로 적절하다.
③ 네트워크 혁명은 인터넷이 상용화된 1990년대 이후에 시작되었으며 그 효과가 다양한 형태로 나타나고 있으므로 적절하다.
④ 네트워크 혁명의 역기능에 대응하기 위해 암호화 제품과 시스템 보완 관리 제품이 개발되고 있으며 관련 산업이 활성화되고 있으므로 적절하다.
⑤ 네트워크 혁명을 통해 컴퓨터, 인터넷 등의 디지털 기술로 상징되는 정보통신 혁명이 우리 사회를 바꾸는 방식이 시작되었으므로 적절하다.

55 기술능력 문제　　　　　　　　　　정답 ④

'전기열선'에 따르면 전기열선에 보온재를 감아 놓고 사용할 경우 화재가 발생할 수 있어 전기열선은 보온재를 감지 않고 사용해야 하므로 가장 적절하지 않다.

[오답 체크]
① 전기열선과 전기장판은 반드시 KC 마크가 있는 것으로 사용해야 하므로 적절하다.
② '전기장판'에 따르면 취침 등 전기장판을 오랜 시간 동안 사용할 경우 저온화상을 입을 수 있으니 전기장판의 온도를 35~37℃로 유지해야 하므로 적절하다.
③ '화목보일러'에 따르면 나무 연료 투입 후 투입구를 꼭 폐쇄하도록 하며 젖은 나무, 합판 등의 연료는 사용할 수 없으므로 적절하다.
⑤ '전기장판'에 따르면 전기장판 위에 천연고무 침구류를 장시간 놓아두는 것은 화재 위험 요인이 되므로 적절하다.

56 기술능력 문제　　　　　　　　　　정답 ②

㉠ 보호기간이 설정등록일 후 등록출원일로부터 20년이며, 심미성을 가진 고안으로서 물품의 외관에 미적인 감각을 느낄 수 있게 하고, 물품 자체에 표현되어 물품을 떠나서는 존재할 수 없는 것은 산업재산권의 종류 중 '디자인권(의장권)'에 해당한다.
㉡ 보호기간이 설정등록일 후 출원일로부터 20년이며, 발명한 사람이 자기가 발명한 기술을 독점적으로 사용할 수 있게 하고, 발명을 보호, 장려하고 그 이용을 도모함으로써 기술의 발전을 촉진하여 산업발전에 이바지함을 목적으로 하는 것은 산업재산권의 종류 중 '특허권'에 해당한다.
㉢ 보호기간이 등록일로부터 10년이며, 제조회사가 자사 제품의 신용 유지를 위해 제품이나 포장 등에 표시하는 것은 산업재산권의 종류 중 '상표권'에 해당한다.
㉣ 보호기간이 설정등록일 후 출원일로부터 10년이며, 기술적 창작 수준이 소발명 정도인 실용적인 창작(고안)을 보호하기 위한 것이며, 보호 대상은 특허권과 다소 다르나 전체적으로 특허권과 유사한 것은 산업재산권의 종류 중 '실용신안권'에 해당한다.
따라서 ㉠~㉣에 해당하는 산업재산권의 종류를 바르게 연결하면 '디자인권 - 특허권 - 상표권 - 실용신안권'이 된다.

🔍 더 알아보기
산업재산권의 종류

구분	특징
특허	・발명한 사람이 자기가 발명한 기술을 독점적으로 사용할 수 있는 권리임 ・특허는 설정등록일 후 출원일로부터 20년간 권리를 인정받을 수 있음 ・특허의 요건 　- 발명이 성립되어야 하며, 산업상 이용 가능해야 함 　- 새로운 것으로 진보적인 발명이어야 하며, 법적으로 특허를 받을 수 없는 사유에 해당되지 않아야 함
실용신안	・기술적 창작 수준이 소발명 정도인 실용적인 창작(고안)을 보호하기 위한 제도로서 보호 대상은 특허 제도와 다소 다르나 전체적으로 특허제도와 유사함 ・발명처럼 고도하지 않은 것으로, 물품의 형상, 구조 및 조합이 대상이 되며 등록일로부터 출원 후 10년간 권리를 인정받을 수 있음
디자인	・심미성을 가진 고안으로서 물품의 외관에 미적인 감각을 느낄 수 있게 하는 것으로, 물품이 다르면 동일한 형상의 디자인이라도 별개의 의장이 됨 ・디자인보호법 제91조 제1항에 따라 설정등록한 날부터 발생하여 디자인등록출원일 후 20년이 되는 날까지 존속함
상표	・제조회사가 자사 제품의 신용을 유지하기 위해 제품이나 포장 등에 표시하는 포장으로서의 상호나 마크가 해당됨 ・등록 후 10년간 상표의 배타적 권리가 보장됨

57 자기개발능력 문제 정답 ④

'직업 선택'에 해당하는 특징은 ⓒ, ⓑ, '조직 입사'에 해당하는 특징은 ⊙, '경력 초기'에 해당하는 특징은 ⓐ, '경력 중기'에 해당하는 특징은 ⓛ, ⓔ, '경력 말기'에 해당하는 특징은 ⓜ이다.
따라서 ⊙~ⓐ을 경력개발 단계별 특징에 따라 바르게 분류한 것은 ④이다.

🔍 더 알아보기

경력개발 단계

직업 선택	자신에게 적합한 직업을 탐색하고 이에 필요한 능력을 키우는 단계
조직 입사	자신이 선택한 경력 분야에서 원하는 조직의 일자리를 얻으며 직무를 선택하는 단계
경력 초기	직무와 조직의 규칙, 규범에 대해 배우며 자신의 입지를 다지는 단계
경력 중기	자신이 그동안 성취한 것을 재평가하고 생산성을 그대로 유지하는 단계
경력 말기	자신의 가치를 유지하기 위해 노력하는 동시에 퇴직을 고려하는 단계

58 자기개발능력 문제 정답 ③

⊙ 지도력, 설득력, 경쟁적, 일상적, 야심적, 외향적 통솔력, 언어적 적성이 높아 조직적, 경제적인 차원에서 뛰어난 언어구사력으로 사람들을 이끌어 나가는 활동을 선호하는 성격유형은 '기업형'이다.
ⓛ 친절하고 이해심이 많아 다른 사람들을 가르치고, 개발시키고, 보호하는 활동을 선호하는 성격유형은 '사회형'이다.
ⓒ 탐구심이 높고 논리적, 분석적, 지적 호기심이 많으며, 자료와 사물을 계획하고 처리, 통제, 지시, 평가하기를 좋아하는 성격유형은 '탐구형'이다.
⊙~ⓒ에 들어갈 성격유형을 바르게 연결하면 '기업형 – 사회형 – 탐구형'이 된다.

59 자기개발능력 문제 정답 ③

자기개발은 끊임없이 변화하고 있는 환경 속에서 평생에 걸쳐서 이루어지는 과정이므로 자기개발에 대해 잘못 설명하고 있는 사람은 '마리'이다.

60 자기개발능력 문제 정답 ④

자신의 비전과 목표에 대해 수립 및 조정된 일정을 수행하고, 수행 결과 등을 반성하는 피드백 과정을 거치는 자기개발 방법은 '자기관리'에 해당하는 내용이므로 가장 적절하지 않다.

🔍 더 알아보기

자기개발 방법

구분	특징
자아인식	· 직업생활과 관련하여 자신의 가치, 신념, 흥미, 적성 등 자신이 누구인지 파악하는 것을 말함 · 자기개발의 첫 단계로, 자신이 갖고 있는 특성을 바르게 인식할 수 있어야 적절한 자기개발이 이루어질 수 있음 · 자신을 알아가는 방법으로는 내가 아는 나를 확인하는 방법, 다른 사람과의 대화를 통해 알아가는 방법, 표준화된 검사 척도를 이용하는 방법 등이 있음
자기관리	· 자신을 이해하고, 목표를 성취하기 위해 자신의 행동 및 업무수행을 관리하고 조정하는 것을 말함 · 자신에 대한 이해를 바탕으로 비전과 목표 수립, 과제를 발견, 자신의 일정 수립 및 조정, 자기관리 수행, 반성 및 피드백 순으로 이루어짐
경력개발	· 일생에 걸쳐서 지속적으로 이루어지는 일과 관련된 경험으로, 개인의 경력 목표와 전략을 수립하며 실행하며 피드백하는 과정을 말함 · 자신과 상황을 인식하고 경력 관련 목표를 설정하여 그 목표를 달성하기 위한 과정인 경력계획과 경력계획을 준비하고 실행하며 피드백하는 경력관리로 이루어짐

61 자기개발능력 문제 정답 ②

⊙ 흥미는 일에 대한 관심이나 재미를 의미하며, 적성은 개인이 잠재적으로 가지고 있는 재능, 개인이 보다 쉽게 잘 할 수 있는 학습능력을 의미하므로 적절하지 않다.
ⓒ 일을 할 때는 장기적인 목표나 추상적인 목표를 세우는 것보다 단기적으로 이룰 수 있는 작은 단위로 시작하는 것이 좋으므로 적절하지 않다.
따라서 흥미와 적성에 대한 설명으로 가장 적절하지 않은 것은 '⊙, ⓒ'이다.

오답 체크

ⓛ 자신이 흥미를 느끼는 일을 파악하거나 적성검사를 통해 자신에게 적합한 일을 찾는 데 도움을 줄 수 있지만 이것이 반드시 일터에서의 성공을 의미하는 것은 아니며, 실제로는 일터에서의 조직문화, 조직풍토를 잘 이해할 수 있어야만 자신의 일에 잘 적응할 수 있으므로 적절하다.
ⓔ 흥미나 적성은 선천적으로 부여되는 것이기도 하지만 후천적으로 개발되어야 하므로 적절하다.

62 자기개발능력 문제

'주변 상황의 제약', '의사결정 시 자신감 부족', '외부 작업정보 부족', '자기 정보의 부족', '일상생활의 요구사항'이 자기개발 계획 수립이 어려운 이유에 해당한다.

따라서 자기개발 계획 수립이 어려운 이유에 해당하지 않는 것의 개수는 '4개'이다.

🔍 더 알아보기

자기개발 계획 수립이 어려운 이유

자기 정보의 부족	자신의 흥미, 장점, 가치, 라이프스타일을 충분히 이해하지 못함
내부 작업정보 부족	회사 내의 경력 기회 및 직무 가능성에 대해 충분히 알지 못함
외부 작업정보 부족	다른 직업이나 회사 밖의 기회에 대해 충분히 알지 못함
의사결정 시 자신감의 부족	자기개발과 관련된 결정을 내릴 때 자신감이 부족함
일상생활의 요구사항	개인의 자기개발 목표와 일상생활 간 갈등이 발생함
주변 상황의 제약	재정적 문제, 연령, 시간 등

63 자기개발능력 문제

경력개발은 경력을 탐색하여 자신에게 적합한 경력 목표를 설정하고 이에 따른 전략을 수립하여 실행, 평가, 관리하는 단계로 이루어지는데, 이때 각 단계들은 명확하게 구분되지 않고 중복적으로 이루어질 수 있으므로 가장 적절하지 않다.

오답 체크

① 정보기술의 발달로 원격근무 등 근무 환경이 유연해진 것은 다양한 분야에서 독립근로자들이 증가하게 된 배경이므로 적절하다.

② 경력은 직위, 직무와 관련된 역할이나 활동뿐만 아니라 여기에 영향을 주고받는 환경적 요소도 포함되므로 적절하다.

④ 평생학습 사회에서는 개인이 현재 가지고 있는 능력보다 개인이 학습할 수 있는 능력과 학습 능력을 개발하기 위한 노력이 더욱 중요하므로 적절하다.

⑤ 경력개발 5단계인 실행 및 평가에서는 사전에 수립한 전략 실행 결과의 평가를 통해 경력개발 목표나 전략이 수정될 수 있으므로 적절하다.

64 자기개발능력 문제

㉠ 단계는 '과제 발견' 단계, ㉡ 단계는 '일정 수립' 단계, ㉢ 단계는 '반성 및 피드백' 단계이고, '내가 생각하는 의미 있는 삶은 무엇인가?'의 질문을 하는 과정을 거치는 단계는 '비전 및 목적 정립' 단계에 대한 설명이므로 가장 적절하지 않다.

🔍 더 알아보기

자기관리 단계

비전 및 목적 정립	· 자신에게 가장 중요한 것을 파악함 · 가치관, 원칙, 삶의 목적을 정립함 · 삶의 의미를 파악함 · '나에게 가장 중요한 것은 무엇인가?', '나의 가치관은 무엇인가?', '내가 생각하는 의미 있는 삶은 무엇인가?', '내가 세운 삶의 원칙은 무엇인가?', '내 삶의 목적은 어디에 있는가?'와 같은 질문을 통해 비전과 목적을 정립함
과제 발견	· 비전과 목적이 정립되면 '자신이 현재 수행하고 있는 역할과 능력은 무엇인가?', '역할 간에 상충하는 것은 없는가?', '현재 변화되어야 할 것은 없는가?'와 같은 질문을 통해 현재 자신의 역할 및 능력을 검토하고 할 일을 조정하여 자신이 수행해야 할 역할들을 도출함 · 역할에 따른 활동 목표를 설정함 · 각 역할 및 활동 목표별 해야 할 일을 우선순위에 따라 구분함
일정 수립	· 하루, 주간, 월간 계획을 수립함
수행	· 수행과 관련된 요소를 분석함 · 수행 방법을 찾음
반성 및 피드백	· 일을 수행하고 나면 '어떤 목표를 성취하였는가?', '일을 수행하는 동안 어떤 문제에 직면하였는가?', '어떤 결정을 내리고 행동하였는가?', '우선순위, 일정에 따라 계획적으로 수행하였는가?' 등의 질문을 통해 분석하고, 결과를 피드백하여 다음 수행에 반영함

65 대인관계능력 문제 정답 ⑤

친화형의 사람은 따뜻하고 인정이 많으며 대인관계에서 타인을 잘 배려하여 도와주고 자기희생적인 태도를 취하는 경향이 있어 이런 유형의 사람은 타인과의 정서적 거리를 유지하는 노력과 더불어 타인의 이익만큼이나 자신의 이익도 중요함을 인식하려는 노력이 필요하고, 타인에 대한 불편함과 두려움에 대해 깊이 생각해보는 것은 고립형의 사람에 대한 보완점이므로 적절하지 않다.

66 대인관계능력 문제 정답 ②

모든 팀원이 협력하여 일할 때 비로소 창의적인 아이디어가 넘쳐나 혁신적인 발전이 이루어지기 때문에 성공적인 팀워크를 위해서는 언제나 협력이 필요한데, 성공적인 팀워크를 위한 협력을 조성하기 위해서는 많은 양의 아이디어를 요구해야 하므로 가장 적절하지 않다.

67 대인관계능력 문제 정답 ③

고객 불만 처리 프로세스에 따라 ㉠~㉢에 들어갈 내용을 순서대로 바르게 나열하면 '감사와 공감 표시 – 해결 약속 – 신속 처리'가 된다.

68 대인관계능력 문제 정답 ⑤

효과적인 팀의 구성원들은 지속적으로 시간, 비용 및 품질 기준을 충족시켜 주며, 효과적인 팀은 이러한 개별 구성원들의 노력을 단순히 합친 것 이상의 결과를 성취하는 능력을 갖추고 있어 결과에 초점을 맞춘다는 특징을 지니므로 적절하지 않다.

🔍 **더 알아보기**

효과적인 팀의 핵심적인 특징
· 팀의 사명과 목표를 명확하게 기술함
· 창조적으로 운영되며, 팀 자체의 효과성을 평가함
· 결과에 초점을 맞추며, 객관적인 결정을 내림
· 역할과 책임을 명료화시키며, 팀원 개인의 강점을 활용함
· 조직화가 잘 되어 있으며, 팀 풍토를 발전시킴
· 리더십 역량을 공유하며 구성원 상호 간에 지원을 아끼지 않음
· 개방적으로 의사소통을 하며, 의견의 불일치를 건설적으로 해결함

69 대인관계능력 문제 정답 ②

제시된 특징에 해당하는 팔로워십 유형으로 가장 적절한 것은 '순응형'이다.

🔍 **더 알아보기**

팔로워십의 유형

구분	자아상	동료/리더의 시각	조직에 대한 자신의 느낌
소외형	· 자립적인 사람임 · 고의로 반대의견을 제시함 · 조직의 양심	· 냉소적임 · 부정적임 · 고집이 셈	· 자신을 인정해 주지 않음 · 적절한 보상이 없음 · 불공정하고 문제가 있음
순응형	· 기쁜 마음으로 과업을 수행함 · 팀플레이를 함 · 리더나 조직을 믿고 헌신함	· 아이디어가 없음 · 인기 없는 일은 하지 않음 · 조직을 위해 자신과 가족의 요구를 양보함	· 기존 질서를 따르는 것이 중요함 · 리더의 의견을 거스르는 것이 어려움 · 획일적인 태도 및 행동에 익숙함
실무형	· 조직의 운영 방침에 민감함 · 균형 잡힌 시각으로 사건을 봄 · 규정과 규칙에 따라 행동함	· 개인의 이익을 극대화하기 위한 흥정에 능함 · 적당한 열의와 평범한 수완으로 업무를 수행함	· 규정 준수를 강조함 · 명령과 계획이 빈번하게 변경됨 · 리더와 부하 간의 비인간적 풍토 존재
수동형	· 판단이나 사고 시 리더에게 의존함 · 지시가 있어야 행동함	· 하는 일이 없음 · 제 몫을 하지 못함 · 업무 수행에 감독이 필요함	· 조직이 나의 아이디어를 원치 않음 · 노력과 공헌을 해도 아무 소용이 없음 · 리더는 항상 자기 마음대로 함
주도형	· 이상적인 유형으로, 조직과 팀의 목적 달성을 위해 독립적·혁신적으로 사고하고 적극적으로 역할을 실천함 · 독립적·혁신적 사고 측면에서 스스로 생각하고 건설적인 비판을 하며, 자기 나름의 개성이 있고 혁신적이며 창조적임 · 적극적인 참여와 실천 측면에서 솔선수범하고 주인의식을 가지고 있으며 적극적으로 참여하고 자발적이며 기대 이상의 성과를 내려고 노력함		

70 대인관계능력 문제   정답 ⑤

'통합형'은 갈등 상황 해결을 위해 갈등 당사자끼리 서로의 차이를
인정하고 배려하는 신뢰감과 공개적인 대화를 필요로 하는 경우로,
가장 바람직한 갈등 해결 유형이라 할 수 있다.
따라서 '통합형'에 해당하는 팀원은 '무'이다.

오답 체크

① 갑의 갈등 해결 유형은 '회피형'에 해당한다.
② 을의 갈등 해결 유형은 '수용형'에 해당한다.
③ 병의 갈등 해결 유형은 '경쟁형'에 해당한다.
④ 정의 갈등 해결 유형은 '타협형'에 해당한다.

🔍 더 알아보기

갈등 해결 방법의 5가지 유형

유형	갈등 해결 방법
회피형	· 자신과 상대방에 대한 관심이 모두 낮은 경우로, 갈등 상황에 대하여 상황이 나아질 때까지 문제를 덮어두거나 위협적인 상황에서 피하고자 하는 경우를 말함 · 개인의 갈등 상황으로부터 철회 또는 회피하는 것으로, 상대방의 욕구와 본인의 욕구를 모두 만족시킬 수 없게 됨 · 나도 지고 너도 지는 방법(I lose-You lose)이라고도 함
경쟁형	· 자신에 대한 관심은 높고 상대방에 대한 관심은 낮은 경우로, 지배형이라고도 함 · 상대방의 목표 달성을 희생시키면서 자신의 목표를 이루기 위해 전력을 다하는 전략임 · 제로섬(zero-sum) 개념을 의미하는 것으로, 나는 이기고 너는 지는 방법(win-lose)을 말함
수용형	· 자신에 대한 관심은 낮고, 상대방에 대한 관심은 높은 경우임 · 상대방의 관심을 충족하기 위하여 자신의 관심이나 요구는 희생함으로써 상대방의 의지에 따르는 경향을 보임 · 상대방이 거친 요구를 해오는 경우에 전형적으로 나타나는 반응으로, 나는 지고 너는 이기는 방법(I lose-You win)을 말함
타협형	· 자신에 대한 관심과 상대방에 대한 관심이 중간 정도인 경우임 · 서로가 받아들일 수 있는 결정을 하기 위하여 타협적으로 주고받는 방식으로, 갈등 당사자들이 반대의 끝에서 시작하여 중간 정도 지점에서 타협하여 해결점을 찾는 것을 말함 · 갈등 당사자 간의 불신이 클 경우에는 갈등 해결에 실패함
통합형	· 자신은 물론 상대방에 대한 관심이 모두 높은 경우로, 문제해결을 위하여 서로 간의 정보를 교환하면서 모두의 목표를 달성할 수 있는 윈-윈 해법을 찾음 · 서로의 차이를 인정하고 배려하는 신뢰감과 공개적인 대화를 필요로 함 · 가장 바람직한 갈등 해결 유형으로, 나도 이기고 너도 이기는 방법(win-win)을 말함

71 대인관계능력 문제   정답 ②

협상을 위한 협상 대상 안건을 결정하는 것은 상호 이해 단계에서
수행하므로 적절하지 않다.

72 대인관계능력 문제   정답 ④

㉠ 개개인과 팀이 유지해 온 이제까지의 업무 수행 상태를 뛰어넘고
자 하며, 전체 조직이나 팀원들에게 변화를 가져오는 원동력이
되는 리더십 유형은 '변혁적 유형'에 해당한다.

㉡ 독재자 유형보다 관대한 편으로, 그룹에 정보를 잘 전달하려고
노력하고 전체 그룹의 구성원 모두를 목표 방향 설정에 참여하게
함으로써 구성원들에게 확신을 심어 주려고 노력하는 리더십 유형
은 '민주주의에 근접한 유형'에 해당한다.

따라서 ㉠, ㉡에 들어갈 리더십 유형을 순서대로 바르게 나열하면
'변혁적 유형 - 민주주의에 근접한 유형'이 된다.

73 직업윤리 문제   정답 ①

도윤: 관계 지향적인 유교의 전통적 가치는 근본적으로 사적 윤리에
      해당하므로 적절하지 않다.

따라서 우리 사회의 정직성에 대해 잘못 이야기하고 있는 사람은
'도윤'이다.

오답 체크

아민: 우리 사회에서는 개인의 행위가 도덕적으로 옳은지 그른지를 판단
      할 때 유교의 영향으로 집단의 조화를 위한 판단을 우선시하는 경
      향을 보이므로 적절하다.

지온: 유교의 전통적 가치는 정직이라는 규범적 의미를 이해하는 행위와
      정직 행동을 선택하는 행위 사이의 괴리를 발생하게 하는 요소로
      작용할 수 있으므로 적절하다.

태현: 유교의 전통적 가치는 우리 사회에 덕행을 실천할 수 있는 규범
      적 틀을 마련했다는 점에서 긍정적인 영향을 지니고 있으므로
      적절하다.

74 직업윤리 문제   정답 ④

고난 극복의 의미를 가지며, 비선호의 수용 차원에서 개인의 절제나
금욕을 반영하고, 장기적으로 지속적인 행위 과정으로 인내를 요구
하므로 빈칸에 들어갈 단어로 가장 적절한 것은 '근면'이다.

75 직업윤리 문제   정답 ④

윤리적 가치는 만고불변의 진리가 아닌 시대와 사회 상황에 따라 조금씩 다르게 변화하는 것이므로 가장 적절하지 않다.

오답 체크

① 도덕은 'moris(품성 또는 풍습)'에서 비롯하였고, 윤리는 'ythos (품성)'와 'ehos(풍습)'에서 비롯하여 두 개의 어원은 같으므로 적절하다.

② 윤리의 '윤'은 도리, 질서, 차례, 법 등을 의미하기도 하고 동료, 친구, 무리, 또래 등의 인간 집단을 의미하기도 하며, '리'는 원리, 이치, 다스린다, 바르다 등을 의미하므로 적절하다.

③ 인간은 사회적 존재이기에, 개인의 욕구는 개인의 행동에 따라 충족되는 것이 아닌 다른 사람의 행동과 협력을 바탕으로 충족되므로 적절하다.

⑤ 윤리적 인간은 도덕적 가치 신념과 공동의 이익 추구를 기반으로 형성되므로 적절하다.

76 직업윤리 문제   정답 ③

고용노동부는 사람들의 공정한 채용 보장을 위해 채용 과정의 공정성에 초점을 두고 공정 채용법으로 개정할 예정이며, 이에 대해 A 기업 인사팀에 재직 중인 甲은 자신이 진행하는 업무의 공공성을 토대로 공사 구분을 분명하게 하고, 자신이 기업에서 담당하고 있는 신입사원 채용 절차를 모두 숨김없이 투명하게 처리하여 실질적인 공정성을 더욱 강화해 나가야겠다고 생각하였으므로 甲과 관련된 직업윤리의 기본원칙으로 업무의 공공성을 바탕으로 공사 구분을 명확히 하고, 모든 것을 숨김없이 투명하게 처리해야 한다는 '객관성의 원칙'이 적절하다.

🔍 더 알아보기

직업윤리의 기본원칙

다양한 직업환경의 특성상 모든 직업에 공통적으로 요구되는 윤리 원칙을 추출할 수 있으며 이를 직업윤리의 5대 원칙이라고 함

객관성의 원칙	업무의 공공성을 바탕으로 공사 구분을 명확히 하고, 모든 것을 숨김없이 투명하게 처리하는 원칙
고객 중심의 원칙	고객에 대한 봉사를 최우선으로 생각하고 현장 중심, 실천 중심으로 일하는 원칙
전문성의 원칙	자기 업무에 전문가로서 능력과 의식을 가지고 책임을 다하며, 능력을 연마하는 원칙
정직과 신용의 원칙	업무와 관련된 모든 것을 숨김없이 정직하게 수행하고, 본분과 약속을 지켜 신뢰를 유지하는 원칙
공정경쟁의 원칙	법규를 준수하고, 경쟁 원리에 따라 공정하게 행동하는 원칙

77 직업윤리 문제   정답 ⑤

칼국수 가게를 운영하고 있는 A 씨는 코로나19로 인해 끼니를 해결하기 어려운 인근 독거노인들에게 칼국수를 무상으로 제공하였으며, 대구 지역거점병원 중환자실에서 근무하고 있는 간호사 B 씨는 코로나19라는 어려운 상황 속에서도 현장을 지키며 환자들이 힘들지 않도록 사명을 가지고 일하였으므로 일 경험을 통해 다른 사람과 공동체에 대하여 봉사하는 정신을 갖추고 실천하는 태도로 고객의 가치를 최우선으로 하는 고객 서비스 개념인 '봉사성'이 가장 적절하다.

78 직업윤리 문제   정답 ③

'천직의식'은 자신의 일이 자신의 능력과 적성에 꼭 맞는다 여기고 그 일에 열성을 가지고 성실히 임하는 태도이다.
따라서 '천직의식'을 가지고 있는 사람은 '병'이다.

오답 체크

① 갑이 가지고 있는 직업윤리의 일반적인 덕목은 '전문가의식'이다.

② 을이 가지고 있는 직업윤리의 일반적인 덕목은 '책임의식'이다.

④ 정이 가지고 있는 직업윤리의 일반적인 덕목은 '봉사의식'이다.

⑤ 무가 가지고 있는 직업윤리의 일반적인 덕목은 '소명의식'이다.

79 직업윤리 문제   정답 ③

제시된 글에서 커피 전문점인 C 사가 ESG 경영을 강화하고, 환경 보호의 중요성과 사회적 불평등을 해소하기 위해 노력하며, 최근에는 일회용품 줄이기에 적극적으로 동참하는 등 기업의 사회적 책임을 더욱 강화해 나가고 있다는 내용을 설명하고 있으므로 글에서 나타나는 직업윤리의 덕목은 '책임성'이다. 책임성은 직업에 대한 사회적 역할과 책무를 충실히 수행하고 책임지려는 태도이자 맡은 업무를 어떠한 일이 있어도 수행해 내는 태도이므로 가장 적절하다.

오답 체크

① 부지런히 일하여 힘씀이라는 사전적 의미를 가지고 있는 것은 '근면'이므로 적절하지 않다.

② 신뢰를 형성하고 유지하는 데 필요한 가장 기본적이고 필수적인 규범은 '정직'이므로 적절하지 않다.

④ 민주 시민으로서 지켜야 하는 기본 의무이며 생활 자세는 '준법성'이므로 적절하지 않다.

⑤ 정성스럽고 순수하고 참됨과 알차고 진실된 것이라는 의미가 내포되어 있는 것은 '성실'이므로 적절하지 않다.

80 직업윤리 문제 정답 ④

㉠ 자신이 하는 행위가 비윤리적인 것을 알고 있지만 윤리적인 기준에 따라 행동하는 것을 중요하게 여기지 않아 비윤리적인 행위를 저지르는 경우는 비윤리적 행위의 원인 중 '무관심'에 해당한다.

㉡ 자신이 하는 행위가 잘못된 행위라는 것을 알고 그러한 행위를 하지 않으려고 하지만, 자신이 통제할 수 없는 어떤 요인으로 비윤리적인 행위를 저지르는 경우는 비윤리적 행위의 원인 중 '무절제'에 해당한다.

㉢ 사람들이 무엇이 옳고, 무엇이 그른지 모르기 때문에 비윤리적 행위를 저지르는 경우는 비윤리적 행위의 원인 중 '무지'에 해당한다.

따라서 ㉠~㉢에 해당하는 비윤리적 행위의 원인을 바르게 연결한 것은 ④이다.

핵심 영역 마무리 모의고사 30문항형

정답

01 의사소통	02 의사소통	03 의사소통	04 의사소통	05 의사소통	06 의사소통	07 의사소통	08 의사소통	09 의사소통	10 의사소통
③	①	⑤	⑤	②	①	②	③	③	③
11 수리	12 수리	13 수리	14 수리	15 수리	16 수리	17 수리	18 수리	19 수리	20 수리
②	③	①	④	③	⑤	②	①	③	③
21 문제해결	22 문제해결	23 문제해결	24 문제해결	25 문제해결	26 문제해결	27 문제해결	28 문제해결	29 문제해결	30 문제해결
③	④	②	⑤	①	⑤	①	④	①	⑤

취약 영역 분석표

· 영역별로 맞힌 개수, 틀린 문제 번호와 풀지 못한 문제 번호를 적고 나서 취약한 영역이 무엇인지 파악해보세요. 틀리거나 풀지 못한 문제를 다시 풀어보면서 확실히 극복하세요.
· NCS 직업기초능력 고난도 문제에 대비하고 싶다면, 해커스잡 사이트(ejob.Hackers.com)에서 제공하는 <NCS PSAT형 온라인 모의고사>를 풀어보며 실력을 향상시켜 보세요.

학습 날짜	영역	맞힌 개수	틀린 문제 번호	풀지 못한 문제 번호
__월 __일	의사소통능력	/10		
	수리능력	/10		
	문제해결능력	/10		

해설

01 의사소통능력 문제
정답 ③

사전에 준비된 내용을 대중 상대로 말하는 공식적 말하기에는 연설, 토의, 토론 등이 있다.

따라서 공식적 말하기에 해당하는 것은 ⊙, ⓔ, ⑪이다.

오답 체크

ⓒ, ⓔ, ⑭ 정치적, 문화적 행사와 같이 의례 절차에 따라 말하는 의례적 말하기에 해당한다.

02 의사소통능력 문제
정답 ①

빈칸에 공통적으로 들어갈 단어는 순서 있게 구분하여 벌어 나가는 관계, 또는 그 구분에 따라 각각에게 돌아오는 기회 또는 일이 일어나는 횟수를 세는 단위를 의미하는 ①이 적절하다.

오답 체크

② 의례(儀禮): 행사를 치르는 일정한 법식. 또는 정하여진 방식에 따라 치르는 행사

③ 사례(事例): 어떤 일이 전에 실제로 일어난 예

④ 실례(實例): 구체적인 실제의 보기

⑤ 관례(慣例): 전부터 해 내려오던 전례(前例)가 관습으로 굳어진 것

03 의사소통능력 문제
정답 ⑤

제시된 의미에 해당하는 한자성어는 '고복격양(鼓腹擊壤)'이다.

오답 체크

① 연목구어(緣木求魚): 나무에 올라가서 물고기를 구한다는 뜻으로, 도저히 불가능한 일을 굳이 하려 함을 비유적으로 이르는 말

② 운우지정(雲雨之情): 구름 또는 비와 나누는 정이라는 뜻으로, 남녀의 정교(情交)를 이르는 말

③ 전전반측(輾轉反側): 누워서 몸을 이리저리 뒤척이며 잠을 이루지 못함

④ 낙화유수(落花流水): 떨어지는 꽃과 흐르는 물이라는 뜻으로, 가는 봄의 경치를 이르는 말

04 의사소통능력 문제
정답 ⑤

밑줄 친 부분의 표기가 올바른 것은 '며칠', '훼손'이다.

오답 체크

· 웬지(X) → 왠지(O): '왜 그런지 모르게, 또는 뚜렷한 이유도 없이'라는 의미의 부사는 '왠지'로 표기해야 한다.

· 어떻게(X) → 어떻게(O): '의견, 성질, 형편, 상태 따위가 어찌 되어 있다'는 의미의 형용사는 '어떻게'로 표기해야 한다.

· 바램(X) → 바람(O): '어떤 일이 이루어지기를 기다리는 간절한 마음'이라는 의미의 명사는 '바람'으로 표기해야 한다.

05 의사소통능력 문제
정답 ②

고대 로마에 건축된 콜로세움은 시민들에게 다양한 볼거리를 제공함으로써 정치적 입지를 다지고 화합을 도모하거나 권위 불복 시 발생할 수 있는 보복을 암시하는 등 당대 로마 정치인들의 정치적 목적을 위해 이용되기도 했다고 하였으므로 콜로세움이 로마 정치인들이 유흥을 즐기기 위한 목적으로만 사용되다가 중세에 이르러서야 다른 용도로 활용되기 시작한 것은 아님을 알 수 있다.

오답 체크

① 고대 로마의 콜로세움에서는 검투사들의 격투와 사냥 시합뿐만 아니라 고전극의 상연 등 다양한 무대가 펼쳐졌다고 하였으므로 적절하다.

③ 플라비아누스 원형 경기장이라는 이름으로 불린 당시 콜로세움의 관중석은 신분과 성별에 따라 구분되었다고 하였으므로 적절하다.

④ 콜로세움이 이탈리아의 손꼽히는 유명 관광 명소이며, 많은 관광객이 찾는다고 하였으므로 적절하다.

⑤ 도미티아누스 황제는 티투스 황제가 완공한 콜로세움에 한 층을 더 세워 총 4층의 경기장을 완성했다고 하였으므로 적절하다.

06 의사소통능력 문제
정답 ①

4문단에서 지진파가 진원으로부터 관측점에 도달하는 데 걸리는 시간은 지구 내부의 구조에 따라 다르며, 보통 암석이 단단할수록 적게 걸린다고 하였으므로 암석이 단단할수록 실체파의 진행 속도가 느리다는 것은 아님을 알 수 있다.

오답 체크

② 4문단에서 P파가 관측점에 도달한 뒤 S파로 도달할 때까지의 시간을 측정한 PS시로 진원 거리를 측정할 수 있다고 하였으므로 적절하다.

③ 1문단에서 표면파는 지구 내부를 통과하지 못하고 지표면을 따라 전파한다고 하였으므로 적절하다.

④ 2문단에서 P파는 파동의 진행 방향과 매질의 입자가 진동하는 방향이 같은 종파라고 하였으며 고체, 액체, 기체 등의 모든 매질을 통과할 수 있다고 하였으므로 적절하다.

⑤ 3문단에서 실체파인 S파가 P파보다 전파속도는 약 1.7배 느리며, 진폭은 더 크다고 하였으므로 적절하다.

07 의사소통능력 문제 　　　　정답 ②

이 글은 매너리즘이 르네상스에서 바로크 시대 사이의 과도기적 미술 양식으로서 당대 유럽의 혼란스러운 시대상이 반영되어 기존양식의 파괴나 실험적인 성향, 왜곡되고 불분명한 구도와 기괴한 표현 등의 특징이 나타났으며, 20세기 초까지 부정적인 시선을 받기도 했으나 이후 독립된 미술 양식으로 재평가되며 다양한 예술 영역으로 총칭 되고 있다는 내용이므로 이 글의 제목으로 가장 적절한 것은 ②이다.

08 의사소통능력 문제 　　　　정답 ③

이 글은 역사의 의미를 언급하며 역사 연구 방법론에 따라 분류한 사실로서의 역사와 기록으로서의 역사를 소개하고, 역사 학습의 중요성에 대해 설명하는 글이다.
따라서 '(다) – (마) – (나) – (라) – (가)' 순으로 연결되어야 한다.

09 의사소통능력 문제 　　　　정답 ③

이 글은 고령화 사회에 진입하며 필요성이 증대되고 있는 실버산업 이 다품종 소량생산 체제 중심으로 발전할 것임을 설명하고, 고령층 의 소비 패턴 변화가 가속됨에 따라 실버산업의 규모도 확대될 것으 로 예측하면서 실버산업 활성화 방안을 모색하는 글이다.
③ 4문단에서 정부가 제공하는 노인 복지 서비스의 한계에 대해 언 급하고 있지만, 이는 글의 핵심 내용인 실버산업 활성화의 필요 성을 강조하는 근거 자료의 하나로 제시된 것이므로 가장 적절하 지 않다.

10 의사소통능력 문제 　　　　정답 ③

<보기>는 온실가스 감축 방안이 교통 부문에서 가장 주목받는 이슈이며, 전기 및 수소 등 친환경 자동차에 대한 소비자의 수요도 함께 증대되고 있어 정부에서 관련 보조금을 지급하고 있고, 이와 는 별개로 고효율 에너지 교통체계에 대한 요구가 증대되고 있다는 내용의 글이다.
따라서 <보기>가 속하는 항목으로 가장 적절한 것은 ③이다.

11 수리능력 문제 　　　　정답 ②

홀수항에 제시된 각 숫자 간의 값은 +17, +13, +9, +5, …와 같이 −4씩 변하는 등차 계차수열이고, 짝수항에 제시된 각 숫자 간의 값 은 +9로 반복되는 등차수열이다.
따라서 빈칸에 들어갈 숫자는 짝수항의 규칙을 적용하여 4번째 제시된 41에 9가 더해진 50이다.

12 수리능력 문제 　　　　정답 ③

한 잔에 원가가 4,000원인 커피 가격에 이익률이 x%이므로 책정 한 정가는 $4,000 \times (1 + \frac{x}{100})$이다. 또한, 정가에 할인율 x%를 적 용하여 판매하였으므로 할인가는 $4,000 \times (1 + \frac{x}{100}) \times (1 - \frac{x}{100})$이 다. 이 할인가로 판매한 후 커피 한 잔의 원가보다 640원의 손해를 보았다고 하였으므로 할인가는 원가 4,000원보다 640원 낮은 가격 으로 판매된 $4,000 - 640 = 3,360$원임을 알 수 있다.
$4,000 \times (1 + \frac{x}{100}) \times (1 - \frac{x}{100}) = 3,360 \rightarrow 4,000 \times (1 - \frac{x^2}{10,000})$
$= 3,360 \rightarrow 1 - \frac{x^2}{10,000} = \frac{3,360}{4,000}$
$\rightarrow \frac{x^2}{10,000} = \frac{640}{4,000} \rightarrow x^2 = 1,600 \rightarrow x = 40$
따라서 할인율 x의 값은 40이다.

13 수리능력 문제 　　　　정답 ①

땅의 테두리에 일정한 간격으로 심는 최소 나무의 수는 245와 210 의 최대공약수임을 알 수 있다. $245 = 5 \times 7^2$과 $210 = 2 \times 3 \times 5 \times 7$의 최대공약수는 $5 \times 7 = 35$이므로 35m 간격마다 나무를 심어야 한다.
따라서 땅의 테두리는 $(245 \times 2) + (210 \times 2) = 910$m이므로 필요 한 나무는 $\frac{910}{35} = 26$그루이다.

14 수리능력 문제 　　　　정답 ④

2014년 이후 2016년까지 중학생 수와 초등학생 수는 매년 전년 대비 감소하였으므로 적절하다.

오답 체크

① 초등학생 수는 2016년까지 꾸준히 감소하다가 2017년에는 2016년 보다 증가하였으므로 적절하지 않다.
② 초등학생 수는 2016년 2,673천 명에서 2018년 2,711천 명으로 증가 하였지만, 고등학생 수는 2016년 1,752천 명에서 2018년 1,539천 명으로 감소하였으므로 적절하지 않다.
③ 초등학생 수는 2018년 2,711천 명에서 2019년 2,747천 명으로 증 가하였지만, 중학생 수는 2018년 1,334천 명에서 2019년 1,295천 명으로 감소하였고, 고등학생 수도 마찬가지로 2018년 1,539천 명에 서 2019년 1,411천 명으로 감소하였으므로 적절하지 않다.
⑤ 고등학생 수의 증감 추이는 매년 전년 대비 감소하여 같은 양상을 보 이므로 적절하지 않다.

15 수리능력 문제   정답 ③

제시된 자료에 따르면 제품 수입량은 2015년에 가장 적고 2016년에 가장 많지만, 연도별 제품 수입량 그래프에서는 2012년에 가장 적으므로 적절하지 않은 자료이다.

16 수리능력 문제   정답 ⑤

A: 독일의 GDP 대비 공적개발원조 비율이 처음으로 프랑스보다 높아진 2014년에 독일의 공적개발원조 순지출액은 전년 대비 16,566 - 14,228 = 2,338백만 달러 증가했으므로 적절하다.

C: GDP = (공적개발원조 순지출액 / GDP 대비 공적개발원조 비율) × 100임을 적용하여 구한다. 2011년 미국의 GDP는 (30,966 / 0.20) × 100 = 15,483,000백만 달러로 15,483십억 달러이므로 옳은 설명이다.

오답 체크

B: 2015년 일본의 공적개발원조 순지출액은 9,203백만 달러이고, 한국의 공적개발원조 순지출액의 5배는 1,915 × 5 = 9,575백만 달러이므로 적절하지 않다.

17 수리능력 문제   정답 ②

㉠ 2017년 조사사업장은 3,798개소이고 취급량은 196,288천 톤으로 1개소당 취급량은 196,288 / 3,798 = 51.7천 톤이므로 적절하다.

㉣ 2013년 이후 조사화학물질은 매년 226종 또는 228종으로 230종을 넘지 않으므로 적절하다.

오답 체크

㉡ 제시된 자료에 따르면 취급량의 단위는 천 톤, 배출량의 단위는 톤이므로 단위를 하나로 통일하여 계산해야 한다. 즉, 취급량의 단위를 톤으로 환산하면 172,120,000톤이고, 2015년 취급량 대비 배출량은 (53,732 / 172,120,000) × 100 = 0.031%이므로 적절하지 않다.

㉢ 2016년을 제외한 나머지 해에는 대기 배출량이 수계 배출량의 200배 이상이지만, 2016년 대기 배출량은 56,825톤, 수계 배출량은 422톤으로 약 56,825 / 422 = 135배이므로 적절하지 않다.

18 수리능력 문제   정답 ①

컨테이너 화물 처리 실적 = 수출입화물 + 환적화물 + 연안화물임을 적용하여 구한다.

2017년 컨테이너 화물 처리 실적은 16,311 + 10,710 + 447 = 27,468천 TEU이고, 2013년 컨테이너 수입화물 처리 실적은 13,948 - 7,011 = 6,937천 TEU이다.

따라서 2017년 전체 컨테이너 화물 처리 실적과 2013년 컨테이너 수입화물 처리 실적의 합은 27,468 + 6,937 = 34,405천 TEU이다.

19 수리능력 문제   정답 ③

가동률 = (일 최대 생산량 / 시설용량) × 100임을 적용하여 구한다. 2018년 가동률은 (14,084 / 17,709) × 100 = 79.5%, 2014년 가동률은 (12,799 / 17,553) × 100 = 72.9%이므로 2018년 가동률의 4년 전 대비 증가량은 79.5 - 72.9 = 6.6%p이다.

20 수리능력 문제   정답 ③

B 국 재외 동포 수와 F 국 재외 동포 수의 차이는 2011년에 2,762 - 645 = 2,117천 명, 2013년에 2,337 - 656 = 1,681천 명, 2015년에 2,705 - 657 = 2,048천 명, 2017년에 2,574 - 616 = 1,958천 명, 2019년에 2,586 - 627 = 1,959천 명, 2021년에 2,548 - 631 = 1,917천 명으로 B 국 재외 동포 수와 F 국 재외 동포 수의 차이가 세 번째로 큰 해는 2019년이다.

2019년 D 국 재외 동포 수의 2017년 대비 증가율은 {(224 - 206) / 206} × 100 = 8.7%이고, 2019년 G 국 재외 동포 수의 2017년 대비 증가율은 {(511 - 486) / 486} × 100 = 5.1%이므로 그 차이는 8.7 - 5.1 = 3.6%p이다.

21 문제해결능력 문제   정답 ③

주어진 명제가 참일 때 그 명제의 '대우'만이 참인 것을 이용한다.
세 번째 명제의 '대우'와 네 번째 명제의 '대우'를 차례로 결합한 결론은 아래와 같다.

· 세 번째 명제(대우): 버스를 타는 사람은 지하철을 타지 않는다.
· 네 번째 명제(대우): 지하철을 타지 않는 사람은 도보로 가지 않는다.
· 결론: 버스를 타는 사람은 도보로 가지 않는다.

22 문제해결능력 문제   정답 ④

차량이 많은 어떤 곳에 미세먼지가 많다는 것은 차량이 많으면서 미세먼지가 많은 곳이 적어도 한 곳 존재한다는 것이므로, 차량이 많은 곳에 공장이 많다면 차량이 많으면서 공장이 많은 곳 중에 미세먼지가 많은 곳이 적어도 한 곳 존재하게 된다.

따라서 '차량이 많은 곳에는 공장이 많다.'가 타당한 전제이다.

오답 체크

차량이 많은 곳을 A, 미세먼지 많은 곳을 B, 공장이 많은 곳을 C라고 하면

① 차량이 많은 어떤 곳에도 공장이 많지 않다는 것은 차량이 많은 모든 곳에는 공장이 많지 않다는 것이고, 차량이 많은 어떤 곳에는 미세먼지가 많으면 미세먼지가 많은 모든 곳에는 공장이 많지 않을 수도 있으므로 결론이 반드시 참이 되지 않는다.

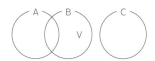

② 차량이 많은 어떤 곳에는 미세먼지가 많고, 공장이 많은 곳에는 차량이 많지 않으면 미세먼지가 많은 모든 곳에는 공장이 많지 않을 수도 있으므로 결론이 반드시 참이 되게 하는 전제가 아니다.

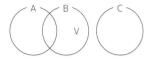

③ 차량이 많은 어떤 곳에는 미세먼지가 많고, 차량이 많은 어떤 곳에는 공장이 많으면 미세먼지가 많은 모든 곳에는 공장이 많지 않을 수도 있으므로 결론이 반드시 참이 되게 하는 전제가 아니다.

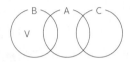

⑤ 차량이 많은 어떤 곳에는 미세먼지가 많고, 공장이 많은 곳에는 차량이 많으면 미세먼지가 많은 모든 곳에는 공장이 많지 않을 수도 있으므로 결론이 반드시 참이 되게 하는 전제가 아니다.

23 문제해결능력 문제
정답 ②

제시된 조건에 따르면 7명은 각각 인사팀, 홍보팀, 재무팀 중 한 곳에 소속되어 있으며, 윤 사원과 문 사원은 서로 같은 팀에 소속되어 있으므로 문 사원이 소속된 인사팀에 윤 사원도 소속되어 있다. 홍보팀에 소속된 직원 중 재무팀에 소속된 직원과 같은 직급의 직원은 없고, 과장은 서로 다른 팀에 소속되어 있으므로 김 과장과 박 과장 둘 중 한 사람은 홍보팀과 재무팀 중 한 곳에 소속되어 있고, 나머지 한 사람은 인사팀에 소속되어 있다. 또한, 서로 다른 팀에 소속되어 있는 이 대리와 홍 대리 둘 중 한 사람도 홍보팀과 재무팀 중 한 곳에 소속되어 있고, 나머지 한 사람은 인사팀에 소속되어 있다. 이에 따라 인사팀에는 과장 1명과 대리 1명, 사원 2명으로 총 4명이 소속되거나 차장 1명을 포함하여 총 5명이 소속될 수 있고, 재무팀에는 차장, 과장, 대리 중 2명만 소속될 수 있다.

따라서 홍보팀에는 차장, 과장, 대리 중 최대 1명이 소속될 수 있음을 알 수 있다.

24 문제해결능력 문제
정답 ⑤

제시된 조건에 따르면 4명 중 1명만 거짓을 말했으므로 1명씩 거짓을 말하는 경우에 따라 음료를 마신 사람을 찾는다. 먼저 A의 말이 거짓이고 나머지 3명의 말이 진실일 경우, 탄산수를 마신 사람은 B와 C가 아니므로 A 또는 D이고, B의 말에 따라 녹차라테를 마신 사람은 D이므로 탄산수를 마신 사람은 A이다. 또한, D의 말에 따라 카페라테를 마신 사람은 C이고, 4명은 서로 다른 종류의 음료를 마셨으므로 홍차라테를 마신 사람은 B이다.

음료	카페라테	녹차라테	홍차라테	탄산수
마신 사람	C	D	B	A

두 번째로 B의 말이 거짓이고 나머지 3명의 말이 진실일 경우, A, D의 말에 따라 탄산수를 마신 사람은 B 또는 C이고, 카페라테를 마신 사람은 C이므로 탄산수를 마신 사람은 B이다. 또한, D가 녹차라테를 마셨다는 B의 말이 거짓이므로 녹차라테를 마신 사람은 A, 홍차라테를 마신 사람은 D이다.

음료	카페라테	녹차라테	홍차라테	탄산수
마신 사람	C	A	D	B

세 번째로 C의 말이 거짓이고 나머지 3명의 말이 진실일 경우, 홍차라테를 마신 사람은 A이고, A, D의 말에 따라 카페라테를 마신 사람은 C, 탄산수를 마신 사람은 B이다. 또한, B의 말에 따라 녹차라테를 마신 사람은 D이다.

음료	카페라테	녹차라테	홍차라테	탄산수
마신 사람	C	D	A	B

마지막으로 D의 말이 거짓이고 나머지 3명의 말이 진실일 경우 B의 말에 따라 녹차라테를 마신 사람은 D이고, A의 말에 따라 탄산수를 마신 사람은 B 또는 C이다. 또한, C의 말에 따라 A는 홍차라테를 마시지 않았으므로 카페라테를 마신 사람은 A이고, 이어 따라 홍차라테를 마신 사람은 B 또는 C이다.

음료	카페라테	녹차라테	홍차라테	탄산수
마신 사람	A	D	B 또는 C	B 또는 C

따라서 녹차라테를 마신 사람은 알 수 없다.

25 문제해결능력 문제

[○○오디션 점수 집계 안내]에 따르면 1차 점수는 부문별 점수에 가중치를 곱한 후 모두 더하여 산출하므로 지원자의 부문별 가중치를 곱한 점수와 1차 점수는 다음과 같다.

구분	A	B	C	D	E
음원 점수	90×0.6 $=54$점	75×0.6 $=45$점	81×0.6 $=48.6$점	99×0.6 $=59.4$점	84×0.6 $=50.4$점
동영상 점수	78×0.1 $=7.8$점	84×0.1 $=8.4$점	78×0.1 $=7.8$점	60×0.1 $=6$점	90×0.1 $=9$점
라디오 점수	48×0.1 $=4.8$점	90×0.1 $=9$점	63×0.1 $=6.3$점	54×0.1 $=5.4$점	66×0.1 $=6.6$점
1차 점수	66.6점	62.4점	62.7점	70.8점	66점

1차 점수가 높은 순으로 사전 순위 1위부터 5위를 왼쪽부터 차례로 나열하면 D, A, E, C, B이다. 이때, 1차 점수가 높은 3명의 지원자인 A, D, E가 1위 후보이고, 이들의 1차 점수와 문자 투표 점수에 가중치를 곱한 점수의 합인 최종 점수는 다음과 같다.

구분	A	D	E
1차 점수	66.6점	70.8점	66점
문자 투표 점수	84×0.2 $=16.8$점	76×0.2 $=15.2$점	92×0.2 $=18.4$점
최종 점수	83.4점	86점	84.4점

B와 C는 1위 후보가 아니므로 사전 순위와 최종 순위가 같고, 이에 따라 최종 순위 1위부터 5위를 왼쪽부터 차례로 나열하면 D, E, A, C, B이다.

따라서 사전 순위와 최종 순위가 다른 지원자는 A, E 2명이므로 적절하다.

오답 체크

② 1차 점수가 가장 높은 지원자는 70.8점을 얻은 D이므로 적절하지 않다.

③ 1위 후보들의 최종 점수에서 가장 큰 비중을 차지하는 점수는 음원 점수이므로 적절하지 않다.

④ D의 사전 순위는 1위, E의 사전 순위는 3위이므로 적절하지 않다.

⑤ 최종 순위 1위부터 5위를 왼쪽부터 차례로 나열하면 D, E, A, C, B이므로 적절하지 않다.

26 문제해결능력 문제

[구매조건]에 따르면 갑은 건전지 용량이 500mAh의 건전지를, 을은 충전이 가능한 건전지를, 병은 건전지 용량이 12,000mAh 이상의 건전지를 구매하려고 한다. 이에 따라 을과 병이 동일한 건전지를 구매하려는 경우는 건전지 용량이 12,000mAh 이상이며 충전이 가능한 F-1 건전지로 가격이 40,000원이므로 적절하지 않다.

오답 체크

① 갑이 구매하려는 건전지 중 가장 저가의 건전지는 A-2 건전지로 7,000원이므로 적절하다.

② 을이 구매하려는 건전지 중 가장 저가의 건전지는 A-1 건전지로 12,000원이므로 적절하다.

③ 병이 구매하려는 건전지 중 가장 저가의 건전지는 F-2 건전지로 30,000원이므로 적절하다.

④ 갑과 을이 동일한 건전지를 구매하려는 경우 A-1 건전지로 12,000원이므로 적절하다.

[27-28]
27 문제해결능력 문제

'2. 제품별 보증기간'에 따르면 공용 장소에 설치하여 사용 시 세탁기의 보증기간은 1년에서 6개월로 단축되며, '1. 보증기간 산정 기준'에 따라 제품보증서가 없는 경우 제조 일자로부터 4개월이 경과한 날부터 보증기간을 산정하여 제품보증서가 없는 학교 기숙사의 공용 세탁기가 제조 일자로부터 6+4=10개월까지 정상적인 사용 상태에서 하자가 발생하면 무상수리를 받을 수 있으므로 적절하지 않다.

오답 체크

② '3. 수리 기준'에 따르면 구매 후 10일 이내에 정상적인 사용 상태에서 하자 발생 시 제품 교환 또는 구매 금액을 환급해주어 제품보증서가 있는 일반 가정의 선풍기가 구매 일자로부터 7일이 경과한 후 정상적인 사용 상태에서 하자가 발생하면 구매 금액을 환급받을 수 있으므로 적절하다.

③ '3. 수리 기준'에 따르면 구매 후 1개월 초과한 날부터 제품별 보증기간 이내에 정상적인 사용 상태에서 하자 발생 시 무상수리를 받을 수 있으며, 수리 불가능 시 제품 교환 또는 구매 금액을 환급해주어 제품보증서가 있는 일반 가정의 냉장고가 구매 일자로부터 9개월이 경과한 후 정상적인 사용 상태에서 하자가 발생하였지만 수리가 불가능하면 제품 교환을 받을 수 있으므로 적절하다.

④ '2. 제품별 보증기간'에 따르면 차량에 탑재하여 사용 시 난방기의 보증기간은 2년에서 1년으로 단축되어 제품보증서가 있는 난방기를 캠핑카에 탑재하여 사용하다가 구매 일자로부터 15개월이 경과한 후 정상적인 사용 상태에서 하자가 발생하면 무상수리를 받을 수 없으므로 적절하다.

⑤ '3. 수리 기준'에 따르면 타사 부품으로 교체한 자사 제품 하자 발생 시 유상수리를 받아야 하여 제품보증서가 있는 개인 자취방의 모니터를 타사 액정으로 교체 수리한 적이 있으면 구매 일자로부터 3개월이 경과한 후 정상적인 사용 상태에서 하자가 발생하여도 유상수리를 받아야 하므로 적절하다.

28 문제해결능력 문제   정답 ④

강영민 고객이 에어컨을 구매한 시점은 2018년 8월이고, 수리를 의뢰한 시점은 2021년 2월이므로 사용연수는 2년 6개월 = 30개월, 내용연수는 7년 = 84개월이다. 이때, 감가상각은 정액법을 적용하며, 사용연수는 월할 산정하여 에어컨의 감가상각비는 (30 / 84) × 546,000 ≒ 195,000원이므로 감가상각한 잔여 금액은 546,000 − 195,000 = 351,000원이다. 이때, 에어컨은 2018년 1월 1일 이후 구매한 제품에 해당하여 감가상각한 잔여 금액에 구매 금액의 10%를 가산하여 환급하므로 351,000 + (546,000 × 0.1) = 351,000 + 54,600 = 405,600원이다.

따라서 강영민 고객에게 환급해줄 금액은 405,600원이다.

29 문제해결능력 문제   정답 ①

[정차역 신설 계획안]에 따르면 도시별 2022년 현재 철도 이용자 수와 최근 3년간 철도 이용률의 전년 대비 평균 증감률은 다음과 같다.

구분	2022년 현재 철도 이용자 수	최근 3년간 철도 이용률의 전년 대비 평균 증감률
A 도시	30,200 × (74 / 100) = 22,348명	(3 − 2 + 7) / 3 ≒ 2.7%p
B 도시	35,100 × (69 / 100) = 24,219명	(6 + 2 + 1) / 3 = 3%p
C 도시	39,700 × (64 / 100) = 25,408명	(3 − 4 + 6) / 3 ≒ 1.7%p
D 도시	44,200 × (61 / 100) = 26,962명	(−1 + 7 + 2) / 3 ≒ 2.7%p
E 도시	31,300 × (72 / 100) = 22,536명	(2 − 2 + 7) / 3 ≒ 2.3%p

따라서 B 도시는 2가지 선정 기준을 모두 충족하여 정차역을 신설할 도시의 후보로 선별되므로 가장 적절하다.

30 문제해결능력 문제   정답 ⑤

면접 전형은 서류 전형을 통과한 지원자의 50%가 합격하므로 지원자 12명 중 면접 점수와 보훈 점수를 합친 최종 점수가 높은 순으로 6명이 합격한다.

이때, 평가 방법과 지원자별 면접관 점수를 토대로 도출한 면접 점수와 최종 점수는 다음과 같다.

지원자 코드	보훈 점수	면접 점수	최종 점수
A0823	3점	(90 + 83 + 82) / 3 = 85점	3 + 85 = 88점
B0915	8점	(81 + 83 + 82) / 3 = 82점	8 + 82 = 90점
A1017	5점	(75 + 83 + 73) / 3 = 77점	5 + 77 = 82점
C0530	10점	(69 + 74 + 79) / 3 = 74점	10 + 74 = 84점
A0715	8점	(81 + 87 + 75) / 3 = 81점	8 + 81 = 89점
B0321	3점	(89 + 85 + 90) / 3 = 88점	3 + 88 = 91점
B0930	5점	(83 + 85 + 78) / 3 = 82점	5 + 82 = 87점
C0518	0점	(78 + 84 + 81) / 3 = 81점	0 + 81 = 81점
A0810	1점	(89 + 88 + 84) / 3 = 87점	1 + 87 = 88점
C1205	0점	(74 + 80 + 83) / 3 = 79점	0 + 79 = 79점
B1121	10점	(75 + 69 + 78) / 3 = 74점	10 + 74 = 84점
C1211	3점	(71 + 80 + 80) / 3 = 77점	3 + 77 = 80점

이에 따라 최종 점수가 높은 순서대로 91점인 B0321, 90점인 B0915, 89점인 A0715, 88점인 A0823과 A0810, 87점인 B0930이 면접 전형에 합격하며, 최종 점수가 동점인 A0823과 A0810의 경우 면접 점수가 87점으로 더 높은 A0810의 순위가 더 높다. 따라서 면접 전형에 합격하는 지원자 코드를 순위 순으로 바르게 나열하면 B0321 − B0915 − A0715 − A0810 − A0823 − B0930이다.

⏱ 빠른 문제 풀이 Tip

선택지에 제시된 지원자 순서로 최종 점수를 계산한다.
가장 먼저 제시된 A0823, B0915, B0321의 최종 점수를 계산하면 A0823이 88점, B0915가 90점, B0321이 91점으로 B0321이 가장 높다. 이에 따라 선택지 ④, ⑤의 다른 부분인 네 번째로 제시된 A0823과 A0810의 최종 점수를 계산하면 둘 다 88점임에 따라 면접 점수가 더 높은 A0810에게 더 높은 순위가 매겨지므로 지원자별 최종 점수를 모두 구하지 않고 문제를 풀이할 수 있다.

공기업 최종 합격을 위한
추가 학습 자료 5종

취업 인강
2만원 할인쿠폰

D877 7B46 D65A AE4S

전공필기 강의
20% 할인쿠폰

B9F8 F5C3 5849 D2X9

고난도 대비
NCS PSAT형 온라인 모의고사
무료 응시권

4896 4AC5 4B54 CFTU

* 지급일로부터 30일간 PC로 응시 가능   * [마이클래스-모의고사]에서 응시 가능

이용방법

해커스잡 사이트(ejob.Hackers.com) 접속 후 로그인
▶ 사이트 우측 상단 [나의정보] 클릭
▶ [나의 쿠폰] 클릭
▶ [쿠폰/수강권 등록]에 쿠폰(인증)번호 입력 후 이용

* 위 쿠폰은 한 ID당 1회에 한해 등록 및 사용 가능하며, 이벤트 강의 및 프로모션 강의에는
  적용 불가, 쿠폰 중복 할인 불가합니다.
* 이 외 쿠폰 관련 문의는 해커스 고객센터(02-537-5000)로 연락 바랍니다.

모듈이론공략 200제(PDF)

T3AB N5A2 5B18 9WZM

이용방법

해커스잡 사이트(ejob.Hackers.com) 접속 후 로그인
▶ 사이트 메인 상단 [교재정보 - 교재 무료자료] 클릭
▶ 교재 확인 후 이용하길 원하는 무료자료의 [다운로드] 버튼 클릭
▶ 위 쿠폰번호 입력 후 다운로드

* 이 외 쿠폰 관련 문의는 해커스 고객센터(02-537-5000)로 연락 바랍니다.

FREE # 무료 바로 채점 및 성적 분석 서비스

바로 이용▶

이용방법 해커스잡 사이트(ejob.Hackers.com) 접속 후 로그인 ▶ 사이트 메인 상단 [교재정보 - 교재 채점 서비스] 클릭
▶ 교재 확인 후 채점하기 버튼 클릭

헤럴드 선정 2018 대학생 선호 브랜드 대상 '취업강의' 부문 1위

취업강의 1위, 해커스잡 ejob.Hackers.com

해커스공기업
NCS 피듈형
통합 봉투모의고사

초판 4쇄 발행 2024년 5월 27일
초판 1쇄 발행 2023년 1월 3일

지은이	해커스 취업교육연구소
펴낸곳	㈜챔프스터디
펴낸이	챔프스터디 출판팀

주소	서울특별시 서초구 강남대로61길 23 ㈜챔프스터디
고객센터	02-537-5000
교재 관련 문의	publishing@hackers.com
	해커스잡 사이트(ejob.Hackers.com) 교재 Q&A 게시판
학원 강의 및 동영상강의	ejob.Hackers.com

ISBN	978-89-6965-323-9 (13320)
Serial Number	01-04-01

취업강의 1위,
해커스잡 ejob.Hackers.com

ⅢΙ 해커스잡

- 이론부터 확실하게 잡을 수 있는 **모듈이론공략 200제**
- 고난도 대비 **NCS PSAT형 온라인 모의고사**(교재 내 응시권 수록)
- 내 점수와 석차를 확인하는 **무료 바로 채점 및 성적 분석 서비스**
- 공기업 전문 스타강사의 **취업 인강 및 전공필기 강의**(교재 내 할인쿠폰 수록)